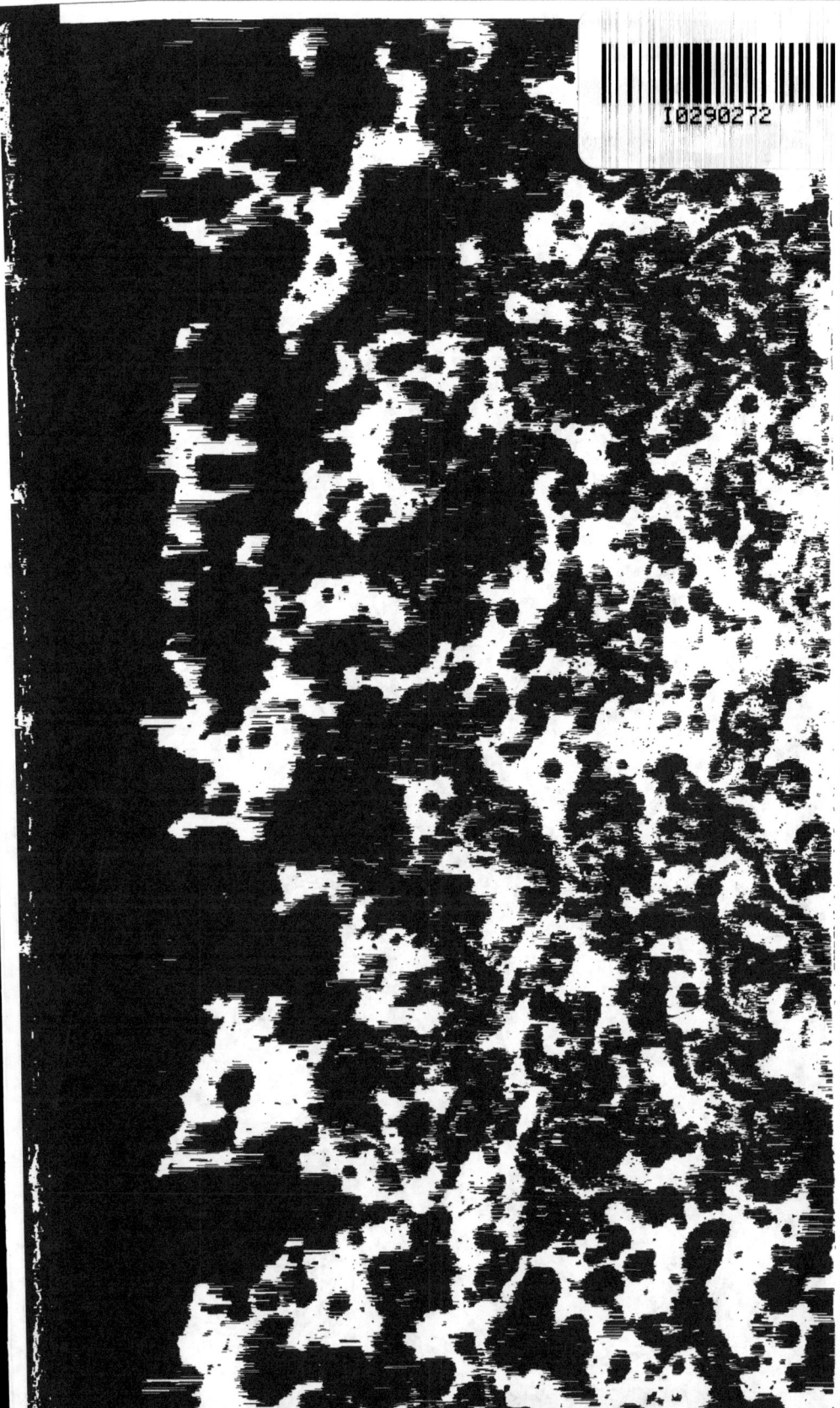

G 494
c. 25.

9356

# GÉOGRAPHIE
## DE
## *BUSCHING.*

TOME XI.

# SUITE
## DE LA
# GEOGRAPHIE
## DE
# BUSCHING,
## Par Mr. BERENGER.

*TOME ONZIEME.*

COMPRENANT

*L'AMERIQUE SEPTENTRIONALE.*

*A LAUSANNE,*
Chez la SOCIÉTÉ TYPOGRAPHIQUE.

M. DCC. LXXXII.

# GÉOGRAPHIE
## DE
### *BUSCHING.*

## DESCRIPTION
### DE
## *L'AMERIQUE.*

Elle fut inconnue des anciens : l'Atlantide de Platon paraît être une fable allégorique des Egyptiens. Le livre *du Monde*, qu'on attribue au philosophe Aristote, parle d'isles fort vastes, qui ne font point partie de l'Europe, ni de l'Afrique, ni de l'Asie, mais rien ne porte à croire qu'il ait parlé de l'Amérique. Diodore de Sicile pourroit avoir plus d'autorité ; il raconte que des Phéniciens, navigeant au-delà des colonnes d'Hercule, furent emportés au loin par la tempête, & qu'ils abor-

*Tome XI.* A

derent vis-à-vis de l'Afrique dans une iſle fertile & arroſée par de grands fleuves. S'il s'agit ici de l'Amérique, il paroît du moins que cette découverte ne fut point ſuivie, & ne fut qu'un fait iſolé ; ſans la bouſſole qu'on ne connaiſſait pas alors & qu'on ne connut qu'au commencement du quatorzieme ſiecle, pouvait-on traverſer un ſi long eſpace de l'océan avec des vaiſſeaux tels que ceux des anciens ? On a dit que les Chinois avaient navigé ſur les rivages du Mexique ; mais on n'avait d'autorité que celle d'un roman mépriſé même en Chine, comme un ramas de contes abſurdes. On a cru voir le Pérou, dans ce qu'Elien raconte d'après Théopompe, d'un continent immenſe, loin des limites du monde connu, qui nourriſſait de grands animaux, des hommes plus grands, d'une vie plus longue que parmi nous, où l'on voyait des cités magnifiques, qui ſuivaient des loix oppoſées aux nôtres & diverſes entr'elles, où l'on ne connaiſſait point les maladies, où la nature fourniſſait aux beſoins ſans travail, où l'or & l'argent étaient ſi abondans, qu'on les eſtimait moins que le fer ne l'eſt parmi nous, &c. Elien lui-même n'y voit qu'une fable, & l'allégorie s'y montre ſans même qu'on la cherche. Seneque aſſure qu'on peut aller en peu de jours de l'Eſpagne aux Indes, aidé d'un vent favorable : mais c'eſt une conjecture. Les Iſlandais, les Norvégiens ont fait des établiſſemens dans le Groënland dans le dixieme ſiecle, & le Groënland fait partie de l'Amérique ; mais delà on n'aurait pas découvert les autres parties bien plus intéreſſantes du Nouveau-Monde. C'eſt donc à Colomb ſeul qu'on le doit.

C'eſt avec répugnance qu'on donne au continent nouveau le nom d'Amérique ; on devrait l'appeller *Colombie*. Ce Genois, frere d'un géographe, bon pilote lui-même, homme de génie, plein de courage & de reſſources, conçut le projet de cette découverte, & l'exécuta, aidé de l'Eſpagne, en 1492. Il ne ſoupçonnait pas un continent inconnu, mais une route plus facile, plus courte pour aller aux Indes; il raiſonnait très-bien & trouva cependant ce qu'il ne cherchait pas. Si ce continent auquel il ne penſait point n'eût pas exiſté, il n'aurait pu trouver ce qu'il cherchait; & quoiqu'il eut raiſon, on l'aurait regardé long-tems comme un viſionnaire. La premiere terre qu'il découvrit après une longue navigation, fut l'iſle *Guanahani*, une des Lucayes; il en découvrit d'autres encore, celle de Cuba, celle d'Hiſpaniola, ſur laquelle il bâtit un fort. C'étoit, ſelon lui, des parties de l'Inde, & de-là vient le nom d'*Indes occidentales* qu'on donna & qu'on donne encore à l'Amérique. Dans un ſecond voyage, il découvrit les iſles Antilles & la Jamaïque. Dans le troiſieme, cette partie du continent, qui de l'embouchure de l'Orenoque s'étend le long des côtes de *Paria* & de *Cumana*, & les iſles *Cubagua* & *Marguerite*. Dans le quatrieme, l'iſle *Guanaia*, près de la côte de Honduras, toute la côte depuis le cap *Gratias-à-Dios* juſqu'à Porto-Bello, auquel il donna ce nom qu'il a conſervé. Ses ſervices furent mal recompenſés; la jalouſie, la haine le perſécuterent, il mourut dans la diſgrace, & la poſtérité ſeule l'a vengé.

Mais elle n'a pu le venger d'une injuſtice conſacrée par trois ſiecles d'habitude; elle n'a pu lui rendre la gloire de donner ſon nom au pays qu'il avait découvert, gloire qui lui fut enlevée par le Florentin Americ Veſpuce, qui accompagna Ojeda dans un voyage où il découvrit les mêmes lieux que Colomb avait parcourus, où il ſuivit plus long-tems les côtes. Americ publia son voyage, en changea la date, le répandit chez ses compatriotes, & de-là dans toute l'Europe, où il parut avoir découvert le premier ce pays immense, & on s'habitua insensiblement à lui donner son nom.

Des contrées glacées & inconnues du nord, le continent de l'Amérique, dans un espace de trois mille lieues, jusqu'aux montagnes qui bordent le détroit de Magellan, du 80ᵉ degré de latitude septentrionale au 56ᵉ degré de latitude méridionale, à plus de cinq cents lieues au-delà de la latitude méridionale où se termine l'ancien Continent : sa plus grande largeur est de plus de 1300 lieues ; elle est divisée en méridionale & en septentrionale par l'isthme montueux de Darien, large de 22 lieues.

Sous les mêmes latitudes on voit régner un plus grand froid en Amérique que dans les contrées de l'Europe, il est presqu'insupportable dans la Nouvelle-Bretagne, située sous la même latitude que l'Angleterre ; il est bien plus grand dans le Canada que dans la France qui n'est pas plus éloignée du pôle, & l'hiver de la Pensylvanie est bien plus âpre que celui du Portugal, quoique sous les mêmes climats. Aussi pour espérer d'y voir réussir les fruits de l'Europe, il faut les transplanter dans des parties de l'Amérique situées de 15 degrés moins éloignées de la ligne. Peut-être cet effet vient de diverses causes ; de ce que l'Amérique s'étend plus près du pôle que l'ancien monde, de ce qu'une chaîne de montagnes énormes, couvertes de neige, la traverse dans sa partie voisine de ce pôle, du nord au couchant, & de-là vient que le vent de nord-ouest y est d'un froid excessif ; des forêts qui couvrent ce continent & empêchent les rayons du soleil de pénétrer jusqu'à la terre, qui ne peut réchauffer l'air, & la végétation le refroidit encore, ainsi que l'humidité qu'elle y entretient. S'il est plus froid encore dans l'Amérique méridionale qu'en Afrique, on peut en trouver la cause dans la figure de cette partie du Continent qui se retrécit sans cesse au midi, environné par de vastes mers, dont les eaux refroidissent les vents qui y soufflent, & le vent du nord, le seul qui puisse y arriver par le Continent, y est refroidi aussi en suivant les Andes presque toujours couvertes de neige.

L'Amérique septentrionale renferme peu de montagnes dans la partie qui en est le mieux connue : la plus grande partie est formée de collines sablonneuses & de plaines unies : sa chaîne de monts les plus élevés sont les *Apalaches* ou *Apaltai*, ou *Monts Aliganiens*, qui s'étendent dans les colonies méridionales Angloises. Mais dans la partie méridionale, on voit s'élever les Cordelieres ou les Andes, qui par leur étendue & leur hauteur surpassent toutes celles des autres parties du monde. Le sommet du Chimborazo, la plus haute de ces montagnes, s'éleve de 3380 toises au-dessus de la mer. Elles commencent près de l'isthme de Darien, s'étendent dans un espace de 1500 lieues jusques au détroit de Magellan, & divisent toute l'Amérique méridionale en orientale & occidentale.

Parmi les montagnes de l'Amérique, plusieurs renferment des volcans : les plus remarquables sont ceux de *Popa-Catebeci* & de *Guatimala* dans le Mexique. Nous en parlerons dans les descriptions particulieres, ainsi que des caps & des détroits remarquables de cette partie du monde.

De grands fleuves l'arrosent : tel est dans sa

partie septentrionale le *Mississipi*, qui dans son cours du nord au midi parcourt un espace de 700 lieues & dont la source est encore inconnue; tels sont l'*Ohio*, l'*Ouabache*, le *Hudson*, la *Delaware*, le *Penobscot* & d'autres fleuves égaux au Danube, au Rhin, navigables presque jusqu'à leur source, & facilitant le commerce dans l'intérieur de ce Continent : le fleuve *Saint-Laurent*, navigable pour les vaisseaux à cent lieues de son embouchure où il a trente lieues de large. Dans sa partie méridionale sont les deux plus grands fleuves du monde, celui des *Amazones* & celui de la *Plata* : le premier naît dans le Pérou, son cours est de plus de 1300 lieues, & il se perd dans l'Océan après avoir reçu dans son sein un grand nombre de fleuves navigables. *Rio de la Plata* ou Riviere d'argent, a sa source dans l'intérieur du Continent, au couchant du Bresil : elle porte le nom de *Parana* jusqu'à son confluent avec l'Urugay. Les rivieres qui se joignent à elle la rendent si large, si rapide, qu'à plusieurs lieues de son embouchure ses eaux se font remarquer encore par leur douceur : à soixante lieues de son embouchure, de l'un de ses bords on ne peut distinguer l'autre. D'autres fleuves sont remarquables par l'étendue & la profondeur de leur cours; tels sont l'*Orinoque*, le *Para* ou la *riviere des Tocantins*, l'*Urugay*, &c.

Il n'est dans aucune autre partie du monde un aussi grand nombre de lacs que dans l'Amérique septentrionale. Ce sont des mers méditerranées d'eaux douces : tels sont les lacs de *Traci*, des *Illinois*, des *Hurons*, de *Frontenac*. Dans la partie méridionale sont les lacs de *Casippa*, de *Titicaca*, de *Gualachos*, mais ils sont bien inférieurs aux premiers.

A l'orient, elle est baignée par cette partie de

l'Océan qu'on a nommé mal-à-propos *Mer du nord*, & qui devroit l'être *Mer orientale*. Au couchant, elle l'est par l'Océan Pacifique, qu'on nomme aussi *Mer du sud*, & qui de sa situation devroit être appellée *Mer occidentale* : c'est proprement la partie située entre les Tropiques qu'on nomme *mer Pacifique* : elle forme un grand golfe entre le Mexique & la Californie qu'on nomme *mer Vermeille*, profonde d'environ 270 lieues, large quelquefois de 60, plus souvent de 40.

Ces lacs, ces fleuves, cet étranglement du Continent qui multiplie les côtes, y facilitent le commerce : la mer d'Hudson pourrait un jour peut-être servir à l'Amérique comme la mer Baltique à l'Europe, la baie de Chesapeak facilite aux navigateurs l'approche de diverses provinces vastes & fertiles, le golfe du Mexique ouvre un commerce maritime avec les provinces qui l'entourent : il est semé d'isles fertiles, abondantes & peuplées. Au couchant, ce Continent n'est pas coupé par des baies spacieuses : mais la chaîne des Andes la retrécit & les rend moins utiles.

Ce monde nouveau n'avait que deux peuples policés, c'étoient les Mexicains & les Péruviens; encore a-t-on exagéré leur population; car il n'est pas de population nombreuse sans agriculture, & ces peuples manquaient d'instrumens de fer, ils ne connoissaient point la charrue, & n'avaient point d'animaux pour les aider dans les travaux des champs : toutes ces vastes régions étaient occupées par de petites tribus indépendantes, sans industrie & sans arts; des forêts immenses couvraient ce terrein inculte, & une espece d'osier qui lie ces arbres l'un à l'autre, descend, remonte des branches à la terre, de la terre aux branches, s'étendant çà

& là au gré des vents, rend ces forêts impénétrables : les plaines y étaient changées en marais ; la végétation y est forte, les bois y sont si touffus, la terre si couverte de buissons & d'herbes qu'on n'y découvre jamais le sol ; il ne présente un aspect different que dans les lieux où les Européens se sont fixés : plus on avance vers le nord, plus la terre y parait désolée & horrible : l'air arrêté dans les bois, sans s'y renouveller, y devient funeste à ceux qui le respirent; il s'éleve de la surface des marais des exhalaisons putrides, & la terre, couverte de plantes inutiles, n'y peut recevoir l'influence bienfaisante du soleil ; aussi les Européens qui s'y sont établis ont-ils acheté les biens qu'ils y ont acquis par des maux qui en ont moissonné un grand nombre.

Un Continent si vaste doit être varié dans la nature de son sol & dans ses productions : au nord & au midi on trouve des contrées froides, stériles, désertes ; c'est dans son centre que la nature a rassemblé ses trésors : là sont de riches métaux, des mineraux, des plantes salutaires, des fruits, des arbres rares, ou qu'on ne trouve point ailleurs. On sait combien il a versé d'or & d'argent en Europe, combien il les a rendus communs & les a fait baisser de prix. Il fournit des diamans, des perles, des émeraudes, des amethystes & autres pierres précieuses dont l'abondance a diminué l'estime : on en tire des productions moins prisées, mais bien plus utiles, telles que la cochenille, l'indigo, le salpêtre, les bois de Campêche & de Brésil, d'autres bois précieux, le piment, le riz, le gingembre, le coton, des baumes salutaires, le kina, le mechoachan, le sassafras, la salsepareille, la casse, le tamarin, des cuirs, des fourrures, de l'ambre, des racines & des plantes, ou inconnues avant la découverte de l'Amérique, ou qu'on retirait de l'Afrique, de l'Asie, de l'Europe même, à un prix qui les mettait hors de la portée du besoin.

Parmi les fruits que la nature y porte à leur perfection, on compte l'ananas, la grenade, le citron, le limon, l'orange, le mancatons, la cerise, la poire, la pomme, la figue, le raisin, &c. Une fertilité extraordinaire a permis d'y transplanter les fruits de l'ancien monde & de les y faire prospérer.

Au milieu de cette abondance, l'Amérique manquait d'un grand nombre de choses utiles & même nécessaires. Les Européens n'y trouverent ni grains, ni vins, ni huiles : ses habitans, dans la plus grande partie de son étendue, ne vivaient que de racines & de fruits, ils ne buvaient que de l'eau pure ; toute espece de monnaie de métal leur étoit inconnue ; ils n'avaient point nos moutons, nos chevres, nos vaches, nos ânes, nos chevaux, & cependant ils possédaient de vastes & abondantes prairies : d'abord ils tremblerent à la vue d'un homme à cheval ; un seul mettait en fuite une troupe de ces hommes timides & simples ; mais aujourd'hui, les chevaux, les bœufs se sont multipliés dans ces pâturages féconds, & les Américains les poursuivent dans les forêts & leur donnent la mort pour s'enrichir de leurs peaux. Au défaut de ceux-là, ils avaient d'autres animaux dont nous parlerons en décrivant les lieux où ils naissent ; mais en général les especes d'animaux qui lui étaient particuliers y sont moins nombreux & bien moins grands, moins forts que dans l'autre hémisphere. On ne connoissait dans les isles que quatre especes de quadrupedes, dont le plus gros n'excédait pas la taille d'un lapin. De deux cents especes différentes répandues fur la terre, il n'en exiftait qu'un tiers en Amérique ; cependant on a trouvé près des bords de l'Ohio des os d'une groffeur prodigieufe & qui paroiffent avoir appartenu à des éléphans, ou à quelque animal carnivore dont on ne connait plus l'efpece, & que les révolutions du globe y ont fait difparaître. Non-feulement les animaux de même efpece font moins grands dans le nouveau monde, mais encore ceux qu'on y tranfporte y dégénerent : l'excès de la chaleur, la différence de nourriture ne permettent pas au mouton, au bœuf d'acquerir, dans les colonies Efpagnoles, la même groffeur qu'en Europe : dans l'Amérique feptentrionale les pâturages ne font pas bons, & il n'y a point de prairies artificielles ; on n'y fait pas foigner les chevaux ni les bêtes à cornes.

Mais les mêmes caufes qui nuifent à l'accroiffement des grands animaux, & les ont affaiblis, ont favorifé la multiplication des infectes & des reptiles : ils y font en plus grand nombre, ils y parviennent à une groffeur qui étonne : l'air eft fouvent obfcurci par les premiers, la terre eft couverte du venin des feconds : les crapauds infectent les environs de Porto-Bello ; les ferpens & les viperes ceux de Guyaquil : les chauvefouris attaquent les hommes & les animaux dans ceux de Carthagene : ici des millions de fourmis dévorent & brûlent tout fur leur trace, & l'on emploie jufqu'aux faints pour les éloigner : là des armées de mofquites de différentes efpeces pourfuivent l'homme fans relâche & lui font trouver la douleur jufques dans le fommeil.

Cette partie du monde eft riche en oifeaux variés ; plufieurs font diftingués par leur beauté, par un port majeftueux, par l'éclat de leurs couleurs ;

un plus grand nombre font communs aux deux hémifpheres : ils ont peut-être moins de brillant que ceux d'Afie & d'Afrique; mais leur chant eft plus mélodieux, plus varié : ils n'y font pas répandus également ; des contrées y en nourriffent peu, & les forêts y deviennent plus effrayantes par le filence qui y regne. Si on ne trouve pas en Amérique les plus grands quadrupedes, on y voit les plus grands oifeaux : le *condor* eft le plus grand des oifeaux, le plus fort & le plus courageux.

Les mers, les lacs, les fleuves y font remarquables encore par l'abondance & la variété des poiffons qu'ils nourriffent.

On donne à la furface du nouveau monde une étendue prefque égale à celle de l'ancien, cependant on n'eftime pas qu'il y ait quarante millions d'habitans ; ce qui ne fait que la feizieme partie du nombre d'hommes qu'on donne à la terre entiere.

Avant que les Européens y euffent déployé leur fupériorité, on y cultivait quelques arts ; on y avait quelque idée de la peinture, & on y formait des tableaux de l'affemblage fait avec choix de plumes de couleurs diverfes. En quelques lieux on avait taillé la pierre & travaillé le bois pour élever des palais & des temples encore informes. Le fer y était inconnu, mais on favait y polir les pierres précieufes, abattre des arbres élevés, creufer de petits canots, conftruire même des barques affez grandes, avec beaucoup de tems & de perféverance. On favait tirer le feu des veines d'un caillou, & faire avec la pierre des outils tranchans ; on y pouvait retrouver le tableau de l'enfance du monde ; il ne fallait pas y chercher les arts & les fciences, enfans du génie & de l'oifiveté, qui déjà florissaient dans les autres parties du monde, qui de l'Egypte s'établirent dans la Grece, de la Grece vinrent à Rome, d'où ils se répandirent dans les provinces de son vaste empire. Ils ne sont point encore transplantés en Amérique ; mais déjà on les y connait & bientôt peut-être on les y verra prospérer.

On ne sait par où ce Continent a été peuplé : il n'a pu l'être par les petites tribus de l'Afrique, qui ne connaissent point la navigation ; il ne l'a probablement pas été par les peuples civilisés de l'Asie & de l'Europe : il resterait des vestiges de cette civilisation : il n'a pu l'être que par les petites nations sauvages du nord-est de l'Asie, où les deux Continens paraissent avoir été réunis : mais cependant quel nombre de siecles n'a pas dû s'écouler pour que ces petits peuples qui propagent peu, que les guerres qui les divisent, détruisent plus rapidement qu'ils ne se multiplient, ayent rempli insensiblement tout ce vaste continent, & se soient pressés les uns sur les autres, du nord jusqu'aux Terres de Feu ; & comment, dans un si grand espace de tems, l'homme n'aurait-il fait que quelques pas vers la civilisation ?

En général les Américains ont le teint bronzé, ceux des montagnes moins que ceux des plaines, les cheveux noirs, grossiers, longs, sans frisure ; ce sont les seuls poils qu'ils aient sur leur corps : leur taille est haute, droite, bien proportionnée, leur visage large, les traits réguliers, mais souvent défigurés par les efforts qu'ils font pour paroître plus terribles ou plus beaux : ils sont plus agiles que forts, ils fuient le travail, souvent ils en sont incapables, & périssent lorsqu'on les y force ; ils mangent peu & sont peu sensibles aux plaisirs de l'amour, foit par indolence ou par l'effet de leurs mœurs. On en voit peu qui foient contrefaits, parce que leur enfance, expofée à mille accidens, fait périr ceux qui ne font pas robuftes, qu'eux-mêmes détruifent ceux qui naiffent faibles, ou avec des défauts corporels : la diverfité des climats en met peu dans leur apparence extérieure : les Américains du nord reffemblent à ceux du midi comme s'ils étaient de la même famille : leur entendement eft renfermé dans des bornes étroites ; ils ne favent rien prévoir pour l'avenir ; le moment préfent décide du prix de tout ce qui peut leur fervir ; ils n'ont point d'idées abftraites & les opérations de leur efprit font en petit nombre ; indolens, infenfibles, ils ne fortent de cet état que pour fe livrer à une joie immodérée ; ils vieilliffent enfin fans fortir de l'enfance : la femme y eft efclave & l'homme l'achete & la méprife : la fécondité y eft épuifée par le travail ; les enfans né font point liés à leurs parens par le lien de la reconnoiffance & du devoir ; un pere, une mere ne font pour eux qu'un homme, une femme. Plufieurs nations d'entr'eux ne cultivent ni ne plantent ; les racines, les reptiles, le poiffon qu'ils trouvent prefque partout fous la main ; les oifeaux qu'ils prennent à la chaffe les nourriffent : c'eft dans ce dernier exercice qu'ils déploient le plus d'intelligence & d'activité : ceux qui cultivent la terre fe bornent à planter le maïs, le manioc, le platane, la patate & le piment. Leurs plaifirs font la danfe, les jeux de hafard, l'ivreffe, qui les retire de la taciturnité qui femble leur être naturelle. Leurs vices font l'infenfibilité, la dureté de cœur, la rufe, l'amour de la vengeance ; leurs vertus font leur courage, leur attachement à leur tribu, l'efprit d'indépendance & ce sentiment constant qui fait qu'ils sont toujours satisfaits de leur sort.

Ils formaient presque tous de petites communautés indépendantes, éloignées les unes des autres, & l'on voyage quelquefois trente jours avant que de rencontrer un homme : ceux qui ne vivent pas des fruits du travail dans les champs, n'ont point l'idée de la propriété, ils n'ont que celles de l'égalité & de l'indépendance ; aussi sont-elles tout leur bien. Leurs chefs y ont peu d'autorité, sur-tout durant la paix ; la subordination y est très-imparfaite ; les guerres y sont fréquentes, l'esprit de vengeance y fait commettre des actions atroces : ils mangent quelquefois leurs ennemis. Il n'y a guere d'exception à cette description générale des Américains que les deux empires du Mexique, du Pérou, & quelques petites nations des pays chauds.

On ne peut dire ce qu'est leur religion. Plusieurs ne savent pas se demander s'il y a un Dieu : cette idée ne les a jamais frappé ; un grand nombre n'ont point de culte public : quelques tribus ont une crainte faible & obscure d'êtres invisibles & puissans : les maux auxquels ils sont exposés, le tonnerre qui leur inspire de l'effroi, leur donne quelque idée d'un Etre invisible & qui leur est supérieur : & les premiers usages qui annoncent en eux des actes de religion, sont ceux des amulettes & des charmes pour échapper au malheur : les Natchez adoroient le soleil, les habitans de Bagota le soleil & la lune : plusieurs tribus ont de la vénération pour de certains animaux. Les notions sur une autre vie, sur l'immortalité de l'ame, sont plus généralement répandues & plus ou moins développées : chez les tribus les moins civilisées, l'homme attend une vie plus heureuse, où ils seront placés dans un pays délicieux, toujours embelli par le printems; dont les forêts seront remplies de gibier & les rivieres de poissons; où l'on jouit de tous les biens sans soins & sans travail; de-là vient qu'on enterre les hommes avec leurs armes, avec des provisions, que des sujets se dévouent pour leur maitre: de-là est venue la superstition étaiée, répandue par des prêtres, des devins, des augures, qui deviennent aussi les médecins de ceux qu'ils trompent; de-là encore cette pusillanimité qui change en préfages certains les songes, le chant des oiseaux, le cri des animaux.

Après ce coup d'œil général sur ce Continent & les hommes qui l'habitent; passons à la description particuliere de ses parties.

Six nations ont des possessions dans le nouveau monde. Les Anglois y possedaient de vastes provinces, mais nous ne savons celles qui lui resteront à la paix. Ils possederent le *Labrador* ou la *Nouvelle-Bretagne*, les pays situés autour de la *Baye d'Hudson*, le *Canada*, la *Nouvelle-Ecosse*, la *Nouvelle-Angleterre*, *Neu-York*, les *Jerseys*, la *Pensylvanie*, le *Maryland*, la *Virginie*, les deux *Carolines*, la *Géorgie*, les deux *Florides*, & de riches & fertiles isles, dont les principales sont celles de *Terre-Neuve*, du *Cap-Breton*, de la *Providence*, de la *Jamaïque*, de la *Barbade*, & quelques isles Antilles.

Les Espagnols possedent la *Louisiane*, le *Mexique ancien & nouveau*, la *Californie*, le *Pérou*, le *Chili*, la *Plata* ou le *Paraguai*, diverses autres provinces de la *Terre-Ferme*, l'isle de *Cuba*, la moitié de *Saint-Domingue*, *Porto-Rico*, la *Trinité*, la *Marguerite*, & quelques isles dans la mer Pacifique.

Les Français possedent la *Martinique*, une partie de *Saint-Domingue*, la *Guadaloupe* & quelques autres isles, *Cayenne*, & une partie de la *Guiane*.

Les Portugais sont bornés à la vaste & riche contrée du *Bresil*.

Les Hollandais ont la colonie de *Surinam*, & quelques autres qui en sont voisines, les isles de *Curaſſao*, de *Bonaire*, d'*Aruba*, de *Saint-Eustache*, &c.

Les Danois y possedent les isles de *Saint-Thomas* & de *Sainte-Croix*.

Il est encore des contrées indépendantes, telles qu'une partie de la *Guiane*, les isles de la *Terre de Feu*, la *Terre des Patagons*, la partie du nord-ouest de l'Amérique encore inconnue.

## DE LA BAYE DE BAFFIN.

Nous avons parlé du Groenland, Tome I, p. 119 : au couchant de ce pays est le détroit de *Davis*, découvert en 1585 par Jean Davis, Anglois : au nord du cercle polaire, il baigne au couchant l'isle James qui paraît avoir près de quatre-vingt lieues de long sur un peu moins de large : quelques sauvages errans & miserables en sont les habitans. Un rempart de glace l'entoure pendant une partie de l'année ; on n'en connoit pas les productions, & sous ce climat glacé elles ne peuvent être bien nombreuses. La mer qui la baigne au nord & au couchant est la baye de Baffin, espece de mer Méditeranne qu'on a cru long-tems communiquer avec la mer qui baigne les côtes de la Tartarie & sépare l'Asie de l'Amérique ; qui a plus de trois cents lieues du levant au couchant, deux cents du midi au nord, dont les côtes sont hérissées

de

de montagnes, qui reçoit un grand nombre de rivieres, & parait communiquer à la baye d'Hudson par un large détroit, divifé par plufieurs ifles affez étendues, & avec l'Océan par le détroit de Baffin & la baye de Cumberland, fituée au midi de l'ifle James. Cette mer reçut fon nom de Guillaume Baffin, pilote du vaiffeau la *Découverte*, commandé par Robert Byleth : ils en vifiterent les côtes en 1618, & s'affurerent que le détroit de Davis qui conduit à cette vafte baye, n'était propre qu'à devenir une excellente ftation pour la pêche du faumon, des vaches marines, des baleines ; & en effet les Hollandais y établirent dans la fuite une pêche annuelle qui a été pour eux une fource de richeffes.

## DE LA BAYE D'HUDSON, & *des terres qui l'environnent.*

On en doit la découverte aux efforts des navigateurs Anglais pour découvrir un paffage aux Indes orientales par le nord-oueft. Le célebre Henri *Hudfon* lui donna fon nom ; il en parcourut une partie en 1610, il y fut abandonné en 1611 avec fon fils & quelques hommes qui lui reftoient attachés, par une partie de fon équipage qui avait confpiré contre lui ; il y périt avec eux. De fon extrèmité méridionale à la baye *Repulfe*, fituée au nord, elle a environ quatre cents lieues de long ; du couchant au levant elle en a plus de deux cents. On y entre par un détroit long de près de deux cents lieues, fur une largeur qui varie de fix à trois, formé par la grande ifle de *Fortune* & la terre de Labrador, praticable de Juillet en Septembre, mais toujours dangereufe : fon extrèmité orientale eft formée par le cap *Elizabeth* au nord, & le cap *Chidley* ou les ifles *Button* au midi. Là font les ifles de la *Refolution*, dont une eft longue de 15 lieues, les ifles *Sauvages*, celle de *Grafs* ou du foin, prefque toutes inhabitées, comme les côtes du détroit, où l'on n'a vu que quelques fauvages errans. Son extrèmité occidentale eft formée par la pointe *Anne* au nord, par le cap *Wolftenholm* au midi : ce dernier eft auffi nommé *Walfingham*, & par les François *Saint-Louis*. Là font les ifles *Salisbury*, *Nottingham*, *Mill*, *Diggs*, *Manfel* ou *Mansfied* ou *Notre-Dame*. Rien de plus affreux que les côtes dont elle eft environnée ; de quelque côté que l'on jette les yeux, on ne voit que des terres incultes & fauvages, des rochers qui s'élevent jufqu'aux nues, entrecoupés de profonds ravins & de vallées ftériles où le foleil ne peut porter fon active chaleur, & que des glaces & des neiges éternelles rendent inacceffibles : la mer n'y eft libre que quatre mois, & même dans cet intervalle on y rencontre d'énormes écueils de glace, contre lefquels les flots qui les agitent fe brifent avec grand bruit : quelquefois on en eft environné, & le vaiffeau court rifque d'en être brifé. Dans fa vafte enceinte font difperfés des rocs, des bancs de fable & diverfes ifles, dont une grande s'étendant du nord au midi, en divife la partie feptentrionale en deux parties : on la nomme l'ifle de *Barren* ou *Cary-fwan's-neft*, porte-nids de cigne : elle a plus de cent lieues de long fur vingt-cinq de large ; mais on n'en connoît qu'imparfaitement les bords, & on n'a point pénétré dans l'intérieur. Les ifles de *Marbre* & de *Charlton* font plus connues : la premiere eft près des côtes occidentales, prefqu'à l'entrée de cette partie de la baye qu'on nomme *Walcome*, & qui est formée par le Continent & l'isle de Barren : elle est longue de six lieues, large de deux : au couchant elle est élevée, au levant elle est basse, & toute entiere elle n'est qu'un marbre dur & blanc, varié par des taches vertes, bleues & noires : les sommets de ses monts sont brisés : ses rocs énormes renversés, confusément accumulés, semblent devoir leur forme & leur situation à quelque bouleversement inconnu ; ils recouvrent de profondes cavernes, où l'on croit entendre le bruit des torrens, & en effet divers ruisseaux en sortent par des fentes, ayant les uns une eau verdâtre, les autres une eau rougeâtre : les vallées ont une légere couche de terre où l'on voit végéter quelques herbes ; on y remarque quelques lacs ou étangs où nagent des cygnes & des canards, dont les bords sont habités par des bêtes fauves, & près desquels on trouve des traces d'hommes, tels que des fondemens de cabanes & des pierres entassées comme pour des tombeaux. Elle a un port très-beau, capable de renfermer cent vaisseaux ; mais son entrée est étroite & dangereuse.

L'isle *Carlton*, au fond de la baye James, est couverte d'une mousse verte & remplie de bouleaux, de sapins, de genevriers & autres arbrisseaux ; ceux qui la voient après avoir traversé une mer orageuse & triste, bordée par-tout de neiges & de glaces, croient voir renaître le printems ; mais elle est inculte & inhabitée.

Les Anglais possedent différens petits forts sur les bords méridionaux de cette baye. Le fort *Rupert* est au fond de la baye James, sur la rive orientale : il ne fut d'abord formé que de huttes, où l'on étoit plus occupé à se défendre du froid & de la pluie, qu'à se procurer des commodités par des plantations qui auraient réussi difficilement : l'air, y est d'un froid violent pendant huit mois : près des bords de la riviere, le sol donne quelques fruits, comme des groseilles & des fraises : les fusils, la poudre, le plomb, des haches, des chaudrons, du tabac, sont les objets qu'on y échangeait avec des pelleteries apportées par les sauvages : la riviere *Rupert* ou *Nemiscaa* facilitait les liaisons & le commerce ; elle sort d'un lac qui porte son nom, & qui communique avec le lac des *Mistassins*, nommé ainsi du peuple qui habite ses bords : il a cent lieues de tour & est entouré de montagnes remplies de bêtes fauves.

Sur le rivage méridional de la baye James, est encore le fort *Monsipi* ou *Moose*, que les Français nommerent *Saint-Louis* : la riviere qui y coule n'est pas profonde, son cours n'est pas d'une grande étendue. Au couchant de cette même baye est le fort *Albany*, que les Français nommerent *Sainte-Anne* : la riviere qui l'arrose y ouvre un bon port ; elle sort des deux lacs d'*Abitibi* & de *Pisgotagami* : le dernier a quinze lieues de long, il est au nord du premier & paroît être le même que le lac des *deux décharges*, nommé ainsi parce qu'au levant il en sort la riviere *Equam* qui se rend dans la baye James, & au couchant une autre riviere qui se joint à celle de *Niew-Severa* ou des *saintes huiles*, à l'embouchure de laquelle est encore le fort *Niew-Severa*. Plus au couchant encore est le fort *York*, que les Français avaient nommé *Bourbon* après s'en être emparés. Il défend le port *Nelson*, formé par la riviere de ce nom, à laquelle on donne aussi le nom des *Hayes* ou de *Sainte-Thérèse*. Le fort est dans une isle, à trois lieues de l'embouchure : c'est un bâtiment quarré, flanqué de quatre petits bas-

Les orages y font fréquens, le tonnerre y eft rare; cependant il y embrafe fouvent des forêts, parce que la mouffe qui couvre la terre eft fort combuftible, & que la flamme légere qui s'en éleve court avec rapidité où le vent la pouffe, & s'attache bientôt à la mouffe qui revêt le tronc des arbres.

Le froid y eft fi vif, que la faumure la plus forte, l'eau-de-vie, l'efprit-de-vin gèlent dès qu'ils font expofés à l'air: ce dernier y prend la confiftence d'un onguent : les autres liqueurs crevent les vaiffeaux dans lefquels on les renferme, quoique couverts de mouffe feche & de douze pieds de terre, & ceints de cercles de fer: les animaux bruns ou gris deviennent alors blancs, fans cependant changer de poils : ils ont toutes les parties éloignées du cœur plus courtes que dans les pays chauds & recouvertes d'un poil touffu : fi dans ce tems rigoureux on touche du fer, les doigts s'y attachent; la glace fe forme fur ce métal même auprès du feu.

Diverfes fortes d'animaux traverfent au printems une étendue immenfe de pays, pour y chercher un afyle fûr & y dépofer leurs petits. Des moucherons perfécuteurs les pourfuivent & les forcent à fe tenir près des lacs & des rivieres, où les chaffeurs en font une boucherie cruelle: les oifeaux y paffent auffi en très-grand nombre : les aigles, les corbeaux, les corneilles, les chouettes, les faucons, les perdrix, les mouettes, les faifans y paffent l'hyver; mais les cignes, les oies, les canards, les farcelles & les pluviers fe retirent dans les pays méridionaux. Les ours blancs qu'on y voit font de deux efpeces, l'une bien plus grande que l'autre; mais dans toutes deux ils ont le poil long & doux, le nez, le muſeau & les ongles noirs; ils nagent, plongent, s'élevent & peuvent demeurer long-tems fous l'eau : l'hermine y devient d'une blancheur éblouiſſante ; le rat de montague y eſt rougeâtre, & ne craint pas même d'attaquer le chien : le pélican y eſt peu différent de celui d'Afrique, il eſt moins gros & la poche de ſon bec eſt moins large : le coq de bruiere y eſt en grand nombre pendant toute l'année, mais il n'habite que les plaines & les pays les plus bas; la perdrix blanche y a la queue plus longue qu'en Europe : elles ſont brunes en été, blanches en hiver, mais elles conſervent toujours des plumes noires à la queue : l'aigle à queue blanche eſt de la groſſeur d'un coq d'Inde; ſa couronne eſt applatie; il a le cou court, l'eſtomac large, les cuiſſes fortes, les ailes longues & fort larges à proportion de ſon corps; ſon eſtomac eſt marqueté de blanc, ſes ailes ſont noires, ſes cuiſſes d'un brun noir, ſes jambes couvertes d'un duvet brun rougeâtre : le hibou couronné y eſt commun & ſe diſtingue par ſes cornes; il y a auſſi des hibous blancs, & ſouvent ils volent en plein jour : le porc-épic y reſſemble au caſtor & fait ſon nid ſous la racine des plus grands arbres dont il ſe nourrit. Là auſſi eſt le *volferene*, que les Anglois nomment *quick-hatch*, & qui parait être le *carcajou* : il eſt de la grandeur d'un loup, il porte la tête baſſe en marchant, & ſon dos parait ainſi toujours vouté.

Il ſemble que dans un tel pays l'hiver doit être bien ſombre & bien triſte, que ſes habitans doivent être malheureux ; & cependant on ſe tromperait d'en juger ainſi : ils ont, pour ſe préſerver de la violence du froid, d'excellentes fourrures; d'autres commodités leur font trouver dans ces climats gla-

tions couverts, chaque courtine a trois pieces de canon, le tout eft environné de paliffades ; au fud-eft, eft un petit chantier ; au bord de la riviere eft une batterie de gros canons, défendue par un petit parapet de terre : une garnifon de trente à quarante hommes y veille ; des bois l'entourent de trois côtés, la riviere le borde de l'autre. C'eft là qu'eft le centre du commerce d'Hudfon ; on en tire annuellement quarante ou cinquante mille peaux. La riviere en reçoit beaucoup d'autres, & communique à des lacs, près defquels font établies différentes nations fauvages, telles que les *Affinibouels*, les *Chriftinaux*, les *Sauteurs*, &c. Elle a demi-lieue de large vis-à-vis du fort, les eaux en font belles & abondantes, & les fauvages la defcendent pour venir vendre leurs pelleteries : l'hiver eft très-froid dans ces lieux : on y voit beaucoup de cariboux, de lievres, de perdrix, d'outardes, de canards ; la pêche y eft d'une grande reffource : on y trouve la truite, le brochet, la carpe, l'efturgeon, le faumon, des baleines & d'autres poiffons qu'on y conferve, ainfi que la viande & le gibier, en le faifant geler. L'été y eft court, cependant il fuffit pour faire croître dans les jardins des laitues, des choux verds, des navets, des fèves & autres légumes qu'on fale pour en avoir pendant l'hyver. Entre le fort & la batterie, quelques fauvages, énervés par la boiffon, vivent fous des tentes entourées de paliffades.

Plus au nord, à l'embouchure de la riviere de Churchill, eft bâti le fort du *Prince de Galles*, un des derniers que les Anglais y ayent élevé, & un des plus avantageux. Dans tous ces lieux, c'eft une compagnie qui fait le commerce, & c'eft la raifon qui l'y rend languiffant encore.

Le pays qui environne la baye d'Hudſon eſt fertile en différens cantons ; près des côtes le terrein eſt bas, marécageux, formé d'une eſpece de glaiſe, couvert de méléſes, de peupliers, du bouleau, de l'aulne, du ſaule, & diverſes ſortes d'arbriſſeaux, parmi leſquels on reconnait le groſeiller, & des vignes qui donnent un petit raiſin. Plus loin ſont de grandes plaines couvertes de mouſſe, de touffes d'arbres, de lacs, de collines, où croiſſent quelques plantes, dont une a les qualités de la rhubarbe ; on y trouve le fraiſier, le groſellier, l'angelique, le mouron, l'ortie, l'auricule ſauvage, du riz ſauvage, & pluſieurs plantes qui ſont inconnues en Europe : l'intérieur eſt plus fertile & moins froid que les côtes. Les mineraux y ſont abondans ; la mine de fer, celle de plomb ſe rencontrent preſqu'à chaque pas à la ſurface de la terre ; les Eskimaux poſſedent des mines de cuivre : on y trouve du talc, du cryſtal de roche coloré, dont une eſpece reſſemble au rubis, de la houille, de l'aſbeſte, différentes eſpeces de marbre : les coquillages y ſont rares : il y regne preſque toujours des brouillards épais ; l'air eſt rempli en hiver de particules glacées qui s'élevent de l'eau, & ces vapeurs font voir fréquemment des anneaux lumineux teints des couleurs de l'arc-en-ciel, & le ſoleil eſt quelquefois entouré de cinq ou ſix : un grand cône de lumiere repoſe ſur cet aſtre quand il ſe couche, & à ce cône ſuccéde l'aurore boréale, qui remplit l'hémiſphere de rayons colorés & ſi brillans que l'éclat de la pleine lune ne peut les effacer : on peut lire à la lumiere qu'elle répand, elle peint tous les objets ſur la neige par leur ombre, & fait paraitre les étoiles ſemblables à un incendie éloigné.

de les étrangler, & cet acte leur parait un devoir. Les vieillards préparent leur fosse & y descendent: ils s'entretiennent avec leurs enfans, jouent de la flûte, boivent de quelque liqueur forte, puis annoncent qu'il est tems de terminer leur vie; leurs enfans tirent alors de deux côtés le lacet qui leur presse la gorge; ils expirent, on les couvre de terre, & on éleve sur eux un monument de rocs brisés. Les vieillards qui n'ont pas d'enfans prient leurs amis de leur rendre ce dernier service, & ils ne le demandent pas en vain.

Ils reconnaissent un Etre infiniment bon, qu'ils nomment *Vekewma* ou le Grand-Etre, qu'ils croient l'auteur des biens dont ils jouissent, & chantent sur un ton grave & solemnel une hymne à sa louange; mais leurs idées sur la religion sont confuses. Ils reconnaissent un autre être d'où sont provenus tous les maux; on ignore s'ils l'honorent, s'ils cherchent à se le rendre favorable par des hommages.

Ce peuple ne peut point faire de provisions, & il est sans cesse poursuivi par le besoin; peu inquiet de l'avenir, il est prodigue quand il est dans l'abondance; quelque gibier, quelque poisson gelé suffisent pour le rassurer contre la faim pendant l'hiver; il estime peu ce qu'il faut qu'il attende; souvent il est obligé de manger en chemin les pelleteries qu'il alloit vendre, il supporte la disette & le malheur avec une patience qui semble tenir de l'insensibilité. On voit de ces hommes voyager dans le milieu de l'hiver, faire cent lieues dans un pays nud, sans trouver une maison pour s'y retirer, sans une tente qui les défende contre les vents glacés; lorsque la nuit approche, ils forment une enceinte avec des branchages & y allument du feu après en avoir ôté la neige : ils s'asseyent sur la terre & s'y couchent entre le feu & la haie qu'ils ont élevée. Mais si la nuit les surprend dans un lieu manquant de bois, ils se logent sous la neige, & s'y mettent à l'abri de l'âpreté d'un air qui semble couper comme un glaive.

Au nord-ouest de la baye d'Hudson, Ellis trouva des sauvages qu'il nomme *Esquimaux*, & qui en effet peuvent l'être : la marée avait jetté son vaisseau sur des écueils où sa perte paraissait inévitable : six canots de ce peuple secourable vinrent à lui pour vendre des côtes de baleines, ils pouvaient s'enrichir par le butin en l'abandonnant à son malheur, & ils chercherent à l'en tirer : un vieillard servit de guide, les autres unirent leurs efforts à ceux des Anglais, & sauverent le vaisseau. Ellis admira leur sagacité & leur industrie ; ils manquent de fer & font sans lui des harpons excellens, des hameçons, des haches, des couteaux : la pierre, les dents de l'hippopotame, des cornes de narwals, leur servent d'instrumens & de matiere : on a peine à comprendre à combien d'usages ils savent les employer, & combien ils savent les rendre propres à remplir le but qu'ils se proposent.

## TERRE DE LABRADOR.

On dit qu'elle fut découverte par les freres *Zeno*, Vénitiens, partis des côtes d'Irlande en 1390 ; mais ce fait parait fort incertain : il y a plus de probabilité qu'elle fut découverte par Gaspard de *Corte-Real*, gentilhomme Espagnol, qui donna le nom de *Conception* à un port de l'isle de Terreneuve, & visita plus au nord un pays auquel on

és les plaisirs des climats plus doux : des Anglais même, après y avoir passé quelques années, y oublient leur patrie.

 Divers petits peuples l'habitent : les *Oüenebigonhelinis*, ou gens maritimes, vivent de chasse & de pêche, commercent en huile, pelleterie & duvet, & demeurent aux environs du fort *Nelson*. Plus au nord sont les *Monsannis* ou hommes de marais, leur pays est rempli de castors noirs : les *Savanois* ou gens de Savanne sont riches en oriquaux, en chevreuils, en caribous, en squenotons, qui ressemblent assez au chevreuil. Les *Mégichihilinious*, ou hommes aux yeux d'aigle, demeurent à deux cents lieues du fort Nelson, &c.

 Ces habitans sont d'une grandeur moyenne, leur teint est cuivreux ; leurs yeux ont l'iris noir, la prunelle jaunâtre ; leurs cheveux longs & droits sont de la même couleur ; leur physionomie n'est pas à tous la même ; ils sont humains, affables, connoissent l'amitié, l'honnêteté, la franchise dans le commerce : en été ils sont vêtus d'une petite robe étroite de toile blanche que leur fournissent les Anglais établis dans leur voisinage ; ils portent des bas de peaux assez grands pour leur servir de culottes ; leurs souliers sont aussi de peaux : les femmes portent de plus une espece de jupe de peau de biche, de loutre ou de castor, qui en hiver leur descend jusqu'aux genoux : les manches de leur habit de dessus sont attachées aux épaules par des courroies, & les parties voisines sont exposées au froid, usage qu'ils croient salutaire pour la santé : ils connaissent peu de maladies, & le froid joint à l'eau-de-vie les leur causent. Aussi le voisinage des Européens leur devient-il funeste, & leur fait bientôt perdre leur force & leur activité.

Ils habitent sous des tentes couvertes de peaux de bêtes fauves & de mousse : leur forme est circulaire, forme que leur prescrit l'usage d'allumer leur feu au centre & de s'asseoir en rond autour de lui ; elles sont faites de perches enfoncées en terre qui s'approchent en s'élevant & laissent au sommet une ouverture par où la fumée s'échappe & la lumiere vient les éclairer : des rejettons de pins en couvrent le sol : là ils se couchent les pieds contre le feu, la tête près de l'enceinte de la tente : l'ouverture en est au midi ou au couchant : une peau qu'un tronçon de bois tient tendue y sert de porte : on la souleve pour entrer ou pour sortir, & retombant par son poids, elle ferme la cabane.

La chasse fournit à leur nourriture ; ils tuent des chevreuils toute l'année ; ils chassent aux oiseaux quand ceux de passage arrivent, & mangent l'aigle, l'autour, la corneille, le chat-huant comme la perdrix, l'oie & le canard ; ils font bouillir la viande & le poisson avant de les manger & en boivent le bouillon : ils ne vivent pas de fruits.

Ce peuple ignorant aime l'équité, ses mœurs sont douces : les chefs des tribus sont des vieillards, élevés à cette dignité, parce qu'ils sont plus adroits à la chasse, plus expérimentés dans le commerce, plus intrépides à la guerre : ils donnent des conseils plus que des ordres, & ces conseils doivent leur poids à l'estime, au respect, non au devoir & à la contrainte.

Parmi leurs usages il en est de ridicules, il en est de barbares : c'est une offense pour un homme assis lorsqu'une femme passe devant lui ; c'est une honte pour lui, si elle ose boire dans le vase qu'on lui a servi. Lorsque leurs vieillards sentent leurs forces devenir défaillantes, ils prient leurs enfans

donna son nom : c'étoit en 1501. Le nom que cette terre porte aujourd'hui paraît venir aussi des Espagnols, *Labrador* signifie un laboureur dans leur langue; mais rien ne ressemble moins au laboureur que le peuple qui habite cette contrée. Les Français lui avaient donné le nom de *Nouvelle Bretagne*.

C'est une presqu'isle bornée au nord par le détroit d'Hudson, au couchant par la baye de ce nom, au levant par l'Océan, au midi par le fleuve de St. Laurent & une partie du Canada : l'intérieur en est inconnu : la partie méridionale en est remplie de lacs, d'étangs & de rivieres : tels sont les lacs des *Mistassins* & du *Loup Marin*, la riviere de *St. Jean*, &c.

Diverses nations habitent cette péninsule; celles du *Caribou*, de la *Loutre*, les *Mistassins*. Les plus connus, les plus célebres de ces peuples sauvages sont les *Esquimaux*, ou les *Eskimows*, nom qui a son origine dans un mot de leur langue, & désigne des gens qui mangent de la chair crue : ils font sécher en effet la chair de l'animal qu'ils ont tué, & la mangent sans autre apprêt. Ils sont divisés en plusieurs tribus. En général ils sont de taille moyenne, ils ne se font remarquer ni par leur force, ni par leur embonpoint; leur tête est grosse, leurs levres épaisses, leurs dents larges, leurs yeux petits, noirs, étincelans, leurs cheveux fins & noirs, leurs épaules larges, leurs jambes bien proportionnées, leurs pieds extrêmement petits. Ils se distinguent des autres Américains par leur barbe épaisse & longue, caractere qui semble leur donner une origine commune avec les habitans du Groenland, issus probablement des peuples du nord de l'Europe.

Leurs manieres sont simples & franches : quelques-uns des petits peuples qu'ils forment sont fins & rusés, ils flattent les Européens pour les tromper ; ils sont prompts & coleres, mais timides & craintifs ; ils aiment leur pays avec passion, & ceux qui en sont éloignés, même dans leur enfance, ne cessent de le regretter. L'un d'entr'eux, déja façonné aux mœurs anglaises, voyant ouvrir un chien de mer, d'où coulait une huile abondante, en remplit ses deux mains, l'engloutit & disait, transporté par le desir, *Oh, que ne suis-je dans mon pays, dans ces lieux chéris où je pourrais me rassasier de ce breuvage !*

Leurs habits sont faits de peaux de chiens de mer, doublés quelquefois de celle des oiseaux qu'ils tuent : ils ont un capuchon qui pend sur le visage pour en éloigner les mouches ; ils ne descendent que jusqu'aux genoux : leurs hauts-de-chausse se serrent devant & derriere avec des courroies comme une bourse, & s'attachent autour des reins ; ils mettent plusieurs paires de bottes & de chaussons les unes sur les autres pour se mieux garantir du froid & de l'humidité : les femmes se distinguent des hommes par une bande étroite qui pend par derriere, tient à leur habit & descend jusqu'aux talons : leur large cape leur sert à porter leurs enfans sur le dos; leurs bottes, affermies par des côtes de baleine, sont si grandes qu'elles y reposent leurs enfans lorsqu'elles ne peuvent plus les porter sur leurs bras, ou qu'elles sont assises : quelques-unes se font des robes avec des vessies de chiens de mer jointes les unes aux autres : la partie la plus propre de leur habillement est celle qu'elles cousent avec une espece d'éguille d'ivoire & des nerfs de chevreuils en guise de fil ; elles le font avec goût, l'ornent de bandelettes de peaux de diverses couleurs, de bordures, de manchettes, & le ferrent avec des lacets.

La blancheur de la neige, l'âcreté du froid les affligent de maux d'yeux au printems, & les conduiraient à la cécité, s'ils ne la prévenaient en portant devant leurs yeux un morceau de bois ou d'ivoire fendu, qu'ils appellent *yeux de neige* & attachent derriere la tête : ils voyent les objets au travers de cette fente.

Les instrumens dont ils se servent pour prendre les oiseaux, les poissons, montrent leur intelligence ; leurs dards, leurs harpons, leurs arcs, leurs fleches sont très-bien faits ; leurs canots sont faciles à conduire & s'avancent avec rapidité : les bords en sont de bois ou de baleine ; ils sont couverts de peaux de chiens de mer comme d'un parchemin ; au milieu est une ouverture ronde, bordée par un cercle de bois ou de baleine, assez grande pour qu'un homme assis puisse étendre ses jambes en avant, mais non pour que l'eau puisse y pénétrer : souvent la peau qui couvre le canot est liée autour des reins de l'homme qui le guide, & pour laisser encore moins d'ouverture à l'eau, les coutures sont ointes avec une espece d'onguent fait avec l'huile de chien de mer : c'est au fond de ces canots qu'ils mettent leurs petites provisions, & une vessie d'huile de poisson dont ils boivent de tems en tems avec délices ; souvent ils la succent encore avec volupté après l'avoir vuidée : là sont aussi leurs instrumens pour tuer la baleine, l'hippopotame, le narwal & autres poissons ; ils n'y oublient pas leur fronde & des pierres : leurs harpons sont armés de dents de *morses* ; l'extrémité en est aiguisée comme un dard : un peu au-deſſus eſt un crochet qui aſſure l'effet du dard, & à la courroie de bœuf qui le lie, eſt jointe une veſſie enflée qui fatigue l'animal bleſſé, & indique le lieu où il eſt lorſqu'il nage ſous l'eau. Dès que l'animal eſt mort, ils le traînent ſur le rivage & ils le dépecent : la graiſſe leur ſert pour remplir les lampes qui éclairent leurs huttes pendant l'hiver.

Pour allumer du feu, ils prennent deux morceaux de bois ſec, font un petit trou dans l'un, y enfoncent l'autre auquel ils donnent une forme cylindrique ; & paſſant autour de celui-ci une courroie qu'ils tirent alternativement & avec vîteſſe des deux côtés, ils les ont bientôt enflammés : la mouſſe ſéchée conſerve & propage le feu ; mais ils ont peu de bois ; ils ne ſe ſervent que de celui que les flots amenent ſur les rivages ; ſouvent ils en manquent l'hiver, & leurs lampes ſuppléent alors à ce que le foyer ne peut faire pour préparer les alimens. Ces lampes ſont de pierres, & ſont faites avec beaucoup d'intelligence. La plupart ont des cabanes conſtruites de cailloux, liés par la glace.

Dans quelques-unes de ces peuplades, les hommes ſont ſi peu jaloux qu'ils offrent leurs femmes aux matelots, & s'imaginent que les enfans qui naîtraient de cette union ſeraient ſupérieurs à eux-mêmes : mais ce ſentiment ils ne l'expriment pas conſtamment ; car ils s'eſtiment bien plus que les autres hommes.

On nous permettra de ne point parler ici des hommes qui ont deux mains au bout du bras, la tête platte, les yeux & le nez très-petits ; de ces negres qui habitent près du pôle, de ces pygmées qui n'ont que trois pieds de haut, & ſont d'une

groſſeur

grosseur extrême, de ces autres hommes qui rendent leurs excrémens par la bouche, & urinent par les aisselles, &c.

## DE L'ISLE DE TERRE - NEUVE.

Elle est séparée de la terre des Esquimaux ou du Labrador par le détroit de Belle-Isle, large de sept à huit lieues. Les Anglais disent qu'elle doit son nom à Cabot qui la découvrit en 1497; les Français que des pêcheurs de Biscaye l'ont découverte en 1491, & lui ont donné le nom de *Terre de Baccalaos*, ou *Terre des Morues*. Quelques auteurs ont prétendu que des Français ont connu cette isle plus d'un siecle avant les découvertes de Colomb: les uns lui donnent quatre cents lieues de tour, les autres seulement trois cents; mais ceux-ci sans doute n'en comptent pas les sinuosités: sa forme est triangulaire; elle s'étend du 46e degré 36 minutes au 51e degré 50 minutes de latitude septentrionale, & du 318e degré 40 minutes au 325e degré 15 minutes de longitude.

A l'orient & au midi elle touche à la mer Atlantique; vers le nord & au couchant au golfe de St. Laurent. Ses côtes au levant & au midi sont souvent couvertes de brouillards, causés par les évaporations qui s'élevent des lacs, des marais nombreux qu'elle renferme, & du grand banc toujours enveloppé de vapeurs: cependant l'air y est sain; les vents y sont violens & presque toujours accompagnés d'averses de pluie ou de neige. On dit que le sol en est stérile par-tout ailleurs que sur les rives des fleuves: mais cette assertion n'est pas exactement vraie. Presque par-tout le pays & bien loin des côtes, on trouve des forêts d'arbres divers qui fourniſſent du bois pour conſtruire des bateaux & des navires, & facilitent les opérations de ceux qui ſechent & ſalent le poiſſon : les fraiſes, les framboiſes y ſont très-communes. Au-delà des forêts le pays eſt élevé & préſente en différens lieux de belles prairies : le centre de l'iſle eſt couvert en partie de hautes montagnes, en partie par les étangs & les marais qui ſont à leur pied : entr'eux ſont des eſpaces aſſez étendus où végétent des buiſſons épais & une mouſſe blanchâtre.

Sur les côtes & les lieux découverts la chaleur eſt ſouvent très-forte, parce qu'ils ſont couverts de pierres plates qui refléchiſſent les rayons du ſoleil : par-tout ailleurs, ſur les hauteurs, dans les forêts, le pays eſt extrèmement froid : les vents, l'humidité, les glaces qui l'environnent y prolongent l'hiver & en augmentent les rigueurs.

Cette iſle eſt arroſée par un grand nombre de ruiſſeaux & de rivieres : la plus grande de celles-ci eſt la riviere *Humber*, qui deſcendant des monts de la partie ſeptentrionale, vient ſe jetter, après un cours de ſoixante lieues, dans la baie des trois iſles. Ses lacs ſont abondans en caſtors, en loutres, en ſaumons, en diverſes autres eſpeces de poiſſons. Les forêts y ſont remplies de bêtes fauves, d'ours, d'orignaux, de loups, de renards, mais on y trouve peu de bœufs, de moutons, de chevaux : c'eſt avec des chiens que les habitans tranſportent leur bois : ils ſont arrangés par couples, ont des colliers de cuir & ſont dirigés avec adreſſe. On y trouve encore un grand nombre d'oiſeaux différens.

Mais la principale richeſſe de cette iſle eſt la pêche des morues : ces poiſſons y ſont plus grands, plus nombreux ſur ſes côtes que par-tout ailleurs :

on les pêche principalement fur un grand banc qui porte fon nom & en eft éloigné de foixante lieues: il eft couvert de cinquante à foixante braffes d'eau, & les navires y voguent fans danger: il a cent foixante lieues de long, fur une largeur qui varie entre vingt & quatre-vingt-dix lieues. Vers le fud-eft eft encore un banc plus petit, nommé le *banc Jaquet.* Ces bancs font prefque toujours couverts d'un brouillard épais & froid qui y cache le foleil: les flots font toujours agités & les vents toujours impétueux fur leurs bords; mais fur leur furface la mer eft ordinairement tranquille. C'eft là que prefque toute l'année, les Français, les Anglais viennent pêcher la morue, poiffon remarquable par fa voracité & par la grandeur de fa gueule: fouvent on y voit réunis trois à cinq cents bâtimens: on raffemble, les uns fur les vaiffeaux, les autres fur la grève, fix à fept milliards de morues; qu'on prépare, les unes au vert, les autres au fec; qu'on encaque & tranfporte en Europe, dans l'Amérique feptentrionale & aux Antilles: le produit de cette pêche s'éleve annuellement à plus de quatre millions de livres, & ce n'eft pas le feul avantage que ces nations en retirent; le principal peut-être eft d'occuper des bâtimens, & d'être une école où fe forment un grand nombre de navigateurs.

Les Anglais qui découvrirent cette ifle n'en tirerent d'abord aucun avantage: on fut, en 1536, qu'on pouvait y faire une pêche abondante de morues, & l'on profita peu de cette inftruction; les Français y accoururent, leur pêche devint abondante, ils formerent un établiffement fur la côte méridionale. Les Anglais y en formerent un auffi, & l'on y vit profpérer les bourgades de *Plaifance*

& de *Saint-Jean*, dont les pêches sédentaires & toujours actives procurent un grand bénéfice à l'Angleterre, qui s'est fait céder l'isle entiere par la paix d'Utrecht.

Avant cette paix, les établissemens Anglais renfermaient environ quatre mille ames : depuis ce tems ils en renferment environ le double. Longtems cette colonie subsista sans gouverneur : le maître du bâtiment qui arrivait le premier dans un des ports de l'isle au tems de la pêche, exerçait, pendant sa durée annuelle, les fonctions d'amiral & de gouverneur ; on le nommait *the lord of the harbour*, le seigneur du havre : aujourd'hui, il y a un gouverneur à Plaisance ; en tems de guerre, le chef d'escadre qui protége les pêcheurs jouit de l'autorité d'amiral ; en tems de paix, c'est toujours le maître du navire arrivant le premier qui a ce titre, mais il est subordonné au gouverneur.

*Saint-Jean* est aujourd'hui une petite ville de plus de six cents ames, défendue par deux forts, & une batterie qui commande le port formé par deux montagnes, & qu'une chaîne étendue d'un fort à l'autre ferme encore : son église est simple & parait avoir été élevée pour des pêcheurs : devant chaque maison est une espece de quai pour faire sécher la morue. Cette place est située sur la côte orientale ; plus au midi sont des établissemens moins florissans, comme *Ferryland*, *Bay-of-Bulls*, *Cap-Broil*, *Petty-Harbour* : plus au nord, *Kittawitty*, *Holyrood*, l'anse de *Salmon*, *Havre de Grace*, *Carboniere*, petite isle sur la côte, inaccessible pendant l'hiver, & autour de laquelle la mer est toujours orageuse, la *Trinité*, sur une baie profonde & vaste, *Bonavista* qui donne son nom à un cap & a un poste fortifié, *Greenpond*, &c. C'est dans la partie du nord, négligée par les Européens, qu'on a vu quelquefois des fauvages ou Indiens, mais en petit nombre, qui paraiffaient y être paffés du Continent voifin, & n'y pas faire une demeure conftante : peut-être n'y viennent-ils que pour la chaffe & la pêche.

Une partie de la côte occidentale fut poffedée par les Français. De la *Pointe-riche* au cap *Normand* on voit peu de baies, le poiffon y eft plus petit, & c'eft là que pêchaient les Malouins ; mais de cette même pointe au cap de *Raye*, il en eft de grandes, de profondes, telles que la *baie aux trois Isles*, celle de *Saint-George* : mais c'eft fur-tout la côte méridionale qui offre le plus d'excellens ports & en grand nombre : la baie des *Trépaffés* offre une côte efcarpée, mais faine & commode pour les vaiffeaux qui vont d'Angleterre à la Virginie, aux provinces voifines, ou aux Bermudes : celle des *Fleurs* eft dangereufe par fes écueils : celle de la *Trinité* eft d'une commodité admirable pour les vaiffeaux & dans tous les tems : elle fe divife en trois parties, dont chacune peut contenir des flottes entieres : celle de *Plaifance* offre un des plus beaux ports de l'Amérique feptentrionale : la morue y eft abondante, & on y trouve toutes fortes de facilités pour la faire fécher ; la profondeur de la baie eft de dix-huit lieues ; fon entrée, que refferre une chaîne de rochers, n'y laiffe pénétrer qu'un vaiffeau à la fois ; le port qui eft au fond, peut en renfermer cent cinquante, & les met à couvert de tous les vents. Là eft un bourg d'une centaine de maifons formant une rue, & défendu par un fort. Le gouverneur Anglais y refide & commande à l'ifle *Anticofti*, ainfi qu'aux côtes voifines qui font partie du Labrador & du Canada.

Les côtes de cette isle font auffi fréquentées par les baleines, les chiens, les cochons de mer & par d'autres grands poiffons : on y fait jufqu'à cinq mille tonneaux d'huile, & les côtes de baleine, les peaux de chiens marins, quelques pelleteries, d'autres objets de commerce pour diverfes contrées de l'Europe, donnent à cette isle une importance que lui refufent peut être la rigueur de fon climat & l'atidité de fon fol.

Au midi de Terre-Neuve font les isles de *Saint-Pierre* & de *Miquelon*, feuls établiffemens fixes que la paix de 1763 a laiffés à la France pour faciliter fa pêche des morues : les deux isles *Miquelon* font à l'entrée de la baie *Fortune*, à trois lieues de la préfqu'isle qu'elle forme avec la baie de Plaifance : le canal qu'elles forment avec Terre-Neuve eft partagé entre les pêcheurs Anglais & Français : on y compte environ fept cents habitans. *Saint-Pierre* a vingt-trois lieues de circuit, & environ huit cents habitans, le gouverneur Français y réfide : fes côtes font propres à fécher la morue, elle offre une rade commode pour quarante gros vaiffeaux & un port qui peut mettre en fûreté trente petits navires. Ces isles ne pouvaient être fortifiées, & ont été prifes par les Anglais en 1780.

## ISLE ANTICOSTI.

Les Anglais lui ont donné ce nom qui lui eft refté : Jaques Cartier lui donna celui d'*Affomption* qu'elle n'a pu garder : les Indiens la nommaient *Natifcotec*. Elle partage l'embouchure du fleuve St. Laurent, dont elle parait être un dépôt arrêté par des écueils : elle a plus de quarante lieues de long, fur une largeur de fix à dix. Elle eft partagée dans fa longueur par une chaine de monts : le fol en eft fablonneux, femé de rocs & d'argille : elle a de petits lacs ou étangs, une riviere, un grand nombre de ruiffeaux, dont le lit eft fec en été : fes bois recélent des ours & des renards, & quoique ftérile en général, on y trouve beaucoup de plantes falutaires. On n'y voit ni villages, ni forts, ni bons havres pour fe mettre en fûreté : les meilleurs font le *Port aux Ours* & la baie *Ellis*. On a prétendu y avoir découvert une mine d'argent ; mais cette efpérance fut bientôt évanouie. Entre cette isle & la partie du Canada qu'on nommait *Gafpefie*, furtout entr'elle & l'isle *Percée*, ( grand roc haut de trois cents pieds, long de huit cents, percé de plufieurs trous, dans l'un defquels une chaloupe paffait à la voile ), on fait une pêche abondante de morue feche ou merluche : les Français, par le traité de 1763, ne pouvaient l'y faire qu'à la diftance de trois lieues. Nous avons dit qu'elle fait partie du gouvernement de Plaifance.

## ISLE ROYALE, *ou du* CAP BRETON.

Cette isle eft à dix-huit lieues au fud-oueft de Terre-Neuve, fous le 46ᵉ degré de latitude méridionale & le 317ᵉ de longitude : un détroit, qu'on appelloit *paffage de Fronfac*, long de cinq lieues, large d'une, la fépare de la Nouvelle-Ecoffe : fa longueur du nord-eft au fud-oueft eft d'environ quarante-cinq lieues, fa largeur varie de huit à vingt lieues : elle eft coupée par une multitude de baies & de ports ; par fa fituation, elle était regardée comme la clef du Canada ; elle offre encore des facilités & un afyle fûr aux vaiffeaux qui vont au Canada ou en partent ; mais en changeant de domination, elle a perdu de son importance.

Sa forme est irréguliere ; sa surface est si entrecoupée de lacs & de rivieres, que ses deux principales parties ne tiennent l'une à l'autre que par un isthme large de huit cents pas. Cet isthme sépare le port de Toulouse de divers lacs nommés les *Laboradors*, qui se déchargent dans la mer par deux canaux. Tous ses ports s'ouvrent à l'orient & tournent ensuite au midi ; il en est peu que les rocs qui bordent les côtes ne rendent dangereux. Les côtes septentrionales sont élevées, elles sont presqu'inaccessibles au couchant.

Le port de *Louisbourg*, que les Anglais nomment *The-English-Harbour*, est un des plus beaux de l'Amérique : il a trois lieues de circuit, & par-tout cinq à six brasses de profondeur. Tous les bâtimens pêcheurs peuvent s'y retirer au moindre danger, même ceux qui pêchent sur les côtes de Terre-Neuve. A une lieue de-là est la baie *Gaborie*, qui est bordée d'isles & d'écueils qui en rendent l'approche difficile : elle a deux lieues de profondeur, une de largeur. Le port *Dauphin*, le port *Toulouse*, sont des ports considérables : d'autres encore, tels que celui de la *Baleine*, l'*Indianéde*, offrent, ainsi qu'eux, un asyle aux vaisseaux balotés par la mer inconstante & orageuse qui environne l'isle : de fréquentes bouffées qui soufflent avec violence, y sont accompagnées de neige ou de pluie : des brouillards froids s'y promenent souvent, & ne permettent pas de voir d'un bout du vaisseau à l'autre ; dans les nuits froides, ils couvrent les voiles & les cordages d'une couche de glace si épaisse qu'on ne peut les mouvoir.

Le sol y est stérile dans la plus grande partie de

## ISLE ROYALE.

son étendue : cependant on y trouve des chênes d'une grandeur extraordinaire, des pins & toutes sortes de bois de construction, dont les plus communs sont le cédre, le chêne, le hêtre, l'érable, le frêne, le peuplier, le cerisier sauvage, le plane. Elle produit des pommes, des légumes, du froment, d'autres grains encore; le chanvre & le lin y sont moins abondans qu'au Canada, mais ils y sont aussi bons : les montagnes y peuvent être cultivées jusqu'au sommet, & les meilleurs champs sont toujours sur la pente méridionale. Ses côtes sont très-abondantes en morues & offrent des facilités pour les faire sécher : des mâts, des planches, des mines de charbon de terre, faciles à exploiter, des carrieres de plâtre y présentent des objets avantageux au commerce. On y a transporté d'Europe des chevaux, des bœufs, des porcs, des moutons, des chevres, de la volaille, qui y trouvent facilement leur nourriture : les bêtes fauves y sont devenues rares : on y voit des perdrix qui ressemblent au faisan par la couleur du plumage & par leur grandeur : les baies, les lacs, les rivieres y nourrissent des castors, des loutres, une multitude de beaux poissons, des loups-marins, des marsouins, des vaches marines, &c.

La ville de *Louisbourg* est située au sud-ouest du port : ses fortifications furent faites sur de bons plans : un bon rempart, des bastions irréguliers, un fossé sec, un chemin couvert, un beau glacis l'environnaient : ses murs étaient très-épais, des marais presqu'impraticables s'étendaient de ses glacis à une assez grande distance : aujourd'hui, elle présente plus de ruines que de maisons habitées: on y comptait quatre mille Français; on y compte à peine de nos jours cinq à six cents habitans, occupés de la pêche & de la contrebande.

Les Français y envoyerent une colonie en 1714; ils l'augmenterent en 1720, & c'est alors qu'on fonda Louisbourg. En 1745, les troupes de la Nouvelle-Angleterre, jointes à des compagnies Anglaises, la soumirent; rendue à la France par la paix d'Aix-la-Chapelle, elle fut de nouveau conquise en 1758, par le général Amherst & l'amiral Boscawen, ses fortifications furent abattues, & elle n'est plus qu'un lieu ouvert. L'isle entiere dépend de celle de Saint-Jean, ainsi que celles dont nous allons parler.

*Petites isles situées entre Terre-Neuve & Saint-Jean.*

L'isle de *Saint-Paul* est située au nord de l'isle Royale ou Cap-Breton, & n'en est éloignée que de trois lieues; elle n'est point habitée, & peut-être elle n'est point habitable. Les *Isles aux Oiseaux* doivent leur nom aux oiseaux qui s'y retirent en si grand nombre, qu'une chaloupe s'y charge assez promptement d'œufs ou de petits. L'isle *Brion* est un rocher sur lequel on voit quelques arbres. Les isles *Ramées* ou de *Baton* sont comprises aujourd'hui sous le nom d'isles de la *Magdeleine*: on en compte huit; la plus grande qui leur donne son nom, n'est encore qu'un rocher recouvert d'une légere couche de terre, où végétent des sapins & des bouleaux: elle a un havre qui reçoit des vaisseaux de cent tonneaux, & est habitée par quelques pêcheurs de morues ou de vaches marines.

## ISLE SAINT-JEAN.

On lui donne environ vingt-cinq lieues de long, sur une largeur inégale & peu considerable : sa forme est celle d'un croissant, ses rives, près du continent, sont bordées de rochers, & n'y offrent que deux anses qui reçoivent de grandes barques, & qui reçoivent chacune un ruisseau : le côté opposé a aussi deux golfes, mais l'accès en est dangereux : la pêche y est abondante : la marée en inonde divers cantons, & y forme des étangs environnés de prairies excellentes : on y trouve beaucoup d'oiseaux, parmi lesquels on remarque les grues & les oies grises & blanches.

Cette isle l'emporte sur celles que nous venons de décrire par sa fertilité : le sol y est uni, varié, arrosé par un grand nombre de sources ; le gibier, les bêtes fauves y étaient en grand nombre, & la peuplade de sauvages qui l'habitait & n'a pas su la défendre, était florissante. Il est vrai que l'hiver y est long, le froid excessif, la neige abondante, & les insectes très-multipliés. Les bois y sont beaux, & composés la plupart de sapins, de hêtres & de bouleaux. Des Français qui s'y transportèrent de l'Acadie la cultivaient avec tant de soin, qu'elle était appellée le magasin à blé du Canada : toutes sortes de grains y prospéraient ; on y nourrissait de nombreux troupeaux de bœufs & de porcs, & les Anglais qui la conquirent y trouverent dix mille pieces de bétail : quelques économes agriculteurs y recueillaient annuellement mille deux cents boisseaux de grains : les rivieres y abondent en saumons, en truites, en anguilles & autres poissons : la mer y fournit des esturgeons, des plies, les meilleures especes de morues. Une partie de son sol est inculte encore. Le commandant *Rollo* la soumit aux Anglais en 1758; elle avoit alors quatre mille habitans, & l'on dit qu'on trouva dans la maison du gouverneur plusieurs chevelures anglaises que les sauvages de la Nouvelle-Ecosse venaient y vendre au marché.

Sur la côte septentrionale est le port de *Princes-Town*, sur l'orientale est celui de *Georges-Town*; sur la méridionale est *Charlotte-Town*, aujourd'hui la capitale de l'isle. Sous les Français son port s'appellait le *Port la joye*. Cette-isle dépendit de la Nouvelle-Ecosse: en 1772 elle eut un gouverneur, un conseil, & sa domination s'étendit sur les isles voisines.

## DE L'ACADIE, *ou* NOUVELLE-ECOSSE.

L'*Acadie*, *Nova Scotia*, est la partie la plus orientale du continent de l'Amérique. Les Anglais lui donnent pour limites, au nord le fleuve de Saint-Laurent qui la sépare du Canada; au couchant, la baie Française, ou baie de Fundy & la province de *Main* qui fait partie de l'Etat de Massachusets-Bay, & dont la riviere de Sainte-Croix la sépare; au midi, la mer Atlantique; à l'orient le golfe de Saint-Laurent & le détroit de Canso ou Canseau, nommé aussi détroit de Fronsac, qui la sépare du Cap Breton. Elle s'étend du 311e degré 30 minutes au 316e degré 45 minutes de longitude, & du 43e degré 20 minutes au 49e degré 30 minutes de latitude méridionale. Fundy-Bay & l'Océan font de sa partie méridionale une presqu'isle triangulaire, jointe au continent par un isthme long de vingt lieues, large de douze: c'est cette presqu'isle que les Français nommaient *Acadie*.

# ACADIE.

Cette province a environ trois cents lieues de côtes. En général c'est un beau pays : l'hiver y est âpre, la glace y demeure long-tems & devient très-épaisse : la neige couvre ses champs à une grande hauteur ; mais l'air y est sain, le ciel presque toujours serain, & l'été y est aussi chaud qu'en Angleterre ou en France.

Le sol y est varié, en quelques lieux stérile, en d'autres, également agréable & fertile, principalement autour de Fundy-Bay, & dans les lieux que les fleuves arrosent. Entre ces fleuves sont des districts qui s'avancent dans l'intérieur, dans l'espace de vingt lieues, où l'on ne voyait autrefois que des marais ; mais ils ont été desséchés de nos jours, & on les cultive avec succès. Les collines y présentent un aspect riant & riche ; elles sont couvertes de froment, de seigle, de maïs, de pois, de haricots, de chanvre, de lin, de diverses sortes d'excellens fruits, tels que la framboise, la groseille, la fraise qui croissent & mûrissent dans les bois. Par-tout on y trouve de beaux arbres, de grands chênes pour construire des vaisseaux, des bouleaux, le pin blanc (*pinus mariana*) & beaucoup d'autres. On y trouve beaucoup de gibier, des oiseaux sauvages, comme la sarcelle, le héron, la bécasse, le pigeon, l'outarde, la perdrix, le canard ; beaucoup de castors & de loutres ; les rivieres y sont poissonneuses ; on y remarque sur-tout le saumon.

L'Acadie, par sa position, offre un asyle aux vaisseaux Anglais qui viennent des Antilles ; elle a un grand nombre d'excellens ports, d'où l'on peut sortir & entrer par tous les vents. On voit beaucoup de morues sur ses rivages & sur les bancs de sable qui en sont à douze ou vingt lieues, & une greve aride en facilite l'apprêt. Aussi voit-on des pêcheries dans plusieurs de ses ports, & elles y forment un bon objet de commerce.

La partie septentrionale de la Nouvelle Ecosse, renferme encore de grands espaces incultes, couverts de marais, d'étangs, de bois épais & élevés, remplis de g bier, de vastes prairies arrosées par des rivieres qu'habitent les castors: ses différens ports sont d'autant plus utiles que les côtes, dans une grande partie de leur enceinte, sont bordées de rochers dangereux: près des isles *Miscou*, à l'entrée de la baie des Chaleurs, on voit sortir du sein de la mer un bouillon d'eau douce de trois pouces de diametre, qui conserve sa pureté dans un espace de vingt pas, sans que le flux ou le reflux arrête ou trouble son cours qui hausse & baisse avec la marée: le fond d'où sort cette source a une brasse de profondeur quand les eaux sont basses; l'eau qui l'environne est salée comme en pleine mer; les pêcheurs viennent y remplir leurs futailles.

La plus grande isle de *Miscou* a huit lieues de tour; on y voit de belles prairies, des bois de sapins, des étangs couverts d'oiseaux; quatre ruisseaux y serpentent; la terre y est bonne, légere, & les légumes, les arbres fruitiers y prosperent.

Les bords de la *baie des Chaleurs*, qui s'étend à plus de vingt lieues dans les terres, offrent de magnifiques prairies, de beaux bois, diverses rivieres remplies de saumons, d'éturgeons, de maquereaux; la terre y est fertile; les étangs y sont couverts d'outardes, de canards, de cravans & autres oiseaux, la chasse y est très-abondante. Cette baie forme, avec l'embouchure du fleuve Saint-Laurent, une presqu'isle, qu'on nommait *Gaspesie*, de la baie *Gaspé* qui est dans sa partie orientale. La terre y est facile à cultiver: on y voit végéter de beaux cédres, des pins, des érables, des frênes, des bouleaux, des chênes, &c. Des montagnes y donnent des indices de mines. Diverses rivieres l'arrosent & sement leurs bords de coquillages; le gibier y est abondant & la pêche des morues y présente une source de richesses.

La partie méridionale est coupée par un grand nombre de rivieres, dont quelques-unes sont navigables jusqu'au centre du pays. Celle de *S. John*, ou Saint-Jean est la plus considerable; elle naît de différens lacs, à peu de distance des rives du Saint-Laurent, & tombe dans le Fundy-Bay : près de son embouchure, resserrée entre deux montagnes escarpées, elle forme deux grandes cascades, dont l'une a cent cinquante pieds de haut : son cours est long, plein & rapide.

Le commerce de la Nouvelle-Ecosse consiste principalement en bleds, fruits, bestiaux, pelleteries, castors, poissons, fortes matures, bois de construction, huile de poisson, &c.

Ce pays fut découvert en 1497 par Sebastien Cabot; mais il fut long-tems négligé; les Français y aborderent en 1604, & y éleverent quelques maisons, d'abord dans la petite isle *Sainte-Croix*, puis à Port-Royal : les Anglais les en chasserent en 1614 : sept ans après, Jacques I. la donna au comte de Stirling, Ecossais, qui lui donna le nom de *Nouvelle-Ecosse* & y établit une colonie. En 1632 la possession en revint à la France, en 1654 à l'Angleterre, en 1667 à la France, en 1690 à l'Angleterre encore, qui se l'assura par la paix d'Utrecht.

Des Français s'y étaient établis; ils formaient une peuplade nombreuse, qui s'occupait de la culture des grains, du soin des bestiaux, qui vivait dans des maisons de bois commodes & propres, qui s'habillait avec les toiles & le drap grossier qu'elle fabriquait du lin, du chanvre, de la toison des brebis qu'elle faisait prospérer; elle prospérait, mais elle s'était rendue redoutable en s'étendant, en s'attachant les peuples sauvages qui étaient autour d'elle, en inquiétant par elle-mêmes, ou par ses voisins les colonies Anglaises; on lui fit craindre l'oppression, les uns se dispersèrent volontairement, les autres furent dispersés au nom de leur nouveau maître.

Après la paix d'Aix-la-Chapelle, Mylord Hallifax forma un plan pour assurer à jamais la possession de ce pays à l'Angleterre. Approuvé par le ministere, il offrit aux officiers, aux soldats, aux matelots que la paix rendoit inutiles, des avantages qui engagerent plus de trois mille cinq cents d'entr'eux à s'y transporter: chaque soldat, chaque matelot reçut cinquante acres de terrein, comme un fief simple, exempt de tous droits pendant dix ans, & après ce terme, il ne pouvait être taxé à plus d'un schilling par acre; les bas-officiers en reçurent quatre-vingt, les enseignes deux cents, les lieutenans trois cents, les capitaines quatre cents, & le tiers en sus pour les officiers d'un grade supérieur. Chaque matelot qui avait une famille recevait encore dix acres pour chacun des membres dont elle était composée: tous les colons devaient recevoir de plus grands dons encore dans la proportion de l'accroissement de leur famille, ou de leur industrie à faire prospérer leurs champs. Les frais du voyage, ceux de la construction des maisons, de la fourniture des instrumens, de la nourriture de la colonie pendant un an, furent fournis par la nation.

On s'embarqua, on vint jetter l'ancre sur les côtes; on choisit d'abord l'embouchure du fleuve Sandwich

Sandwich pour y placer le chef-lieu ; des inconvéniens retardèrent les travaux, les firent suspendre : on choisit un autre lieu : il était près de la rive du port que les sauvages nommaient *Chebucto*, sur le penchant d'une colline qui commandait au loin & défendait la nouvelle ville des tourbillons du N. O. Le fond était un gravier fin qui facilitait l'abord aux canots ; il était profond, sûr pour les grands vaisseaux à une portée du canon de la ville ; & les petits bâtimens pouvaient se rendre sous ses murs dans une eau douce & saine.

Ce second choix fut heureux : on traça des rues ; on éleva des maisons ; l'ouvrage avança rapidement : des bois travaillés, des planches, des portes avec leurs gonds, des chassis de fenêtre, &c. y furent apportés de la Nouvelle-Angleterre : on excita l'émulation entre les constructeurs, & dans trois ans la ville fut bâtie : elle eut le nom d'*Hallifax*, du nom de celui qui avait formé le plan de l'établissement, choisi la place, dirigé les travaux. On y bâtit ensuite une église, un quai, un chantier : on l'environna de palissades & de quelques ouvrages de fortifications : on cultivait les terres malgré les obstacles que la jalousie des Français cherchait à y opposer : on n'osait s'écarter de la ville, éclaircir les bois, former des champs sans s'exposer à être enlevés durant la nuit, & avoir le crâne découvert. On se plaignit à la cour de France : alors s'élevèrent les contestations sur les limites qui furent la cause ou le prétexte de la guerre qui finit en 1763 : alors la colonie prit une base plus solide ; elle prospera : la guerre actuelle avec l'Amérique a augmenté ses forces : la paix dont elle jouit l'a rendue l'asyle de ceux qui ont craint les dévastations, les

*Tome XI.*          D

travaux, ou la mort, & fa population a doublé: on y compte aujourd'hui plus de 40,000 ames.

Le port de *Chebucto*, ou *Chibouctou* est auſſi ſûr que commode; il eſt aſſez profond pour les plus grands vaiſſeaux de guerre, l'ancrage y eſt bon, & c'eſt là que ſe raſſemble la flotte royale: on y voit un beau chantier, & tout ce qui eſt néceſſaire pour conſtruire ou reparer les navires: il s'ouvre au midi; vers le N. O. eſt une iſle de forme irréguliere, que le premier gouverneur du pays nomma *Cornwallis*: une plus petite nommée l'iſle *George*, ſituée dans le port même, préſente ainſi qu'elle, des avantages pour la pêche, & des commodités pour ſécher & encaquer le poiſſon.

C'eſt ſur la rive orientale de ce port qu'eſt ſituée *Halifax*, élevée en 1747, mais dont la proſpérité rapide a fait déja une grande ville: on y compte plus de 1200 maiſons: ſes rues ſont droites & belles, & tout annonce en elle la capitale de la province: ſes fortifications ſont redoutables & elles peuvent le devenir plus encore: l'enceinte du port montre divers villages ſur ſes rives. Sa longitude eſt de 314° 5'; ſa latitude 44° 35'.

A une lieue de *Chebucto* eſt le fleuve *Sandwich* qui forme un port à ſon embouchure, où il eſt auſſi large, auſſi profond que la Tamiſe ſous le pont de Londres. Ses eaux ſont ſalées juſqu'à l'endroit où il reçoit un ruiſſeau d'eau douce, à près de deux lieues de la mer: le rivage y eſt ſûr: au N. E. il forme une belle nape d'eau: entre ce fleuve & le port, plus au nord & au levant, le ſol eſt élevé & couvert de bois.

A deux lieues du Sandwich eſt l'entrée de la

# ACADIE.

baie *Bedfort*, large de 300 toises : cette baie a quatre lieues de circuit, ses rives forment différentes anses où l'on trouve une multitude des plus beaux saumons : elle renferme de petites isles, & vers le couchant on voit des bois de pins élevés, qui fournissent des mâts pour les vaisseaux.

De-là, en suivant les côtes au nord-est, le fond est bas & parsemé d'isles : on n'y trouve que la petite ville de *Milfort*, dans une situation avantageuse ; à trente lieues au midi est l'*Isle de Sable*, elle est longue, étroite, sans ports, & l'on n'y trouve que des poissons, quelque bétail, de l'herbe, des broussailles, & un lac qui en occupe le centre : ses deux extrèmités sont des écueils, ses monts se découvrent de huit lieues en mer : ce fut là que les Français s'établirent d'abord.

*Camceaux*, situé à l'extrémité de l'Acadie, est un havre profond de trois lieues, composé de plusieurs isles, dont la plus grande qui est au milieu des autres, a quatre lieues de circuit : le terrain en est fertile, riche en bois, bien arrosé, & elle forme deux anses où le mouillage est sûr : vis-à-vis, sur le continent, est une riviere où le saumon abonde.

Au sud-ouest d'Halifax est le fort de *Lunebourg*, & autour du Fundy-Bay, sont divers établissemens, parmi lesquels on distingue *Annapolis la royale* : son port peut contenir mille vaisseaux qui y sont à l'abri des orages, & le fond en est excellent : il a toujours quatre à cinq brasses d'eau ; son seul défaut est la difficulté d'y entrer & d'en sortir : les courans & la marée forcent les vaisseaux à prendre les plus grandes précautions pour n'y pas échouer, & les brouillards y sont fréquens : la longueur eſt de deux lieues, il en a plus d'une de large : au centre eſt la petite *Isle aux chevres* : le climat y eſt tempéré, l'hiver moins rude que dans les autres parties de la côte, le pays agréable, la chaſſe abondante : au fond ſont deux petites rivieres qui fourniſſent de l'eau douce.

Près des rives du fleuve St. John, autour d'un lac qu'il forme, ſont quelques villages, comme *Ramatou*, *Nanchuat* & *Sainte-Anne*. A l'embouchure du fleuve eſt le fort de ſon nom.

Cette province fut habitée jadis par les *Etechemines* & les *Souriquois* ou *Micmas*, qui n'avaient pas le nez plat, vivaient ſans culte, ſoumis à des Caciques, & qui aujourd'hui ſont preſque tous détruits. Le roi de la Grande Bretagne en nomme le gouverneur, le lieutenant gouverneur, le conſeil, qui tous enſemble forment la chambre haute : la chambre baſſe ſe forme des repréſentans du peuple, choiſis dans les *Freeholders*, ou poſſeſſeurs de fonds libres.

## DU CANADA.

Le Canada, ou Nouvelle France, eſt la plus grande province du Continent poſſédé par les Anglais. Il eſt borné au nord & à l'eſt par les Eſkimaux & les fleuves de Saint Laurent & de Saint Jean ; au couchant par les vaſtes contrées qu'habitent des hordes nombreuſes de ſauvages, au midi par les provinces de New-York, de la Nouvelle Angleterre & de la Nouvelle Ecoſſe.

Ce pays a du nord-eſt au ſud-oueſt environ cinq cents lieues, ſur deux cents de large. Les Français lui donnaient une plus grande étendue : on en a ſéparé le Labrador, & une grande partie de la Nouvelle Ecoſſe : au nord ils l'étendaient juſqu'à la baie d'Hudſon, au couchant juſqu'à la mer Pacifique, au midi juſqu'au golfe du Mexique, & avaient élevé une chaîne de forts qui s'étendait de l'embouchure du fleuve Saint-Laurent à leur colonie de la Louiſiane.

Le climat y eſt froid, l'hiver y eſt long & âpre : ſa poſition ſemblerait lui promettre un air tempéré ; mais les bois, les ſources, les montagnes couvertes de neige, la direction des vents qui viennent du nord, un ſol élevé, un ciel preſque toujours ſerein y raſſemblent des cauſes d'un froid rigoureux. Cependant le ſol y eſt bon ; diverſes de ſes parties réuniſſent l'agrément à la fécondité : elles rapportent abondamment les meilleurs grains, les meilleurs végétaux : telles ſont l'iſle d'Orléans & les contrées voiſines. L'été y eſt agréable, & aidant à la richeſſe du ſol, il fait que dans ſix ſemaines le cultivateur ſème & moiſſonne. Les prairies bien arroſées y ſont couvertes d'une herbe haute & épaiſſe, & nourriſſent de nombreux troupeaux de grand & de petit bétail : par-tout où la culture vient diriger la végétation, la terre donne de riches récoltes ; les montagnes y renferment des mines de charbon de terre, des mines de fer & de plomb : preſque par-tout on y trouve d'excellens bois de charpente, ſur-tout le pin blanc, des ſapins de toutes ſortes, diverſes eſpeces de chênes dont il en eſt de rouges, des hêtres, des meriſiers dont le tronc eſt droit, & le bois dur & blanc, des trembles, des aulnes, des cedres, des bouleaux, des frênes, des ormes, des tilleuls, des noyers de deux ſortes, des chataigniers, & divers autres arbres fruitiers : les érables y donnent une ſeve délicieufe & falutaire; on la boit, on en fait du fucre & un firop précieux: la vigne y réuffit & l'on en fait du vin plus noir que rouge, mais fort doux: on y recueille une efpece de citrons qui n'ont qu'une peau pour écorce, & font produits par une plante haute de trois pieds, des melons d'eau, des citrouilles douces, du tabac, des grofeilles, des fraifes, des framboifes, des bluets, efpece de baie qui fert à faire des confitures & à divers autres ufages. Le *vinaigrier* eft un arbriffeau rempli de moëlle, dont le fruit rouge infufé dans l'eau donne un bon vinaigre: le *pemine*, l'*atoca* font des arbriffeaux inconnus ailleurs: on y trouve encore deux efpeces d'*aconit*, deux *angeliques*, l'*alcée de la Floride*, la *palachine*, l'*apios*, &c.

Ce pays renferme un grand nombre de cerfs, d'élans, d'ours, de renards, de furets, de belettes, d'écureuils, de martres, de lievres, de lapins, & beaucoup d'autres animaux fauvages. L'élan ou orignal y eft prefque auffi grand que le cheval; il égale le chevreuil, & comme à lui, chaque année lui voit renaître de nouvelles cornes. Les naturels du pays le vénérent; celui qui le voit en fonge s'attend à être heureux, à jouir d'une longue vie: fon plus grand ennemi eft le carcajou, efpece de glouton, ou de chat fauvage, qui malgré fa petiteffe, le dévore: il s'attache à fon dos, il le déchire, il le mange vivant, à moins que l'orignal ne trouve de l'eau où il fe lance & fait lâcher prife au carcajou.

L'ours y eft ordinairement noir; il fe loge l'hiver dans des antres profonds, ou au fommet d'un tronc creux & pourri: il n'y raffemble aucune provifion, il n'y prend aucune nourriture; fa graisse, son poil épais, un sommeil presque continuel lui permet de soutenir cette longue diette; plus farouche que féroce, il n'est dangereux que lorsqu'on l'attaque, ou lorsqu'au printems il est affamé; il vit de raisins, de fruits, ravage le bled d'Inde, & tue les porcs qu'il trouve: sa chasse est une source de gloire pour les sauvages; celui qui en tue davantage est le plus recherché, est regardé comme le guerrier le plus illustre: ils se nourrissent de sa chair, se vêtissent de sa peau, se frottent de sa graisse. On y trouve aussi l'ours blanc, plus grand, plus terrible que les autres.

Une espece de fouine qu'on nomme *bête puante*, ou *moffette* y est très-commune; elle exhale une odeur insupportable lorsqu'on la poursuit: elle est de la grandeur d'un petit chat, son poil est gris & brillant; deux raies blanches qu'elle a sur le dos y forment un ovale: sa peau, celles de l'hermine, de la martre & de la loutre forment ce qu'on appelle la *petite pelleterie*. Les *renards* y sont de diverses couleurs: il en est de noirs, de gris, de rouges, de blancs; leur finesse, leurs ruses dépeuplent les lacs & les fleuves d'oiseaux aquatiques dont ils font leur proie. Le *rat musqué* a les inclinations & la forme du castor; sa peau sert au même usage, sa queue est ronde comme celle du rat; il pese cinq ou six livres; le mâle & la femelle se rassemblent en été, se séparent en hiver; chacun d'eux grimpe alors sur un arbre élevé, & y vit dans un sommeil profond. On connait le *castor*, sa chasse, sa peau, ses usages.

Parmi les reptiles, on remarque la couleuvre, qu'on peut manier sans crainte, un aspic dangereux qui vit dans les eaux croupies, des serpens à sonnettes, des grenouilles qui imitent le meuglement du bœuf : parmi les insectes, le maringouin ou cousin, le taon gros comme le grand frelon, mais ayant la forme de la mouche ordinaire ; leur piquure est sanglante, & l'on n'a, dit-on, à la craindre que depuis midi à trois heures : des *brulots*, animaux presqu'imperceptibles, qui s'attachent à la peau, & dont la piquure cause la douleur qu'y feroit sentir une étincelle ardente.

Au nord on trouve des outardes, des oies blanches, diverses especes de canards, des sarcelles, des mauves ou mouettes, des grelons, des sterlets, oiseaux pêcheurs qui planent sans cesse sur les rivieres, des perroquets de mer qui sont noirs & gros comme des poules, des moyaques gros comme une oie, ayant le col court, le pied large & dont l'œuf très-grand n'a qu'un petit jaune très-épais, des cormorans, des bécasses, bécassines, plongeons, pluviers, vanaux, diverses especes de perdrix, dont l'une est blanche, & dont les pieds sont couverts d'un duvet épais, une autre est noire, grosse, & a le bec, le tour des yeux, & les pieds rouges ; des hérons & divers autres oiseaux. Au midi, on trouve l'aigle, le vautour qui le combat & souvent en triomphe, des huards, des cignes, des coqs d'Inde, des faisans, des grues, des oies, des poules d'eau, des canards noirs, &c. : les pigeons ramiers n'y sont pas bons à manger, mais ils sont ornés d'une belle hupe ; les rossignols y sont plus petits qu'en Europe, mais leur chant y est plus diversifié ; leur plumage est bleuâtre ; l'oiseau-mouche y est d'une couleur si changeante qu'on n'en peut dire précisément la couleur. On y voit divers oiseaux de proie inconnus en Europe.

Les fleuves, les lacs y sont riches en saumons,

anguilles, maquereaux, harangs, gasparots, aloses, plies, éperlans, turbots, brochets, rougets, éturgeons, truites, barbues, mulets, carpes, poissons armés, &c. Ceux des lacs sont plus estimés que ceux des rivieres, sur-tout les poissons blancs.

Les fleuves qui arrosent cette contrée sont nombreux, plusieurs sont navigables dans un long espace de leur cours : comme toùs se rendent dans celui de Saint-Laurent, que les villes du Canada sont presque toutes sur ses bords, nous décrirons la partie du pays qui s'étend de son embouchure aux lacs qu'il traverse. On en représentait la navigation comme dangereuse ; mais les Anglais se sont assurés que même les vaisseaux de ligne pouvaient commodément & sans crainte faire voile jusqu'à Quebec. Il a vingt-huit lieues de large à son embouchure : le sol sur ses deux rives est généralement uni & bas ; vis-à-vis de Quebec sont deux grandes montagnes appellées les *montagnes des Dames* ( *The Lady Mountains* ). D'ici, l'une d'elles s'étend au sud-ouest, jamais interrompue, jusques au pays des Indiens Creeks, dans la partie septentrionale des deux Florides, & demeure, même là où elle presse le lit des fleuves, toujours élevée, escarpée, difficile ; c'est ce qu'on appelle les *Apalaches*.

Entrons dans le fleuve : sa rive septentrionale est d'abord déserte, & fait partie du pays des Esquimaux ; au midi est un beau pays dont une partie est, ou fut habitée par les *Abenaquis* ou *Canibas*, peuple guerrier, plus sociable que les autres sauvages, qui occupait la plus grande partie de la Nouvelle Ecosse, attaché aux Français & ennemi des Anglais qui les ont soumis : leur langue est un dialecte de l'algonquin, une des trois langues meres de l'Amérique septentrionale.

Sur la rive septentrionale, on voit descendre avec rapidité deux rivieres : l'une est celle de *Sainte-Marguerite*, qui vient du pied des monts de la Trinité, forme des lacs, ou dans laquelle des lacs se dégorgent : l'autre est celle de *Manicouagan* dont le cours est bien plus étendu, qui nait près de la baie d'Hudson, communique avec le lac des Mistassins, avec celui de Nitchicounipi ou de la Loutre, traverse celui de Piretibi, ou des Perdrix, celui de la petite pêche & celui de St. Barnabé. Sur la rive méridionale, à deux lieues du rivage, s'élevent deux têtes de montagnes qu'on nomme *Mamelles de Matance* : autour on ne voit que des bois rabougris, des rochers, du sable, de belles sources d'eau, beaucoup de gibier : plus loin sont les isles du *Bic*, petites, peu fertiles, sans habitans : vers le nord est l'*Isle verte* où l'on trouve des poissons, du gibier, des végétaux. C'est non loin de là qu'est l'embouchure du *Saguenay*, riviere que les plus grands vaisseaux peuvent remonter l'espace de vingt-cinq lieues : sa source est inconnue & parait être au midi de la baie James ; elle se grossit de diverses autres rivieres, forme le lac *Pickouagami* ou de St. Jean, & se divise en diverses branches qui se réunissent avant de se perdre dans le St. Laurent : c'est sur sa rive droite qu'est le port de *Tadoussac*, qui fut autrefois l'abord des nations sauvages du nord & des commerçans Français, & où l'on échangeait diverses productions d'Europe pour des pelleteries. Vingt-cinq vaisseaux de guerre peuvent être en sûreté dans ce port, dont l'enceinte est ronde & bordée de rochers escarpés d'une hauteur prodigieufe : on y pourrait pêcher des baleines, & le pays voisin fournit du marbre. Près de-là est l'isle *Rouge*, rocher à fleur d'eau, célebre par des naufrages : plus loin, font les trois isles *aux Lievres*, nommées ainsi des animaux qu'on y trouve ; & ensuite l'isle *aux Coudres*, du nom des arbrisseaux qui l'ombragent & dont une montagne, détachée par un tremblement de terre, aggrandit l'enceinte : elle est vis-à-vis la baie *St. Paul*, où l'on a trouvé une mine de plomb, où l'on voit des pins rouges très-estimés.

Plus bas est l'isle d'*Orléans*, que Cartier nomma isle de *Bacchus*, de l'abondance de ses seps de vigne : elle a quatorze lieues de circuit : ses campagnes fertiles & bien cultivées se présentent de toute part en amphithéâtre & forment une perspective agréable : on y compte six paroisses assez peuplées : le canal qu'elle forme au midi est le seul navigable. La salure de l'eau de la mer se fait distinguer encore à sa hauteur dans le fleuve ; elle y est saumâtre : sur la rive méridionale, vis-à-vis de l'isle, sont les deux villages de *Belle-chasse* & de *Beaumont* ; sur la septentrionale est *Beaufort*; & plus bas *Quebec*.

*Quebec*, la capitale du Canada, doit son nom au mot *Quebeio*, qui signifie *retrécissement* dans la langue algonquine, parce que le fleuve se retrécit beaucoup vers le lieu où elle est située : elle est grande, belle, bien fortifiée : le port est défendu par deux bastions, contre lesquels l'eau s'éleve dans le flux : un peu au-delà est un demibastion, taillé en partie dans le rocher, & plus loin, à côté de la gallerie du fort, est une batterie de vingt-cinq canons derriere laquelle est la citadelle : le chemin qui conduit de celle-ci à la ville est pénible : au côté gauche du port, vers la rade, sont de grandes batteries de canons avec quelques mortiers. Le port est environné de murs, & est commandé par un château bâti sur le sommet d'un mont, élevé de deux cents pieds au-dessus de la ville : l'enceinte de ce château que les Français appellaient le fort *St. Louis*, est irréguliere, fortifiée par deux bastions, mais vers la ville, il est sans fossés. Il y a encore une redoute ou un fort sur le cap Diamant, au midi du port, bâti dans le roc & haut de trois cents trente pieds : il doit sa force à la nature du lieu.

La premiere place où les Français débarquerent, où ils penserent à élever la ville, est un quarré irrégulier qui a quelques maisons bien bâties, est derriere un rocher : c'est près delà qu'est la ville basse (*The Lower Town*) à gauche est une petite église, à droite deux lignes paralleles de maisons : entre l'église & le port il en est une ligne encore : une quatrieme rue, longue, mais étroite, est sur la baie : là demeurent la plupart des marchands : on monte ensuite une colline escarpée où l'on a pratiqué des marches ; elles conduisent à la ville haute (*The Vpper Town*), où l'on voit des bâtimens magnifiques : entre deux quarrés de maisons est le fort où demeure le gouverneur : les recolets ont de belles maisons vis-à-vis de ce fort : à droite s'éleve l'église cathédrale bâtie dans un assez mauvais goût, ayant une seule chapelle bien finie, & une tour grande, haute, bien bâtie, qu'on découvre de fort loin : vis-à-vis est le beau college où enseignerent les jésuites ; entre lui & la cathédrale sont des maisons fort jolies. La maison des hospitaliers est magnifique & a deux beaux pavillons. Dans le second quarré on trouve deux endroits où l'on passe la riviere St. Charles, espece de torrent qui amene & dépose beaucoup de sable sur ses bords : à moitié chemin est l'Hôtel-Dieu : de-là on trouve de petites maisons jusqu'à l'intendance. Sur l'autre côté du college des jésuites, est une longue rue où s'éleve un couvent d'ursulines. Presque toutes les maisons de Quebec sont de pierres : on y compte environ 5000 habitans. Outre la haute & la basse ville, on trouve entre la premiere & les bords de la riviere St. Charles plusieurs maisons : elles suivent les bords de cette riviere, le long desquels sont de vastes maisons de campagne. Sa longitude est de 306° 25', sa latitude de 46° 55'.

Au nord de Quebec, près de sa rade, on voit une belle nappe d'eau, d'environ trente pieds de large & quarante de haut, qu'on nommait le *saut de Montmorency* : cette chute qui ne tarit jamais vient d'un ruisseau, lequel vient d'un beau lac à douze lieues de-là.

Au midi de Quebec, sur les deux rives du St. Laurent, sont divers hameaux ou villages, dont le plus considerable est celui de *Sillery*. La *Pointe aux trembles* est une des meilleures paroisses du pays : l'église en est grande, bien bâtie ; les habitans y font un commerce qui les conduit à l'aisance : on trouve plus bas un village d'Abenaquis & quelques seigneuries.

*Les Trois Rivieres* est une petite ville dans une situation charmante, sur un côteau sablonneux, environnée de champs fertiles, baignée par le fleuve qui y est large d'une demi-lieue, & au-delà duquel sont des campagnes cultivées, fertiles, couronnées de forêts superbes : une riviere qui en reçoit deux autres, a donné son nom à la ville : un peu au-dessus est le lac *St. Pierre*, qui n'est que le St. Laurent même qui s'y élargit dans une étendue de sept lieues sur trois de large : il reçoit plusieurs rivieres, étend au loin la perspective, le soleil parait se coucher dans ses ondes. La ville fut bâtie dix ans après Quebec, mais Montréal ne lui a pas permis de s'étendre : on y trafique en pelleteries, des mines de fer sont dans son voisinage ; il y a un couvent & un hôpital.

A l'extrémité du lac sont les isles *Richelieu*, & celles de *St. François*, isles autrefois remplies de daims, de chevreuils & d'orignaux qu'on y a détruits : les sauvages voisins sont des *Abenaquis*, les *Algonquins*, les *Sokokis*, les *Mahingans* ou *Loups*. Pres de la route, du nord au midi, est une riviere qui sort du lac de *Caouiagane*. Plus bas que les isles, le climat devient sensiblement plus doux : il l'est à Montréal, qu'on trouve après avoir passé différentes isles, dont quelques-unes sont habitées, & qui toutes présentent un beau paysage.

*Montréal* est située dans l'isle de ce nom, formée par le fleuve St. Laurent : elle est à environ soixante & dix lieues de Quebec, & est presqu'aussi grande, aussi peuplée qu'elle. L'isle a dix lieues de long, & un peu plus de trois de large : elle est très-fertile, bien cultivée, & rapporte toutes sortes de grains & différens fruits : la situation de la ville sur une montagne qui a deux têtes inégales & presqu'au milieu de l'isle, est très-agréable, elle est fortifiée ; ses rues sont régulieres, ses maisons bien bâties, commodes, riantes : une partie située au bord du fleuve, mais obliquement à son cours, est appellée la haute ville : du port situé au midi, on peut voir d'un coup d'œil toutes ses maisons : ses bâtimens publics étaient les plus beaux du Canada. Les marchands demeurent dans la baſſe ville où ſont les magaſins, le port, l'hôtel-Dieu, la place d'armes: dans la haute on voit le ſéminaire, l'égliſe paroiſſiale, la maiſon des recolets, le college des jeſuites, un couvent de femmes, l'hôpital général. L'égliſe où les jéſuites officierent eſt grande, bâtie avec goût & ſolidité. Le principal commerce y conſiſte en pelleteries apportées par les Indiens. Un incendie dévora une partie de cette ville il y a peu d'années, & détruiſit de beaux édifices; les Anglais ſe hâterent d'y envoyer une grande ſomme d'argent, pour adoucir l'infortune de ces nouveaux ſujets de la Grande-Bretagne.

Près de l'iſle de Montréal en eſt une autre qu'on nommait *Isle de Jeſus*, longue de huit lieues, large de deux: le bras du fleuve qui les ſépare arroſe de belles prairies ſituées ſur ſes deux rives: d'autres iſles plus petites ſont répandues auprès d'elles.

Deux villages d'Iroquois chrétiens, ſitués ſur la rive méridionale du fleuve, & le fort *Chambli* faiſaient la ſûreté de Montréal. Ce dernier fut élevé par un officier Français qui lui donna ſon nom, ſur les bords de la riviere de *Richelieu* ou *Sorel*, qui ſort du lac *Champlain*. Ce lac reçut le nom du voyageur qui le découvrit en 1610, il eſt poiſſonneux & ſemé d'isles; ſon enceinte eſt ovale; il a vingt lieues de long ſur douze de large au midi, au couchant ſont des montagnes élevées, preſque toujours couvertes de neige, ſéparées par des vallées fertiles & qui étaient alors peuplées d'Iroquois: on n'en trouve plus que dans celles qui ſont au midi. Comme les limites de la Nouvelle-Angleterre paſſent par ce lac, nous en parlerons encore ailleurs.

Plus bas, sur la même rive, était un établissement Français, défendu par un fort; il est nommé aujourd'hui la *Préfentation*.

Sur la rive septentrionale, non loin de Montréal, est l'embouchure de la riviere des *Outaouas* qui traverse plusieurs lacs, reçoit diverses rivieres, parmi lesquelles on remarque celle de la *petite Nation*, & prend sa source fort loin dans le nord. C'est ici que finit la province de Quebec: le reste du Canada ne forme point de gouvernement.

Nous allons à préfent parcourir les lacs du Canada; pour le faire nous confulterons les voyageurs des deux peuples qui seuls les ont connus: ce sont les Anglais & les Français, & nous remonterons à celui qui est le plus éloigné pour revenir au point d'où nous partons.

Le plus éloigné de ces lacs, felon les Anglais, celui dont on fait descendre le St. Laurent, est le *Nippiffing*, son nom signifie *grand amas d'eau*; il est situé au nord-ouest du lac supérieur, sous le 52ᵉ degré de latitude (a): au nord ses rivages sont fangeux, bordés de marais qui baignent le pied d'une chaine de montagnes qui s'étend du nord-est au sud-ouest, puis tourne vers le couchant: elle est haute, escarpée, & renferme, dit-on, les plus hautes montagnes de l'Amérique septentrionale, & on l'en appelle *la Tête*. De ces monts naissent les principaux fleuves de cette partie du monde, qui coupent le pays en differens sens. Au sud-est coule

---

(a) Par sa situation ce lac ne peut être le *Nippiffing* des Français, qui communique au lac des Hurons, & n'est que vers le 46ᵉ degré de latitude.

celui

CANADA. 65

celui qu'on croit être l'origine de celui de St. Laurent. Au couchant naît le Miffiffipi qui court au midi : entre le nord & l'orient eft la riviere *Chriftino*, qui prend fon nom du peuple fauvage qui habite fes rives, elle prend fa courfe vers le nord, puis fe dirige vers la baie d'Hudfon : à fa fource ce fleuve eft déja confiderable, un grand nombre d'autres viennent s'y joindre; & après un cours de cinquante lieues, il forme un lac autour duquel habite une peuplade de Chriftinos; il continue enfuite fon cours, forme encore quelques lacs, reçoit d'autres rivieres, s'accroît toujours davantage & fe perd enfin dans la baie d'Hudfon, à foixante & dix lieues du fort York.

Le pays qu'arrofe cette riviere, entre le 55 & le 60$^e$ degré de latitude, eft prefque défert : les hivers y font longs & rudes, la neige le couvre fix ou fept mois, le fol y eft fi dur, fi froid, qu'il eft à peine fufceptible de culture : quelques hêtres, quelques érables font les feuls arbres qu'on y voie, excepté dans quelques lieux fi couverts de pins blancs & de ciguë, qu'il eft difficile & dangereux d'y voyager. Plus on approche des montagnes, plus le fol s'améliore ; les rivieres en font poiffonneufes : on y trouve des caftors, des hermines, des ours, des élans, des rennes : fes habitans vivent de poiffons & de gibier ; ils ne cultivent point de grains, & n'ont d'autres beftiaux que des chiens : ils couvrent leurs huttes avec la peau des bêtes fauvages & les rendent chaudes & affez commodes pour eux. Le nombre de leurs guerriers peut être de 2000.

Revenons au *Nipiffong* : il a cent vingt-cinq lieues de long du nord-eft au fud oueft, & cinquante lieues de large ; le peuple qui en habite

*Tome XI.* E

les bords & les isles s'appelle les *Indiens du lac* (*a*), (*The Lake-Indians*), tous réunis peuvent être au nombre de 5 à 6000 hommes : leur pays est très-étendu, mais l'abord en est difficile, & de-là vient qu'ils n'ont eu que peu de liaisons avec les nations Européennes qui possedent, ou ont possédé les régions voisines : leurs seules armes sont encore l'arc & la fleche ; ils s'inquietent peu de leurs voisins & vivent aussi indépendans que s'ils étaient seuls au monde ; ils ne cultivent point la terre & ne se nourrissent que de leur chasse & de leur pêche.

Du lac Nippissong sort un fleuve poissonneux qui arrose un pays rude, triste, inhabité ; il forme plusieurs cascades, dont la plus remarquable est à cinq lieues du lac *Supérieur* où il se jette. Là, il a plus de deux cents toises de large, & tombe perpendiculairement au pied d'un rocher avec un bruit qu'on entend de plusieurs lieues. Près de son entrée dans le lac Supérieur est une peuplade d'Américains, nommés *Attawawas* ou *Souties*, qui peut renfermer 12000 hommes : dix ou douze d'entr'eux vivent dans des cabanes circulaires, ouvertes par le haut, larges d'environ vingt pieds, environnées de nattes de jonc, qu'ils transportent avec eux lorsqu'ils vont à la chasse ou à la pêche : ils élevent une nouvelle bourgade dans le lieu qui leur plait & qui n'est pas le même au printems qu'en automne : ils cultivent la terre,

---

(*a*) C'est peut-être celui que les Français nomment *Assiniboils*, peuple docile, possédant de vastes prairies, ayant des tentes de peaux bien travaillées, errant avec elles, se fixant où il lui plait.

boivent la liqueur qu'ils retirent du platane, & ont des biens en propre qu'ils peuvent échanger.

Sur la rive septentrionale du lac Supérieur habite une autre peuplade d'Indiens, nommés les *Bulls* : elle a la même origine, la même langue & les mœurs des *Souties*, & compte 4000 guerriers : leur principal commerce se fait avec la baie d'Hudson où ils portent beaucoup de peaux d'hermines & autres pelleteries qu'ils échangent contre des couvertures de lit, des armes, des provisions de guerre.

Le lac *Supérieur* ou de *Traci* a 500 lieues de tour selon les Français, 670 selon les Anglais ; il est profond, excepté vers le couchant où l'on trouve des bancs & des isles habitées par des élans & des cariboux. Près de l'embouchure du fleuve dont nous avons parlé, est une grande isle séparée du continent par un détroit large de deux lieues, où l'on voit diverses bourgades Indiennes, & des champs cultivés : le lac est riche en esturgeons, en truites, en poissons blancs ; en hiver il se couvre d'une glace épaisse de huit à douze pieds ; sa côte méridionale est sablonneuse, exposée aux vents du nord ; au levant & au nord ses bords sont élevés, escarpés, hérissés de rocs hauts de deux cents pieds, qui forment de petits ports à l'embouchure des rivieres qui s'y jettent. Là sont des isles longues de quatorze à seize lieues, mais étroites : la tempête, dit-on, s'y annonce deux jours à l'avance par les vagues qui s'y élevent : autour on trouve des mines de cuivre.

Les peuples qui habitent ses rivages vivent de différens quadrupedes, d'oiseaux, de poissons de toutes grandeurs & d'espèces variées : leur pays serait riche & agréable fi on le cultivait; il eft arrofé par de beaux fleuves, par de petits lacs qui fe communiquent entr'eux & avec le St. Laurent; la navigation y eft facile, le commerce l'y ferait auffi. Quoiqu'ayant peu de befoins & d'activité, ces fauvages navigent avec des canots faits de pins, ou d'ormes, ou de bouleaux: ces derniers font les meilleurs, les plus grands, les plus utiles par la nature du pays & le lit entre-coupé des fleuves: ils portent jufqu'à 2000 livres, & font cependant fi légers qu'un feul homme en porte un fur le dos: cette légéreté eft néceffaire lorfqu'on rencontre des cafcades.

Le lac Supérieur communique à celui des Hurons par un canal long de cinquante lieues: le fleuve qui le remplit eft très-rapide, & forme diverfes cataractes; telle eft celle que les Français nommaient *Saut de Sainte-Marie*, & où ils avaient un fort. Des deux côtés le pays eft montueux & coupé; la plus grande partie pourrait en être cultivée; les bois de conftruction y font très-hauts & épais: des mines de fer y donnent un métal eftimé le meilleur de l'Amérique feptentrionale; des rivieres y offrent mille avantages pour un peuple induftrieux.

Le lac des *Hurons* a trois cents lieues de circuit, felon les Anglais, quatre cents felon la Hontan; fa forme eft triangulaire, l'un de fes angles s'étend au nord-oueft, vers le détroit de *Michlimacana* ou *Michillimakinac*; un autre s'enfonce au midi, d'où il communique au lac Erié: le troifieme reçoit vers le nord-eft un fleuve confidérable, des rives duquel, par un chemin affez court, on fe rend dans la riviere des Outaouas ou Attawawas, qui tombe dans le St. Laurent, près de Montréal. Le lac a dans cette partie une isle étroite, mais longue de plus de trente lieues, nommée *Minitoualin*, autrefois habitée.

Le pays qui l'environne est montueux, semé de rocailles vers le nord & le couchant; bas, marécageux, semé d'arbres élevés, tels que le chêne, le pin blanc, le frêne, le platane, &c. vers le midi & l'orient. Du midi au couchant, il est plat, découvert, fécond, couvert d'une herbe épaisse & longue où se cachent les bêtes fauves, l'orignac & l'ours même: de toutes parts on y voit s'élever des oiseaux aquatiques; les habitans peuvent fournir six cents guerriers. Les Hurons habiterent ses bords, mais ce peuple est aujourd'hui presque détruit.

Au couchant de ce pays plat est le lac *Michigan*, dont la forme approche de celle du lac des Hurons, selon les Anglais, ou d'un ovale selon les Français, plus grand que le premier, s'avançant davantage au midi. Ils se communiquent par le détroit de Michlimacana, long de quatorze lieues, large de 5, ayant à son entrée le fort anglais du Michigan: c'est un beau bâtiment de bois, élevé de vingt pieds: une vingtaine de soldats y protégent le commerce avec les Indiens: là encore est une grande pêcherie de truites qui y sont très-abondantes & si grosses qu'il en est du poids de quatre-vingt livres. Les Indiens des contrées voisines s'y rendent en foule, & l'abondance des poissons parait être toujours la même. Au sud-est du lac sont quelques bourgades de *Souties*; au midi, au couchant sont dispersés les *Pottawatamiés*: toutes les différentes peuplades qui en habitent les rives peuvent rassembler 4000 guerriers.

Vers le nord de la partie occidentale de ce lac eft un canal long de trente-cinq lieues, large de quatorze, appellé *baie des Noquets*, où l'on trouve un grand nombre d'ifles habitées, les unes par les Attawawas, les autres par les Pottawatamiés; il conduit à la baie verte (*Greenbay*), nommée par les Français *baie des puans*, lac d'une grandeur médiocre, qui reçoit la riviere des *Outagamis* ou des *Renards*, grand fleuve qui coule entre celui du Miffiffipi & le lac Supérieur. Les Outagamis qui en habitent les bords peuvent fournir 4 à 5000 guerriers.

Le pays que ce fleuve arrofe & que baigne le canal & la baie Verte eft généralement agréable & fertile, la culture en ferait un des plus beaux pays du monde. Les arbres y font hauts, fous leur ombrage l'herbe s'éleve de cinq à fix pieds; & une multitude de buffles, de vaches fauvages, d'élans, de chevreuils, d'ours & d'autres animaux s'en nourriffent; le gibier, les caftors, les poiffons y font abondans; l'air y eft fain & l'hiver tempéré; pendant la plus grande partie de l'année la terre eft couverte de la plus belle verdure; la vigne y donne un raifin agréable qui donne du vin que des foins entendus pourraient rendre très-bon; dans les champs croit une efpece de bled dont l'épi eft femblable à l'avoine & le grain au riz; il s'éleve à environ trois pieds, & les Indiens viennent en remplir leurs canots : ils cultivent auffi le maïs & nourriffent beaucoup de chevaux : leurs cabanes font femblables à celles des Attawawas.

A l'extrèmité méridionale du lac *Huron*, fe forme, comme nous l'avons dit, un canal long de vingt-fept lieues, qui va au levant fe dégorger dans le lac *Erié*: le fleuve qui le remplit, traverse vers les deux tiers de son cours le lac *Sinclair*, environné d'un pays uni & fertile, ombragé par de hauts chênes, des platanes & autres grands arbres. Près de son entrée dans le lac Sinclair, le fleuve se partage en plusieurs branches qui forment cinq ou six isles plus ou moins grandes: ce lac est presque circulaire & a sept lieues de diametre: à l'orient sont des marais & il reçoit une grande riviere dont le cours s'approche du lac Ontario.

Le canal forme à son embouchure dans le lac Erié, une baie au dessous de laquelle est élevé le fort *Détroit*. Les Français s'étaient établis sur les rives & à trois lieues dans l'intérieur du pays. Le fort Anglais est de bois, haut de vingt-cinq pieds, il en a cent d'enceinte; sa situation est agréable, le pays voisin est fertile & produit des grains; mais sa plus grande richesse est le bétail & le commerce.

Le lac *Erié* a du sud-ouest au nord-est environ deux cents lieues de long; sa largeur varie entre vingt-cinq & trente lieues: vers sa partie la plus basse au midi, il se retrécit & forme un canal qui le joint au lac Ontario; au couchant, il reçoit le fleuve *Miamée*, sur lequel étoit un fort qui recevait son nom des Miamis, peuple qui habitait aux environs, & dont la source n'est éloignée que de quatre lieues de celle de l'Ouabache ou Walbach qui tombe dans l'Ohio, ou la Belle-Riviere. Ce lac est un des plus beaux de l'univers, partout il offre des perspectives charmantes; ses bords sont ombragés de grands arbres: il est sans écueils, & la navigation y est paisible pendant neuf mois de l'année; un grand nombre de poissons y vivent, ses isles sont des parcs à chevreuils: son nom vient d'une nation de la langue Hurone détruite par les Iroquois. Entre le midi & le couchant, le lac d'Erié communique par un canal large de quatre cents toises à celui de *Sandusky* ou *Sandoske* qui a dix lieues de long, trois ou quatre de large, & reçoit la riviere de Sandusky ou des Hurons, qui arrose le beau pays qu'habitent encore quelques peuplades de Hurons: ils peuvent, dit-on, fournir 6 à 700 guerriers.

Les Hurons se distinguent par leurs mœurs de tous les autres Indiens: ils donnent à leurs maisons une forme réguliere & les couvrent d'écorces d'arbres: ils sont riches par la beauté du sol qu'ils habitent, par leurs troupeaux de chevaux, de bêtes à corne & de porcs, par l'abondance des grains qu'ils recueillent & dont le superflu est un objet de commerce. Leur territoire s'étend à cinquante lieues au couchant du lac, & il en a au moins trente de large: on y voit des forêts formées de beaux arbres, remplies de gibier, & les eaux y nourrissent une multitude d'oiseaux aquatiques & de poissons d'especes différentes.

Les Iroquois ont des prétentions sur les terres au midi du lac, quoiqu'ils ne les habitent pas. Ce pays est uni, arrosé par diverses rivieres qui viennent se rendre dans le lac Erié: sur sa rive méridionale, dans une presqu'isle, est un fort Anglais, d'où part un chemin qui dans quatre ou cinq heures conduit à un bras de l'Ohio. Sur la rive nord-est de l'Erié, s'ouvre un canal long de dix-huit lieues, à l'entrée duquel étoit placé, il y a peu de tems, un fort qui portait le nom du lac même: le fleuve qui le remplit est très-rapide, & tourmenté par des rochers & des cascades : on y guinde les bateaux qui le remontent avec le cabestan : plus bas il se sépare & baigne diverses petites isles. Deux ou trois lieues plus loin, il se sépare encore en deux bras & forme une isle dont la surface est de 40,000 acres d'un bon terrein, à l'extrémité de laquelle s'élève le fort du *Petit Niagara*, qui n'est qu'un bâtiment de bois.

Près de ce fort, le fleuve, qu'on nomme déja le *St. Laurent*, fait une cataracte célebre : une isle le partage d'abord, & c'est à son extrémité qu'est la chûte : le fleuve coule avec lenteur en l'approchant ; il devient rapide en se divisant, & sa rapidité augmente jusqu'au bord du rocher d'où il se précipite ; il bouillonne, se couvre d'une écume tournoyante, qui dans quelques endroits s'éleve dans l'air ; son lit est alors comme le penchant d'une montagne escarpée, & bientôt il tombe & fait une chûte perpendiculaire de cent trente-sept pieds : cette masse d'eau, qui a près d'un quart de lieue de large, se précipite aussi blanche que la neige, rejaillit au loin sur les rochers qu'elle semble devoir écraser ; elle court, heurte les rocs semés sur son passage, rétrograde en faisant des tournans terribles, & présente l'image d'une chaudiere immense où l'eau bouillonne, s'agite & s'élance en divers sens : le bruit qu'elle fait par sa chûte s'entend de cinq lieues & de plus loin encore ; la vapeur qui s'en éleve, semblable à une nuée ou à une vaste colonne de fumée, offre à l'œil étonné toutes les couleurs de l'arc-en-ciel quand le soleil la frappe : elle retombe ensuite, ou le vent la disperse au loin ; le spectateur qu'elle environne est inondé dans quelques minutes comme s'il sortait du fleuve même. De la rive orientale du lac Ontario, on peut voir cette vapeur dans une matinée claire & tranquille.

Au deſſus de la cataracte, on voit des cignes, des oies, des canards, des ſarcelles, nager en troupes ſur le fleuve : quelquefois ces oiſeaux prennent plaiſir à s'en laiſſer entraîner ; ils deſcendent d'abord paiſiblement juſqu'au lieu où ſa rapidité eſt ſi grande qu'ils ne peuvent plus le remonter. Alors ils eſſayent de s'élever au-deſſus de l'eau pour prendre leur vol ; ils s'épuiſent en vains efforts, ils ſont précipités avec elle & meurent de leur chûte. On en trouve les reſtes au deſſous de la cataracte, avec ceux des poiſſons, des chevreuils, des ours & autres animaux que le fleuve entraîne comme eux, lorſqu'ils tentent de le traverſer à la nage. Ces cadavres raſſemblent dans ces lieux un grand nombre d'aigles qui s'en nourriſſent.

Au deſſous de cette chûte, le fleuve ſe partage en pluſieurs bras ; la rive orientale en eſt élevée de trois cents pieds & l'on ne peut y naviger : il faut tranſporter les marchandiſes du fort du petit Niagara, à celui du grand Niagara qui en eſt à trois lieues.

Le grand *Niagara* eſt un fort conſidérable & bien bâti, à l'embouchure du fleuve dans le lac *Ontario* ou de *Frontenac*. Ce lac eſt ovale, long de quatre-vingt-dix lieues, & dans le milieu de ſa longueur large de cinquante. Sur ſes bords croiſſent des chênes élevés & une eſpece de cotonnier, grand arbre d'un bois dur & caſſant, dont la feuille palmée eſt d'un très-beau vert en dedans, & blanche en dehors. Il reçoit au midi de grandes rivieres : celle de *Caſcouchiagon* ou du *Sable* eſt remarquable par ſes quatre cataractes, dont deux sont de cent pieds de haut & larges de trois arpens, & par une fontaine voisine de sa source, dont l'eau est visqueuse & a le goût du fer ; on en boit pour la consomption, l'asthme & d'autres maux intérieurs, on s'y baigne pour les douleurs : sa source lui est commune avec un des bras de l'Ohio.

Plus loin, ce lac reçoit l'*Oswego* ou le *Chouegen*, qu'on nommait aussi *Onnontagué* : les Anglais ont un fort à son embouchure, gardé par une garnison considérable : cette riviere reçoit toutes celles qui arrosent le pays des Iroquois ; ses rives sont basses & couvertes de beaux bois ; elle tire sa source du beau lac de *Gannantaha* ou d'*Onéoida*, qui a dix lieues de long ; des salines sont près de ses bords, & sur ses rives on a élevé deux forteresses à d'égales distances, pour protéger la communication entre les lacs.

Le pays situé entre les fleuves Oswego & St. Laurent est plat, bon, arrosé par diverses rivieres poissonneuses : les bords du lac sont riches en saumons ; dans l'hiver, près du lieu où le St. Laurent s'y jette, on trouve beaucoup de *poissons blancs*, espece particuliere au pays, qui disparait en été, pendant lequel ces poissons se retirent dans les creux les plus profonds : ils sont de la grosseur de l'alose, & ont un goût agréable. Tout le pays autour du lac est susceptible d'une grande culture ; le gibier, les oiseaux aquatiques y sont en grand nombre.

Lorsque le fleuve de St. Laurent sort du lac Ontario, il a trois ou quatre lieues de large & forme diverses isles, dans l'une desquelles est un fort : là vient se rendre l'*Oswegotchy*, fleuve qui vient du nord. Sur une double anfe de la rive feptentrionale du St. Laurent était le fort *Cata-rocoui*, bâtiment défendu par quatre baftions, élevé en 1671 pour arrêter les courfes des Anglais & des Iroquois : la marine marchande & militaire qu'on avait formée fur ce lac y trouvait un afyle fûr dans les tempêtes : derriere le fort eft un marais abondant en gibier. Diverfes isles font auprès & forment un petit Archipel, d'où le fleuve fe dégageant parvient enfin à Montréal.

Au midi du lac Ontario, font les bourgades des *Iroquois* ou *cinq Nations* : ceux-là font révérés & craints par les autres fauvages, à caufe de leur grand fens, de leur activité, de leur courage dans la guerre où ils ont acquis une grande expérience, parce qu'ils la font prefque toujours, tantôt à une nation, tantôt à une autre, quelquefois entr'eux : leurs mœurs, leurs ufages, leur maniere de s'habiller, ont été adoptés par leurs voifins, & ceux qui les imitent le mieux font eftimés les plus adroits & les plus civilifés.

Leur domicile le plus feptentrional eft une bourgade fituée au bord du St. Laurent, vis-à-vis de Montréal, mais le lieu où ils font raffemblés en plus grand nombre eft vers les fources des rivieres de *Mohoktanefée*, d'*Oneoida* & d'*Oneneaga*, entre le lac Ontario & les provinces de New-York & de Penfylvanie : ils étendent leurs prétentions fur tout le pays fitué au midi du fleuve St. Laurent à l'Ohio ; ils le bornent au couchant aux lacs d'Ontario & d'Erié, jufqu'à la riviere Miamée ; vers le levant, le Champlain en eft la limite, ainfi que les colonies Anglaifes. Lorfque les Européens parurent fur leurs frontieres, ils pouvaient rassembler 15000 guerriers; mais leurs victoires, comme leurs défaites, les ont affaiblis, & ils n'en rassemblent aujourd'hui que 4000.

Les *Mohoks* furent autrefois la tribu la plus nombreuse des Iroquois, & aujourd'hui c'est la plus faible : elle exerce cependant encore une forte d'empire sur les autres; elle assemble le conseil commun, elle y propose les objets de délibération. Elle avait soumis les *Hurons*, les *Shawaneeses*, les *Delawares*, les *Miélanders* ou *Mohegons*, auxquels ils ont permis aujourd'hui d'habiter dans leur voisinage : les derniers leur payent un tribut. Les Iroquois ont soumis les Abenaquis ou Abnaques; ils font la guerre aux *Cherokées*, aux *Chikesaws* & aux *Creeks*, contre lesquels ils envoyent une partie de leur jeunesse; tandis qu'une autre attaque les *Misauris*; quelquefois ils étendent leurs incursions jusques dans le voisinage de l'isthme de Darien.

Ces cinq Nations forment une assemblée générale : leur chef peut être choisi dans toutes les nations qui parlent le dialecte qu'ils appellent *roundockche*: son élection se fait au milieu des chants & des danses. Dès qu'il est élu, il fait l'éloge de son prédécesseur : on le respecte plutôt comme un pere qu'on ne le craint comme un roi; il n'a point de gardes, aucune prison, aucun tribunal.

Le gouvernement y est une sorte d'aristocratie, mais peu puissante : les chefs sont des vieillards qui joignent l'expérience à la dextérité; quelques familles sont plus respectées que les autres; mais le mérite fait seul souvenir qu'on en descend : la préséance qu'on obtient alors n'est point disputée, ni exercée avec orgueil. L'assemblée générale est formée de tous les chefs de tribus & de familles : elle se tient dans une maison élevée pour cet objet dans chaque bourgade : c'est aussi là qu'on reçoit les députés, qu'on répond à leurs demandes, qu'on chante les guerriers & célebre les morts par des fêtes solemnelles. Les chefs qui proposent & ont déja traité de l'objet dont on doit décider, parlent rarement dans ces assemblées; ils exposent leurs sentimens à l'orateur de la bourgade, qui les rend aux assistans. S'il s'agit d'une affaire importante, on fait un repas où toute la nation est invitée; & en général, il ne se fait aucune solemnité, il ne se termine aucune affaire publique sans y mêler les chants & les danses.

Le conseil des anciens est chargé des affaires extérieures; il veille encore sur la paix intérieure de l'État: ils ont peu de procès civils, parce qu'ils ont peu de possessions: les affaires criminelles qui sont assez graves pour devenir nationales, pour ainsi dire, sont portées devant le conseil des anciens, ou décidées par un médiateur commun.

Ordinairement ils ont un chef pour dix guerriers, un général pour cent, mais il commande moins qu'il ne conseille, il ne punit ni ne paie ; chacun se sépare ou se retire quand il lui plait. Ceux qui commercent avec les Européens en achetent des armes à feu & une hache ; ceux qui ne peuvent en acheter se servent de la pique, de l'arc, de la flèche, du tomahawk : chaque matin les chefs haranguent leurs détachemens, & disent ce qui leur parait utile de faire : rarement on combat leur opinion.

Ils ont une idée confuse d'un premier Etre qui regle tout, & d'une autre vie : la premiere leur sert à supporter les maux sans s'en affliger, parce qu'il ne dépend pas d'eux de les éviter : la feconde ne met aucune moralité dans leurs actions ; elle ne fert qu'à exciter leur courage ou leur férocité.

Leurs villages font ordinairement ceints d'une triple paliffade, faite de pieux entrelaffés de branches d'arbres : au centre eft une grande place : les maifons étaient mieux conftruites autrefois : la deftruction fréquente de leurs villages les a rendus nonchalans.

Les quadrupedes les plus remarquables des vaftes contrées que nous venons de parcourir font le porc-épi, le wolferene ou carcajou ; parmi les oifeaux, ce font le pelican & l'aigle à queue blanche.

Le *porc-épi* eft de la figure & de la grandeur du caftor ; fa tête a quelque reffemblance à celle du lapin ; fon mufeau eft plat & couvert de poils, chacune de fes deux mâchoires font armées de deux dents jaunes & très-fortes : fes oreilles font cachées fous fa peau raboteufe, couvertes de poils longs de quatre pouces qui exhalent une odeur affez douce, & font entremêlés de piquans durs & aigus qu'on arrache avec peine de la peau qu'ils ont percée à caufe de l'efpece de harpon dont ils font garnis. Ses jambes font courtes & fes griffes longues ; il fe nourrit d'écorce d'arbre & fert d'aliment aux fauvages qui le trouvent fain & agréable.

Le *wolferene* eft de la taille d'un grand loup : fon mufeau, fes joues font noires jufqu'à l'œil ; le haut de fa tête eft blanchâtre, les yeux noirs, le cou & le derriere de la tête tacheté de noir & de blanc, les oreilles petites & rondes, tout le corps d'un brun rougeâtre, plus obscur sur les épaules & le ventre, plus clair sur le dos & les flancs; son poil est assez long, mais il n'est pas épais. Lorsqu'il marche, sa tête penche vers la terre & son dos prend la forme d'un arc; sa force, son courage le rendent redoutable; il met en pieces les pieges dont on l'environne.

Le *pelican* est un peu plus gros que l'oie domestique; son bec, long de neuf à dix pouces, est étroit dans le milieu de sa partie supérieure, large à ses extrêmités: sa poche égale, aussi longtems que l'animal est en vie, la vessie enflée d'un bœuf; sa tête, son cou sont couverts de plumes blanches; celles de son corps sont d'un cendré sale; ses jambes sont courtes, terminées par quatre doigts palmés, dont ceux du milieu sont plus longs que la jambe même : il vit principalement de poisson.

L'*aigle à queue blanche* est de la grandeur d'un coq d'Inde : il a une couronne unie, le col court, la poitrine avancée, une chair ferme, des os épais; ses ailes sont très-longues & larges; sa poitrine est tachetée de noir & de blanc; lorsque sa queue est fermée, elle parait blanche, excepté le bout qui est noir ou brun. Cet oiseau de proie n'est pas le seul de ces climats : on y trouve le faucon, l'autour, &c. Tels sont encore le grand hibou cornu, le grand hibou blanc qu'on distingue à peine sur la neige, qui vole souvent durant le jour & poursuit la perdrix blanche que l'été rend presque brune, qui l'hiver n'a que quelques taches noires sur la queue; elle repose la nuit dans la neige, & au matin s'élève pour secouer ses ailes, mange du matin au soir & semble s'épanouir au
soleil

soleil dans le milieu du jour. Le coq de bruiere demeure comme elle toute l'année dans ces climats glacés.

## DE LA NOUVELLE ANGLETERRE.

La Nouvelle Angleterre eſt la plus puiſſante des colonies Anglaiſes. Elle eſt ſituée entre le 41 & le 46° de latitude ſeptentrionale ; entre le 304° 30' & le 311° de longitude. Ses bornes ſont à l'orient la Nouvelle Ecoſſe ou la baie de Fondy, au nord le Canada, au couchant la province de New-York, au midi le Sund, entre le midi & l'orient la mer Atlantique. Du fleuve Sainte-Croix, aux frontieres de la Nouvelle York, on compte environ cent quarante-cinq lieues : ſa largeur du ſud-oueſt à l'eſt-ſud-eſt, eſt de cent ſoixante-dix & quelques lieues ; mais du cap Cod, aux limites de la Nouvelle York, elle n'eſt que de ſoixante-ſix lieues.

L'été y eſt plus chaud & plus court, l'hiver plus rude & plus long qu'en Angleterre : communément on voit deux ou trois mois ſe ſuccéder ſans qu'un nuage y obſcurciſſe le ciel ; les pluies y ſont plus abondantes que durables, l'air y eſt très-ſain ; & de toutes les colonies, c'eſt celle-ci dont la temperature convient le mieux aux Anglais ; elle eſt ſituée plus au midi que l'Angleterre, mais le gel y eſt plus fort, plus continu. Le plus long jour eſt à Boſton de 15 heures 8 minutes. Près de la mer, le ſol eſt bas, quelquefois marécageux ; mais dans l'intérieur il s'éleve en collines, & vers le nord-eſt, il eſt ſemé de rocailles & de monts.

Ce pays eſt riche en mines de fer & de cuivre : les marais, les forêts y donnent le chêne, l'orme, le cyprès, le pin, le frêne, le chataignier, le noyer, le cedre, le hêtre, le peuplier, le saffafras. Le pin & le sapin blanc sur-tout y sont d'une grosseur extraordinaire ; ils fournissent la poix, le goudron, la résine, la térébentine, des mâts, des bois de charpente ; ses chênes nombreux servent pour la construction des vaisseaux, & cette province seule peut en construire plus que les autres colonies ensemble : le chêne nain croît dans ses forêts ; les fruits y sont abondans ; le cidre y est un grand objet de commerce ; le chanvre, le lin y égalent les meilleurs qu'on amene de la mer Baltique ; les racines comestibles, comme les raves, les pastenades, les carottes, le radix y sont meilleures qu'en Europe, quoique la semence en ait été tirée : on y recueille en abondance les oignons, les courges, les grandes & petites citrouilles, les melons d'eau, &c.

Les Anglais en y abordant, y trouverent de grands espaces de terrein couverts de fruits sauvages, de raisins, de groseilles, de framboises, de fraises, & autres : les pêchers y sont plus élevés que les nôtres ; leur fruit est très-gros, & a un parfum, un goût que nos pêches n'ont pas : un noyau mis en terre produit un arbre déja fécond dans trois ans : plusieurs des plantes qui prospéraient sans culture dans cette province, ont été transplantées en Angleterre. Mais rien n'y végete avec plus de force & n'y produit davantage que le maïs : ses épis sont longs d'une palme, formés de huit rangées de grains, & de plus encore selon la fertilité du sol ; chaque rangée renferme trente grains. On y en voit de toutes les couleurs & souvent sur le même sol, dans le même épi ; mais le blanc & le jaune y sont les couleurs les plus communes: sa tige est haute de six à sept pieds, noueuse comme le roseau, & de chaque nœud sortent des feuilles larges dont on exprime un suc semblable à celui de la canne à sucre; souvent on en exprime un sirop très-doux; un grain en produit 1200, souvent même 2000.

Cette province nourrit un grand nombre d'animaux sauvages & domestiques: parmi ceux-ci sont les vaches, les moutons, les chèvres, les porcs & les chevaux qui y ont été portés de la mere-patrie; les chevaux y sont plus petits qu'en Angleterre, mais plus grands qu'en Italie. Entre les bêtes sauvages on remarque les cerfs, les blaireaux d'Amérique, les ours, les loups qui sont des especes de chiens sauvages qu'on apprivoise quand on les prend jeunes, le lynx, l'opossum, le castor, la zibelline, la martre, le serpent qui demeure dans les maisons, le renard, le lievre, le lapin, l'écureuil, la loutre; mais l'animal le plus singulier est l'orignal (*a*): il en est de deux sortes; le plus commun est d'un gris clair, il égale le chevreuil en grandeur, & erre dans les campagnes en troupes nombreuses: le grand orignal noir a sur son dos une criniere longue d'un pied, & on n'en voit presque jamais plus de quatre ou cinq ensemble. Il a la forme du cerf, il a le pied fendu, il rumine, n'a point de fiel & porte des oreilles longues & droites; le mâle est plus épais que le cheval; ses cornes, dans toute leur grandeur sont longues de quatre à cinq pieds, mais

---

(*a*) Cet animal est nommé *moose* par les Anglais, *musethier* par les Allemands: nous ne sommes pas bien assurés qu'il soit le même que l'orignal des Français.

elles ont des rejettons qui s'étendent jusqu'à six pieds; à leur base elles sont rondes comme celles du bœuf; à la hauteur d'un pied, elles deviennent larges comme la main, cette largeur augmente avec la hauteur : les Indiens en font des cuilleres qui contiennent une pinte. Lorsque cet animal court entre des buissons épais, ou sous les branches des arbres, il leve la tête de maniere que son bois est couché en arriere sur le cou ; sa course n'en est point arrêtée, & elle en est plus sûre: ses cornes prodigieuses tombent tous les ans. Sa course est égale, & ses pas longs de cinq à six pieds; s'il ne trouve pas d'asyle, il fera dix lieues sans se retourner : lorsqu'on le chasse, il cherche l'eau pour s'y jetter : il est plus vite & moins fuyard que le chevreuil ; il est si haut & a le cou si court qu'il ne peut atteindre que la pointe de l'herbe qui croît sur les collines ; il aime les plantes aquatiques, & pour en trouver, il entre fort avant dans les eaux profondes : d'autres plantes encore le nourrissent en été ; en hiver, il se nourrit de bourgeons & de jeunes arbres: sa chair est une bonne nourriture, préférable au gibier commun; on peut la saler : le nez en est le morceau le plus friand.

Le coq d'Inde, l'oie, la perdrix, le canard, le cygne, le coq de bruiere, l'outarde, le rouge-gorge, le heron, la cicogne, le merle, y sont communs: on y voit un grand nombre d'especes de petits oiseaux & de grands vols de tourterelles qui y arrivent dans certains tems de l'année & en repartent dans un autre, des corbeaux d'eau, des corneilles, des chauve-souris, &c.

Les serpens, les grenouilles, les crapeaux errent encore en nombre dans les contrées incultes

& abandonnées, où leurs cris joints à ceux des hiboux, inſpirent de l'effroi; mais par-tout où le pays eſt cultivé, on y trouve peu de ces reptiles.

Une des plus grandes richeſſes du pays naît de la pêche : les fleuves, les lacs, la mer y fourmillent d'éturgeons, de ſaumons, de morues, de raies, de maquereaux, de harengs, de lamproyes, de cochons & de chiens de mer, de baleines & autres grands & petits poiſſons : il eſt peu de baies ou de ports où un grand nombre de bateaux n'en ſoient occupés : la pêche du maquereau dans la baie de Fundi, à l'embouchure du Pentagoet, occupe au printems & dans l'automne 14 ou 1500 bateaux & 2500 hommes : celle de la morue 500 bâtimens, 4000 hommes, & rapporte 250,000 quintaux de ce poiſſon : celle de la baleine occupa en 1767 plus de 7000 matelots; mais elle ne ſe fait pas ſur ſes côtes.

Les objets du commerce d'exportation conſiſtent en morue, huile de poiſſon, baleine, viandes ſalées, ſuif, porcs & bœufs, cidre, maïs, légumes, potaſſe, mâtures pour les vaiſſeaux, & bois de toute eſpece : ſa valeur annuelle va à douze ou treize millions de livres; mais ſes beſoins ont été quelquefois plus grands encore; ils diminuent tous les jours : on y voit des manufactures floriſſantes : la diſtillation des liqueurs, l'huile, le fer, ſont l'objet des principales ; on y fabrique des chapeaux de caſtor, des étoffes de laine peu recherchées, parce que la laine en eſt courte.

Peu de pays ſont mieux arroſés de lacs, de fleuves, de ſources ; mais les lacs n'y ont pas une grande étendue. Parmi les fleuves qui y coulent ſont le *Pentagoet* ou *Penobſcot* qui a un bourg de ſon nom près de la mer ; le *Kinnebec* qui ſe joint au

F 3

*Sagadahoc* près de son embouchure, & dont la principale branche sort du lac *Chembesec* qui a six lieues de long. Le *Thamsée*, qui sort d'un lac situé vers le nord de Massachusets, coule au midi & se jette dans la mer au dessous de New-London : le *Patuxet*, qui vient du nord-ouest, coule entre le midi & le levant, & se jette dans une belle baie près de Swansey : le *Piscataway*, qui du couchant coule au levant, se perd dans la mer près de Portsmouth dans le Hampshire, par une embouchure semblable à un bras de mer & où navigent les plus grands vaisseaux : le *Casco* descend par un cours parallele au dernier & se perd dans la même baie : le *Connecticut* & le grand fleuve de *Merrimac* : enfin le *Saco*, qui vient des montagnes blanches dans le New-Hampshire ; les sept derniers sont navigables. La baie de *Casco* en reçoit plusieurs.

Ces fleuves ont multiplié les villes dans cette province ; & parmi elles il en est de grandes & de peuplées : l'espace entre les rivieres est arrosé par un grand nombre de sources, & telle y est l'abondance des eaux qu'on n'y peut creuser la terre à dix pieds de profondeur, sans y en trouver.

Les défrichemens y sont soumis à des loix sages ; pour éviter la destruction que les sauvages pouvaient porter dans de faibles hameaux, elles veulent que les villages se forment en entier dans le même tems, & l'on ne bâtit de villages que lorsque soixante familles réunies s'offrent de bâtir une église, d'entretenir un pasteur, de payer un maître d'école : alors l'assemblée générale lui assigne un espace d'environ 3300 arpens à défricher, & leur permet d'élire deux représentans dans le corps législatif : les familles choisissent le lieu de leur demeure, élevent le village en forme de quarré, dont le temple occupe le centre; elles se partagent le terrein & entourent leur nouvelle possession d'une haie vive: un bois est laissé en commun. Les loix ont été très-séveres dans cette partie des colonies anglaises; le fanatisme les avait dictées; mais elles se sont adoucies comme les mœurs.

La Nouvelle Angleterre est divisée en quatre gouvernemens particuliers. Celui de *Massachusets-Bay*, qui comprend le comté d'York lequel en est séparé, le *New-Hampshire*, situé entre le comté d'York & le Massachusets-Bay; la colonie de *Rhode-Island*, celle de *Connecticut*, qui est la partie la plus occidentale du pays. Ces districts ont été séparés dès les premiers établissemens des Anglais.

## I. Du Massachusets-Bay.

Un peuple Indien qui habitait l'espace renfermé dans les comtés de Suffolk & de Midlesex lui a donné son nom: elle se divise en comté d'York, qui en est séparé par le New-Hampshire; en comtés de Plimouth, de Bristol & de Barnstable, & en comtés d'Essex, de Midlesex & de Suffolk: ces trois derniers forment le *Massachusets propre*. Le premier établissement s'est fait à Salem en 1629. Six vaisseaux y amenerent trois cents cinquante colons avec des provisions & des bestiaux. Charles I. les déclara un corps régulier, sous le nom de *Gouverneur & compagnie de Massachusets-Bay*, & lui donna le pouvoir de faire des loix, pourvu qu'elles n'eussent rien de contraire à celles de la métropole. Une liberté presqu'illimitée, des avantages dont on ne jouissait pas même dans la mere-patrie, y attirerent de nouveaux habitans; bientôt on vit naître de nouveaux établiſſemens conſiderables : tel fut celui de *Charles-town*, ſur la rive méridionale du fleuve Charles, dont une partie des habitans, paſſant ſur le bord oppoſé, fonderent Boſton.

La province de *Main*, aujourd'hui *comté d'York*, ſe peupla peu d'années après.

Le roi nommait le gouverneur, le gouverneur-lieutenant, le ſecretaire & les officiers de l'amirauté : toute juriſdiction qui a quarante francs-tenanciers, ayant quarante ſchellings en franc-alleu, a droit d'envoyer un député à la chambre des repréſentans qui nomme un orateur, & un conſeil ou chambre haute ; mais le gouverneur y a la voix négative : tous ceux qui y exercent des emplois, le gouverneur même, reçoivent leurs appointemens de cette chambre : il n'en faut excepter que les officiers des douanes royales : avant les troubles actuels, elle aſſignait au gouverneur une ſomme annuelle de mille livres ſterlings. On ne peut dire encore quels changemens éprouvera ſon gouvernement par la révolution, ſi le ſuccès la juſtifie.

La religion des indépendans ou congrégationaliſtes y eſt la dominante : les épiſcopaux y ont pluſieurs paroiſſes ; l'éducation des enfans y eſt ſurveillée avec ſoin ; il y a des écoles dans la plupart des villes & villages, & l'Etat a ſoin de les pourvoir d'hommes inſtruits. Cambridge a une univerſité. On compte 400,000 ames dans le Maſſachuſets-Bay.

### *Du Comté d'York.*

Il confine au couchant au New-Hampshire, vers le nord au Canada, au nord-eſt à la Nouvelle

Fcoffe, au midi à la mer, le long de laquelle elle s'étend dans un espace de soixante & dix lieues. On lui joint le *Sangadahoc*: celui-ci envoie un député & York trois, à l'assemblée générale. Le terroir y est froid & pesant : vers le Canada il est montueux & n'est presque pas susceptible de culture; au bord de la mer il est bas & couvert de palétuviers, excepté sur les rives de plusieurs torrens qui descendent des montagnes & mettent en mouvement un grand nombre de moulins à scie : on y trouve aussi des pins blancs & jaunes, & quelques arbres qui donnent des bois de construction : mais c'est sur-tout sur les monts qu'on les trouve : là sont de beaux chênes, des hêtres, des érables, &c. Ses côtes offrent divers ports commodes & sûrs, dont le plus considérable est la baie de *Casco*. Ce comté fournit beaucoup de bêtes sauvages, & on y fait un grand commerce de pelleteries. Là, coulent le Pentagoet, sur les bords duquel sont les bourgades de *Kidaskig* & de *Pentagoet*, celle-ci sur la mer, l'autre dans les terres ; le Sagadahook, près duquel sont *Georges-Town* & le fort *Halifax*; l'Amarriscoggin qui arrose le fort *George*, & la bourgade de *Topsam*; le Piscataway ou Pigwaket qui baigne les murs de *Rideford* & de *Saco*; le Salmon, qui sépare le comté du New-Hampshire.

*Brunswick* est sur une des anses de la baie de Casco : *Wells* & *York* sont au bord de la mer.

### Du Massachusets propre.

#### Comté d'*Essex*.

Son terroir est médiocrement fertile; il est arrosé par le fleuve Merrimaé, qui abonde en éturgeons, dont le cours eft embarrassé de bancs de pierres & de fable, & les bords font embellis par de riantes prairies : au deffus d'une de fes chûtes, peu éloignée de la mer, s'éleve un grand rocher dont le fommet eft creufé en plufieurs puits, capables de contenir chacun plufieurs tonnes d'eau. Neal les croit un ouvrage de l'art; les Sauvages qui y cachent leurs biens lorfqu'ils craignent un ennemi, penfent qu'ils ont été creufés par l'Etre bienfaifant qui les protége. Les plantations voifines des côtes y font les plus riches. Les *Neuteaks*, peuplade fauvage, occupaient ce pays avant l'arrivée des Anglais.

La principale ville du comté eft *Salem*, ville fondée en 1629, dans une plaine, fur une anfe formée par la mer, bordée par deux rivieres qui lui forment deux ports : au nord eft le promontoire élevé de Trabigzando ou Ste. Anne, connu par fon port & par la pêcherie floriffante qu'on y a établie. Derriere eft *Ipfwich*, une des meilleures villes du comté, fituée fur une riviere peu confidérable, mais dont les rives font fertiles & riantes. *Lynn* eft au fond d'une baie, près d'un torrent que l'été defféche. Sur l'embouchure méridionale du Merrimac eft *Newbury*, où l'on marine beaucoup d'éturgeons : fur la rive oppofée eft *Salisbury* ; la communication entre ces deux petites villes eft facilitée par un bac, qui les unit en quelque maniere, quoiqu'elles foient féparées par un fleuve large de deux cents toifes.

A une lieue & demi au midi de Salem, eft le bourg de *Marble-head* : c'eft-là qu'eft la pêcherie la plus confidérable de la Nouvelle Angleterre.

## Comté de Midlesex.

On n'y voit pas de grandes rivieres ; mais les petites y sont en si grand nombre, qu'il est peu de pays mieux arrosé, plus frais, plus fertile : les pâturages y sont remplis de toutes sortes de bestiaux ; il n'est pas de collines qui n'en soient couvertes : on y cultive le maïs, le riz, l'avoine, l'orge, les pois, le chanvre.

Sa principale ville est *Cambridge*, qui s'appella d'abord *Newtown*; elle est située sur la riviere septentrionale de S. Charles, à deux lieues de Boston : on y voit de belles maisons, des rues agréables : elle doit son nom actuel à l'université qu'on y a fondée, formée de deux vastes colleges, l'un nommé *Haversfords*, l'autre *Stougtston*; elle a une bibliotheque, la plus belle du Nouveau Monde : ses chefs sont un président, cinq docteurs, un trésorier ; ses inspecteurs sont le gouverneur de la province, le lieutenant gouverneur, tous les magistrats de la colonie, & les prédicateurs actuels des six principales villes du comté. Cette université ne donne point le degré de *Maître ès arts*; & quoique le roi Guillaume III lui ait accordé le pouvoir de créer des docteurs en théologie, elle en a fait rarement usage.

*Charles-town*, qu'on nomme la *mere de Boston*, est plus peuplée que Cambridge : d'un côté la riviere Mistits l'arrose ; de l'autre celle de S. Charles la sépare de Boston, avec laquelle elle communique par un bac très-commode : l'hiver interrompt cette communication par l'abondance de ses glaces. Cette ville a une fort belle église, une grande & belle place, à laquelle viennent aboutir deux belles rues : son port est très-fréquenté, & le commerce y est actif.

*Reading*, petite ville bien peuplée & mal bâtie, dans une situation commode, au bord d'un grand lac : son commerce consiste principalement en farine qu'on y moud, & en planches qu'on y scie. On ne parle pas ici d'un grand nombre de bourgades, comme *Waterton*, connue par ses foires & divisée en orientale & occidentale ; de *Weston*, qui en est à une lieue ; de *Sudbury*, de *Marlebore* ou *Marleborough*, &c.

## Comté de Suffolk.

Un grand nombre de sources & de ruisseaux en rendent le sol si fertile & si agréable, qu'on le nomme *le Paradis de la Nouvelle Angleterre* : ses vallées sur-tout sont riches ; mais la plus grande richesse du comté vient de la vaste baie des Massachusets, qui s'enfonce à trois lieues dans les terres, & autour de laquelle sont situées 15 bourgades & la ville de Boston.

*Boston* ou *Baston*, est située dans une presqu'isle d'une lieue & demi de tour, ou plutôt, dans une isle qu'un isthme long de 400 toises joint au continent : elle a deux milles de long & demi mille de large : ses maisons sont bien bâties, & on y en compte environ 5000 : les rues en sont bien percées, larges & pavées avec soin ; la plus belle & la plus longue va du môle à la maison où le conseil siege, qui est ornée de promenades pour les marchands : la plus grande partie de la ville est bâtie autour du port en forme de demi-lune : de-là le pays s'élève insensiblement, & présente aux vaisseaux qui arrivent l'amphithéâtre le plus magnifique. On y remarque divers bâtimens publics, vastes & bien décorés, 17 églises, parmi lesquelles on remarque celle des épiscopaux, bâtie & ornée avec goût, décorée au dedans d'un bel orgue, d'un siege magnifique pour le gouverneur lorsqu'il était membre de cette église, de vases sacrés donnés par le roi Guillaume & la reine Marie. On y voit une manufacture de toiles, une maison de travail, un grenier public & une salle de concert. Avant la guerre on y a compté 400 carrosses : elle peut renfermer 35000 ames.

L'entrée de la baie au fond de laquelle elle est située, est défendue par des rochers couverts d'eau, & par une douzaine d'isles, dont une partie est habitée : pour arriver au port, il n'y a qu'un canal qui soit sûr, & il est si étroit, que deux vaisseaux à la voile peuvent à peine en sortir ensemble; le port même est très-vaste, & plus de 500 navires peuvent y jetter l'ancre; le fort *Williams*, bâti dans l'isle du château, en défend l'entrée, & c'est un des plus beaux de l'Amérique Anglaise : il est ceint d'un chemin couvert ; il communique par des lignes à une redoute, & est protégé par 100 pieces de canon, dont 20 forment une batterie à fleur d'eau Pour prévenir les surprises, on a placé un corps de garde & un fanal sur un rocher, à deux lieues dans la mer, qui annonce au château tous les vaisseaux qu'il voit paraître. A chaque extrémité de la ville est une batterie de gros canons, dont le feu repousserait l'ennemi quand il serait assez heureux pour échapper à celui du château: au dedans de la baie & près des magasins est un môle long de 2000 pieds, dont les plus grands vaisseaux peuvent approcher & s'y décharger sans le secours de bateaux. Sa latitude est de 42° 21′, & sa longitude de 306° 54′.

*Dorchester*, est après Boston la plus grande ville

du comté : elle eſt ſituée près de la côte entre deux rivieres. *Roxbury*, à l'oueſt de Boſton, occupe le fond d'une baie qui a peu de fond, & où les vaiſſeaux ne peuvent être en ſûreté ; mais elle a une école ouverte aux enfans de toutes les ſectes, & ſes environs ſont riches en ſources fécondes. *Baintry* ou *Bantrée*, a des campagnes abondantes, au bord de la baie de Maſſachuſets. *Weymouth*, la plus ancienne ville du comté, eſt déchue de ſon ancienne opulence ; elle ſe ſoutient par ſon bac très-fréquenté. Les anciens habitans des deux derniers comtés avaient pour chef le *Sachem*, dont l'habitation était ſur une hauteur, à deux lieues de Boſton : cette hauteur avait la forme de la tête d'une flèche indienne, nommée *Mas* en langue du pays, & hauteur s'exprime par le mot *Wiluſet* ; de-là eſt venu le nom de *Mas-Wiluſets* ou *Maſſachuſets*, que les peuples voiſins donnerent aux ſujets du Sachem.

## PROVINCE DE PLYMOUTH.

### Comté de *Plymouth*.

Il confine à celui de Suffolk, & c'eſt le premier établiſſement des Anglais dans la Nouvelle Angleterre. Le terroir y eſt mêlé ; une partie en eſt couverte de rocailles. C'eſt là qu'en 1621 une communauté de Browniſtes ou d'Indépendans, perſécutée en Angleterre, errante en Hollande, compoſée de 120 perſonnes, dirigées par le paſteur Robinſon, vint chercher un aſyle, du conſentement de Jaques I : elle débarqua près du cap Cod, où elle trouva un port excellent, & où elle ſe fixa : elle lui donna le nom de *Plymouth*, port d'où elle était partie d'Angleterre ; & bientôt d'autres avanturiers vinrent s'y joindre : en 1628, elle était une ville ; mais Boston a nui à sa prospérité, & l'on n'y compte qu'environ 400 familles. *Scituate* est plus florissante ; on y compte 5000 habitans. *Bridge-Water* est à trois lieues de Plymouth ; c'est une bourgade de cultivateurs. *Warcham*, situé au midi du dernier, n'est pas plus considérable.

Le cap *Cod* dont nous avons parlé, est remarquable par sa hauteur & par l'abondance des morues qu'on y pêche : il forme une vaste baie à laquelle on a donné le nom de *Barnstable* ; elle peut renfermer plus de mille vaisseaux : son entrée a une lieue & demi de large ; ses rives étaient bordées de pins, de chênes, de sassafras & de plusieurs autres arbres aromatiques ; mais on en abattait en si grand nombre, qu'on défendit de le faire à moins de dix lieues de la côte : elle était autrefois habitée par des baleines ; aujourd'hui la morue y est une source féconde de richesse.

### Comté de Barnstable.

Le sol y est bas, d'une fertilité médiocre : au midi est la baie du *Monument* ou de *Buzards*, devant laquelle sont plusieurs isles, desquelles on connaît l'isle *Elizabeth* & la *Vigne de Marte* ou *Martinswiniard* ; la derniere est la plus considérable : les détroits qu'elles forment avec le continent sont dangereux, & le passage a le nom de *Malabar*, du cap qui le termine. Plus à l'orient est l'isle *Nantuquet*, habitée par des Indiens qu'on a *christianisés*, & où l'on comptait cinq églises il y a déja près d'un siecle.

*Barnstable*, bourgade située au fond du golfe formé par le cap Cod. *Yarmouth* est plus au levant. *Falmouth* est au couchant. *Estham* est renommé par l'opulence de ses habitans. *Rochester* est au-delà de la baie de Bazards.

### Comté de Bristol.

Son sol est d'une fertilité médiocre ; mais ses habitans paraissent industrieux : ce comté est au couchant du précédent. *Bristol* qui lui donne son nom, est une ville moderne ; sa prospérité a été rapide, & son commerce était florissant avant la guerre : elle est bâtie avec régularité ; sa situation, sur une rivière qui se jette dans une baie profonde, est avantageuse. Près d'elle est le mont *Hope* ou le *mont de l'Espérance*, qui servit long-tems d'asyle à un prince Indien, persécuté par les Anglais. *Rehobeth* ou *Saconet* est née de la surabondance d'habitans qui se jettait à Weimouth : elle est située dans une plaine, bâtie en cercle, autour de l'église, de l'école & de la maison du pasteur qui en forment le centre : elle a demi-lieue de diametre. *Attlebouroug* fut bâtie par quelques familles de Rehobeth. *Swansey*, *Traunton*, sont des bourgades formées d'habitations dispersées : près de la derniere, on voit au bord d'une riviere où la marée remonte, une inscription de huit lignes, en caracteres absolument inconnus.

### II. Du New-Hampshire.

Il confine vers le sud à celle de Massachusets-bay, au couchant à la province de New-York, vers le nord au Canada, au nord-est au comté d'York :

il

il s'étend dans un espace de onze lieues au bord de la mer.

Le sol y est varié : au nord, il est montueux & infertile ; les montagnes qui forment une chaîne le long des côtes des colonies Anglaises y sont couvertes de neige, & de-là vient leur nom de *Montagnes blanches*. On dit aussi qu'elles sont formées de pierres à feu blanches, qui font rejaillir les rayons du soleil & éblouissent les yeux : celles du *New-Hampshire* sont très-hautes, & on les découvre de fort loin : on ignore si jamais personne est parvenu à en atteindre le sommet ; on éprouve, dit-on, un changement d'air très-sensible avant d'être à la moitié de leur hauteur : cette montagne se repose sur une vaste base : de ses bords, elle s'élève par des collines escarpées, posées irrégulierement l'une sur l'autre jusqu'au sommet : quand on s'est élevé pendant une lieue & demie, on trouve encore des pins blancs, des hêtres, de la cigue ; deux lieues plus loin, on trouve du pin noir ; plus haut, les flancs de la montagne sont revêtus d'une mousse blanche, au-dessus de laquelle on ne trouve plus que quelques petites plantes semées de loin en loin : puis la montée devient toujours plus rapide & la montagne toujours plus escarpée : un grand nombre de sources en sortent : leurs eaux se précipitent, & forment des torrens qui se réunissent & forment divers fleuves : le *Saco* s'y forme au midi ; il rassemble plusieurs ruisseaux, & coule par le comté d'York : ses bords offrent de beaux champs, de riantes prairies, inondées lorsque la neige fond ; elles en sont fécondées. Au sud-ouest serpentent & tombent plusieurs ruisseaux, qui se rassemblent dans le lac *Winnipisiokée*, d'où descend le fleuve *Merrimac*, qui se déborde au printemps & rend

*Tome XI.* G

ses rives fertiles ; il arrose le New - Hampshire. Le *Connecticut* se forme aussi des ruisseaux qui coulent au nord & au couchant de cette montagne, & il inonde ses rives par-tout où il passe ; il couvre un espace de sept lieues de long sur deux de large, dans le district de *Cohas* en New-Hampshire, qui par sa fécondité & sa beauté peut être appellé *le jardin de la Nouvelle Angleterre*. Du flanc oriental de cette montagne vient encore le *Kennebec* : vers le nord, il en naît deux rivieres qui vont se perdre dans le S. Laurent, dont l'une est le *Shedoir* qui se perd près de la pointe de Levi, à quatre lieues au-dessus de Québec.

Le climat, les productions, le gouvernement, la religion, les mœurs y sont à peu près les mêmes que dans le Massachusets-bay : on y cultive le maïs, le riz, l'avoine, les pois : son sol froid ne peut produire le froment ; le chanvre, le lin y réussissent : on y trouve des forêts de beaux arbres ; elles sont remplies de gibier : ses rivieres sont peuplées de saumons, de truites, d'anguilles, d'aloses & autres poissons : elle a quelques pêcheries sur la mer ; mais ses côtes trop resserrées, rendent cet objet de commerce peu considérable : on en tire des chevaux, des bêtes à corne, des brebis, mais pas en grand nombre ; des vaisseaux, dont on construit deux cents par année, des mâts faits de troncs de pin blanc, les plus beaux arbres qu'on puisse voir ; on en trouve de 120 pieds de haut, & de douze de diametre ; on les coupe quand la terre est couverte de neige ; on y attele 70 à 80 paires de bœufs, & on les fait glisser de la forêt au port : les forêts en étaient réservées pour la couronne, & il était défendu d'en abattre quand ils avaient une dimension déterminée.

# NOUVELLE ANGLETERRE.

Le gouverneur, le gouverneur lieutenant, le conseil, le secretaire, tous les offices de l'amirauté sont à la nomination du roi, qui était le seigneur & le maître du sol. Les diverses villes & districts élisent leurs représentans, dont l'assemblée nommait à tous les emplois inférieurs ; mais son choix devait être approuvé par le gouverneur & le conseil. La population de cette province a été estimée de 150,000 ames : elle n'était que de 40000 à la paix de 1763 ; mais depuis la conquête du Canada, on y a vu s'élever rapidement diverses villes, qu'on n'osait construire auparavant par la crainte des Indiens.

*Portsmouth* est sa capitale : sa situation est agréable ; le Piscataqua ou Salmon l'arrose, & y forme une baie étendue : son port est sûr & commode pour les plus grands navires : on y compte environ 700 maisons & cinq églises. Ici se tiennent les cours de justice de la province, & c'est même le seul lieu où l'on y décide des procès qui s'y élevent ; institution qui oblige ceux qui habitent les frontieres de faire 50 ou 70 lieues, pour réclamer la justice qui leur est dûe. De son port sortent annuellement 200 vaisseaux qu'on y construit, & qu'on charge de bois de construction, de douves de tonneaux, de poissons salés, &c. qui font voile pour les Indes occidentales ou ailleurs : l'on y vend le vaisseau & sa charge, & les matelots reviennent dans leur pays comme passagers.

*Moretown* est dans le comté de Gloucester. *Norwich*, le college de *Darmouth*, *Rockingham*, *Westminster*, dans celui de Cumberland & sur les bords du Connecticut.

*Londondery*, ville nouvelle à 13 lieues de Portsmouth, habitée presque toute entiere par des Irlandais; elle a une grande manufacture de lin. *Chester*, *Dunstable*, *Kingston*, *Durham*, *Gilmanstown*, *Hampton*, *Exester* sont des bourgades considérables. *Contocook* est entourée de palissades, & est près de la riviere de ce nom, qui se joint au Merrimak. Une partie du pays descend le long du Connecticut, & là sont situées *Sheldens*, *Deerfields*, *Hatfield*, *Northampton*, *Southfield*, *Brookfield*, &c. mais il est des auteurs qui renferment cette partie dans le Massachusets-Bay.

## III. Du Rhode-Island.

Il renferme des isles & un espace de continent qui n'a que 18 lieues de long, sur 6 à 7 de large: au nord, il est borné par le Massachusets-Bay; au levant, par la province de Plimouth; au midi, par la mer; au couchant, par le Connecticut: il est entre le 41 & le 42$^e$ degré de latitude. Le climat y est plus doux qu'à Boston, quoique cette ville n'en soit qu'à vingt lieues: les hivers y sont rudes encore, mais moins que dans les provinces voisines; & les étés y sont délicieux, sur-tout dans l'isle de Rhode, où les chaleurs sont tempérées par des vents de mer frais & doux. Le sol y est bas, pierreux, semé de rocs; mais lorsqu'on le cultive, il produit du maïs, du riz, de l'avoine, des pois, du lin, du chanvre, même du froment, & les meilleures especes de fruits, sur-tout dans l'isle, qui est admirable par la beauté des paysages & la fertilité de son sol, qu'aucun district de la Nouvelle Angleterre ne peut égaler. On y voit une grande variété d'arbres & d'arbustes; on y fait avec les jeunes branches de l'épinette blanche une bierre excellente: une grande riviere, un des plus beaux ports du

monde, font encore une de fes richeffes : les poiffons y font bons & abondans, fur-tout le *tataag*
ou poiffon noir, les écreviffes & le loup de mer :
on y fabrique des chandelles avec le blanc de poiffon. La plus grande partie de fon fol eft en prairies,
où l'on nourrit de grands troupeaux de moutons
& de bêtes à cornes. Les chevaux y font membrus
& forts ; les bœufs y font plus grands qu'en aucun
endroit de l'Amérique, & plufieurs pefent 16 à 18
quintaux : le beurre & le fromage y font excellens.
L'excédent de fes productions eft l'objet de fon
commerce extérieur : elle retire en échange ou en
achats du Maffachufet & du New-Hampshire des
meubles & des poiffons ; du Connecticut, de la
farine & des viandes falées ; des Indes occidentales,
du fucre, du rum, des fyrops ; de l'Angleterre,
des étoffes, des quincailleries ; de la Hollande, de
l'argent ; de l'Afrique, des efclaves. On la divife
en quatre comtés, dont les limites font mal connues.
Le gouvernement y eft démocratique : toutes les
charges, excepté celle de douanier, y font remplies
par le peuple, ou par l'affemblée générale ; celui-là
nomme un gouverneur, un lieutenant & dix affiftans, qui forment la chambre haute : les repréfentans des villes élus pour fix mois, compofent la
chambre baffe, qui nomme à toutes les charges
militaires & civiles, fait les loix, exerce tous les
actes du gouvernement : ces chambres s'affemblent
alternativement à Newport & à la Providence. Le
gouverneur convoque les deux chambres dans les
cas preffans ; il n'a point de voix négative fur elles, il n'a que le droit de décider lorfqu'il y a égalité de fuffrages. Cette liberté vient de ce que la
colonie a fu conferver fes anciens privileges en n'en
abufant pas. Il n'y a point de culte dominant :

la plupart des habitans font quakers ; la bigotterie y regne si peu, qu'il y est permis d'y dire & d'y penser ce qu'on veut ; & pourvu qu'on y pratique une morale saine, l'on ne s'inquiéte pas du reste, dont on laisse à Dieu le soin de demander compte. On y trouve un assez grand nombre de juifs ; ce petit peuple, long-tems presqu'oublié, demeuré sans ministre & sans instruction, était peu différent d'une peuplade d'Indiens : aujourd'hui on y a des pasteurs, des bibliotheques, des mœurs moins agrestes : en est-on plus heureux ? on peut en douter. On compte 60,000 ames dans cette province.

On en connaît quatre villes. *Newport* est la plus ancienne, la plus riche : sa situation est agréable ; elle est dans l'isle de Rhodes qui a 4 à 5 lieues de long sur deux de large. On y compte de 800 à 1000 maisons, dont le plus grand nombre est bâti en bois ; celle où s'assemblent les cours de justice est de briques : sa bibliotheque publique a la forme d'un temple grec : elle a une église pour les Anglicans, deux pour les presbytériens, une pour les quakers, une pour les moraves, une pour les anabaptistes, & une synagogue, seul temple qui y soit beau, & bâti en pierres. La ville est entourée de quelques fortifications, ainsi que la petite isle qui est devant elle, où l'on a bâti un fort, défendu par une artillerie redoutable. Son port est sûr ; il est très-bon pour les vaisseaux d'une grandeur médiocre : à son entrée est un beau fanal.

*La Providence*, ville bâtie sur le fleuve de ce nom, qui y favorise le commerce : la ville est agréable, & ses environs bien cultivés.

*Warwich* donne son nom à un comté, & fleurit par le commerce. Elle fut bâtie par les habitans de l'isle de Rhodes, & ses campagnes furent long-tems fans pafteurs, même fans magiftrats; mais les crimes n'y étaient pas plus communs : ils lifaient & expliquaient l'Ecriture-fainte à leur gré, & exerçaient l'hofpitalité avec une franchife digne des premiers fiecles. Leurs occupations les rapprochent des peuples pafteurs, & ils en ont les vertus.

*South-Kingfton en Narraganfet*, eft encore une petite ville ou bourgade, dans laquelle l'affemblée générale fe tient tous les quatre ans : le nom de *Narraganfet* vient d'un peuple Américain qui habitait les mêmes lieux.

## IV. Du Connecticut.

Cette province eft formée de deux colonies qui s'unirent en 1692. En 1630, les *Pequots*, nation Américaine, qui habitaient fur les bords du Connecticut, tuerent quelques colons Anglais; & pour s'en mettre à couvert, on réfolut de bâtir une ville fur ce fleuve : la fertilité du fol, la beauté de la riviere qui l'arrofait raffembla cent cultivateurs, fous la conduite de Hooper; tous partirent du Maffachufet à pied, fuivi de leurs enfans & de tout ce qu'ils poffédaient : ils arriverent & fe fixerent fur la rive occidentale du Connecticut; ils y éleverent les murs d'Hartford; d'autres vinrent s'établir plus haut, & fonderent les villes de Windfor, Weathersfield, & Springsfields.

En 1737, le chevalier Eaton & le miniftre Dawenport, acheterent des Indiens tout le pays le long des côtes de la mer, entre les fleuves de Connecticut & de Hudfon, & ils y bâtirent *Newhaven* dont toute la colonie prit le nom. Telle fut l'origine de ces deux colonies, qui aujourd'hui ne forment qu'un feul gouvernement. Elles jouiffent encore de tous les privileges des anciennes chartes qu'elles furent conserver. Après leur réunion, elles conserverent encore deux sieges de gouvernement; l'un à Hartford, l'autre à Newhaven, où leurs assemblées générales se convoquent alternativement, pour y traiter des affaires de la colonie.

Ses bornes sont vers le nord, le Massachusets-Bay, qui la limite encore à l'orient avec le Rhode-Island; au midi, le détroit de mer qu'on nomme *le Sound*; au couchant, le New-York. De Stoniton jusqu'à Rya, qui est sur les frontieres de New-York, on compte environ trente-six lieues; de Say-brook jusqu'aux limites d'Hartford, on en compte vingt-six.

Son sol n'est pas le même dans ses différentes parties : dans un grand espace il est inégal, rocailleux, froid, stérile; en d'autres endroits il est fertile, très-agréable, sur-tout sur les bords du Connecticut, où les champs rapportent toutes sortes de grains, toutes les especes de fruits qui réussissent dans ces climats : rarement le laboureur y voit ses espérances trompées; quelquefois il les voit surpassées par la prodigalité de la nature. On y nourrit de grands troupeaux de bêtes à cornes : on y éleve un grand nombre de chevaux & de porcs : la culture du lin & du chanvre y est une source de richesses; des légumes estimés y sont une branche de commerce. Celui d'exportation est peu considérable : les habitans tirent presque toutes leurs marchandises étrangeres de Boston & de New-York, & ils les payent avec leur gros bétail, leur graine de lin, leurs oignons, &c. Ils ont une manufacture d'outils de fer qui leur est très-avantageuse : ils transportent encore dans les Indes occidentales quelques chevaux, quelques meubles grossiers; & en Angleterre, en Hollande, une quantité considérable de sassafras.

Ces colons ont le droit d'élire annuellement leur gouverneur, leur gouverneur-lieutenant, leurs affiftans qui forment la chambre haute, leurs repréfentans qui forment la chambre baffe, & par elle, ils nomment à tous les emplois inférieurs. Ils donnent à leur gouverneur des appointemens confiderables, & ont un fond fuffifant pour fournir à toutes les dépenfes publiques.

Il y a parmi eux plus d'Anglicans que dans les autres colonies; la religion dominante y eft cependant la même que parmi elles. On divife la province en quatre comtés : on y compte près de 200,000 ames. Parlons d'abord des deux qui compofent la colonie de New-haven.

### Comté de New-haven.

Le fol en eft fertile; on y trouve encore beaucoup de forêts; les mines de fer y font abondantes : de petites rivieres l'arrofent. *New-haven* en eft la capitale : elle eft fituée fur la baie de fon nom, & a des rues régulieres & belles; au centre eft une place de parade. On y compte deux cents maifons, & divers bâtimens publics parmi lefquels eft le college qui eft d'une conftruction élégante & a une bibliotheque publique. *Builfort*, *Milfort*, bourgades qu'arrofent chacune une petite riviere. *Brainford* a une forge de fer, & la riviere qui y paffe en porte les ouvrages à la mer.

### Comté de Fairfield.

Il eft encore rempli de marais, & fut habité par les *Mohegins*, peuplade indienne : aucune de fes rivieres ne font navigables; quelques-unes fe rendent dans le fleuve Hudson. *Fairfield* sa capitale n'est encore qu'une bourgade. *Norwich*, *Stamfort*, *Greenwich*, *Woudbury*, *Rye*, sont après elle les plus considerables. *Newtown* est sur la riviere de Stratford qui porte ses eaux à la mer.

## II. Colonie de Hartford.

### Comté de New-London.

Ses parties orientales sont agréables & fertiles; les occidentales sont couvertes de monts & de marais. *New-London* en est la ville la plus considerable par son commerce; elle est sur une riviere qu'on a nommée la *Tamise*, & qui s'y divise en trois bras. *Say-brook* en est la plus ancienne : elle fut fondée à l'embouchure du Connecticut par les deux lords Say & Brook, zélés puritains, qui lui donnerent leur nom. *Syme* est sur la rive opposée. *Stoniton* est dans une contrée charmante.

### Comté de Hartford.

Il est le seul qui n'ait point de ville qui touche à la mer, & n'y ait point de port : ses habitans n'en sont pas moins nombreux & opulens : leurs belles prairies, leurs troupeaux sont leurs plus grandes richesses. *Hartford* sa capitale est assez étendue; on y compte deux paroisses, dont les églises se distinguent par l'épithete de vieille ou de nouvelle, non par des noms de saints, ce que les puritains condamnoient comme un reste d'idolatrie. *Hadham* est sur le Connecticut, qui y forme une isle qu'on nomme *Thirty-miles*, parce qu'elle est à trente milles de son embouchure. *Wind-*

*for* est près du lieu où le fleuve reçoit la petite riviere de Farmington. *Watersfield*, sur les bords du fleuve, est célebre par ses oignons, dont elle charge plusieurs bâtimens chaque année. *Springsfield* est aussi habitée par des planteurs. *Midletown* est peu considerable. *New-Cambridge* est sur une petite riviere. Les teintures & les cuirs étaient autrefois les principaux objets du commerce de ce comté : ses montagnes, ses forêts le favorisaient, mais il devient moins florissant à mesure que d'autres branches de commerce y naissent.

## DE LA NOUVELLE YORK.

Elle est située entre le 40 & le 45° de latitude septentrionale ; entre le 301° 30′ & le 304° 40′ de longitude. Au levant elle confine à la Nouvelle Angleterre ; vers le nord au Canada ; au couchant à la Pensylvanie & au pays des cinq Nations, au midi à la mer & au Nouveau Jersey. Du lac Champlain à Ney-York, elle a cent douze lieues ; du fort d'Oswego au fort Anne elle en a cinquante-six ; mais entre les Jerseys & le Connecticut sa largeur n'est que de neuf lieues.

Sebastien Cabot en vit les côtes, & sous le regne d'Elizabeth, elle fit partie de la Virginie. Hudson découvrit le fleuve qui porte son nom & le pays qui l'arrose ; il céda ses droits aux Hollandais en 1608. Jacques I. protesta contre cette vente : les Hollandois y trouverent une colonie de Suedois, & ils s'y joignirent, sans se soucier des prétentions que les Anglais pouvaient y avoir : le gouverneur de Virginie vint détruire une partie de leurs plantations & ils s'en plaignirent au roi Jacques : en 1620, il leur accorda la permission d'y former quelques établissemens, mais il exigea que ceux qui l'habiteraient fussent censés sujets de la Grande-Bretagne : cet arrangement subsista quelques années, mais les troubles sous Charles I. le firent oublier; les Hollandais y éleverent le fort Orange, y nommerent un gouverneur, donnerent au pays le nom de *Nouvelle Belgique*, & refuserent ensuite à Charles II. la somme qu'ils payaient à son pere & à son grand-pere pour la permission qu'ils leur donnaient de pêcher sur les côtes de la Grande-Bretagne. Charles s'en vengea, en donnant à son frere le duc d'York les pays qui composent aujourd'hui les provinces de Pensylvanie, Jerseys & New-York. Celui-ci fit équiper une flotte, en donna le commandement à sir Robert Carr, qui s'empara de ces contrées, & permit aux Hollandais d'y demeurer; un grand nombre accepta cette offre, & de là vient qu'on y trouve encore plusieurs familles Hollandaises. Les Hollandais céderent leurs prétentions à ce pays par la paix de Breda.

Les pelleteries étaient alors le principal objet du commerce du pays; c'est pour le faciliter & pour l'étendre que le gouverneur *Burnet* fit élever, sous les ordres du colonel Schuyler, & du consentement des Iroquois, le fort d'Oswego sur le lac d'Ontario. Aujourd'hui ce commerce repose sur des objets plus constans & plus multipliés.

La Nouvelle York, située au midi de la Nouvelle Angleterre, jouit d'un climat plus tempéré : le pays est agréable, le sol fertile, l'air sain : on y recueille abondamment toutes sortes de grains & de fruits, la plupart originaires de l'Angleterre : telle est la reinette de Newtown & du froment

# NOUVELLE YORK. 109

qui rend le cent pour un. Ses plaines nombreuses, vastes, riches, sont sur-tout fécondes sur les rives des fleuves & nourrissent beaucoup de bestiaux: les marais qui en couvrent les parties septentrionales seront un jour desséchés, & cette partie sera la plus fertile de la colonie.

Le plus grand des fleuves qui l'arrosent est le *Hudson*, qui naît au pied des montagnes situées entre les lacs Champlain & Ontario : il court d'abord au midi dans un espace d'environ vingt lieues & traverse quelques lacs, dont le plus considerable est celui de *Scanderoon*; de-là il se dirige à l'orient jusqu'à l'endroit nommé *Carrying-place*, où l'on a construit le fort Edouard, puis il revient au midi jusqu'à son embouchure dans la mer près de New-York ou Sandyhook. Ce fleuve est navigable dans un espace de cinquante lieues, de l'Océan à Albani : on y vogue sans danger le jour & la nuit, dans toutes les saisons avec le secours de la marée ; au dessus, des canots navigent encore vingt-cinq lieues plus haut encore ; mais en évitant deux cascades qui obligent de porter les canots chacun l'espace de deux cents toises. Ce qui rend ce fleuve plus intéressant encore, c'est que par le *Mohawsk* qui s'y jette, on peut arriver à peu de distance du Chouegüen qui se rend dans le lac Ontario, & que l'espace qui les sépare est aisé à franchir : qu'un espace étroit le sépare aussi du lac George qui communique au Champlain, & de la riviere Sorel qui se jette dans le St. Laurent.

La riviere la plus considerable après le Hudson, est le *Mohawsk*, navigable pendant trente-six lieues pour les grandes chaloupes ; & des cascades seules empêchent d'aller au-delà : son cours est d'abord au levant au travers de belles plaines, parmi lesquelles on remarque la *Plaine allemande* (*German-flats*), appellée ainsi parce que les colons qui la cultivent font Allemands ; elle n'a qu'une lieue de large ; mais elle en a plus de trente de long : il n'est pas de plus beau canton dans toute l'Amérique ; la culture y est facile & la recolte abondante ; on y recueille du froment, de l'orge, des pois, du chanvre, du lin. La riviere se jette dans le Hudson par plusieurs embouchures, à trois lieues au nord d'Albani : une lieue avant de s'y joindre elle forme une cascade où le fleuve se précipite d'une hauteur perpendiculaire de soixante & dix pieds. Cette partie de la province a un grand nombre de moulins à scie, & beaucoup de forêts.

Nous avons parlé plus haut du lac Champlain, annexé aujourd'hui à la Nouvelle York : à son extrémité méridionale est élevé le fort *Fréderic* ; une riviere le joint au lac *St. Sacrement* ou lac *George*, long de huit lieues, large de deux : entr'eux était le fort *Carillon* ou *Ticonderega*, devenu célebre dans les deux dernieres guerres, & *Crown point* : au midi du lac est encore le fort *George*. Les environs de ce lac sont marécageux ; mais ils pourraient être desséchés, & seraient alors rians & fertiles.

Le pays que baigne le Sound renferme de belles campagnes ; quoique le sol y soit rocailleux ainsi que la plus grande partie de la province, qu'il soit montueux, pénible à travailler, il devient fécond avec des soins qu'il recompense largement. Diverses isles dépendent de cette province, la plus remarquable est celle de Long-Island.

*Long-Island* a environ cinquante lieues de long sur une largeur de quatre à sept ; au centre, elle est presque stérile ; à ses extrémités elle a des champs d'un rapport qui excéde celui de tous les autres champs que l'Amérique peut offrir : elle rapporte des grains, d'excellens fruits, & nourrit des troupeaux plus nombreux de chevaux, de vaches, de brebis, de porcs que les autres cantons de la province : on dit qu'il y a un acre de terrain dans sa partie occidentale, dont la situation est si avantageuse pour les marchés de New-York, que ses productions rapportent annuellement cent livres sterlings à son possesseur. Vers le milieu de l'isle est une plaine longue de sept lieues, large d'une & demie, à laquelle on a donné le nom de *Plaine de Salisbury*, qui fournit de la tourbe aussi bonne que celle de la plaine de ce nom en Angleterre : on n'y voit pas un arbre, pas un buisson, pas une pierre, & l'on dit qu'il n'y en eut jamais : on y entretient des haras, des maneges, & l'on y fait des courses de chevaux dans tous les tems de l'année. L'isle présente dans toutes ses parties des belles maisons de campagne. On la divise en trois comtés : elle forme avec le continent le long détroit qu'on nomme le *Sound* ou la *Riviere du levant* (*East-River.*)

D'autres isles voisines lui sont peu inférieures par leur fertilité, mais elles le sont en grandeur. Celle qu'on nomme *Statten-Island* ou *Isle des Etats*, couvre presque toute entiere une grosse baie, au couchant de l'embouchure de l'Hudson : elle forme avec Long-Island un canal par lequel les vaisseaux viennent à pleines voiles aborder à New-York; sa forme est presque circulaire, & son diametre peut être de cinq lieues. On y compte trois bourgades; *Billop* au midi, *Palmer* au nord, & *Dover* au levant.

*Fisher's Island*, Isle des Pêcheurs, est située dans le Sound, presqu'à son extrèmité ; celle de *Barn-*

*Island* est à neuf lieues de New-York : il y a peu de tems qu'on a eu la permission d'y bâtir une ville : nous parlerons ailleurs de celle de *Manahatton*. On prenait autrefois des baleines sur les côtes de ces isles ; on y pêche encore des veaux marins dont on fait une huile excellente.

Le *Sound* forme à son entrée occidentale un détroit dangereux, qu'on nomme *Hellgate* ou *Porte de l'Enfer*, parce que les eaux de la mer & de l'Hudson y passent avec une rapidité effrayante, divisées en canaux par des rocs & formant un tourbillon écumant qu'on ne fixe pas sans effroi : par-tout ailleurs la navigation en est agréable & sûre.

Le roi est ou était seigneur absolu de la province ; le sol lui en appartient ; il en nomme le gouverneur, le gouverneur-lieutenant, le sécretaire & le conseil ; mais les possesseurs des fonds, dans les divers comtés, élisent leurs représentans, qui, avec le conseil, forment le corps législatif. Les villes de New-York & d'Albani ont, par les chartes, le pouvoir de se donner des loix, pourvu qu'elles ne soient point opposées à celles de la province. Ces loix y sont faites par le maire, les aldermans & le conseil, qui sont élus chaque année par les bourgeois, ainsi que la cour de justice. Il y a un grand nombre de sectes diverses dans cette province, la dominante est l'anglicane, & ses habitans, de nations différentes, parlent différentes langues. Depuis quelque tems les sciences y sont encouragées ; les villes, les bourgs sont pourvus de bonnes écoles ; & la capitale a un beau college, des professeurs, des régens, une bibliotheque assez nombreuse.

Le commerce y est étendu ; ses principaux objets sont les grains, les farines, la viande de porc, les

les peaux, les fourrures, les gros meubles, les douves de tonneau : on y trouve quelques manufactures de drap & de toiles : on y fabrique des chapeaux, des souliers du verre, des vampuns, morceaux d'écaille percés qui servent de monnaie aux Indiens ; ils affinent du sucre, & distillent beaucoup de rum. On fait monter la population à 250,000 ames.

Cette province est divisée en dix comtés, dont les limites ne sont pas bien déterminées : nous suivrons cependant cette division aussi bien qu'il nous est possible.

### 1. *Charlotte County.*

C'est la partie du pays qui est à l'orient du lac George ; il est rempli de marais, de forêts peuplées de gibier, de petits lacs, de ruisseaux, de rivieres, dont la plus considerable est la riviere *aux loutres*. Là sont situés *Skinsboroug*, le fort *Anne*, & le fort *Edouard*.

### 2. *Tryon-County.*

Il s'étend du lac Ontario & de la contrée des Iroquois au comté précédent ; le sol, les productions en sont les mêmes, le commerce des pelleteries y est plus considerable : là coule la riviere Charlotte, le Mohawsk & le Chouegüen : là sont les bourgades de *Burnetsfield*, de *Stone-Arabia*, de *Johnstown*, & les forts de *Harisson* & de *Hunter*.

### 3. *Albany-County.*

Il est situé au midi des précédens : l'Hudson, le

Schokary l'arrosent; le sol en est fertile & riant; il doit son nom à la ville d'Albany, nommée d'abord le fort *Orange* par les Hollandais: la plus grande partie de ses habitans sont d'origine Hollandaise: la ville est sur la rive occidentale du fleuve Hudson, à cinquante-quatre lieues au dessus de New-York; on y compte quatre cents maisons; un fort de pierres la défend; ici s'assemblent les gouverneurs des colonies avec les chefs des nations Indiennes: ceux qui vivent dans son sein s'enrichissent par le commerce. *Schenecteda* ou *Chenectady* est à sept lieues plus au couchant; elle a un fort, & est située dans une vallée agréable, au milieu des plantations des Indiens; le commerce y est florissant; on y compte environ deux cents familles. *Staats*, *Camp*, sont sur la rive orientale de l'Hudson. *Saratoga*, *Coksoket* ou *Coksaky* sont sur sa rive occidentale. *Germanstown* est sur la rive du Sockary. La terre de Renslacwick y est renfermée & envoye un député à l'assemblée générale.

### 4. *Ulster-County.*

Borné au couchant par la Delaware, au midi par l'Hudson, il se termine vers le nord au comté d'Albany: sa fertilité est médiocre, deux rivieres l'arrosent; il a peu de bourgades. *Kingstown* est la principale; elle est voisine de l'Hudson & arrosée par l'Esope qui s'y jette, & la fait communiquer avec le Nouveau Jersey où elle prend sa source. Ses maisons sont la plupart dispersées: on y compte deux cents familles. *Marbletown*, *Guildfort*, *Brunswich* sont encore des bourgades.

### 5. Dutchess-County.

Il est renfermé entre le Connecticut au levant, l'Hudson au couchant & le comté d'Albany au nord. Le sol en est bon, les productions variées, le commerce florissant. Sa principale ville est *Pochkcepcle* ou *Pakepsy*, sur la rive orientale du fleuve. *Rymboül*, *Fishhill*, sont près de l'embouchure de petites rivieres dans l'Hudson. *Livingstown* envoye un député à l'assemblée générale.

### 6. Orange-County.

Cette contrée touche au Jersey vers le midi, à la Delaware vers le couchant, au comté d'Ulster vers le nord, à l'Hudson au levant: plusieurs Hollandais y sont encore établis. *Orange-town* en est la capitale, & est sur l'Hudson. *Mahakamak* est près des rives de la Delaware: là aussi est un fort qu'on nomme *Col-Jersey*, parce qu'il communique à cette province. *Vatertown* est encore une de ses bourgades.

### 7. West-Chester-County.

Il forme la partie la plus méridionale de cette partie du Continent; c'est aussi une des plus fertiles, des plus riches & des plus peuplées: on y remarque encore diverses plantations Hollandaises. La ville ou bourg de ce nom n'a qu'une paroisse; mais elle est étendue; son commerce est assez florissant & sa situation avantageuse. Au nord est *Courtland*, village & domaine qui nomme un représentant. Au bord de l'Hudson est la petite ville de

*Philipsbourg. Kingsbridge* est une bourgade. *Est-chester* est au bord de la mer.

### 8. *Kings-County.*

Il paraît renfermer, l'isle de Manahatton où est située New-York, & on lui en donne aussi le nom ; le *Staten-Island* & la partie occidentale de *Long-Island*. Nous avons parlé des deux dernieres. L'isle de *Manahatton* ou *Manahatan* est formée par l'Hudson, la riviere d'Est & la mer ; elle est longue de quatre à cinq lieues, & n'en a pas une demie dans sa plus grande largeur : une situation heureuse, une rade ouverte & sûre dans tous les tems, sa fertilité, l'air sain qu'on y respire ; une riante perspective sur les Jerseys, les isles voisines, le Continent qui l'entourent, y ont fait prosperer une ville florissante, la capitale de la province : les vaisseaux y arrivent par trois chemins différens, le Sound, le détroit formé par Long-Island & Staten-Island, qui est le plus fréquenté, & celui qui l'est par cette derniere isle & la côte de Jersey. On y amene encore les marchandises de Quebec, de Montréal, des lacs Ontario & Erié ; les ports du Connecticut & du Jersey aident encore à la prospérité du sien, parce que c'est là que le commerce de ces provinces est concentré, & qu'elles y font l'échange de leurs productions contre des marchandises étrangeres. La ville est sur une hauteur, & renferme près de trois mille maisons, toutes bâties en pierres ou en briques ; ses rues sont irrégulieres, plusieurs sont étroites, mais toutes sont pavées & propres, l'une d'elles est bordée d'arbres : un rempart l'environne & l'embellit, le fort St. George la défend. Elle a plusieurs beaux bâtimens publics, parmi lesquels on distingue le college, la maison de l'assemblée générale, celle du gouverneur qui est dans l'enceinte du fort. Le college est dans la situation la plus riante & de la plus belle architecture. Peu de villes de l'Amérique septentrionale peuvent la surpasser. En diverses églises on fait le service divin en anglais, en hollandais, en allemand, en français. Les Anglicans y en ont deux qui sont belles, il en est une pour les Suédois luthériens, une pour les Français refugiés, deux pour les Hollandais calvinistes; il en est encore pour les presbytériens, les quakers, les anabatistes & les moraves: les Juifs y ont une synagogue. L'école de charité est belle & instruit soixante pauvres des deux sexes; la maison de travail est bien instituée, les casernes sont assez vastes, les prisons sont belles. La ville est gouvernée par un maire & des aldermans; elle renferme un grand nombre de négocians riches, & son commerce s'étend au loin; mais il repose trop sur le crédit: il est considerable avec les isles à sucre, il consiste en farines, grains, viandes fumées & autres, lard, pois, pommes, oignons, douves & planches; avec l'Angleterre ses principaux objets sont la graine de lin, en fers en bares ou en masse, & en cuivre. Diverses manufactures y sont encouragées, sur-tout celle de l'aprêt du chanvre, dont la culture est importante pour la province. Il y a une société occupée des moyens de faire fleurir & multiplier les diverses branches du commerce, de la culture, de la fabrique du fer, de la laine, du lin, &c. Dans ce but, elle distribue toutes les années des recompenses considerables: tous ces moyens soutiennent le crédit, étendent les ressources, rendent ses richesses plus actives, & le pays plus indépendant de ses voisins. La ville manque d'eaux fraiches. Sur une des isles de sa baie il y a un hôpital pour les marins malades ou blessés ; sur une autre est une maison pour les pestiférés. Sa longitude est de 303° 40′, sa latitude de 40° 45′.

### 9. *Queen's-County.*

Il occupe le centre de Long-Island, & a quelques paroisses. *Jamaïca*, l'une d'elles, renferme soixante familles. *Hampstead* en est une autre, située au milieu d'une belle plaine à laquelle elle donne son nom, & qui est connue par la bonté des chevaux qu'elle nourrit. *Johns* est un lieu où de belles maisons de campagne sont rassemblées.

### 10. *Suffolks-County.*

C'est la partie orientale de l'isle. *Suffolk* qui lui donne son nom est au fond d'une baie profonde, qu'on nomme *Olsterbay*. *Huntingdon* est une bourgade où l'on compte cinquante familles. Le cap de Monteak termine cette isle au levant. Elle eut autrefois des poteries dont on estimait les ouvrages : ils égalaient ceux de Delft ; aujourd'hui on s'y occupe davantage du commerce des grains, des pelleteries & des chevaux. On a établi à *Nortfleet*, l'une de ses bourgades, une poste qui entretient une communication facile avec les lieux qu'elle renferme, avec New-York & le continent voisin.

## DU NEW-JERSEY.

Cette province est située entre le 39 & le 41° 20′ de latitude septentrionale ; entre le 302 & le

303° 40′ de longitude. Vers le nord elle est bornée par l'Hudson & la New-York, vers l'orient & le midi par l'océan Atlantique, qui le baigne des rives du fleuve que nous venons de nommer à la Delaware que la borne au couchant. Elle a quarante-trois lieues de côtes, sur une largeur d'environ vingt-deux lieues.

Des Suédois furent les premiers Européens qui s'y établirent; ils y éleverent trois petites villes qui n'existent plus: les Hollandais s'en emparerent & en firent une partie de leur Nouvelle Belgique. Charles II comprit ce pays dans la cession qu'il fit de New-York à son frere en 1663, & ce dernier céda le New-Jersey au lord Berkeley & à sir George Carteret qui y envoyerent Philips Carteret en qualité de gouverneur; il offrit à ceux qui voudraient s'y rendre l'exemption de tous impôts pendant sept ans : le tems écoulé, on exigea des contributions : les habitans, mélange de Suédois, de Hollandais & d'Anglais, se révolterent, déposerent leur gouverneur & donnerent une forme nouvelle à leur administration. Plus de modération dans les maîtres, fit que les sujets permirent au gouverneur de revenir & d'y gouverner en paix. Lord Berkley résigna ses droits à Penn & à trois autres personnes, & Carteret partagea le pays avec eux, en tirant une ligne de la rive orientale du promontoire de Little Egghafens, directement vers le nord. A l'orient de cette ligne fut la part de Carteret, à l'occident celle de Penn; elles eurent leur gouvernement séparé, & se distinguerent, l'une par le surnom d'orientale, l'autre d'occidentale. Carteret mourut, sa part fut vendue à d'autres personnes qui firent de nouvelles divisions & de nouvelles ventes, sans les déterminer avec précision. De-là naquirent des procès, des querelles qui fatiguerent les habitans & les ameuterent. Les possesseurs alors remirent leur charte à la couronne en 1702, qui leur conserva leurs droits territoriaux & en donna au peuple; on en réunit le gouvernement à celui de New-York, & il le fut jusqu'en 1736 où les Jerseys eurent leur gouvernement particulier. Cependant chaque partie des Jerseys a sa cour de justice, & les assemblées générales se convoquent alternativement à Burlington dans la Jersey orientale, & à Perth-Amboi pour l'orientale.

L'air est doux & pur dans la New-Jersey, son sol, par-tout le même, formé d'une ardoise rouge, qui se change étant remuée en une marne féconde; ses collines, ses vallons, ses rivieres, ses grandes baies l'enrichissent & l'embellissent: on y recueille du froment & toutes sortes de grains qu'on y apporta d'Angleterre, & beaucoup de chanvre, de foin, de lin, de blé de Turquie, de tabac, qui y sont des objets de commerce; mais elle en fait peu avec l'étranger, ou ne le fait que par l'entremise de ses voisins; elle produit abondamment toutes sortes de fruits, & c'est là peut-être que se fait le meilleur cidre du monde; les arbres en sont élevés, & les chênes estimés pour la construction des navires: les rivieres y font mouvoir un grand nombre de moulins & d'autres machines hydrauliques: on y trouve du fer & on l'y travaille dans des martinets; on y exploite une mine de cuivre & l'on s'y sert d'une pompe à feu; on croit qu'il y a des mines d'argent: on y scie des planches, on y prépare des peaux: on y vend beaucoup de bois de construction; on en sort de grandes troupes de bêtes à cornes.

Il n'y a pas de fleuves remarquables & d'un long cours: le *Ranitan*, l'*Amboy*, le *Paſſaik* l'arroſent: ce dernier forme, à ſept lieues de ſon embouchure, une caſcade admirable; ſes eaux ſortent avec rapidité d'une ſorte d'abyme & tombent en une ſeule lame écumante, d'une hauteur perpendiculaire de ſoixante & dix à quatre-vingt pieds, ſur laquelle le ſoleil fait voir un double arc-en-ciel.

L'incertitude des limites de ſes biens y nuit à la culture; de-là naît le découragement, l'incertitude, les querelles, les procès: nul n'y fait une fortune plus rapide que les avocats.

La forme du gouvernement y eſt la même qu'à New-York; on y voit ſubſiſter un grand nombre de croyances diverſes; aucune n'y eſt dominante, mais l'anglicane ſemble s'y accroître chaque jour. On y compte environ 100,000 habitans. Les arts & les ſciences y font peu de progrès, quoiqu'il y ait un beau collége: ſes habitans ſont des gens de campagne, bons & hoſpitaliers. Les uns diviſent cette province en onze comtés; les autres en huit, quatre dans la partie orientale, quatre dans l'occidentale. Nous ſuivrons la premiere diviſion.

I. JERSEY ORIENTALE.

1. *Berghen's-County*.

C'en eſt la partie ſeptentrionale; l'Hudſon le borde, & c'eſt le premier canton de la province qui ait été cultivé: le *Hatinſac*, le *Paſſaik* & divers ruiſſeaux l'arroſent. *Berghen*, dit l'auteur de l'*Hiſtoire des Voyages*, en eſt la ſeule ville; elle eſt ſituée ſur la pointe occidentale d'une langue de terre qui forme un détroit avec *Statten-Island*: elle renferme soixante familles, la plupart Hollandaises. D'autres auteurs ne parlent point de cette ville, mais ils nomment *Sthralenbourg* près de l'Hudson, *Charlottenbourg* dans l'intérieur du pays. *Pomjpook* ou *Pompton* sur le Passaik, *Sussex* au nord du comté. *Walpack* ou *Walpock* à trois lieues de la Delaware.

### 2. *Essex-County.*

Sa partie occidentale est arrosée par le Rokway, au nord il l'est par le Passaik ou Pasaik ou Second : là on voit une chaîne de montagnes qui se nomment les monts ou les collines bleues (*Blue-Hill*). Là sont les villes ou bourgades de *Hakinseck* près du Pasaik, celle de *Newark*, qui est irréguliere, & comme éparpillée sur un espace de deux milles de long, qui a quelques bâtimens publics, & une église bâtie dans le goût gothique, & une aiguille élevée. *Elizabeth-town*, ville qui a été le siege du gouvernement, & la premiere ville du comté ; on y compte deux cents cinquante familles, & toutes paraissent dans l'aisance ; elle est au fond d'une anse de la baie de Newark, sur une petite riviere dont les bords sont escarpés. *Woodbridge*, village, a une imprimerie, & environ cent cinquante familles.

### 3. *Midlesex-County.*

Il est au midi du précédent : c'est le plus peuplé de la colonie ; c'est le plus riche en plantations : le Raritan, qui près de sa source se divise en canaux pour arroser des campagnes, l'Amboy, le Milston l'arrosent : ce dernier coule dans une belle vallée. *Perth-Amboy* est sa capitale, elle est sur une presqu'île formée par le Raritan & l'Amboy, qui se jettent ensemble dans le *Sandyhock*, qui peut contenir cinq cents vaisseaux. On avait voulu en faire une grande ville : un espace de mille arpens avait été divisé en cent cinquante quarrés, séparés par des rues larges & régulieres, se réunissant à une place de trois arpens : des Ecossais y ont bâti ; mais cette ville est demeurée dans la médiocrité : sa situation est agréable & avantageuse, le commerce y est facilité par la riviere que des vaisseaux de trois cents tonneaux peuvent remonter dans la haute marée & venir déposer les marchandises devant la porte des magasins : elle a plus de deux cents maisons & de belles casernes. *Piscataway* est habitée par quatre-vingt-dix familles *Brunswick*, ville de cent maisons, sur le Raritan, célebre par la beauté de ses femmes, & qui a des casernes fort propres, une église & une maison d'assemblée pour les quakers : près d'elle est une mine de cuivre assez riche.

### 4. *Monmouth's-County*.

Le sol en est couvert de riches plantations ; il est baigné par la mer. *Shrewsbury* est sa capitale, elle est située près de l'embouchure d'une petite riviere, & renferme cent quatre-vingt familles. *Middletown* est située au milieu de belles plantations, près d'une baie de son nom, & renferme cent vingt familles. *Freyhold* est une bourgade peu considerable dans l'intérieur du comté.

## II. Jersey Occidentale.

Cette province est une des plus agréables & des plus commodes, mais non des plus peuplées : son voisinage lui nuit.

## 1. *Morris-County.*

C'en est la partie la plus septentrionale : la Delaware & des ruisseaux qui s'y jettent l'arrosent : on n'y voit que des bourgades, mais elles pourront devenir des villes, telles sont *Oxford*, *Sidney*, *Alexandria*.

## 2. *Somerset-County.*

Il est peu étendu ; mais il est un des plus fertiles. Un bourg situé au confluent du Raritan & d'une autre petite riviere lui donna son nom. *Wells Ferry, Gemington*, sont de petites bourgades. *Trenton* est une ville de cent maisons, sur la Delaware ; son église, ses maisons d'assemblée pour les quakers, pour les presbytériens, ses casernes sont peu remarquables. *Princetown* a une belle école, un college très-bien institué, nommé *Nassau-hall*. *Maiden-Head*, bourgade de soixante familles.

## 3. *Burlington-County.*

Il est le plus riche & le plus étendu. Là est située la capitale de la Jersey occidentale, dont il reçoit son nom. *Burlington* est située dans une isle formée par la Delaware. Les maisons en sont belles & bâties de briques, les rues en sont larges ; on y voit des quais commodes & des places pour y débarquer les marchandises. Les navires de grandeur médiocre peuvent remonter jusqu'à elle. Elle a un beau marché, une maison de ville où s'assemblent les cours de justice, deux ponts sur le fleuve qui rendent facile la communication avec ses deux rives : celle avec Philadelphie, &

avec l'Océan est très-facile encore : cette derniere se fait sur-tout par le Salem, riviere qui tombe dans la baie de la Delaware. Elle renferme 260 familles. *Crossswich*, *Burdenstown*, *Monro*, *Leeds*, *Reads-Mill*, *Mounth-Olly*, *Moorfield*, sont les principales bourgades.

### 4. *Gloucester - County.*

Sa principale riviere est la *Woodberry*, qui se jette dans la Delaware : ce fleuve y forme plusieurs anses ou ports; telles sont celles de *Greatmany*, & celle de *Gloucester* son chef-lieu, placé dans des campagnes riantes & saines; composé de maisons commodes, & renfermant environ 150 familles. *Woodbury* est un village.

### 5. *Salem - County.*

La Delaware en baigne les bords comme aux précédens. *Salem* qui lui donne son nom, est une petite bourgade, voisine des ruines de celle que les Suédois y avaient élevée. *Swedisch* est un château élevé par eux. *Fin* est assez peuplé.

### 6. *Cumberland's - County.*

Il renferme une partie de la baie de la Delaware, & la petite isle d'*Eggs*. *Greenwich* est sur une petite riviere qui s'y rend. *Duncaster* qui est le chef-lieu du comté, est sur le Salem, à quelque distance de la mer; il renferme 70 familles. *Gibbon*, *Allonny*, *Fairfield*, sont encore les principales bourgades.

## PENSYLVANIE.

### 7. *Cape-May-County.*

C'est la partie méridionale de la province, & la moins peuplée: les rivages de la mer qui le baigne sont sans profondeur, & embarrassés de petites isles ou bancs de sable qui laissent entr'eux des passages pour de petits bâtimens; telles sont les anses d'*Eggs* & de *Little-Eggs*. *Cohentzy*, bourgade de cent familles, sur la riviere de ce nom, en est le seul lieu remarquable: la riviere est navigable à quatre lieues dans les terres.

## DE LA PENSYLVANIE.

Elle fut possédée par les Hollandais, qui la regardaient comme une partie de leur Nouvelle Belgique, & cultivaient les bords de la baie de la Delaware, qui facilitait leur commerce. Des Finlandais placés près d'eux, furent forcés de se soumettre à leur pouvoir. Elle eut le sort de la Nouvelle York & des Jerseys, & passa aux Anglais en 1663. L'amiral Penn reçut ce pays en récompense de ses services. Il mourut: son fils demanda & obtint la confirmation de cette cession en 1680. Il avoit embrassé les sentimens des quakers qu'on persécutait alors, & il pensa à faire du pays qu'on lui accordait, un asyle sûr pour ses freres: il y en envoya quelques-uns avec son neveu Markham, à qui les Suédois & les Hollandais se soumirent. Les cultivateurs s'y succéderent, Penn pourvoyait en pere à leurs besoins: on leur cédait mille acres de terrein pour vingt livres sterlings, & ils n'étaient soumis qu'à une légere redevance annuelle: on donnait cinquante acres à chaque jeune homme, à chaque fille qui avoit fini le tems de son service : on en donnait autant à l'homme, à la femme mariée qui n'en pouvait acheter (*a*). Un traité équitable mit les colons en sûreté contre les courses des Indiens, des loix sages leur assurerent la propriété, la liberté; elles voulurent que tout homme qui reconnaissait un Dieu pût être citoyen, & tout chrétien y participer à l'autorité, qu'il pût invoquer le grand Etre à sa maniere, qu'il ne fût point forcé d'apporter des contributions pour lui élever des temples; il suffisait qu'il prêtât le serment d'obéissance à la couronne, & celui de fidélité au seigneur propriétaire.

Penn voulut qu'aucun impôt, qu'aucune loi ne fut établie sans le consentement des habitans; il ne se reserva de pouvoir que celui de procurer la sûreté & le bonheur de sa province. Il la divisa en comtés, il érigea dans chacun une cour de justice, où l'on devait rendre la justice gratis; il y créa trois *faiseurs de paix* ( *Peacemakers* ), pour terminer les procès avant de les soumettre à la décision des juges, élus comme les juges à la pluralité des voix. Chaque printems, chaque automne, un tribunal chargé de veiller sur le bien des veuves & des orphelins s'assemblait pour régler tout ce qui les concernait. Penn, en deux ans, assura ainsi l'ordre & la paix dans sa colonie, il se fit aimer & respecter des Indiens, & aujourd'hui encore, lorsqu'ils veulent témoigner de la considération à quelque Anglais, ils lui disent: *Nous vous*

---

(*a*) Aujourd'hui le prix du terrein n'est plus le même: cent acres de terrein, à quelqu'éloignement qu'il soit de la mer, valent 12 liv. sterlings & 4 schellings de rente annuelle. Près de Philadelphie cette rente est de 20 schellings par acre.

*aimons, nous vous honorons, comme si-vous étiez l'honnête Penn lui-même.*

Une liberté de conscience illimitée attira dans la Pensylvanie des sectateurs de toutes les croyances religieuses qu'il y a en Europe. On y voit des quakers, des moraves, des dumplers, des anabatistes, des puritains, des luthériens, des indépendans, des catholiques, &c. La diversité des nations & des religions y étonnent ; celle des langues & la concorde qui y regne n'est pas moins étonnante : il n'y a point d'unité dans les opinions, mais elle est entiere dans la bienfaisance qui les rassemble : on y regarde avec une volupté pure chaque homme y jouissant d'une liberté qu'il n'envie point aux autres ; & là même où le christianisme n'est pas un lien commun, celui de l'humanité en tient la place & suffit au bien de l'Etat.

Cette province est située entre le 298 & le 302° 30′ de longitude ; entre le 39° 30′ & le 42° de latitude septentrionale ; elle est bornée au sud-est par les Jerseys, à l'est par le New-York, au nord par les Iroquois, au couchant par les monts Apalaches ou Allagany, au sud par le Maryland. Sa longueur est de cent vingt lieues, sa largeur de soixante & dix. L'air y est doux, pur & serein : l'automne y commence au milieu d'Octobre, l'hiver les premiers jours de Décembre : alors il y regne un froid glaçant qui fait des rivieres & sur-tout de la Delaware une vaste plaine de glace ; cependant l'air y est sec, agréable, & le ciel sans nuages. Le printems commence en Mars, & le tems y est inconstant ; souvent la temperature y change six fois le jour ; l'été en Juin & alors la chaleur est très-forte ; mais des vents frais qui viennent de la mer la temperent : le sud-ouest regne gné dans cette saison; dans les autres c'est le nord-ouest. Le sol y est d'une fertilité qui étonne, là, c'est un sable jaune & noir; ici, une cendre grisâtre sur un fond pierreux; quelquefois c'est une terre forte & grasse; un boisseau de grains y en rapporte quarante à soixante. Sur les bords du Schuykills, un grain d'orge a rapporté cinquante beaux épis. On cultive ce sol avec facilité; parce que les racines des arbres n'y pénétrent pas dans la terre, mais s'étendent à sa surface. Toutes sortes d'arbres y prospèrent: on y voit s'élever le chêne, le hêtre, le noyer, des érables ou platanes rouges, blancs & noirs, des chataigniers d'Espagne, des cyprès, des cèdres rouges & blancs: les bois les plus durables sont le gommier & le noyer de Virginie, le sassafras & l'arbre aux tulipes. On y recueille des poires, des pommes, des cerises, des raisins, des melons musqués & d'autres fruits; toutes sortes de grains, comme le froment, l'orge, l'avoine, le riz, les pois, les haricots, le maïs, du chanvre, du lin, de la serpentaire, de la salsepareille, beaucoup d'autres bois & racines salutaires: les jardins y sont remplis de légumes variés & de plantes potagères.

Parmi les animaux qu'elle nourrit, on remarque les chevaux, les vaches & les brebis: les cultivateurs ont communément des troupeaux de quatre à cinq cents de ces dernières. Entre les bêtes sauvages, on distingue l'original, le lapin, le blaireau d'Amérique, le castor; parmi les reptiles on remarque diverses sortes de serpens; ses oiseaux les plus communs sont l'outarde qui y pèse quarante ou cinquante livres, le faisan, le coq de bruiere, la perdrix, la sarcelle, le cygne, l'oie, le pigeon, le canard, le moqueur & un grand

*Tome XI.* I

nombre de plus petits oiseaux qui se distinguent par leur chant, ou par la beauté de leurs plumes. Les poissons qu'on y pêche sont l'éturgeon, le hareng, l'anguille, la perche, l'anchois, &c. outre divers poissons à coquille, comme l'huitre, les moules & autres. Enfin aucune province du continent ne dépend moins de ses voisins pour ses besoins, ses commodités, son faste, que la Pensylvanie.

Son commerce est très-considérable : il part chaque année de Philadelphie 300 vaisseaux pour l'Amérique ou l'Europe : elle fait un grand commerce avec les Indiens : ils apportent des fourrures & des peaux de bêtes sauvages ; on leur vend des chemises, du drap, des armes, des provisions de guerre, du rum, & autres liqueurs. En Europe, dans les Indes occidentales, ils portent toutes sortes de grains, des pois, des haricots, des viandes fumées, des poissons salés, des chevaux, des pelleteries, du fer en masse & en barre, des tonneaux, des cercles & des douves pour en faire, des meubles, de la graine de lin ; ils reviennent des isles & autres lieux chargés d'argent, d'or, de sucre, de rum, de syrops, de sel, de vins, &c. ; & d'Angleterre, de toutes sortes d'étoffes pour se vêtir, d'ouvrages en fer, d'instrumens divers, de jouets d'enfans, &c.

Les manufactures n'y sont encore ni multipliées, ni perfectionnées. Les Irlandais y font de bon linge, les Allemands de bons bas : on y fabrique aussi des étoffes de laine, des chapeaux de castor, des cordages ; de l'huile de lin, de l'amidon, des chandelles de cire, de myrthe & de blanc de baleine ; du savon, de la poterie, & un grand nombre d'autres objets. En 1769, les exportations de la Pensylvanie s'éleverent à 13,164,440 livres.

Les arts & les sciences y sont encore dans leur enfance: on y a du goût pour la musique, pour la peinture; la philosophie y fait des progrès; la littérature y est encouragée par une société bibliopole, facilitée par un bon college. Les Pensylvains sont un peuple frugal, industrieux, entreprenant; ils sont peu accueillans, & grands amis de l'indépendance: les femmes y sont belles, plus polies, plus agréables & plus instruites que les hommes. La population de la province est estimée de 350,000 ames.

Le plus grand fleuve de ce pays est la *Delaware*. Il prend sa source dans les montagnes qui bordent au sud-est le pays des cinq Nations, & vient s'unir à la mer après un cours de 90 lieues, par une grande & profonde baie: elle est navigable dans un espace de 50 lieues, où des cascades arrêtent les bateaux: les plantations s'étendent au loin sur ce fleuve; sur ses rives le sol est plus fertile, & récompense avec usure les soins du cultivateur: il court entre le midi & l'orient, nourrit une multitude de poissons, sur-tout des éturgeons qu'on y sale, & qu'on ne trouve nulle part avec autant d'abondance.

Le *Sasquahanah* est formé de deux branches: l'une vient du couchant, du pied des monts Allagany; l'autre du levant, du pied des monts qui s'élevent près de Chenectady: son cours est presque parallele à celui de la Delaware; il est navigable dans une partie de son cours, & ses rives surpassent peut-être celles de ce dernier fleuve par sa fécondité & leur beauté: toutes sortes de grains, & le froment sur-tout, y réussissent singulierement; & ces moissons extraordinaires ne sont pas bornées aux plaines que ces fleuves arrosent, on les trouve par-tout où le pays est cultivé avec soin. Chaque canton y est partagé entre des fermiers qui en tirent les plus grands avantages possibles, & payent aux propriétaires une cense annuelle.

Le *Schoolkill* ou *Schuykill* mérite encore qu'on en fasse mention : comme les précédens, il a sa source dans le pays des cinq Nations ; son cours est parallele au leur jusqu'à ce qu'il tombe dans la Delaware près de Philadelphie ; il est navigable pour les chaloupes jusqu'à plus de trente lieues au-delà : ses rives sont peuplées & riantes.

Ces fleuves, un grand nombre de baies & d'anses renfermées dans la grande baie de la Delaware qui peut recevoir les flottes les plus nombreuses, appellent dans cette province le commerce étranger : l'intérieur en est arrosé par de petites rivieres, par des torrens qui font mouvoir des moulins & diverses machines inventées, pour faire aisément & vite ce que l'homme ne peut faire qu'avec lenteur & de longs travaux.

On la divisa d'abord en six comtés, trois inférieurs & trois supérieurs ; ces derniers formaient la Pensylvanie propre : seule aujourd'hui, elle renferme onze comtés, qui sont ceux de Philadelphie, Bucksham, Chester, Lancastre, York, Cumberland, Berks, Northampton, Bedfort, Northumberland & Westmoreland. Nous sommes fâché de ne pouvoir suivre cette division ; mais les matériaux nous manquent pour le faire avec exactitude. Nous ne ferons donc des comtés supérieurs ou de la Pensylvanie propre qu'un seul article, où nous parlerons de ses principales villes.

*Philadelphie* en est la capitale ; elle est celle d'un comté de son nom. Penn en traça le plan ; il la bâtit, il la rendit supérieure aux autres villes de l'Amérique : située entre deux fleuves navigables, la

Delaware en baigne la partie du nord, le Schuilkill celle du midi: ils s'uniffent à quelque diftance de fes murs, & à 35 lieues de la vafte baie dans laquelle ils fe jettent. Cette ville a 1850 toifes de long, s'étend d'un fleuve à l'autre, & préfente à chacun d'eux un front large de huit à neuf cents toifes: les rues en font fpacieufes, régulieres, paralleles; les maifons bien bâties, élégantes, conftruites de briques, à plufieurs étages, ayant prefque toutes leur jardin: les bâtimens publics font les plus beaux de l'Amérique Anglaife. La principale rue qui va d'un bout de la ville à l'autre, eft large de cent pieds; huit autres lui font paralleles, & font coupées à angles droits par vingt autres qui n'ont que 50 pieds, toutes bordées de trottoirs défendus par des poteaux. Les poffeffeurs de mille acres de terrein ont leurs maifons, ou fur les fronts qui font face aux fleuves, ou fur la principale rue qui joint l'une à l'autre. Au centre de la ville eft une place qui renferme dix acres de terrein; elle eft entourée par la maifon de ville & d'autres édifices publics: dans chaque quartier, il eft encore une place de huit acres: des canaux remplis par l'un ou l'autre fleuve, ajoutent à la beauté & aux commodités de cette capitale: elle a de belles caſernes pour les troupes royales, un marché très-beau, très-bien bâti, fort vafte, diftribué avec art, tenu propre avec le plus grand foin. Le quai eft un quarré de 200 pieds, où arrivent les vaiffeaux de 4 à 500 tonneaux, & on peut les y calfater; il y a une machine pour les y conftruire & les y réparer: des magafins, des halles, tout ce qui eft utile ou fimplement commode pour embarquer ou recevoir les marchandifes. Le gouverneur réfide à un mille au-deffus de la ville, & aucun édifice n'eft égal à fon palais par les agrémens & la magnificence. La ville, les campagnes qui l'environnent, offrent le plus bel aspect. La ville a 4000 maisons & 20000 habitans, parmi lesquels il y a des marchands très-riches, qui étendent leur commerce dans toutes les parties de l'Amérique, aux Açores, à Madère, aux Canaries, & en divers Etats de l'Europe. On y voit deux bibliotheques publiques ; l'une appartient à la province, l'autre à une société littéraire : elle a encore un beau college, où l'on enseigne les belles-lettres, l'histoire naturelle, la botanique, la chymie, la médecine. La ville est entiérement ouverte & sans défense. Sa longitude est 302° 20' ; & sa latitude 39° 55'.

*Wioco*, *Tenecum*, sont deux bourgades peuplées de familles Suédoises. *Abington*, *Dublin*, sont deux petites villes agréables, & peuplées de quakers. *German-town*, est peuplée d'Allemands & de Hollandais : on y compte près de 500 maisons ; ses rues sont bordées de pêchers ; son college est considérable : on recherche les bas de fil qu'on y fabrique, & il en sort annuellement 60,000 douzaines. *Radnor* renferme 500 ames, est bien bâtie, dans une belle situation, sur le Schuykill : elle est le chef-lieu d'un district cultivé par des Gallois. *Francfort* a de jolies maisons bien distribuées ; c'est la plus ancienne bourgade du pays. *Amersland*, *Derby*, sont deux grands villages : le dernier a un petit port sur la Delaware. Ces lieux sont du comté de Philadelphie.

*Bristol* est le chef-lieu de celui de Buckingham ; elle est à sept lieues de Philadelphie, sur la Delaware, & fut fondée par Carpenter, riche quaker : la riviere y met en mouvement diverses machines. *Pensberry*, bourgade où les descendans de Penn ont une belle maison, entourée de jardins & de vergers, dont les fruits sont excellens.

# PENSYLVANIE.

Plus au nord, il y a peu de bourgades considérables : les plantations y sont dispersées. *Easton*, *Bethleem*, *Nazareth*, commencent à s'étendre. *Northampton*, chef-lieu d'un comté, est sur une riviere qui se jette dans la Delaware : on n'y compte encore que cent familles. *Wooming* est plus au nord encore. *Réading*, sur le Schuykill, devient une ville florissante. *Middletown*, *Johnestown*, n'ont que quarante à cinquante familles. *Wiset*, sur un ruisseau de ce nom, n'en a pas davantage.

*Euphrata*, bourgade célebre, fondée par un Allemand, habitée par les dumplers : elle est formée en triangle, entourée de pommiers & de mûriers, plantés avec symmétrie, ayant au centre un verger étendu : leurs maisons sont de bois & à trois étages ; ils sont au nombre de 500, dans une plaine de 250 acres d'étendue, bornée par une riviere, un étang, une montagne couverte d'arbres. Ils sont couverts d'une chemise grossiere, d'une large culotte, d'une longue robe ; ils ne vivent que de végétaux, & n'ont rien qui ne soit en commun : les deux sexes y vivent séparément, mais sans renoncer au mariage ; ceux qui s'unissent forment une plantation particuliere, & envoyent leurs enfans pour les faire élever dans le chef-lieu. On y cultive la terre ; on y exerce diverses manufactures.

*Lancaster*, est une ville de 600 maisons, capitale d'un comté ; elle est à 26 lieues de Philadelphie, dans un pays montueux : on la regarde comme la seconde ville de la province, par sa population, son industrie & ses richesses.

*Carlisle*, capitale d'un comté, a environ 500 maisons, & s'accroît tous les jours.

Au-delà du Susquesahanoch sont les bourgades de *Trenchtown*, *Conestoga*, *Candingstown*, *Orwich*,

*Ruſtown* : ce ſont des habitations modernes, & par conſéquent elles ne peuvent être bien floriſſantes.

*Cheſter*, capitale d'un comté, eſt au couchant de Philadelphie, ſur la Delaware, où elle a un excellent mouillage : ſa ſituation la menerait à la proſpérité, mais le voiſinage de la capitale lui nuit ; on n'y compte que 200 familles, la plupart Anglicanes. *Newtown* commence à s'étendre ; il renferme 50 familles. *Chicheſter* en a 150 ; & l'anſe qui eſt devant elle, lui facilite le commerce ; au midi en eſt une qui peut recevoir une flotte nombreuſe, & la mettre à couvert des tempêtes : plus au midi eſt l'eſpace qu'occupait le premier établiſſement des Suédois, qui y avaient bâti la ville de *Chriſtina*.

Paſſons aux trois comtés inférieurs, ou de la Delaware. Ce ſont ceux de *Newcaſtle*, de *Kent* & de *Suſſex* : ils forment un gouvernement ſéparé, qui repoſe ſur les mêmes principes que celui de la Penſylvanie propre. Chaque comté élit ſix repréſentans, qui avec le gouverneur, forment le corps légiſlatif.

*Newcaſtle*, capitale du comté de ce nom, n'eſt pas loin des rives de la Delaware : elle eſt remarquable par ſes manufactures & par les mines de fer qui ſont dans ſon voiſinage ; loin de s'étendre, elle a déchu ; on n'y compte que 150 maiſons : ſes bâtimens publics ſont meſquins. On voit autour d'elle un grand nombre de villages, habités la plupart par des habitans du pays de Galles, & où l'induſtrie & le travail font régner l'abondance : *Merioneth* eſt un des plus conſidérables. *Montjoy* eſt le premier lieu de l'Amérique où l'on ait trouvé de la pierre à chaux : autour eſt un excellent gravier ; ce qui eſt aſſez rare dans cette partie du monde.

*St. George*, beau village, habité par les quakers. *Apaquinamy*, ou plutôt *Aquoquineming*, petite ville sur une anse; elle fait un commerce utile. *Reedy* est le nom d'une petite isle formée par le fleuve.

*Dover* est le chef-lieu du comté de Kent; elle s'appelle d'abord *St. Johns-town*, & est près de la grande baie de la Delaware: elle a un port fort commode: on y compte à peine cent familles. Ce comté n'est composé que de hameaux & de plantations dispersées: il en est de même du suivant.

*Lewes*, chef-lieu du comté de Sussex, prospere par le commerce & la sûreté de son port que lui forme la riviere qui l'arrose. *Phemb*, *Cedar*, sont deux bourgades peu considérables. Le cap *James* forme la derniere limite de la Pensylvanie.

## DU MARYLAND.

Cette province fit partie de la Virginie jusqu'en 1632, tems où Charles I. donna au lord Baltimore le pays situé au nord du *Potowmac*. Ce lord était catholique & desira donner une retraite paisible aux Anglais qui pensaient comme lui: il y envoya environ 200 hommes pour en prendre possession; le chevalier Calvert était à leur tête, & il aborda au mois de Mars 1634, à l'embouchure du Potowmac: il donna au pays le nom de la *Reine*, acheta des Indiens une place commode, voisine d'une petite baie où était une bourgade nommée *Yoamaco*, abandonnée des habitans après un combat malheureux, & ils y éleverent la ville de *Sainte Marie*: ils s'unirent aux Indiens, semerent dans les campagnes le bled & le maïs, tandis que les habitans naturels chassaient dans les bois & venaient échanger leur gibier contre des couteaux & quelque quincaillerie : des foupçons altérerent cette bonne intelligence ; mais elle ne fut point rompue, & bientôt elle fe rétablit. Ils reçurent de nouveaux renforts : plufieurs familles catholiques, différentes par le rang & les richeffes, mais réunies par le defir de fuir des loix oppreffives, y accoururent. Baltimore deux fois deftitué de fa poffeffion, & deux fois rétabli, la fit fleurir par fes foins & par fa fageffe : il approuva un acte de l'affemblée générale, par lequel tout homme qui portait le nom de *chrétien*, était affuré d'y jouir de tous les avantages communs aux anciens colons, & d'une indulgence entiere pour fes opinions ; cet acte y attira un grand nombre d'hommes de diverfes croyances : il n'y avait auparavant que des catholiques. Ses defcendans ont cédé une grande partie de leurs droits à différentes perfonnes.

Le Maryland confine vers le nord & à l'orient à la Penfylvanie ; au midi, à la mer Atlantique & à la Virginie ; au couchant, aux monts Apalaches. Elle eft fituée entre le 298 & le 302° de longitude, & le 38 & 40° de latitude feptentrionale. La grande baie de *Chefapeak* la partage en orientale & occidentale.

L'air y eft humide près des côtes, mais il devient léger & pur en s'en éloignant : le printems & l'automne y font agréables, mais les jours y font inconftans : l'hiver y dure trois ou quatre mois, mais il n'eft rigoureux que lorfque le vent du nord y regne, & le ciel y eft toujours pur & ferein : l'été, la chaleur y eft fouvent exceffive, mais rarement accablante ; elle ne l'eft que lorfqu'aucun vent ne fouffle, ce qui n'arrive que deux ou trois fois dans une année, & ne dure que quelques heures; & même alors, des ombrages frais, des cham-

# MARYLAND. 139

bres ouvertes & gaies, des grottes, le rendent très-supportable. Excepté au milieu de l'hiver, la pluie y est agréable & rafraîchissante : dans l'été, il ne pleut que quelques heures ; mais elle cause des frissons aussi long-tems qu'elle tombe. Par-tout où l'on a éclairci les bois trop épais, l'aspect du pays est riant : dans les jours les plus chauds de l'été, on y entend des tonnerres effroyables ; mais comme l'air en devient plus pur & plus frais, on les desire plus qu'on ne les craint. Son désagrément est dans le grand nombre d'insectes dégoûtans. Peu de terres sont plus fertiles que les siennes ; mais elles sont légeres, sablonneuses, peu profondes, & s'épuisent bientôt.

On divise la province en pays bas, situé près de la mer ; en pays semé de collines & de vallons, situé vers la source des rivieres, & en monts Appalaches ou Allaganiens ; ce dernier est très-élevé. Le pays bas ne renfermait autrefois que des marais couverts de bois qui formaient une forêt continue : des plantations en ont pris la place en partie ; on s'en est servi pour construire des vaisseaux ; déja les bois manquent dans le voisinage des lieux habités & sur les rives des fleuves. Le pays où naissent les rivieres, est agréablement varié, riche en gibier, couvert d'arbres fruitiers, ou de vastes prairies où l'herbe croît à une hauteur étonnante.

Le pays paraît une plaine très-étendue, où sont semées çà & là quelques collines dont la pente est douce, la hauteur médiocre, & qui semblent avoir été élevées par l'art : il n'y a aucun arbre, aucune plante, aucun grain en Virginie qui n'y prospere aussi : les animaux, les productions de ces deux provinces sont les mêmes, & c'est-là que nous en parlerons. Mais une richesse dont elle n'a pas encore tiré tout l'avantage qu'elle en tirera fans doute dans la fuite, font fes mines de fer abondantes: elles n'occupent que dix-fept ou dix-huit fourneaux. Les manufactures y naiffent: on y fabrique des bas, des étoffes de foie & de laine, des toiles de coton, des quincailleries, des armes à feu. Il y a auffi une mine de charbon. Sa principale richeffe, le principal objet de fon commerce eft le tabac; celui qu'on y recueille eft fort eftimé; on le nomme *oronoko*: le débit facile y en fait profpérer la culture. Plufieurs centaines de vaiffeaux font occupés du commerce de cette colonie.

La baie de *Chefapeak* s'enfonce de quatre-vingt-quinze lieues dans les terres; fa largeur commune eft d'un peu plus de quatre lieues: elle contient quelques petites ifles, dont quelques-unes font couvertes de bois. Deux caps en ferment l'entrée: un banc de fable en occupe le milieu & forme deux canaux, dont l'un, voifin du cap St. Charles, n'offre un paffage qu'aux petits bâtimens; l'autre qui baigne le cap Henri reçoit dans tous les tems de grands vaiffeaux: les fources, les ruiffeaux, les rivieres dont le Maryland eft arrofé, viennent y apporter leurs eaux: le *Sufquevahamo* ou *Sufquehannat* y amene fes ondes majeftueufes, mais il n'eft pas navigable à une grande diftance: le *Patapfco* n'a qu'un cours borné: le *Patuxen* plus large, eft navigable pendant dix-huit lieues pour les navires de trois cents tonneaux: la riviere du Sud, celle de *Severn*, navigables dans un efpace de quatre lieues; le *Saffafras* naît au nord-eft, court au couchant, & fe perd au nord de la baie: le *Pataprier* eft navigable pendant cinq ou fix lieues: le *Choaptank* naît au pied des monts qui bornent les comtés de la Delaware & baigne la ville d'Oxford. Le *Patowmack* reçoit le *Wappocomo*, le *Shennando* & d'autres rivieres ; son lit s'élargit & devient comme une baie large de trois lieues, où les vaisseaux peuvent remonter à pleines voiles : le *Pokomack*, navigable à son embouchure, n'a qu'un cours de quinze lieues : d'autres rivieres dont nous ne parlons pas, dont la plupart coulent dans la Virginie, versent leurs eaux dans cette baie profonde, elles portent de grands vaisseaux, & jointes à des anses nombreuses & de petits golfes qui coupent le pays, elles en facilitent le commerce ; dans une grande partie du Maryland les vaisseaux peuvent jetter l'ancre à la porte des planteurs.

On le partage, les uns en dix comtés, d'autres en onze, quelques autres en quatorze : dans cette incertitude, nous ne ferons point de divisions & nous nous bornerons à une description générale.

Toute la province renferme soixante paroisses & plus de 300,000 ames. On y trouve peu de villes ; ses heureux cultivateurs vivent en bons fermiers dans leurs plantations, c'est là qu'ils échangent les productions de leur sol contre les marchandises d'Europe : chaque plantation un peu considerable est, pour ainsi dire, une bourgade, où l'on trouve le nécessaire joint à la commodité : dans une espece de boutique, le planteur rassemble différentes marchandises, non seulement pour son usage, mais encore pour celui des planteurs moins riches, ou moins commodément placés pour les recevoir ; les domestiques, les manœuvres y trouvent tout ce qu'ils desirent, & ils paient avec du tabac, ou d'autres productions du pays ; car l'argent y est rare, & le tabac en tient lieu en quelque maniere ;

on y voit encore errer un grand nombre de mer-
ciers, qui vivent de ce qu'ils vendent & de ce
qu'ils achetent.

*S. Mary* eſt la plus ancienne ville du pays, &
le chef-lieu d'un comté : elle eſt ſituée ſur une
anſe que forme le Patowmack ; & fut d'abord le
ſiege de l'aſſemblée générale, la demeure du gouverneur : elle n'a pu devenir floriſſante ; & n'a
pas aujourd'hui ſoixante maiſons. On voit près
d'elle des eaux minerales, ſalutaires pour diverſes
maladies. *Hervington* a le titre de bourg. *Calverton*
ſur le *Patuxent* eſt dans le comté de Calvert, qui
doit ſon nom au chef de la premiere colonie.
*Loudon-town*, bourg qui a un bac ſur le même
fleuve.

*Annapolis*, capitale de la province, ſiege de ſon
gouvernement, eſt une ville de cent cinquante
maiſons, bâtie ſur une preſqu'iſle formée par la
Severn, & deux petits ravins : elle n'eſt pas réguliere, ſes rues ne ſont point pavées : mais elle
eſt agréable, ſes maiſons ſont pavées de briques :
le palais du gouverneur eſt dans une belle ſituation, & tombe en ruines ſans avoir été fini. Elle
eſt peu commerçante, & ſans fortifications ; ſes
habitans ſont commiſſionnaires, ou exercent les
charges publiques : à peine on y conſtruit deux
ou trois vaiſſeaux par an ; mais ſes environs ſont
beaux : la baie de Cheſapeak, la riviere, des
champs, des bois en varient la perſpective : la
marée s'y éleve & l'eau en eſt ſalée, quoique les
caps qui terminent la baie en ſoient éloignés de
plus de ſoixante & dix lieues. Annapolis eſt le
chef-lieu du comté d'Ann-Arrundel. Elle nomme
deux repréſentans à l'aſſemblée générale.

*Baltimore*, ville aujourd'hui floriſſante, chef-lieu du comté de son nom, est située presqu'à l'extrêmité de la baie de Chesapeak : là se traitent toutes les affaires de commerce de la province : son port peut recevoir tous les navires qui ne prennent pas plus de dix-sept pieds d'eau.

*Williamstadt*, bourg ou ville qui a un bon port; il est le chef-lieu du comté de Talbot, situé à l'orient de la baie de Chesapeak. *Charlestown* est peu considerable.

*Dorchester*, *Sommerset*, sont deux comtés où l'on voit peu de bourgades ; ce sont ceux qui renferment le plus d'habitans naturels ou d'Indiens. Sur les deux rives du Sassafras sont les deux villages de *Fredericktown* & de *Georgetown*, élevés pour la commodité des voyageurs.

En général, on trouve dans cette province autant de catholiques que de protestans ; mais la religion dominante est l'anglicane : il y a une école publique & libre pour chaque comté, mais il n'y a pas de college & l'éducation y est négligée. Chaque comté nomme quatre représentans à l'assemblée générale.

## DE LA VIRGINIE.

Elle fut découverte par Sebastien Cabot : c'est la plus ancienne colonie Anglaise en Amérique, quoiqu'à parler exactement, le premier essai de l'établissement d'une colonie ne fut pas dans la Virginie, mais dans la partie de la Caroline qui y confine. Sir Williams Raleigh y conduisit une colonie & donna au pays le nom de *Virginie*, en l'honneur de la reine Elizabeth : trois colonies qui s'y succéderent y eurent une fin malheureuse: la quatrieme, placée dans une isle formée par la rivière James, affaiblie par des querelles intestines, négligeant la culture des champs pour faire des amas de paillettes de talc, qu'elle prenait pour de l'or, excitant l'insolence des Indiens, perdit beaucoup de monde & s'embarqua pour l'Angleterre : le lord Delaware rencontra ces Anglais en chemin & les ramena, les fournit de tout ce dont ils manquaient, les consola de leurs malheurs, termina leurs différends, les réunit avec les foins d'un tendre père & l'inébranlable sévérité d'un magistrat, & les soumit à son gouvernement ; il se fit respecter des Indiens, & la colonie prospéra : sa santé ruinée par les travaux & l'air épais d'un pays sans culture, le força de retourner en Angleterre ; mais il laissa la colonie florissante, sous le gouvernement de son fils, aidé d'un conseil. Revenu dans sa patrie, il ne l'oublia pas, & pendant huit ans il s'occupa du soin de la peupler, de la soutenir, de lui donner un gouvernement sage & doux : il mourut au moment qu'il allait partir pour y porter de nouveaux secours d'hommes, d'habits, de marchandises : il l'avait rendue si puissante, qu'elle sut repousser toutes les attaques des Indiens irrités, & devoir sa tranquillité à ses forces. Sous Charles II, une administration oppressive, des droits énormes mis sur le commerce, des privileges exclusifs & contraires à la propriété des anciens habitans y exciterent le mécontentement & la révolte. *Bacon*, officier instruit, d'un extérieur agréable, plein de courage & d'activité, se mit à la tête des mécontens : il repoussa les Indiens que la négligence du gouverneur avait enhardis, & pendant qu'il combattait, le gouverneur mit sa tête à prix : Bacon revint plus aimé du peuple, & son ennemi fut forcé de se retirer.

# VIRGINIE.

Il eut peut-être conservé son pouvoir, si une mort naturelle ne l'avait enlevé à la province qui se soumit : nul ne fut poursuivi pour cette révolte, & la clémence y ramena la paix. Depuis ce tems elle a prospéré, & on y compte aujourd'hui 600,000 ames.

Cette province est située entre le 295° & le 301° de longitude; entre le 35 & le 38° de latitude : le Patowmac la borne au nord, la baie de Chesapeak à l'orient, la Caroline au midi, les monts Appalaches au couchant. Les vents y amenent rapidement une grande chaleur, ou un froid très-vif : par ceux du nord & du nord-ouest l'air devient froid & serein; par le sud-est il devient humide & d'une chaleur accablante : l'hiver y est sec & clair; la neige y tombe quelquefois abondamment, mais elle n'y couvre pas la terre pendant deux jours; le gel y est prompt & violent; des fleuves dont le lit est large d'une lieue s'y couvrent de glace dans une nuit; un jour suffit pour la dissiper. Le printems y est agréable : en Avril il pleut; Mai & Juin y sont des mois charmans, pendant lesquels des vents frais temperent la chaleur, mais dans les deux mois qui suivent, elle y devient accablante quand l'air est calme : des éclairs éblouissans, d'affreux tonnerres y effrayent l'homme le plus intrépide : des vents frais qui viennent de la mer y ramenent des jours agréables. Les mois qui suivent sont pluvieux, puis le tems devient inconstant; les gelées de l'hiver s'y font sentir sans qu'on s'y attende; souvent aux jours les plus beaux succedent des nuits glaçantes; mais le froid comme la pluie y est plus violent que continu.

Vers la mer, le pays est bas : es vaisseaux ne

*Tome XI.* K

le voyent pas encore qu'ils n'ont plus que quinze braffes de fond : la fonde y annonce la terre ; on découvre d'abord les arbres qui femblent s'élever au-deffus de l'eau. On y arrive par les caps de Virginie ; ce font ceux qui forment l'entrée de la baie de Chefapeak : dans la partie de cette province qu'elle arrofe, elle reçoit de grands fleuves : tels font le *James*, l'*York*, le *Rappahannoc*, tous navigables pour les grands vaiffeaux affez loin de leur embouchure : ils forment divers ports ; diverfes rivieres navigables elles-mêmes, viennent s'y joindre, & par eux, la communication entre les différentes contrées devient plus facile que dans aucune autre colonie Américaine : les finuofités de leur cours les rapprochent, les éloignent mutuellement, de maniere que la diftance qui les fépare n'eft fouvent que de deux ou trois lieues & quelquefois de dix-huit : ils amenent les vaiffeaux à la porte des colons & y dépofent, y reçoivent les marchandifes les plus embarraffantes par leur volume.

Dans les contrées baffes, le fol de la Virginie eft une terre de jardin épaiffe & forte, qui depuis un grand nombre d'années rend fans engrais & avec ufure tout ce qu'on lui confie. Plus haut, entre les fleuves, le fol eft léger & fablonneux ; il rapporte abondamment des grains & du tabac, fans paraître s'épuifer plus que le terroir pefant des bords de la mer. Plus haut encore, tout le pays préfente une plaine unie, dans laquelle quelques collines de loin en loin forment de longues vallées peu profondes, où l'on voit naître un grand nombre de fources & de ruiffeaux d'une eau fraiche & limpide : fur le terrein voifin des fleuves croiffent de grands chênes, des noyers de deux especes, des frênes, des hêtres, des peupliers, divers autres arbres d'une hauteur étonnante : près de leur embouchure, la terre humide & grasse porte aussi des chênes, des peupliers, des cédres, des cyprès, des gommiers : il en est dont le tronc jusqu'à la premiere branche est haut de trente à quarante pieds, & l'arbre entier va quelquefois jusqu'à cent. Il en est qui conservent une verdure éternelle, comme le houx, le myrthe & plusieurs autres. A la source des fleuves, on voit un mélange de collines, de vallées, de plaines couvertes d'arbres fruitiers, ou de bois propre à bâtir des maisons, ou construire des vaisseaux.

Elle est arrosée de plusieurs grands fleuves qui se déchargent dans la baie de Chesapeak : le fleuve *James* ou *Fluvanna*, nommé autrefois *Powhatan*, est un des plus beaux ; son embouchure est large de sept lieues : les navires le remontent 50 lieues au-delà, où des cascades formées par des rocs semés dans le lit du fleuve dans un espace de deux lieues, les arrêtent : ces cascades sont belles & pittoresques. Celui d'*York* est comme resserré dans un canal de moins d'une lieue de large, qui dans un espace de quinze lieues, ne forme point de sinuosités sensibles : là il se forme du *Pamunki* & du *Mattapony*, l'une & l'autre navigables l'espace de plus de vingt-cinq lieues. Le *Rappahannoc* est navigable dans un espace de près de cent dix lieues : il forme ensuite de belles cascades : au milieu du lit de la riviere s'éleve une isle dont la surface est d'environ cent arpens & couverte d'arbres : des deux côtés, à des distances égales, est une chaîne de cinq à six cascades l'une au dessus de l'autre, & dont la moindre a un pied de hauteur perpendiculaire : les rives font variées par des rochers & des arbres.

La Virginie préfente une grande variété de minéraux ; de l'antimoine, du talc, de l'ocre jaune & rouge, de la terre à foulon & à pipe, des mines de fer & de cuivre : les parties les plus élevées renferment du charbon de pierre, de l'ardoife, beaucoup de cailloux : près des cafcades, on trouve des pierres pour tous les ufages poffibles ; le bord de la mer n'en a pas.

Cette province & le Maryland fourniffent le meilleur froment de la terre, & tous les grains qu'on cultive en Angleterre, comme l'orge, l'avoine, le feigle, les pois, &c. Mais le tabac attire tous les foins des cultivateurs, il occupe prefque tous les bras, & à peine recueillent-ils affez des premiers pour leur ufage. Il eft la principale production du pays, & on l'eftime le meilleur du Nouveau Monde : nulle autre marchandife ne fournit autant aux revenus publics ; le gouvernement retirait annuellement de ce feul article 300,000 livres fterlings pour les droits qu'on leve fur lui, & le tabac qu'on exporte produit aux commerçans un gain égal à ce produit.

Le pays eft femé d'une étonnante variété de plantes & de fleurs : on y voit une efpece de ronce affez femblable à la falfepareille, qui porte une baie dure & polie, de la groffeur d'un pois, & rouge comme le cramoifi : des fleurs fans culture y embelliffent les lieux les plus folitaires ; parmi elles eft une magnifique couronne impériale ; la cardinale y eft du plus bel incarnat, la fleur de mocafin, mille autres femblent fe difputer à qui frappera davantage l'œil étonné ; pendant prefque toute l'année les plaines, les vallées en sont embaumées & embellies par leurs couleurs variées; elles rendent les forêts aussi riantes qu'un jardin; les abeilles sauvages y trouvent une récolte abondante, & donnent beaucoup de miel qui souvent devient la proie de l'ours, du blaireau d'Amérique & de quelques autres animaux. Ici l'on trouve le laurier qui porte de belles tulipes d'un parfum exquis, & qui, en différens tems, donne à la fois des fleurs & des graines : il croît au bord sablonneux des ruisseaux & répand sa douce odeur au travers des bois : l'ombrelle, le lis d'atamusco, un pommier sauvage & particulier au pays, nommé *mayapple*, dont les fleurs ont une odeur très-agréable; le chamœdaphnès, qu'on y nomme *lierre sauvage*, y donne la plus belle des fleurs, &c. En un mot, nul pays n'est paré par la nature avec autant de magnificence, & pour ainsi dire, de faste.

A l'embouchure des fleuves, le long de la baie & de la mer, dans des anses & des marais, on voit s'élever le myrthe, qui porte des baies de la grosseur du poivre, qu'on fait bouillir dans l'eau jusqu'à ce qu'elles soient réduites en bouillie : une graisse alors surnage, dont on fait une cire dure & cassante du plus beau verd, & qui, lorsqu'elle est épurée, devient du plus beau blanc : on en fait des chandelles qui n'engraissent point la main qui s'en sert, qui ne fondent point par la chaleur la plus excessive, qui n'exhalent point une odeur désagréable en se consumant, & qui, lorsqu'on les éteint, répandent dans la chambre un doux parfum. Le cèdre donne aussi une cire semblable à celle-là, on la tire de ses baies qui sont plus petites que celles du myrthe.

Le sol rapporte naturellement un grand nombre de fruits ; ils sont aussi divers dans les mêmes especes, que le sol & la situation y sont variés. Les pêches, les brignoles, les abricots y croissent sur des arbres élevés : la meilleure sorte de prune est dure comme une pierre, & son suc est très-délicat ; on la nomme *prune-nectarine* ou *prune-pêche ;* quelques-unes ont un pied de circonférence : l'arbre qui les porte se multiplie avec tant de facilité, que de bons œconomes qui demeurent loin des forêts, en remplissent leurs vergers, pour nourrir leurs porcs de ses fruits : d'autres en font une boisson qu'ils nomment *mobby*, & leur sert de cidre ; ou les distillent pour en faire une eau-de-vie, qui approche plus de celle du raisin, que celle qu'on retire de tout autre fruit.

Les cerises croissent ici dans les forêts, & il en est de trois sortes : deux sont produites par de grands arbres, comme le chêne, & y sont suspendues par grappes comme le raisin : celles-là sont noires au dehors ; une seule est rouge au dedans, & c'est la meilleure. La troisieme espece est la *cerise indienne*, & on la trouve dans le pays élevé, au bord des rivieres, sur un petit arbre, dont la faiblesse peut à peine supporter les fruits ; c'est le fruit le plus agréable par la délicatesse de son goût : lorsqu'il meurit, il se teint d'une belle couleur de pourpre : il croit isolé ; mais il est fort petit : rarement les oiseaux, qui en sont friands, le laissent parvenir à une entiere maturité.

Il y a deux sortes de prunes, l'une noire, l'autre d'un brun violet ; toutes deux sont petites & croissent dans les forêts : le *persimmon* est encore une sorte de prune qui parvient à différentes grosseurs ; très-âpre avant d'être mûre, très-douce & très-agréable quand elle l'est: elle vient avec tant d'abondance sur les arbres, que souvent elle en fait plier & casser les branches. Les raisins y sont communs; leur variété est admirable: quelques-uns sont doux & agréables au goût; d'autres sont aigres & âpres: dans les premiers il en est deux especes, l'une blanche, l'autre purpurine. L'arbre du miel, celui du sucre, croissent près de la source des fleuves: le premier porte une gousse épaisse, enflée, remplie de miel; de loin elle ressemble à celle des pois ou des haricots: le second donne un suc, qui par la cuisson se change en sucre; on le retire de l'arbre par incision, huit livres en donnent une de sucre: le fruit de cet arbre est plein, assez gros & fort doux. On y trouve trois sortes de mûres, deux noires & une blanche: deux sortes de groseilles, qui croissent sans culture, & sont d'un goût excellent: les fraises y croissent par-tout, & partout répandent le plus doux parfum. Les framboises, les myrtilles y sont communs: tous les fruits d'Angleterre y ont prospéré.

On recueille aussi en Virginie des melons musqués, des melons d'eau, des courges, des cushaws, des macoas, des goards: les premiers sont très-gros; les seconds plus gros encore, & de diverses especes; quelques-uns sont d'une grande beauté: il en est une espece d'un vert fort vif, ondée, raiée, couleur de chair entre l'écorce & le pepin, qui lui-même est d'un vert brillant. Le *cushaws* est une espece de citrouille, d'un vert bleuâtre; lorsqu'il est mûr, il a des raies blanches, & sa grosseur surpasse celle de la citrouille ordinaire. Le *macoas* est une petite courge, dont il y a des especes diverses qui sont naturelles au pays, & doivent leur nom aux Indiens: on les cuit tandis que l'écorce en est tendre encore; ils fondent comme le beurre, & se mêlent aux viandes.

Nulle part on ne trouve de meilleures herbes potageres; celles d'Europe s'y sont perfectionnées, & le pays en a qui lui sont particulieres: toutes végetent avec force & croissent avec rapidité. Il produit diverses plantes médicinales; des racines, des bois qui peuvent rendre la santé, qui peuvent donner la mort. La *serpentaire* ou *viperine* est un excellent antidote contre les maladies pestilentielles : il en est une espece qui est le meilleur remede contre la morsure du serpent à sonnettes ; lorsqu'on s'en sert à tems, elle arrête & détruit en quelques heures l'effet du poison qui tue en deux minutes.

On a dit que l'air n'y était pas sain ; il fallait dire que, différent de celui des contrées septentrionales, il fallait y suivre un régime différent: ceux qu'il affaiblit, ceux qu'il tue, doivent leur mort à leur imprudence & à leur intempérance ; l'air y est bon pour l'homme accoutumé au climat, & qui a pris les habitudes salutaires qu'il exige; & nulle part il n'est de plus belles campagnes.

Les animaux qu'on y amena d'Europe, s'y sont multipliés ; ils y sont devenus sauvages: les porcs y sont très-nombreux ; les bois fournissent leur nourriture sans qu'il en coûte rien au propriétaire; ils vivent en troupes ; on les marque, & chacun reconnaît les siens au besoin ; sa chair en est excellente; celle du bœuf & du mouton y sont moins bonnes. Les chevaux se plaisent dans les forêts de la partie haute du pays; ils sont nombreux, & aussi beaux qu'un cheval sauvage peut l'être ; les jeunes gens aiment à les chasser, & le font sans chien ; le premier qui en saisit un, en est le propriétaire ; mais leur course est si rapide, qu'il est difficile de les atteindre.

Parmi les animaux sauvages de la Virginie, on compte la *panthere* d'Amérique qui tient de l'espece du chat, & approche de la grandeur du tigre : l'*ours* qui n'y est ni bien grand, ni bien dangereux, & dont la chair & la graisse est très-estimée : l'*élan*, qui a la couleur du cerf : le *racoon* ou *blaireau* d'Amérique, qui a l'apparence & la taille du renard : l'*opossum*, qui a dix-huit pouces de long, la tête du renard, la taille du chat : quatre especes d'écureuils, dont l'une est l'écureil volant, &c.

Cette province a tous nos oiseaux d'Europe, & en a que nous n'avons pas : tels sont un *hibou* argenté ; un *rossignol*, dont le plumage est varié de bleu & de cramoisi ; le *moqueur*, qui surpasse tous les oiseaux par les agrémens de son chant ; le *bourdonneur*, qui est le plus petit des oiseaux connus, & dont le plumage éclatant est un mélange d'un beau rouge, de verd, & de couleur d'or. L'*aigle*, l'*autour* y sont de diverses especes : celui-ci est un oiseau pêcheur ; dès qu'un aigle lui voit enlever sa proie, il le poursuit, s'éleve plus haut que lui, & le presse si fort, que l'autour effrayé laisse tomber le poisson, pour faciliter sa fuite ; l'aigle fond sur le butin abandonné, & le saisit avant qu'il ait atteint la surface de l'eau.

Les reptiles incommodes de ce pays sont les *grenouilles*, dont il en est qui surpassent six fois en grosseur celles d'Europe, & qui remplissent les contrées fangeuses de leur croassement désagréable : des *serpens*, parmi lesquels on remarque le *serpent à sonnettes*, long de six à sept pieds, redoutable par ses blessures mortelles ; mais qui est paisible, qui n'attaque point, n'est point incommode, vit de grenouilles, de souris, de grillons, de sauterelles, & sert lui-même de pâture aux ours & aux porcs ; le *serpent d'eau*, le *serpent noir*, le *serpent de grains*, la *vipere noire* & le *serpent couleur de cuivre*, qui tous les deux ont un poison très-actif ; le *serpent cornu*, &c. : des *mosquites* très-incommodes, des *chinches*, espece de punaise qui inquiéte beaucoup la nuit ; des *poux de graines* ; des *vers rouges*, insectes aussi inquiétans durant le jour, que les mosquites & les punaises durant la nuit ; le premier s'attache aux animaux, dont il suce le sang jusqu'à ce qu'il tombe & serve de nid à ses œufs ; le second à l'homme, qu'il tourmente par des démangeaisons.

Nulle part le poisson de mer & de riviere n'est plus abondant qu'en Virginie : au printems on y voit arriver des troupes nombreuses de harengs, qui remontent jusques dans les ruisseaux ; on y voit aussi une grande abondance de morues, & du poisson nommé *stingrass*, dont la queue est hérissée d'épines, & qui paraît être particulier à la Virginie : on trouve dans les rivieres des éturgeons, des veilles-femmes, des têtes de brebis, des truites, des poissons verts, des plies ou barbues, des carpes, des perches, des brochets, &c. : une grande diversité de poissons à coquille, comme des crabes, des huitres, des écrevisses, des moules. Parmi les poissons qu'on ne mange pas, on compte la baleine, le chien de mer, le diable de mer ou poisson grenouille, & le poisson de rocher, dont il est deux especes peu distinctes, l'une saine, l'autre vénimeuse.

Chaque année, au mois de Juin, on y voit une multitude de vers qui percent le bois des vaisseaux & des chaloupes ; un revêtement de poix, de goudron & d'argille peut seul les en garantir ; ils le rongent, y creusent leurs cellules, & le rendent semblable à un gâteau d'abeilles : après les grandes pluies de Juillet ils sont peu nuisibles; ils le sont peu encore là où le flux & le reflux est violent ; ils ne le sont point dans les eaux fraîches & courantes.

Il y a une multitude de papillons ; leur variété est aussi admirable que leurs couleurs sont riches & vives : le nombre des mouches luisantes est tel que dans une soirée d'été, tout l'air semble être illuminé & embrasé par elles.

Le pouvoir législatif y est exercé par le gouverneur, un conseil de douze personnes nommées par le roi, & par la chambre des représentans élus par le peuple, deux pour chaque comté : les loix approuvées par tous, ne peuvent être permanentes que par la sanction du roi. Outre le gouverneur, il y a encore trois officiers qui reçoivent du roi leur pouvoir : ce sont, celui qui préside à l'emploi des revenus publics, celui qui veille à leur recouvrement, & le secretaire qui veille sur tous les actes publics, sur les transactions & autres écrits. Le trésorier général est choisi par l'assemblée générale ; il reçoit l'argent; mais la clef de la caisse appartient à cette espece de parlement.

Il n'y a point d'autres troupes que la milice du pays : le gouverneur en nomme le général, & dans chaque comté il nomme encore un colonel & d'autres officiers inférieurs. Tout citoyen sans infirmité, dont l'âge n'est ni au-dessous de seize ans, ni au-dessus de soixante, doivent avoir leurs armes & faire l'exercice chaque année, une fois avec tous ceux du comté, & quatre fois avec leur compagnie particuliere.

Les revenus publics consistent en une imposition générale & annuelle sur tous les biens de la campagne; en un impôt de deux schellings sur chaque boucout de tabac de 800 à 1000 livres, qu'on exporte; en un droit de six pences par tête pour chaque étranger amené dans le pays; dans le produit des amendes & confiscations; dans une imposition sur chaque nouvel esclave, sur chaque nouveau domestique qu'on y amene; sur l'eau-de-vie qu'on y importe; & dans une somme qui se leve en vertu d'un acte de l'assemblée.

La cour des comtés a le pouvoir de s'informer & de punir les maîtres qui ne donnent pas à leurs domestiques de bons alimens, des habits & une demeure convenables: elle doit les protéger contre l'injustice & la dureté des maîtres.

La religion dominante y est l'anglicane: chaque paroisse a son pasteur, auquel on donne une maison, une petite terre & 80 livres sterlings, payés annuellement en tabac par le trésorier de la province. Les affaires ecclésiastiques sont soumises à l'inspection d'un commissaire dépendant de l'évêque de Londres; il en est à-peu-près de même dans les autres provinces. Les différentes croyances religieuses y jouissent d'une tolérance entiere.

Le commerce de cette colonie est étendu & ses objets divers. Elle envoye aux isles de Madere, dans la Méditerranée, & divers lieux de l'Amérique, du bled, des porcs, de gros meubles, du cidre: dans les ports de la Grande-Bretagne, du fer en barre, de l'indigo, du ginseng; mais le tabac en est sur-tout le principal objet; on en exportait annuellement 50 à 60 millions de livres. Il est incommode pour les vaisseaux qu'ils n'y trouvent pas de magasins remplis, capables de les charger; ils sont obligés pour le faire, d'aller d'un lieu à un autre, le long des fleuves: ce qui prolonge le tems de leur voyage, & les expose à plus de dangers.

Les manufactures y sont peu considérables : on y fait des étoffes de coton, beaucoup de toiles, des bas, & quelques autres objets de moindre importance.

Les Virginiens sont humains & hospitaliers : plusieurs sont civils & obligeans ; presque tous sont vains & pleins d'ostentation : ils vivent dans la mollesse & les délices, & laissent à leurs esclaves le soin & la peine. Ces vices font que la province était obérée, avant même la guerre, d'environ vingt-cinq millions de livres, elle ne cessera de l'être que lorsque ses habitans seront plus actifs & auront plus de simplicité dans leurs mœurs. Il n'y a pas de bien riches planteurs, ni d'hommes assez pauvres pour être réduits à mendier. Lorsque les maladies ou la vieillesse ont rendu quelqu'un d'eux incapables de travail, on le place chez un planteur aisé, où il est nourri aux dépens du public. Ils aiment l'indépendance ; mais ils ne sont pas assez instruits pour que l'utilité publique leur en marque les bornes.

La Virginie est divisée en cinquante-deux comtés (*a*), qui renferment quatre-vingt paroisses ; on y compte quarante-quatre villes ; mais la plupart ne sont formées que d'une dixaine de maisons : les habitations sont dispersées près des rivieres. Nous ne trouvons nulle part le nom de tous ces comtés ; & dans la description du pays, nous serons forcés de ne point suivre de division.

*Williamsbourg* en est la capitale : elle est située entre deux ports naturels, dont l'un communique à

---

(*a*) Elle ne l'était autrefois qu'en vingt-cinq.

la riviere James, l'autre à celle d'York : elle se divise en deux parties, dont l'une est au levant, l'autre au couchant : le rivage où l'on débarque dans les deux ports, en est éloigné d'un mille ; inconvénient qui s'oppose à sa prospérité. Elle a environ deux cents maisons, & mille habitans blancs ou noirs. Ses rues régulieres, paralleles, sont coupées par d'autres à angles droits : la principale est partagée par une place qui a 600 toises de long ; mais elle est beaucoup moins large : à une de ses extrèmités est le college. Les maisons y sont de bois, couvertes de bardeaux, assez mal bâties ; mais leur ensemble a quelque apparence : le palais du gouverneur est solide & bien bâti ; l'église, les prisons, & tous les autres édifices publics sont mauvais. En général, elle est un séjour agréable : sa situation la met à couvert des mosquites : elle renferme des commerçans, des artisans : les assemblées générales, les cours provinciales s'y assemblent : le college reçut 2000 livres sterlings en présent du roi Guillaume ; il y joignit vingt mille acres de terrein, & une gratification d'un sol par livre de tabac exportée de la province : il a reçu d'autres présens encore, & se compte parmi les plus riches colleges de l'Amérique ; il n'est pas des plus utiles. Il a un président, six professeurs, & ordinairement cent étudians. La longitude de Williamsbourg est de 300° 25′, & sa latitude 37° 14′.

*Jamestown*, fut autrefois capitale de la Virginie ; elle est située dans une presqu'isle formée par le fleuve James, à environ quatorze lieues de son embouchure : elle avait une centaine de maisons, dont la plus grande partie étaient des magasins & des lieux publics, pour l'entretien des matelots : elle était forte par sa nature & par l'art ; mais ses form# VIRGINIE. 159

fortifications sont tombées en ruines : un incendie a détruit plusieurs maisons, & la ville même est presque détruite.

*Norfolk* est au midi du fleuve James : c'est un comté, le premier que les Anglais aient habité, & qu'arrose aussi la riviere *Elisabeth* qui s'y joint au fleuve.

*Newport*, bourg ou village du comté de Wight, dans lequel est une source où l'eau coule avec une abondance extraordinaire. Dans celui d'*Henrico* était la ville d'*Henripolis*, tombée en ruines. *Bristol* est une de ses principales paroisses. *Monacan* est habitée par des réfugiés Français. *York* est le chef-lieu d'un comté, sur la riviere de ce nom. *Glocester*, sur la rive opposée du même fleuve, donne son nom au comté, le plus peuplé de la Virginie.

*Pamunky*, ville ou bourgade d'Indiens qui formaient une tribu puissante, que l'intempérance & les maladies ont détruites ; elle est formée de cabanes situées sur la riviere de ce nom, au pied d'une montagne, dans le comté de King-William. *Urbanna* est sur la rive méridionale du Rapahannoc : *Delaware*, sur celle d'York.

*Fredericbsbourg*, est située près des cascades du Rapahannoc : elle est distribuée en rues paralleles ; une partie s'éleve sur une éminence, & jouit de la plus belle vue ; l'autre est placée au bord de l'eau, pour la facilité du commerce : elle a plusieurs magasins, & fut bâtie en 1728, pour aider au commerce de l'intérieur des terres : c'est la ville la plus florissante de cette partie du pays.

*Falmouth* donne son nom à un comté, & n'a que vingt maisons : ses habitans négocient : elle est située à côté des cascades du fleuve : cinq lieues plus haut sont des mines de fer qu'on exploite.

*Dumfries*, *Colchester*, *Fredericstown* ou *Winchester*, sont des villes nouvellement bâties, pour faciliter les ventes & les achats dans l'intérieur du pays. La premiere est dans un vallon profond, formé par l'Acquia; la seconde sur l'Occoquan, rivieres qui se perdent dans le Potowmak: la troisieme est la plus florissante. Elle est voisine des monts *Pignut*, chaîne de montagnes peu élevées : elle a deux cents maisons : c'est le rendez-vous des troupes : un fort la défend.

C'est dans le comté de *Newkent*, sur le fleuve James, que l'on trouve de hautes collines, desquelles tombent des paillettes d'un talc brillant, que les Anglais prirent pour de l'or.

C'est dans ceux de Midlesex & d'Essex qu'on trouve une grande lande de sable qu'on nomme le *Désert du Dragon*, couverte de bruyeres, de ronces, remplie de bêtes féroces.

*Cumberland*, est un fort sur les rives du Potowmak, dans un lieu voisin des belles cascades qu'il forme.

*Alexandria* ou *Belhaven*, petite ville commerçante, dans la situation la plus riche, sur le Potowmak, qui y a près d'une demi-lieue de large au-dessus; mais s'y ouvre & y forme une large baie, au centre de laquelle la ville est bâtie : elle a un quai & un chantier, & la profondeur du fleuve permet d'y faire des vaisseaux de la premiere grandeur.

Dans le comté d'*Auguste*, on voit une très-belle cascade ; deux sources chaudes, dont l'une a le goût de l'alun, l'autre celle de la crasse de fusil ; une caverne singuliere ; une source qui guérit, dit-on, les maux vénériens ; une arcade naturelle, qui tient par ses extrémités à deux montagnes, & sous laquelle passe une riviere considérable ; une riviere
qui

qui s'enfonce dans une montagne pour ne plus reparaître; une source soufrée, & quelques autres curiosités naturelles.

*Westham*, petite ville sur le fleuve James. *Petersbourg*, *Suffolk*, sont sur deux petites rivieres qui s'y jettent.

## DES DEUX CAROLINES.

Elles sont situées entre le 293 & le 301° 15′ de longitude, & le 33° 30′ & 36° 20′ de latitude septentrionale. Des bords de la mer, elles s'étendent jusqu'aux monts Apalaches, au-delà desquels habitent les Indiens Cherokées, & en-deçà les Creeks. Elles sont bornées à l'orient par la mer Atlantique, au midi par la Géorgie, au couchant par les monts Apalaches, & au nord par la Virginie. Les côtes en sont découpées par un grand nombre de baies, d'anses & de rivieres : à leur ouverture sont situés des rochers, des isles, des bas-fonds, qui en rendent la navigation difficile aux étrangers : cependant on y trouve des ports sûrs & profonds.

Le climat & le sol des deux Carolines est peu différent de ceux de la Virginie, & la différence, lorsqu'il y en a, est à leur avantage ; car le climat y est un des plus beaux & des meilleurs du monde. En été, la chaleur y est très-forte ; mais moins qu'en Virginie, & l'hiver y est plus doux & moins long ; le froid ne s'y fait sentir que le matin & le soir : les brouillards y sont fréquens ; mais ils se dissipent dans le milieu du jour : la température y change rapidement ; & y rend plus nécessaire qu'en Europe de se prémunir contre le froid, & de se préserver des excès de l'intempérance : du mois de

*Tome XI.* L

Juillet à celui d'Octobre, regnent dans la partie basse des fievres intermittentes, quelquefois funestes aux habitans naturels, souvent mortelles pour les étrangers. Les tonnerres, les éclairs y sont fréquens: & cette province, avec celles qui sont situées plus au midi, sont les seules colonies Anglaises qui soient exposées aux ouragans ; cependant ils y sont rares, & moins violens que dans les Antilles. Le printems y est tempéré & agréable; l'hiver âpre, quand le vent de nord-ouest souffle; mais il ne l'est pas au point de faire gèler les lacs & les grandes rivieres: dès que le soleil se montre, l'air redevient doux, & l'on y voit fleurir des plantes que la Virginie voit inanimées encore.

Tout le pays que les Anglais ne cultivent pas, est une vaste forêt : la diversité des especes d'arbres qu'on y voit, fait reconnaître la richesse du sol. A quelque distance de la mer, il est formé du mélange d'un sable fin & d'une terre noire : là prospére le chêne; & si à ce mélange est joint le salpetre, il s'épuise plus difficilement, & on se dispense d'y employer les engrais : le moins bon est couvert de pins, & est formé d'un sable blanc : quelques autres arbres utiles y végétent encore, & rapportent aux habitans de la poix, du goudron, de la térébenthine : les champs élevés produisent beaucoup de maïs & de pois : les champs bas sont abondans en riz ; mais la richesse de cette province est dans l'indigo qui y prospere, & c'est la plus précieuse de ses productions. Il y a encore une espece de terrein que son voisinage des rives des fleuves, sa situation basse, rend humide : dans quelques lieux il n'est pas susceptible de culture ; en d'autres, c'est le plus fécond : il consiste principalement en une terre grasse & noire, abon-

## CAROLINE.

dante en sucs : ces lieux sont le grenier de la Caroline. Au bord de la mer, à l'embouchure des fleuves, il est le plus mauvais de tous ; le meilleur qu'on y trouve, est un fond blanchâtre & peu mélangé, semblable au sable : plus on s'éloigne de la mer, plus le sol s'améliore ; à trente ou quarante lieues de Charles-town, où il commence à s'élever, il est d'une fertilité extraordinaire. Là, l'air est pur & sain ; la chaleur du soleil plus douce & plus modérée. Le sol n'est qu'une vaste plaine jusqu'à cette distance de la mer ; on n'y voit pas une colline, on n'y voit pas un rocher, pas un caillou, & cette uniformité la prive des richesses variées d'un sol plus inégal. Plus loin, le pays devient riant ; sa fertilité est incroyable ; le froment y est excellent : plus bas, ce grain y est ou brûlé par le soleil, ou s'élance tout en paille ; & la culture du riz ne permet de l'y regretter : des échanges donnent aux habitans ce dont ils manquent.

Ce sol est facile à défricher : les racines des arbres tracent & ne pivotent pas ; les forêts n'y sont composées que de grands arbres assez éloignés les uns des autres ; de maniere qu'en une semaine on en défriche plus, qu'on ne ferait dans un mois en Europe. On en taille d'abord l'arbre à un pied de terre ; le tronc sert à faire des planches ou d'autres objets, selon la nature du bois, le besoin, la facilité de l'employer ou à le vendre : au bout de quelque tems, les racines se pourrissent, & cependant on seme & moissonne.

On compte dix fleuves navigables dans les deux Carolines, & dans un assez long cours : il en est un grand nombre de plus petits, & tous sont poissonneux. La plupart des fleuves forment de grandes cascades dans le pays montueux ; & plus elles sont voisines de leur source, plus elles sont fréquentes.

Le froment des lieux loin de la mer, donne une farine extrêmement blanche; le seigle y vient aussi bien, mais on y en cultive moins; l'orge y vient mieux qu'on ne s'y attendait; l'avoine y prospere encore, & si l'on y en seme peu, c'est que l'abondance des autres grains en dispense. Il y a du riz barbu, un autre qui ne l'est pas; il en est du rouge & du blanc, le dernier est le meilleur, & il est estimé autant que celui d'Asie: un grain semé en terre en rend huit cents ou mille: c'est sur un sol neuf & humide qu'il réussit le mieux. L'acte qui ordonnait que ce riz fût transporté en Angleterre avant de passer en Espagne & en Portugal, en avait fait languir la culture; en l'abolissant on lui redonna une nouvelle activité, & avant la guerre, le commerce de ce grain rapportait annuellement à la province 3,400,000 livres.

Le maïs y est abondant & utile; le millet y est bon sur un sol maigre & léger; mais il n'y sert qu'à la nourriture des bestiaux; le bled de Guinée y réussit bien & y est d'un assez grand usage. On y cultive aussi la *fève de boisseau*, nommée ainsi de sa grosseur extraordinaire; le *pois de merveille*, qui doit son nom à sa longue gousse & à son étonnante multiplication, les *bonavis*, les *calivances*, les *nanticoucs*, légumes estimés; le haricot d'Italie & la grande feve d'Europe: mais cette derniere y dégénere; diverses sortes de pois étrangers qui n'y perdent rien de leur bonté originaire.

Les jardins y sont nombreux, remplis de racines & de plantes potagères, de salades, de courges, de *casiwars*, de *squashes*, & autres especes.

Parmi les plantes médicinales qu'on y trouve,

on compte l'*asarabaca*, le *chardon béni*, l'*ipecacuanha*, la *salsepareille*, la *squine*, &c. Nous avons parlé de l'indigo ; il est d'autres plantes encore qui donnent des couleurs agréables.

Les champs & les forêts y sont comme en Virginie, embellis & parfumés de toutes sortes de fleurs, parmi lesquelles il en est que nous cultivons avec grand soin dans nos jardins, & d'autres qui sont particulieres à l'Amérique.

Les forêts sont formées de diverses sortes de chênes, de hêtres, de sycomores, d'ormes, de frênes : on y compte quatre sortes de pins ; l'érable, le charme, le cormier, le cyprès y étendent leur ombrage frais : les feuilles de ce dernier perdent leur verdure en hiver ; ils la renouvellent au printems ; c'est le plus haut & le plus épais des arbres de cette contrée, & il en est qui ont trente-six pieds de tour : ses fruits donnent un baume d'une odeur agréable, dont on se sert pour consolider les plaies fraiches, pour guérir la gonorrhée, nettaier les vieux ulceres ; on le fait dissoudre dans le vin d'Alicante pour arrêter les diarrhées : de son bois on fait des canots, des pirogues, dont quelques-unes sont si grandes, quoique d'une seule piece, qu'elles peuvent porter trente ou quarante tonneaux de poix de goudron : on en fait aussi de très-jolies gondoles. On y trouve encore des mûriers, des palmeto, dont le tronc a quarante à cinquante pieds de haut, deux de diametre ; ses feuilles croissent en bouquets & ressemblent à des éventails. Le gommier doux donne une gomme odorante, utile pour diverses maladies, & un bois veiné qui sert pour différens meubles ; le gommier noir donne un fruit noir & puant. Le cédre rouge est entouré d'une multitude de branches, dont les plus basses sont les plus longues, elles sont de l'arbre entier une belle pyramide réguliere : on estime son bois dans la menuiserie pour sa durée, son odeur agréable, & parce qu'il n'est point sujet aux vers. Il y a aussi un cédre blanc. L'arbre aux tulipes a quelquefois un tronc de vingt pieds de tour : les uns portent des fleurs blanches, les autres des fleurs panachées : on fait de belles tables avec son bois. Le laurier simple & le laurier à tulipes y sont d'une verdure constante. Le sassafras y est très-commun, son tronc a souvent deux pieds de diametre ; on s'en sert pour faire des pommeaux, des jambages, & autres choses semblables. Le sumach s'y éleve de neuf à dix pieds ; il sert pour la préparation des cuirs. Plusieurs arbres des forêts y donnent des fruits estimés ; on y trouve tous ceux de la Virginie. Le *papua* n'a que huit à dix pouces de diametre, mais ses feuilles sont très-longues & très-larges ; il produit un fruit à noyau de la grosseur d'un œuf de poule : il est jaune, fort tendre, & l'on en fait des pouddings, des tartes & autres choses. Le figuier Américain, ou l'*opuntia* est connu : on sait qu'on y trouve de certaines excroissances qui renferment les vers de la cochenille.

Le gros bétail, les chevaux, les porcs s'y sont prodigieusement multipliés ; les troupeaux en sont plus nombreux dans chaque espece que par-tout ailleurs : le veau y est un bon aliment, mais on aime mieux les élever pour les vendre : les vaches paissent dans des parcs où on va les traire soir & matin : le jour on les conduit souvent dans les forêts, on les en ramene la nuit pour les mettre à couvert des loups & autres bêtes carnassieres ; on les tue dans le besoin, ou dans le parc ou dans la plaine avec le fufil : le bétail y devient plus gros & plus gras que dans les provinces voifines. La viande falée eft un des grands objets du commerce de la province. Les loups, les pantheres, les tigres y font très-nombreux ; mais ils font moins courageux, moins avides de proie qu'en Afrique : la crainte que leur infpire une vache, une jument, leur fait refpecter le veau de l'une, le poulain de l'autre : de grands troupeaux de chevaux & de bœufs errent fauvages dans les forêts, fouvent à vingt lieues de toute habitation : les chevaux y font de belle taille, vites, communément hauts de quatre à cinq pieds ; une campagne unie, toujours couverte de gazon, fans pierre, fans gravier, leur permet de faire des courfes extraordinaires dans un jour; en général on en prend peu de foin : ceux qu'on nourrit dans l'étable avec de l'herbe, quelquefois avec du maïs, rendent de grands fervices à la chaffe & dans les voyages.

Les brebis y font ordinairement deux ou trois petits ; on les tient le jour dans des pâturages entourés de haies, & le foir, on les ramene à la ferme, ou en des lieux fûrs : les agneaux y font très-gras, la chair en eft favoureufe, leur laine eft fine & fournit un bon objet de commerce. La chevre y ferait un bon aliment; mais on ne les multiplie pas, parce qu'elles nuifent aux jardins. Les porcs y font meilleurs qu'en Europe, parce qu'ils ne fe nourriffent que de glands, de noix, de fraifes & autres fruits qu'ils trouvent abondamment dans les forêts. La colonie en envoie une quantité prodigieufe aux Indes occidentales & ailleurs.

Les principaux animaux fauvages font le buffle, l'élan, le cerf, le chevreuil, l'ours, le jackal, la panthere & le tigre : ce dernier est le plus méchant & le plus hardi de tous ; il est plus grand qu'un levrier, il est fort & sa course rapide ; lorsqu'il est affamé, il est redoutable à l'homme comme aux animaux. Il y a encore le chat de montagne, le chat sauvage, le minx, le racoon, le loup, l'opossum, le castor, la loutre, le lapin, l'écureuil, le rat musqué, & plusieurs especes de souris, d'alligators, de lézards, de tortues ; le serpent à sonnettes, le serpent cornu, le serpent d'eau, &c.

Parmi les insectes, on remarque les abeilles qui sont nombreuses, se rassemblent dans les ruches, dans les arbres creux des forêts où elles déposent beaucoup de miel & de cire : une multitude de mouches luisantes y fait étinceller l'air de mille traits lumineux : l'araignée y est redoutable par sa morsure, les especes en sont diverses ; la plus remarquable est celle de montagne, dont la toile est d'un tissu si fort que les petits oiseaux ne peuvent s'en débarrasser ; l'homme qu'elles mordent sent des maux de cœur, a des sueurs froides, il tremble, il vomit, perd quelquefois le sens, souvent la vie.

On y voit des aigles chauves, des noirs, des gris, des autours pêcheurs, ou à queue de harengs, ou à queue annulaire, ou de serpens ; des éperviers, des *parakecto* ou perroquets, des hiboux, des coucoux, des grimpereaux, des pies, des corneilles, des hirondelles, des chauve-souris, des geais, des hirondelles de mer, des roitelets, des alouettes, des bruants, & presque tous les petits oiseaux d'Europe. Les coqs d'Inde y pesent jusqu'à quarante livres : il y a deux especes de cygnes, l'une appellée *trompette* du bruit qu'elle fait durant l'hiver où elle se rassemble aux bords des fleuves : ces cygnes sont gras & succulens ; au printems ils vont pondre vers les mers septentrionales : l'autre espece, par son cri, a mérité le nom de *tonnelier*. On compte ici trois especes d'oies sauvages : les faisans, les coqs de bruiere, les bécasses, les corlieux, les pluviers gris & verds, les perdrix, les tourterelles, les pigeons sauvages, les oiseaux-chats, les moqueurs, les oiseaux rouges, les étourneaux, les grives, les *whipoowill's*, nom imité de son cri; l'aile jaune, la grue, la cigogne, le pêcheur royal, le pélican, le corbeau de mer, & un grand nombre d'autres s'y trouvent encore.

On y pêche diverses sortes de baleines, de cochons de mer, de scies ou poissons-épée, d'anguilles; le pilote, le diable, le boneto, deux sortes de poisson-tambour, la sole, la plie, l'alose, le poisson-ange, le poisson-porc, l'éturgeon, le hareng, la truite, la perche, la carpe, l'anchois, le goujon, &c. & un très-grand nombre de poissons à coquilles.

La Caroline fut découverte par Sebastien Cabot en 1497; les Espagnols furent les premiers qui y fonderent un établissement : c'était en 1612; ils l'abandonnerent ensuite. L'amiral Coligni y voulut préparer un asyle aux protestans, y fit élever un fort sur la rivière de Mai, aujourd'hui Albemarle, mais les Espagnols détruisirent & le fort & ceux qui l'habitaient : ce pays compris alors sous le nom de *Floride* retomba dans l'oubli jusqu'à Walter Raleigh, qui tenta en vain d'y former un établissement.

En 1663, huit seigneurs Anglais obtinrent de Charles II une charte, qui leur concédait le pays situé entre le 31 & le 36° de latitude, sous la condition de payer au château de Greenwich, dont ils devaient relever, le quart de l'or & de l'argent qu'ils y trouveraient, & seraient soumis à un cens d'environ 700 livres de France. La liberté de conscience y fut établie par les constitutions fondamentales, que les seigneurs propriétaires firent dresser à Locke, philosophe qui fit de mauvaises loix, parce qu'il ne fut pas libre de suivre ses principes. Les huit seigneurs y étaient législateurs & magistrats, ils nommaient à tous les emplois, distribuaient les dignités. Le gouverneur était nommé *palatin*; on institua trois sortes de noblesses, des barons, des caciques, des landgraves, & avec toutes ces riches miseres, ils rendirent le peuple malheureux, firent naître de longs troubles & ne jouirent de rien. On ne parvint à calmer le mal & à rendre la colonie florissante qu'en annullant ces loix, en les soumettant à l'autorité immédiate de la couronne, qui indemnisa les lords propriétaires; le lord Greenville ou le lord Carteret, conserva seul sa portion. Alors le gouvernement y devint semblable à celui des colonies voisines, & pour rendre l'expédition des affaires plus commode, on partagea la province en méridionale & en septentrionale, & chacune d'elles eut son gouvernement indépendant. La cession se fit en 1720, le partage en 1728: depuis ce tems la culture, le commerce & la population s'y sont beaucoup accrus. Aujourd'hui on compte plus de 200,000 ames dans la premiere, & près de 300,000 dans la seconde.

Les habitans des Carolines sont de haute taille, maigres, bien proportionnés, vigoureux: leurs enfans sont peu sujets aux maux qui accablent les nôtres; toujours en plein air, les hommes ont le teint brun, mais les femmes plus sédentaires sont la plupart belles, bien faites, ont de beaux yeux, une taille noble, des cheveux noirs: elles se marient communément à treize ou quatorze ans: à vingt ans une fille est vieille & presque méprisée : les femmes y sont fécondes, & les maisons y fourmillent d'enfans : telle n'en a pas en Europe, qui devient bientôt enceinte à la Caroline : elles y enfantent avec facilité & rarement y font de fausses couches : à neuf mois les enfans marchent ; les filles y ont communément plus de sens que les garçons; elles apprennent de bonne heure tout ce qui peut en faire une femme économe, une bonne mere de famille ; souvent fort jeunes encore, elles dirigent le ménage avec sagesse : les deux sexes s'exercent à conduire un canot & savent le faire de bonne heure.

Les planteurs vivent heureux au milieu des richesses d'un sol abondant : rarement ils éprouvent l'infortune; ils ont sous la main tout ce qui est nécessaire à la vie, tout ce qui peut la rendre douce : la pauvreté y est inconnue ; l'hospitalité, l'humanité la plus franche y attend l'étranger, & ceux qui, par des accidens ou la vieillesse, ne peuvent plus suffire à leurs besoins, sont nourris avec bonté par les autres. L'assemblée donne annuellement 50 livres à ceux qui les entretiennent, & l'on n'y trouve ni mendians, ni vagabonds. Ces vertus & ce bonheur sont liés à des vices : la plupart d'entr'eux vivent dans la paresse & la volupté, leurs mœurs sont dissolues, & cette maniere de vivre leur attire des maladies cruelles. Leurs maisons sont bâties de diverses manieres : les colons les plus riches, dans la plaine, les font de briques jointes avec de la chaux d'écailles d'huitres, parce qu'à quelque distance des montagnes, on ne trouve aucune pierre à bâtir ; les plus pauvres ont des maisons de bois, recouvertes sur les côtés d'ais de sapin : toutes ont leurs toits faits de bardeaux ;

leurs fenêtres font des chaffis; au dedans font de grandes chambres & de beaux cabinets, de-là, la vue fe promene fur une perfpective riante, variée de vaftes prairies, de bofquets, de rivieres : les maifons les plus riches ont des meubles précieux : leurs habits font d'étoffes d'Angleterre, ou de celles qu'on fabrique dans le pays : leurs alimens font fains, bons & variés; leur boiffon eft le rum, le brandevin, la biere d'Angleterre, celle qu'on fait dans le pays avec les baies de cèdres, les tiges de maïs, le fyrop, & une autre efpece qu'on nomme *perfimon*: la pêche, la chaffe, les courfes de chevaux, les combats de coqs, les jeux de cartes & de dez, la danfe, font leurs plus grands plaifirs.

La religion dominante eft l'anglicane; mais il y a auffi des presbytériens, des anabatiftes, des catholiques, & tous y jouiffent de la plus grande liberté de confcience : il ne s'y éleve aucune difpute fur les dogmes, ils penfent différemment fur eux & vivent avec intimité. La plupart des anciens colons font d'origine Ecoffaife.

Le commerce d'exportation confifte en riz, en indigo, poix, goudron, térébenthine, réfine, tabac, pois, bœuf & porc falés, talc, peaux & fourrures, coton, chevaux, froment, maïs, miel, cire d'abeilles, cire de myrthe, potatoes, diverfes fortes de gommes, racine de ferpentaire, mâts, planches & autres bois de conftruction.

Celui d'importation a pour objet toutes fortes de toiles & fur-tout de la bleue, de la brune, des indiennes d'Ofnabruk, des habits d'hommes & de femmes, des draps larges, des étoffes rouges & bleues, comme la calmande; des droguets, des camelots, toutes fortes d'étoffes légeres pour l'été, des objets de mode, des bas de diverfes fortes, des

rants, des bonnets de laine, des perruques, des pipes, du verre pour les fenêtres, des miroirs, des outils de fer de toutes fortes, des meubles, des ferrures, des pierres de moulin & à aiguiser; des armes à feu, des provisions de guerre, du papier, de l'encre, des selles, des brides, des hameçons de diverses especes, d s tablettes, des colliers, des rubans, des boutons, &c.

Les chemins de ces provinces sont très-beaux, larges, bordés d'arbres; les voyages y sont agréables; on peut les faire à cheval, dans toute espece de voiture; les chevaux y marchent avec facilité, & on jouit par-tout d'un païsage enchanteur.

Il y a beaucoup d'esclaves noirs, la crainte y a rendu les loix cruelles à leur égard; & les maîtres surpassent quelquefois la loi : ceux qui sont nés dans le pays sont plus laborieux, plus dociles & plus chers que ceux qu'on amene d'Afrique.

### 1. Caroline septentrionale.

Elle s'étend le long de la mer, dans un espace de cent lieues de côtes, & est séparée de la méridionale par une ligne qui part du point de la côte, qui est sous le 34° de latitude, fait quelques angles & se termine aux monts Apalaches. Le sol en est plus plat, plus sablonneux, plus marécageux que celui de la méridionale; on y est plus sujet aux ouragans : le pin, le cédre en ombragent les vastes plaines; il est difficile d'en aborder les côtes, parce qu'elles sont barrées par un banc de sable. On la divisait d'abord en deux comtés ou territoires, puis en quatre, & nous ignorons s'il existe aujourd'hui une autre division : l'accroissement de la population le rend probable : nous nous contenterons de parler des principales villes qu'on y trouve.

Les principaux fleuves qui l'arrosent sont le *Roanoke*, qui a 70 lieues de cours, & à l'embouchure duquel est une isle de ce nom : c'est là que les Anglais s'établirent d'abord ; ils lui ont donné le nom d'*Albemarle* : la *Neuse* & le *Clarendon* sont les plus considerables après le premier : le dernier est plus connu sous le nom de riviere du cap *Fear* ou de crainte : les Indiens qui habitaient ses bords étaient les plus sauvages de la province.

*Edenton* est une ville agréable, sur la rive septentrionale du fleuve Roanoke qui la fait communiquer avec la mer : son commerce n'est pas bien actif, mais il la fait subsister. *Halifax* est sur le même fleuve & sur sa rive méridionale. *Hilsboroug* rassemble dans des magasins les marchandises de l'intérieur du pays. *Salem* est encore plus voisine des montagnes. *Charlottesbourg*, *Salisbury* sont à peu de distance des Apalaches : elles n'ont qu'une vingtaine de maisons. *Crossereek* est près de la source d'une des branches de la riviere du cap Fear. *New-Berne* ou *Newborn* est sur la Neuse. *Beauford* est voisine de la mer, à quelque distance de ce même fleuve. *Brunswich* est le seul port de la province qui reçoive les vaisseaux qui prennent seize pieds d'eau : il est sur le Clarendon. *Wilmington* sur le même fleuve, mais plus haut, ne reçoit que des navires plus légers. C'est à *Wilmington*, à *Newborn*, à *Edenton* que se tiennent alternativement les assemblées de la province. Les autres villes très-petites & mal peuplées ne méritent pas qu'on en parle ici.

## 2. Caroline méridionale.

Ses limites sont moins étendues qu'elles ne l'étaient autrefois : on en a retranché une partie au nord, & celle qui s'étendait de ses frontieres actuelles jusqu'à l'embouchure de la Savannah : ses côtes à l'orient sont d'environ trente-six lieues ; mais de la mer à ses frontieres occidentales ou aux monts Apalaches, on compte près de cent lieues. C'est la colonie Anglaise la plus riche, & celle où il y a le plus de faste. Il est certain qu'on y peut élever le ver à soie avec un grand avantage ; on y trouve abondamment son aliment naturel, & l'on a fait des essais qui ont réussi. Ses principales rivieres sont la *Saluda* & la *Santée* qui la reçoit, l'*Ahsley* & la *Cowper*.

*Charles-town* est sa capitale ; par sa grandeur, sa beauté, son commerce, elle est devenue une des plus belles villes de l'Amérique : elle est située entre deux fleuves navigables, l'Ahsley au couchant, le Cowper à l'orient : les rues en sont larges & droites, elles se coupent à angles droits, & les principales vont de l'un des fleuves à l'autre. Son port est excellent, mais il manque de profondeur pour les vaisseaux de deux cents tonneaux : la ville est fortifiée par l'art & la nature : on y voit deux belles églises de briques & divers autres bâtimens publics, consacrés au culte de diverses croyances chrétiennes : au centre est un marché couvert, & près de lui, la maison où se tient l'assemblée générale, édifice de briques très-beau & très-commode. Au dehors sont des casernes où l'on peut loger mille hommes. Charles-town renferme plus de mille maisons, quatre à cinq mille habitans blancs & plus de six mille négres. Le gouverneur de la province y réfide : on y compte un affez grand nombre de brillans équipages : il y a de riches planteurs, de riches commerçans, & dans leur conduite, dans leur luxe, on remarque plus de prodigalité que de goût. En 1741, un incendie en dévora la plus grande partie ; des magafins remplis de marchandifes précieufes y furent confumés : les inondations y font affez fréquentes, & l'air n'en eft pas fain. Sa longitude eft 297° 30', & fa latitude 32° 40'.

*Beaufort*, ville fituée dans l'isle de Port-Royal, fur les frontieres de la Géorgie : l'isle & le continent y forment un port vafte & profond, qui pourrait renfermer toute la flotte royale d'Angleterre. L'isle peut avoir mille aeres de furface, & on peut naviger tout autour avec des chaloupes : les plus grands vaiffeaux peuvent débarquer leurs marchandifes fur le rivage : la ville n'eft pas confidérable, mais fa fituation femble devoir l'appeller à le devenir.

Au nord de Charles-town eft *Georges-town*, à l'embouchure de la riviere Blak ; elle femble devoir s'accroître tous les jours : devant elle eft l'isle *Craven*. Ce canton renferme plufieurs colons Français.

Dans l'intérieur du pays eft *Dorchefter*, ville de 500 habitans, près de Stono. *Canden*, *Orengebourg*, font modernes, mais plus confidérables. Les Creeks habitent la partie occidentale de cette province.

## DE LA GÉORGIE.

Elle a pris fon nom de George II, & eft fituée au midi de la Caroline, dont la Savannah la fépare. Ses bornes font à l'orient la mer Atlantique, au midi

midi le fleuve St. John, qui est sa limite commune avec la Floride orientale, & au couchant la Louisiane. Elle est comprise entre le 33° & le 30° 20′ de latitude; le 296° 30′ & le 292° 20′ de longitude.

C'était un désert qui fit d'abord partie de la Floride, puis de la Caroline: la premiere colonie y fut envoyée en 1732. On rassembla tous les Anglais que des revers dans les manufactures laissaient dans le désœuvrement & la misere; on fit des contributions volontaires & abondantes; le parlement y ajouta 10,000 livres sterlings; la couronne accorda aux conducteurs de la colonie la charte la plus étendue. Pour protéger les autres colonies contre la France & l'Espagne qui les avoisinaient, on voulait que chaque colon pût être planteur & soldat; qu'il pût s'enrichir par la culture des terres & par les manufactures, qu'il fût instruit dans le métier des armes, comme dans l'art de profiter de la fécondité de la terre. On voulait les tenir rassemblés autant qu'il était possible, & sur-tout auprès des villes: dans ce but on arrêta que chaque famille ne posséderait que cinquante acres de terrein, qu'elle ne pourrait l'aliéner, ni le faire passer en héritage aux filles: l'usage des negres y fut interdit. On présenta ces conditions à cent quatorze personnes de tout âge, de tout sexe, qui vivaient aux dépens de leur paroisse; ils en furent satisfaits: quatre d'entr'eux demanderent que leurs filles pussent leur succéder, & que sur leur héritage ils pussent assurer un douaire à leurs veuves. Sur leurs demandes, on statua qu'ils pourraient nommer leurs héritiers lorsqu'ils n'auraient pas d'enfans mâles; que cet héritier quel qu'il fût transmettrait ses possessions à ses enfans; que la veuve pourrait avoir un douaire égal à la troisieme partie des biens de son époux. Tous furent contens. Arrivés dans le lieu de leur établissement, les commissaires érigerent sous leur sceau une cour de justice civile & criminelle dans la ville de *Savannah* qu'ils venaient de fonder, & choisirent divers magistrats de police parmi les plus sages & les plus instruits des colons. Cette ville est dans un emplacement commode, agréable, où l'air est sain & pur, à environ quatre lieues de l'embouchure de la Savannah. James Oglethorpe, l'un des commissaires, établit une discipline sévere parmi ses habitans, leur interdit les juremens, les excès du vin, l'usage de l'eau de vie; la biere anglaise y tint la place du rum. On laboura, on sema du froment, on cultiva des jardins, on planta des arbres fruitiers, & la ville, tracée avec la plus grande régularité, fut environnée de palissades.

Les progrès étaient sensibles : Oglethorpe, pour les accélérer, alla demander des secours en Caroline, dont l'assemblée générale lui donna 500 livres sterlings pour acheter des bestiaux nécessaires à l'entretien de la nouvelle colonie : il revint avec differens secours, & fit des traités avec les Indiens *Creeks*. Deux vaisseaux Anglais amenerent de nouveaux habitans : c'était principalement des Saltzbourgeois, que l'intolerance chassait de leur pays : ils bâtirent une petite ville au bord du Savannah, & ils la nommerent *Ebenezer*, mais dans la suite ils l'abandonnerent & s'établirent dans l'isle de *St. Simon*.

La Caroline menacée par les Espagnols & les Français, fit entendre ses plaintes en Angleterre, dont le parlement accorda encore 26000 livres (*a*) pour

---

(*a*) Environ 588,000 livres.

aider à l'établissement qui devait la mettre à couvert, & divers particuliers généreux y joignirent des sommes considérables. La colonie reçut encore de nouveaux habitans sortis de l'Allemagne ou de l'Ecosse septentrionale : 550 montagnards Ecossais s'y rendirent en 1735, & s'établirent sur les rives du fleuve Alathamahar, à six lieues de l'isle St. Simon, située dans son embouchure : ils y bâtirent une petite ville qu'ils nommerent d'abord *Darien*, nom qu'ils changerent ensuite pour celui de *New-Invernefs*. Des Suisses conduits par un Neufchâtelois nommé *Pury*, se placerent entre Ebenezer & Savannah, & bâtirent la petite ville de *Purysbourg*, où l'on comptait cent maisons. Oglethorpe y amena encore 470 personnes, qu'il plaça dans l'isle *St. Simon* qui a quatorze lieues d'étendue, dont le sol est fertile & abondant, dont les vallées sont entremêlées de prairies & de bois de beaux arbres, tels que le chêne & le noyer de Virginie. On acheta des Creeks le droit d'habiter cette isle & celles qui en sont voisines, dont les principales sont, celle de *Cumberland*, où est la petite ville de *St. André*; & celle d'*Amelia* qui a 5 lieues de long & est couverte d'orangers, de myrthes & de vignes sauvages, &c. On éleva dans la premiere la ville de *Frederica*, barriere méridionale de la province; on y construisit une forteresse réguliere défendue par quatre bastions, une forte batterie & d'autres ouvrages extérieurs. La ville est derriere le fort, dans un terrein commode. Cette colonie inquiéta les Espagnols; cependant Oglethorpe fit avec le gouverneur de *St. Augustin*, ville Espagnole, un traité d'amitié utile & avantageux; mais la cour de Madrid rejetta cet acte & fit des préparatifs pour attaquer la Géorgie; celle de Londres y fit passer 600 soldats pour la protéger & la défendre, & pour les y engager plus fortement encore, les commissaires donnerent à chacun d'eux cinq acres de terrein, avec promesse que lorsqu'ils auraient obtenu leur congé après sept ans de service, ils en recevraient chacun vingt encore.

Vingt autres mille livres sterlings accordées par le parlement, servirent à placer des protestans Allemands, & à élever des fortifications autour des villes qu'on y avait bâties. Cependant l'activité n'y régnait pas ; plusieurs colons demeuraient dans l'oisiveté : on crut les forcer au travail, en privant des secours publics ceux qui négligeaient leurs possessions : on ne réussit pas. Les habitans envoyerent un mémoire, pour se plaindre de ce qu'ils ne possédaient pas la terre qu'on leur avait assignée, comme un fief simple, & de ce qu'ils ne pouvaient acheter des negres : d'autres représenterent, qu'on ne pouvait sans danger introduire les negres dans la province. La désunion, le mécontentement devint général : comment de si fortes sommes, des loix si sages en apparence, avaient-elles si peu de succès ? Le rum était défendu, & le rum, dit-on, aurait corrigé les eaux mal-saines du pays ; il aurait soutenu les forces abattues par la chaleur & l'humidité. Les colons avaient du gros bois de charpente & des grains ; ils ne pouvaient les vendre que dans les isles à sucre, d'où l'on ne pouvait tirer que du rum : comment soutenir la concurrence sur ces objets avec la Caroline & la Virginie, qui les préparaient avec moins de frais par les mains des negres ? Les planteurs devenus misérables, abandonnaient leurs possessions pour se retirer à la Savannah, où les arts & les métiers étaient en activité : les courses de chevaux, les parties de plaisir, les jeux, y inspirerent l'esprit de fainéantise. Pour guérir ce découragement, il fallut y permettre l'usage des negres.

Enfin, des querelles s'éleverent entre les colons & leurs chefs: les premiers se plaignirent de l'avidité qui les taxait; ils firent des mémoires qu'on n'écouta point: la plupart se disperserent, & bientôt il ne resta dans toute la colonie que 7 à 800 hommes. Les commissaires rebutés, rendirent leur charte à la couronne, qui annulla toutes les loix précédentes, & y régla le gouvernement comme à la Caroline. Depuis ce tems, elle s'est améliorée, quoiqu'avec lenteur, & l'on y compte aujourd'hui 30,000 ames.

Le climat, ses incommodités, ses avantages, sont les mêmes qu'à la Caroline, & les ouragans y sont plus violens encore. Près des côtes, le sol est bas, couvert de forêts; mais à neuf lieues de la mer, on découvre de petites collines qui s'élevent & s'agrandissent d'autant plus qu'on avance dans le pays, & qui enfin se terminent aux monts Apalaches. Du pied de ces montagnes à la mer, on peut regarder la Géorgie comme un pays uni. Le fleuve *Savannah* qui l'arrose, a un cours très-étendu; les chaloupes le remontent à plus de cent lieues de son embouchure, & les canots à plus de deux cents. Les côtes sont défendues par une chaîne d'isles qui les borde; & comme elles sont couvertes de bois, ainsi que le rivage opposé, le canal qu'elles forment offre une perspective très-agréable. A environ vingt-cinq lieues de ces côtes sont des bancs de sable, auprès desquels l'eau est assez profonde: mais de ces bancs au rivage, elle diminue insensiblement, & devient enfin si basse, à deux lieues des bords, qu'on ne peut y naviger que dans des especes de canaux naturels qui fillonnent le fond. Ce fond très-bas femblait garantir le pays contre les efforts de toute flotte ennemie, & l'on s'y crut en fûreté jufqu'en 1742, qu'une flotte Efpagnole pénétra dans le canal, & vint jetter l'ancre devant l'isle de *St. Simon*, qui allait tomber dans fes mains, fi le général Oglethorpe n'eût fait évanouir fes projets. Le comte d'Eftaing y a pénétré auffi en 1779; le général Prévoft, Genevois, l'y força de même de fe retirer. Lorfqu'on eft arrivé à ces bas-fonds, on navige vis-à-vis de l'embouchure du Savannah, qui préfente un port commode & fûr. Plus au midi, on trouve un canal plus large que celui du fleuve ; on le nomme *Tekifound* : une grande flotte peut s'y retirer, y jetter l'ancre, fur dix ou quatorze braffes de profondeur : elle y eft en fûreté par les bas-fonds & le pays qui l'environne. Le flux y éleve l'eau à la hauteur de fept pieds.

Cette province eft riche en animaux domeftiques & fauvages : on y trouve beaucoup d'oifeaux, plufieurs reptiles vénimeux : ce font à-peu-près les mêmes que dans la Caroline.

Le riz y profpere plus encore que dans cette derniere province ; & avec les bleds & l'indigo, il eft la principale fource des richeffes de la colonie : on y fait du vin peu recherché, mais qui peut être perfectionné : on y éleve des vers à foie, la foie en eft bonne ; on en attendait un grand objet de commerce, & cependant il n'eft encore que médiocre. Des Piémontais y ont enfeigné l'art d'y élever les vers ; mais l'humidité les fait languir ; des infectes les tuent, & c'eft contre ces deux obftacles qu'on lutte encore : le climat, le fol, peuvent avec le tems devenir plus favorables à ces deux productions.

# GÉORGIE. 183

Les habitans font, les uns anglicans; les autres diffidens. Le roi en nomme le gouverneur; la forme du gouvernement y est la même que celles des colonies que nous avons parcourues.

Nous avons déja parlé de la plupart de ses villes : ajoutons un mot sur les principales. *Savannah* n'est formé que de maisons que la crainte du feu a fait isoler, & de magasins qui forment des quarrés étendus, & de larges rues. Sa situation est très-commode pour le commerce, sur une colline qui s'étend à deux lieues dans le pays & s'avance dans la riviere, qui y a mille pieds de large : le fleuve y offre une navigation sûre, & les navires de trois cents tonneaux peuvent jetter l'ancre à peu de distance de ses murs : ils n'y ont point à craindre d'être rongés par les vers. Le paysage y est très-beau. Elle a une église, une maison vaste où se tient l'assemblée générale, d'autres édifices publics, & un quai. Près de ses murs est une maison d'orphelins, fondée par M. Whitfield : là aussi est un college : on y jouit d'eaux pures & fraîches, d'un sol fécond, d'un air sain. A une grande lieue du fleuve, à mille pas l'un de l'autre, sont les bourgs de *Highgate* & de *Hampstead*; leurs habitans s'occupent principalement de la culture des jardins, & fournissent Savannah de légumes & de racines. *Tunderbolet* a une fabrique de pots de terre.

Si l'on remonte à plus de 70 lieues de la capitale, on arrive à la ville d'*Augusta* (*a*), située sur une hauteur, dans un district d'une fertilité extraordinaire, & dans une situation favorable pour le

---

(*a*) Quelques cartes la placent dans la Caroline méridionale.

commerce avec les Indiens : auſſi ſa proſpérité a-t-elle été très-rapide, & en 1739 on y comptait déja plus de 600 blancs, occupés du trafic. Les *Creeks*, les *Chickeſaws*, les *Cherokées*, nations ſauvages, y apportent un grand nombre de peaux & de fourrures ; mais celles-ci ſont peu eſtimées ; car plus on avance au midi, moins le poil en eſt épais, doux & fin. Le fort *Moore* en eſt voiſin & la défend.

## DE LA FLORIDE.

Le pays auquel les Eſpagnols donnerent le nom de *Floride*, & que la paix de 1763 joignit aux domaines de l'Angleterre, fut découvert, diſent les Anglais, par Sebaſtien Cabot, en 1496, dix-huit ans avant qu'il ait été connu des Eſpagnols. Ceux-ci lui donnerent une très-vaſte étendue ; elle s'étendait du Mexique à la Virginie. Mais il a enſuite été reſſerré à la preſqu'isle, qui a la Géorgie au nord, la mer Atlantique & le détroit de Bahama au levant, le golfe de la Floride au midi, celui du Mexique & la Louiſiane au couchant. Elle eſt placée entre le 290 & le 297° de longitude, & le 25 & 30° 20′ de latitude ſeptentrionale.

L'air y eſt en été d'une chaleur brûlante ; mais en divers endroits il eſt pur & ſain : communément l'hiver y eſt tempéré ; quelquefois le froid y fait périr les orangers ; il y couvre les rivieres d'un pouce de glace. Le ſol y eſt riche & fertile, principalement dans la Floride occidentale, où ſouvent dans la même année on fait deux ou trois récoltes de maïs, & où il rapporte toutes ſortes de grains lorſqu'on les y cultive. Le pays y eſt abondant en chênes, en cyprès, en palmiers, en cedres, en pins, en châtagners; mais fur-tout en fassafras, le meilleur du Nouveau Monde : de beaux melons, des mûres, des oranges, des pêches, des prunes, des noix de cocos, y croissent en grand nombre, avec plusieurs autres fruits d'un excellent goût : l'olivier, la vigne y viennent naturellement ; les Européens les y ont trouvés, & la culture des vignobles semble y donner des espérances d'un commerce utile : le coton y croît sauvage & y est très-commun, ainsi que le lin & le chanvre.

Un des arbres particuliers au pays, est *l'arbre à chou*, ou comme d'autres auteurs l'appellent, le *palmiste* ou *palmier royal*; sa hauteur, son aspect majestueux, la beauté des masses de son feuillage, lui ont fait donner ce nom : son tronc se fend près de la terre, s'élargit, & présente l'apparence d'un piédestal solide qui soutient une pyramide élevée : sa tige est de cent pieds ; à sa base elle a six ou sept pieds de tour ; elle décroît insensiblement; d'abord de couleur cendrée, elle devient verte; & là, elle s'environne de rameaux nombreux, dont les plus bas s'étendent à vingt pieds au loin, & horizontalement : plus ils sont hauts, moins ils sont longs & horizontaux : au sommet, ils ressemblent à de beaux plumets qui s'agitent au moindre vent, & se recourbent vers la terre par leur poids : au centre, ils ont une masse de feuillages de forme sphérique : les feuilles ont jusqu'à trois pieds de long, sur demi-pouce de large ; elles finissent en pointe, & les extérieures sont les plus courtes : leur tissure intérieure est formée de fils très-fins & longs qu'on peut filer, & dont on fait des espèces d'étoffes & des filets. Ce qu'on nomme le *chou*, forme la tête de l'arbre : ce sont des parties comme feuillées, arrangées en éventail plié, blanches, tendres, délicates, qui fournissent un aliment agréable, léger & sain : au centre est le fruit, qui se mange comme des amandes : lorsqu'il est cuit, il a un peu la saveur du chou ; mais il est plus doux, & flatte davantage le goût.

Les côtes sont basses, sablonneuses, semées de bas-fonds : leurs rivages unis fournissent un grand nombre de grosses huitres, qui dans la partie méridionale, se suspendent aux branches de l'arbre *mangrove*. Parmi les riches productions du pays, on peut compter la cochenille, dont il y a deux especes, l'une sauvage, & l'autre que la main de l'homme aide à se former ; celle-ci est la plus précieuse : l'indigo n'y est pas rare : l'ambre se trouve sur les côtes qui s'étendent du promontoire le plus méridional de la Floride, jusques vers le Mexique.

La partie occidentale nourrit beaucoup de bœufs, de veaux, de moutons : par-tout on trouve d'abondans troupeaux de porcs, dont la chair est de très-bon goût, parce qu'ils s'y nourrissent du fruit du chêne, du châtaignier, & autres fruits savoureux : on y éleve beaucoup de chevaux de trait & de selle : ils sont petits, mais à très-bon marché ; leur petitesse les fait même rechercher en Europe.

Dans ses forêts, dans ses déserts, on trouve la panthere, le chat de montagne, le buffle, le renard, le lievre, la chevre, le lapin, le castor, la loutre, le racoon, l'écureuil volant, l'armadillo ou tatou, l'opossum, le guano, & diverses sortes de serpens. Les oiseaux y sont variés & nombreux : on y trouve la grue, le héron, l'oie & le canard sauvage, le pigeon, la perdrix, la grive, le geai, l'autour, la chouette, le curosoe, le maccaw, le bourdonneur ou colibri, & un grand nombre d'autres, dont plusieurs ont un plumage orné des plus belles couleurs.

Les rivieres y fourmillent de poissons; mais aussi elles sont infestées de voraces Alligators.

Les Français avaient formé un établissement de la Floride; les Espagnols le détruisirent: ceux-ci formerent quelques établissemens sur ses côtes: ils la céderent à l'Angleterre en échange de la Havane & de Cuba, dont elle s'était emparée. Les Anglais l'ont partagée en deux gouvernemens, sous le nom de *Floride orientale & occidentale*.

## 1. *Floride orientale.*

Ses bornes sont au nord, à l'orient, au midi, les mêmes que celles de la Floride en général; mais elle confine au couchant à la Floride occidentale. La partie de ce gouvernement qui est à l'orient & au midi, est composé d'environ vingt-quatre isles d'une grandeur considérable, & d'un plus grand nombre de petites; elles sont formées par des détroits que la mer remplit, par des baies profondes qui s'unissent à d'autres qui viennent du couchant & du midi, & qu'on nomme communément *rios* ou rivieres: l'une des plus considérables est la *Laguna del Spiritu Santo*, ou le lac du St. Esprit: elle s'étend du nord au midi dans un espace d'environ trente lieues; elle en a neuf de large, & a diverses communications avec les baies formées au couchant de la presqu'isle, comme avec le golfe de Floride. La baie de *Carlos*, ou *Charles-Bay*, est sur la côte orientale: sa profondeur est de quinze à seize lieues, s'enfonçant vers le sud-est: sa plus grande largeur est de six lieues; mais l'eau n'y est profonde que de trois brasses: diverses ouvertures entre des isles y conduisent, & la plus considérable la fait communiquer avec la *Baie du St. Es-*

*prit*. Cette derniere, qu'il faut distinguer du lac du St. Esprit, est à cinq lieues au nord de celle de Carlos; elle est grande, belle, longue de vingt-deux lieues, large en quelques endroits de sept; l'eau y est profonde de cinq à six brasses, excepté dans l'issue par laquelle elle communique avec le lac de ce nom, où elle n'a que deux brasses d'eau: elle peut contenir la flotte la plus nombreuse qu'on puisse rassembler dans cette partie de l'univers. En tems de guerre, elle peut devenir importante pour la Grande-Bretagne, parce que les gallions qui partent de la Vera-Cruz se croient obligés de raser les côtes de Floride, le plus près qu'il est possible.

Nous croyons devoir ajouter que dans des cartes nouvelles, ces isles ne sont plus que des presqu'isles, formées par un grand nombre de rivieres, qui du levant coulent au couchant sur la côte occidentale, & par d'autres dont le cours est plus étendu, & qui du midi coulent vers le nord sur la côte orientale: telle est la riviere *St. Jean* qui forme deux lacs, dont le plus grand, long de dix lieues, large de trois, a le nom de *lac George*. Par ces cartes encore, le lac du St. Esprit n'a plus que quatorze ou quinze lieues de long, & il en sort deux rivieres qui se rendent à la mer, mais sans communiquer à la baie du St. Esprit.

Près des côtes, au sud-est, on voit une grande chaîne d'isles & de rochers, qu'on nomme *Cayos de los Martyros*, disposées en cercle, sous le 24.º de latitude, à quinze lieues de *Ponta-Florida*, le cap le plus méridional de la province: treize gallions échouerent en 1733 sur ces rochers, & la plus grande partie de leurs trésors fut engloutie.

Le sol de la Floride n'est pas en général aussi

bon que celui de la Géorgie ; mais il l'est assez pour être cultivé ; il rapporte beaucoup de maïs & de riz : l'indigo y vient, & l'on en a recueilli d'aussi bon qu'à Guatimala : les mûriers permettent d'y faire de la soie : l'olivier, le coton, y prosperent. Vers le couchant, on voit çà & là d'excellens champs qu'on peut cultiver avec fruit. Cependant on peut dire en général, que le sol en est sablonneux & stérile près des côtes ; mais que plus on s'éloigne de la mer, & plus le sol s'améliore.

St. Augustin, la capitale de la province, est située près des frontieres de la Géorgie : les Espagnols la bâtirent près du rivage, au pied d'une colline agréable & couverte d'arbres, qui y fournissent un ombrage frais. C'est un quarré long, divisé en quatre rues régulieres, qui se coupent à angles droits : vers la mer, à un quart de lieue au midi de la ville, on trouve le couvent & l'église de St. Augustin. La partie la mieux bâtie de la ville est celle du nord, protégée par le château ou fort *St. John*, entouré de quatre bastions, d'un fossé profond de vingt pieds, d'un parapet large de neuf, & de casemattes : l'édifice est quarré, & bâti de pierres unies : la ville est aussi défendue par des bastions, un fossé profond, & un grand nombre de canaux. Le port est formé par l'extrêmité septentrionale de *Santa Anatasia*, isle longue de plus de dix lieues, & par un long promontoire séparé de la ville par le fleuve de St. Marc, qui tombe dans la mer au-dessus du château. Près de l'entrée de ce port, sont deux ouvertures, l'une au nord, l'autre au midi, semblables à deux canaux ; mais dans le flux même, les bas-fonds qu'on y trouve n'ont que huit à neuf pieds d'eau. Au-delà des murs de la ville, sont deux bourgades d'Indiens. *Sainte Fé*, *Picolata*, *Rolls-Town*, sont des petites villes sur les rives du fleuve St. Jean. *Turnbulltown*, ville peuplée de Grecs, qui sous la conduite du docteur Turnbull, y vinrent du Péloponnèse. Le docteur leur donna des loix sages, & le gouvernement 60,000 acres de terrein. Les hommes y sont devenus plus forts, & les femmes plus fécondes : la concorde l'activité, l'industrie, annoncent à cette petite peuplade une prospérité rapide. Les troubles de l'Amérique y ont encore fait multiplier diverses bourgades.

L'exportation de cette province n'est pas bien considérable : jusques à la derniere paix, le pays avait été sans culture : ses habitans ne sont pas nombreux encore : le peu de fertilité du sol, la chaleur du climat, n'y invitent pas à s'y fixer mais cependant le nombre s'en accroît tous les jours : déja en 1769, la valeur de l'exportation fut d'environ 300,000 livres en denrées, sans comprendre la valeur de ce que les habitans fournissent aux Indiens.

### 2. *Floride occidentale.*

Au levant, elle touche à la province que nous venons de décrire, vers le midi au golfe du Mexique, vers le coûchant au fleuve de Mississipi, vers le nord au pays des *Chickchaws* & *Colissas*. Elle forme comme une bande étroite qui s'étend de l'orient à l'occident le long des côtes du golfe du Mexique. Les Français s'en emparerent & placerent une colonie à Pensacola en 1720, ils la rendirent peu après, & les Espagnols à qui elle revint

# FLORIDE.

céderent en 1763 à la Grande-Bretagne.

Le pays est agréable, le sol d'une fertilité étonnante : près de Pensacola, on voit une grande variété de plantes, de beaux jardins, de vastes prairies couvertes de troupeaux de bétail. Par-tout le long des côtes le rivage est uni, & de là la terre s'éleve insensiblement & forme une colline, dont la douce pente est couverte de la plus belle verdure, & ombragée d'arbres, tels que le mûrier, le cédre, le cocotier, la vanille, le palmier royal & d'autres encore : les feuilles du premier y appellent l'art d'élever le ver à soie : en divers lieux on recueille des raisins exquis, plus gros que les muscats & d'un goût aussi agréable. On y fait un bon commerce des peaux que les Indiens y apportent ; on y cultive beaucoup de riz ; on y fournit aux isles Antilles beaucoup de bois & d'autres objets. La partie la plus féconde de ce pays est sur les bords du fleuve Mississipi. On n'y comptait encore avant la guerre que 6 à 7000 habitans.

*Pensacola* est située dans l'isle de Santa Rosa (*a*) longue de douze à quatorze lieues, mais fort étroite, sablonneuse & cependant couverte de bois, séparée de la terre-ferme par un canal de cinq cents pas, où ne peuvent naviguer que de petites chaloupes : le lieu du débarquement est dans l'intérieur de la baie où il y a peu d'eau ; la rive est sur un rivage couvert d'un sable blanc comme la neige, & les petits vaisseaux peuvent seuls en approcher : le fond y donne un ancrage excellent, la mer qui l'environne presque, n'y est presque jamais redou-

---

(*a*) Une carte moderne la place sur le rivage opposé à l'isle.

table par fon agitation; fon port peut raffembler un grand nombre de navires, mais il leur eft dangereux par les vers qui s'y attachent; un petit fort, entouré d'une efpece de paliffades, la défend, & l'on y voit une belle citerne qui, dit-on, a couté 14000 piaftres. Sa principale maifon eft celle du gouverneur, elle eft belle & ornée de petites tours. Plufieurs habitans font Français; ils s'y étaient fixés pour le commerce & font devenus fujets de l'Angleterre. En 1781, les Efpagnols s'en font emparés & l'on ignore fi elle leur demeurera. La ville doit fon nom aux Indiens qui l'habitaient.

*St. Jofeph* eft fur une côte platte, couverte d'un fable ftérile; la petite ville, habitée par les Anglais, eft, dit-on, agréable: derriere, le pays eft beau, mais devient montueux.

*St. Marc d'Apalache* eft fituée à l'extrèmité feptentrionale de la baie d'Apalache: elle eft jolie, bâtie affez régulierement, fituée fur le penchant d'une colline; fes maifons font bâties en pierres, mais çà & là on voit des barraques de bois. On y voyait deux monafteres; les dehors font fortifiés à l'Efpagnole, & on femble n'y voir craindre que les attaques des fauvages: l'heureufe fituation de fon port, au milieu de la province, y fait profpérer le commerce, & la riviere Apalache le facilite dans l'intérieur du pays jufqu'aux montagnes qui portent ce nom. Les forêts, les prairies voifines font remplies de bœufs & de chevaux que les Efpagnols y ont laiffé multiplier.

On trouve un grand nombre de petites ifles le long des côtes de la Floride occidentale; mais aucune n'eft bien confiderable.

Les Indiens qui habitent cette province ont le teint couleur d'olive; ils font forts & bien proportionnés;

portionnés; leur seul habillement dans les deux sexes, est une ceinture; ils s'oignent le corps du suc de diverses plantes, ils ont les cheveux longs & noirs qu'ils entrelassent, relevent & lient au dessus de la tête qui en est parée : les femmes sont belles, bien faites & si agiles, qu'elles grimpent & atteignent le sommet des plus grands arbres avec une vitesse étonnante; elles traversent les fleuves à la nage en portant leurs enfans sur le dos : les hommes sont armés d'arcs & de traits qu'ils lancent avec vigueur; les cordes de leurs arcs sont faites avec les fibres nerveuses du cerf, & l'extrémité de leurs flèches est armée d'une pierre tranchante, ou d'une dent de poisson.

Ils semblent adresser des prieres au soleil & à la lune : les Espagnols leur ont rendu le christianisme odieux.

Ils rassemblent dans des magasins la provision de bled qui leur suffit pour une demi-année; & chaque famille vient avec ordre en recevoir une part proportionnée au nombre de têtes dont elle est composée; ils ne sement que ce qui leur en faut en commun pour ce tems; les autres six mois ils se retirent dans le fond des vallées où ils se construisent des huttes avec des palmiers, & où ils vivent de racines, de poissons & d'oiseaux; ils ne négligent pas la chair de l'alligator, qu'ils trouvent de bon goût : les jeunes sur-tout leur paraissent un mets délicat, malgré la forte odeur d'ambre qu'ils exhalent; ils font rôtir & sécher leur viande à la fumée & ne boivent que de l'eau. Ils n'ont qu'une femme, leurs chefs seuls en prennent plusieurs; cependant les enfans d'une seule d'entr'elles peuvent lui succéder dans sa dignité.

Le gouvernement y est entre les mains de chefs

qu'on nomme *caciques*, presque toujours ennemis & cherchant à se nuire, à s'opprimer par des surprises & des rufes; barbares envers leur prisonnier, ils adoptent ses enfans : chaque chef conduit les siens au combat, la massue dans une main, l'arc & la flèche dans l'autre; ils le suivent sans ordre, armés de même; dans leurs marches ils ne portent pour provisions que du miel & du maïs, quelquefois du poisson séché au soleil. Toujours une délibération expresse précéde leurs expéditions: ils ont un conseil de douze à quatorze guerriers illustres, ils s'assemblent chaque jour devant la cabane du chef placé sur un siege élevé, dont les plus âgés sont les plus voisins; là on délibere, & le grand nombre annonce son approbation en répondant *ha*, *ha* aux principaux. Lorsqu'il s'agit de choses d'une grande importance, on appelle au conseil les prêtres, vieillards qui leur servent aussi de médecins. On se quitte après avoir pris une boisson semblable au thé, & présentée par le cacique.

Ces chefs sont inhumés avec de grandes solemnités : on place la coupe dans laquelle il buvait sur sa tombe, qu'ils entourent d'une multitude de flèches fichées en terre : pendant trois jours le peuple pleure sa mort, il jeûne, pousse des cris douloureux, & la plupart, pour marquer leur désolation, se coupent les cheveux; les plus distingués des Indiens mettent le feu à ses armes, à ses meubles, à sa cabane, & de vieilles femmes viennent faire ensuite, trois fois le jour, des hurlemens pour déplorer sa mort.

# LOUISIANNE.

## DE LA LOUISIANNE ou *des pays voisins du* MISSISSIPI, *du* MISAURIS *& de l'*OHIO.

Le *Mississipi* naît dans la partie méridionale de la chaîne de montagnes que nous avons décrite en parlant du Canada: son cours est de plus de mille lieues; il se perd dans le golfe du Mexique: sa source, selon l'auteur Anglais de la *Géographie de l'Amérique*, est dans un lac où se précipite un large torrent qui sort d'une ouverture dans la montagne: ses eaux y amenent une matiere rouge & sulfureuse qui les colore, & de-là vient son nom, *lac rouge*. Au midi, & vers l'orient de ce lac sont des contrées riantes & fertiles. Selon d'autres auteurs, la source du fleuve est bien plus éloignée vers le nord-ouest. Il croît & décroît à des époques indéterminées; communément son lit est plus plein du mois de Janvier à celui de Juin, ses rives sont escarpées dans toute la partie supérieure de son cours; elles sont basses dans l'inférieure: la navigation y est lente & difficile.

Le fleuve court d'abord au sud-ouest pendant l'espace de 70 à 80 lieues, jusqu'au lieu où il reçoit une petite riviere qui vient du couchant: là il fait un coude & coule au sud-est dans un espace de cent lieues, pendant lequel il reçoit diverses rivieres, parmi lesquelles est le *Muddy*, qui naît dans un grand marais situé au midi de la chaîne des montagnes les plus élevées de l'Amérique septentrionale, son cours est rapide, coupé par de grandes cascades; son lit est large de deux tiers de lieue à sa jonction au Mississipi. Le pays qu'il arrose, & bien au-delà de ses rives, est beau & très-fertile: les arbres y sont hauts, les bois clairs; on y voit des plaines riantes très-étendues: l'air & le climat y font agréables: l'hiver y est court, rarement rigoureux; car plus on avance vers le couchant, plus l'air est doux sous les mêmes latitudes, plus le sol augmente de fertilité & d'agrémens. Les lacs, les fleuves y fourmillent de poissons: l'avoine sauvage, le riz y croissent abondamment: de grandes troupes d'animaux sauvages y errent dans les champs; on y voit beaucoup de fauves, des pantheres, des élans, des buffles, des castors, des lievres, de grands vols d'oiseaux, parmi lesquels on distingue un oiseau dont la hauteur égale presque celle de l'homme, qui ne peut prendre son vol que du haut d'une colline, & dont le vol est court, mais qui marche avec une vitesse étonnante.

La nation qui habite ces contrées est appellée les *Indiens blancs*; elle a en effet le teint moins foncé que ses voisins; elle est puissante & peut mettre 20 à 30,000 hommes en campagne, armés d'arcs, de flèches, de casse-têtes, de piques; mais leurs voisins les mettent quelquefois en fuite avec des armes à feu: ils se rassemblent dans de grandes bourgades, ont des maisons commodes, cultivent le maïs, nourrissent beaucoup de bestiaux, boivent le lait de la vache & mangent sa chair; ont un grand nombre de chiens & sont des chasseurs exercés: ils ont peu, ou presque point de relations avec les nations connues des Européens.

Là où le Mississipi reçoit le *Muddy*, le fleuve devient plus rapide: il court au midi avec la vitesse d'un torrent pendant 70 lieues, & là, une grande riviere qui vient des mêmes montagnes, mais plus au couchant, s'y jette après un cours de 150 lieues: la plus grande partie de ses eaux descend de la pente septentrionale des monts Misauris, qui forment une double chaîne, laquelle se prolonge jusqu'à l'isthme de Darien. Les Indiens le nomment le *fleuve Sanglant*, à cause des guerres longues & cruelles que se font les nations qui habitent sur ses bords, & celles qui sont situées plus à l'orient. Cent cinquante lieues plus loin, le Mississipi reçoit un autre fleuve qui naît dans le voisinage du fleuve Sanglant : les *Illinois* habitent ses rives, ainsi que celles du Mississipi, dans un espace de cent lieues, jusques aux bords d'un fleuve qui vient s'y réunir, porte leur nom & vient de l'orient. Il paraît que sa source n'est pas éloignée de la baie verte : de cette source à un torrent qui se jette dans cette baie, l'espace est très-court, ainsi que de ce même fleuve à un autre qui se perd dans le lac Michigan, non loin du fort *St. Joseph*. Ce fut la demeure des Illinois jusqu'au tems où, descendant le long de ses rives, le plus grand nombre s'est établi sur le Mississipi & même au delà de sa rive occidentale. A l'embouchure de cette riviere, les Français avaient placé une colonie qui déjà occupait un espace de dix-huit lieues, sur la riviere des Illinois ; elle y cultivait un tabac estimé, du froment, de l'orge, du seigle, & y faisait un grand commerce avec les Indiens qui habitent plus haut sur ce fleuve & les lacs à l'orient : un bon fort muni d'une garnison suffisante la protégeait. Des Allemands, qui s'y trouvaient avec eux, quand le pays est devenu une partie des domaines de la Grande-Bretagne, y sont demeurés ; mais ceux-là se sont retirés au-delà : les Espagnols occupent aujourd'hui la rive occidentale. Près de l'ancien fort des Français est une bourgade Indienne ou Illinoise : cette nation peut mettre encore 8000 hommes en campagne : elle a de bonnes maisons & voyage à cheval : son pays est peuplé d'élans, de buffles, de fauves, &c. Le sol, l'air, tout y est bon, tout y procure l'abondance : quelques lieux sont ombragés par des bois de beaux arbres très-élevés ; quelques autres ne présentent qu'une vaste plaine où il s'en trouve à peine quelques-uns de dispersés.

A environ cinquante lieues au dessous du confluent de la riviere des Illinois & du Mississipi, ce dernier reçoit le *Misauris* qui prend sa source au levant, & vers le midi de la chaîne des monts Misauris ; cette riviere se forme de plusieurs torrens, dont les sources les plus éloignées entr'elles, le sont de 350 lieues. Ces torrens se réunissent & parcourent, après avoir formé le fleuve, un espace de 6 à 700 lieues avant de se perdre dans le Mississipi : le pays qui est sur ses deux rives est un des plus beaux de la terre : nulle part l'air ne peut être plus sain ni le sol plus fertile : environ mille bourgades d'Indiens y sont dispersées : leurs habitans sont les *Misauris* ou *Misouris*, qui peuvent fournir un grand nombre de guerriers : ils ont les mêmes usages, les mêmes mœurs que les Illinois : chacun jouit chez eux d'une vie facile & agréable ; on y trouve tout ce que la nature exige sans y être pressé par des besoins factices ; on n'y estime que la commodité. La santé, la joie, la paix, l'abondance règnent dans ces lieux fortunés : les soins inquiets, l'ambition, la soif de l'or n'y tourmentent personne ; elles y sont ignorées.

Le lit du Mississipi est alors large de deux lieues : il court entre le levant & le midi ; laisse au couchant la nation des *Metchigamias*, reçoit les petites rivieres des *Cahokias* & des *Cascakias*, qui viennent du levant, & reçoivent leur nom de deux petites nations qui habitent leurs rives. Enfin on arrive au confluent du fleuve avec l'Ohio : l'espace entre celui-ci & le Misauris est de cent lieues.

L'*Ohio* se forme de différentes rivieres, dont l'une naît près du fort de la presqu'isle, à deux lieues du lac Erié : plus au couchant était le fort aux Bœufs, près duquel on voit un marais d'où sort une autre riviere, qui coulant au midi se joint à la premiere : dès le confluent de ces deux sources, la riviere devient navigable pour les canots & les chaloupes jusqu'à son embouchure. A vingt-cinq lieues du fort aux Bœufs était celui de *Venango*. Les trois forts dont nous venons de parler furent détruits par les Indiens rassemblés en 1763. Près du dernier sont diverses bourgades des *Mingos*, qui font partie aujourd'hui des cinq Nations. Là, l'Ohio reçoit une riviere qui vient du nord-est, & prend sa source dans le pays des cinq Nations. Plus bas elle en reçoit une encore dont le cours est parallele à la premiere. Près du fort *Pitt*, l'Ohio s'unit au *Monongahela*, qui se forme de la réunion d'un grand nombre de torrens qui descendent de la pente occidentale des monts Aleganiens ou Apalaches.

Le fort *Pitt* (a) a été bâti sur une langue de terre, bordée d'un côté par l'Ohio, de l'autre par le Manongahela : c'est un fort régulier & bien bâti, entretenu avec soin, défendu par une bonne garnison : il est un poste nécessaire aux Anglais pour défendre leurs frontieres. Près de lui est une mine

---

(a) C'est le fort que les Français avaient élevé sous le nom de *Duquêsne*.

de charbon de terre, dont la garnison se sert en place de bois; mais ce qui le rend plus important encore, c'est que le pays est arrosé par un grand nombre de sources & de ruisseaux, qu'il a une communication facile avec le Mississipi & la mer, & par ce dernier fleuve & les nombreuses rivieres qu'il reçoit, avec toutes les parties de l'Amérique septentrionale, & avec les grands lacs, par un canal qu'il seroit facile de faire, du lac Erié à la source de la riviere aux Bœufs.

Du fort Pitt, où d'Ohio a 800 toises de large, cette riviere court un peu plus au midi, dans un espace de 360 lieues, en y comprenant ses sinuosités: il engloutit un grand nombre de rivieres qu'il rencontre, telles que la *Kinhaway*, la *Miamis*, la *Cuttawa*, l'*Ouabache*, la *Cherakis*: son lit est très-large quand il se jette dans le Mississipi.

Les pays entre les grands lacs & le confluent de l'Ohio, entre le fort St. Joseph & la baie Verte, le détroit & les Illinois, & beaucoup plus loin encore vers le nord, ces pays, dis-je, sont unis, le sol en est excellent, le climat y est sain & agréable, l'hiver court & modéré, ses productions naturelles utiles & nombreuses, de beaux arbres semés à d'assez grands espaces les uns des autres, l'ombragent & en augmentent la beauté: ils fournissent du bon bois de charpente. C'est un des pays les plus propres à une riche culture.

Au-dessous de l'Ohio, de la rive orientale du Mississipi jusqu'à près de 200 lieues à l'orient, le pays est habité par les *Chicketaws* ou *Chikachas* & d'autres nations dont nous allons parler. Les *Chicketaws* peuvent fournir environ 10000 guerriers. Ce pays est sablonneux; il n'a pas la fertilité des précédens: cependant il rapporte de l'excellent riz & de l'indigo supérieur à celui des colonies Anglaises. Les Indiens habitent communément dans de grandes bourgades élevées aux bords des rivieres qui viennent se réunir à l'Ohio : leurs maisons sont basses & mesquines, mais les parties en sont assez bien jointes pour mettre ceux qui les habitent à couvert des piquures des moskites, qui dans certains tems de l'année y deviennent insupportables. Ce peuple a des vaches, des porcs, sur-tout des chevaux ; il cultive différens grains, des féves, des patates ; il a des bêtes fauves, & peu d'autres animaux sauvages.

Les *Cherockes* ou *Cherakis* sont plus à l'orient, à l'extrémité sud-ouest des monts Apalaches, où naît la riviere Tanesée qui tombe dans l'Ohio, à trente lieues de son embouchure. Leur pays a 150 lieues du nord-est au sud-ouest, il n'en a que 70 de large ; il est montueux & l'accès en est difficile : les habitans ont des mœurs simples, une police exacte ; leurs maisons sont bâties en bois, couvertes d'argille pâtrie avec le chaume ; ils les rendent solides, chaudes & commodes. Leurs bourgades, qu'on dit être au nombre de quarante, sont répandues entre les montagnes & les fleuves Tanesée & Savannah ; dix-neuf sont dans la plaine, onze dans les montagnes, dix sur leur pente orientale ; ils sont riches en chevaux, en bêtes à cornes & en porcs ; ils cultivent beaucoup de grains & sont les seuls de toutes ces Nations Américaines qui entourent leurs champs de haies : ils ont aussi des vergers entourés de pêchers, & nourissent beaucoup de volailles ; ils sont bons jardiniers, excellens chasseurs : leur pays abonde en bêtes fauves, en élans & en ours. Dans les vallées que forment leurs montagnes, on trouve beaucoup de poules d'Inde.

Au pied occidental des montagnes, du Tanéfée à son embouchure dans l'Ohio, est un vaste désert que les Chickesaws prétendent faire partie de leurs domaines : ce peuple est courageux & guerrier ; il n'a qu'une bourgade, située dans une plaine à dix lieues au midi du Tanéfée. C'est une espece de ville fermée & protégée par un fort : les maisons en sont bâties comme celles des Chicketaws, on peut y rassembler 500 guerriers : la culture, les animaux domestiques fournissent à leurs besoins.

Au sud-ouest des Chérokes, dans le pays uni qui s'étend entre ce peuple, les Chicketaws & la Géorgie, habitent les *Creeks*, dont 2000 sont en état de marcher aux combats : ils ont les mêmes mœurs, les mêmes richesses que ceux dont nous venons de parler. Toutes ces contrées sont infestées d'alligators, de serpens, & dans une partie de l'année, par des moskites.

Plus au midi sont les *Coussas*, nation nombreuse, dont les bourgades sont répandues sur les bords des diverses rivieres qui forment celle des *Alibamons* : son nom paraît être le nom général d'une nation dont les *Alibamons* ou plutôt les *Alimabous* font partie ; il parait encore que c'est la même nation que les Espagnols & les Français nommaient *Apalaches* : au couchant sont les *Chactas* ou *Tchactas*, qui possedent beaucoup de bourgades : leur pays est arrosé par un grand nombre de rivieres qui y naissent. Celle qui coule au levant s'appelle la *Maubile* ; sur ses bords, les Français avaient élevé le fort *St. Louis*, & à son embouchure ils avaient formé un établissement qui ne put prospérer : la rivière qui naît au pied des Apalaches n'était navigable que pour les pirogues, ses bords ne sont point fertiles ; le port qui réunissait le commerce qu'on y put faire était dans l'*Isle Dauphine*, isle déserte, presque stérile, sauvage, qui n'avait qu'un bon port, près duquel on bâtit des casernes, des maisons, des magasins qu'il fallut abandonner quelques années après. Une tempête boucha son port par de prodigieux amas de sable qu'elle y entassa : l'isle fut inondée, & les bestiaux périrent.

Entre le Mississipi & la Maubile est une côte d'environ trente lieues, remplie de bancs de sable & de bas fonds formés par les rivieres qui s'y jettent & sur-tout par le Mississipi : le sol y est sablonneux & stérile, l'air mal-sain, le climat brûlant ; quelques cedres, quelques pins sont les seuls arbres qui l'ombragent. Là, on trouvait le *Bilosci*, canton où la nature est inanimée & triste ; c'est une baie qui devant elle a l'isle *Surgere*, ou l'isle *aux Vaisseaux*, où est une rade foraine, assez bonne, qu'on protegea par un petit fort : la baie est inaccessible aux vaisseaux : les vers y rongent les chaloupes, l'ancrage y est mauvais. Le pays voisin est couvert de sable qu'ombragent çà & là quelques cedres, quelques pins miserables ; la *cassine* ou *apalachine*, arbrisseau dont la feuille fournit une espece de thé, & cette espece de myrthe à larges feuilles dont la graine, jetée dans l'eau bouillante, fournit une cire verte dont on fait des chandelles. Cette colonie Française n'y put exister que quelques années. Son nom vient d'une petite nation Indienne qui habitait ses bords.

Plus au couchant coule la riviere *aux Perles*, & où en effet, on y en a trouvé quelques-unes : plus au couchant encore, eſt le lac *Pontchartrain*, lac long de neuf lieues, large de ſept, formé par le Manchac, un des bras du Miſſiſſipi, & qui communique à la mer.

La *Nouvelle Orléans* eſt ſituée dans une iſle, formée par la mer, le lac dont nous venons de parler, le Manchac ou riviere d'Iberville, & le Miſſiſſipi. Cette iſle a ſoixante lieues de long, ſur une largeur qui eſt quelquefois de douze à quinze lieues, quelquefois de deux. La plus grande partie de ſon ſol ne peut être cultivée; diverſes plantations ſéparées par des marais, ſont répandues ſur le reſte : on y compte une centaine de poſſeſſions, où l'on cultive l'indigo, où l'on cultiverait encore le ſucre, ſi de petites gelées ne l'y détruiſaient ſouvent. La ville eſt mal ſituée pour le commerce, qui ne peut s'y faire que par des chaloupes du côté de l'eſt ; & au couchant, où elle a un port ſûr, formé par une enceinte circulaire remplie par le fleuve, les vaiſſeaux n'y parviennent qu'avec peine & avec lenteur. Elle ne fut une ville qu'en 1722 ; jamais elle n'a eu plus de ſeize cents habitans : des maiſons de bois s'y élevent ſur des fondemens de briques : on y voit deux couvens, une égliſe paroiſſiale, des magaſins, des forges, quelques édifices publics. Sa longitude eſt de 287° 40', & ſa latitude de 29° 55'.

Sur le Miſſiſſipi, au couchant de la Nouvelle Orléans, les Allemands ont formé un établiſſement qui proſpere par la culture du maïs, du riz, de l'indigo, parce qu'ils ſont patiens & laborieux. Plus haut eſt le village des *Colapiſſas*, petite nation qui peut fournir deux cents guerriers ; leurs cabanes ont la forme d'un pavillon couvert d'un double toit, l'un en feuilles de latanier, l'autre en nattes. Leurs femmes ſont bien faites & propres. Entre ce lieu

& le précédent, s'établirent les Français qui abandonnerent l'Acadie : le maïs & quelques autres grains, la nourriture des bestiaux, y font toute leur occupation. *Bayagoulas* fut un village d'Indiens détruits par la petite vérole : on y cultive le tabac, l'indigo, les mûriers blancs, & on y fait de la soie. *Pointe-Coupée*, espece de fort & de bourg, dont les habitans cultivent le tabac & préparent des bois pour le commerce extérieur.

Ces divers établissemens Français sont passés aux Espagnols ; ils forment ce qu'on appelle la *basse Louisiane* : le sol y est vaseux & couvert de cannes ; quand on le cultive, il est très-fécond : les fruits y sont dévorés par les insectes avant leur maturité ; on n'y recueille que des figues, des oranges & des pêches : le froment y pousse de longues tiges, mais n'y donne point de grains : les champs y doivent être entourés de fossés larges & profonds, surmontés par des digues, pour les préserver des inondations du fleuve, qui ayant formé cette partie du pays, la couvre encore quelquefois.

La haute Louisiane jouit d'un sol, qui par son élévation dispense de tous ces soins, & donne des productions plus variées. Là sont dispersées les différentes nations sauvages dont nous avons parlé. Les Français qui s'y étaient établis autrefois, y sont devenus presque sauvages : les familles y vivent peu assemblées : ceux qui s'étaient établis aux *Akansas*, ne s'occupent guere que de la chasse. Celles qui occupent une partie du terrein des *Natchitoches*, nourissent des bestiaux, & cultivent du maïs & des légumes. Toute cette partie appartient aux Anglais.

Sur la rive occidentale du Mississipi, au sud-ouest de la Nouvelle Orléans, est le *lac des Ouachas*, qui communique à la mer par trois embouchures, de-là à l'embouchure du Mississipi au midi, & remontant le fleuve vers le nord, jusqu'aux frontieres du nouveau Mexique, qu'on peut fixer à la riviere *Colorado* ou riviere *aux Cannes*, qui vient se jetter dans la *baie de St. Bernard*, que La Salle nomma *baie de St. Louis*. Dans le golfe de Mexique habitent divers peuples sauvages peu connus; nous dirons un mot de ceux qu'on a eu occasion de connaitre.

Cette vaste étendue était regardée comme faisant partie de la Louisiane: diverses rivieres l'arrosent, les unes se jettent dans le Mississipi, les autres dans la mer: parmi les premieres, on compte les rivieres *Noire* & *Rouge*; parmi les secondes, la riviere *des Adayes* ou *de Mexicano*, celle de la *Trinité*, celle de *Ste. Therese* ou la *Maligne*, qui se jette dans la baie de *Judosa*.

Les *Chetimachas* sont peu nombreux; ils s'étaient établis sur la rive occidentale du Mississipi, au nord-ouest de la Nouvelle Orléans. Cette nation peut armer 300 hommes: elle s'occupe de la culture des terres, & fournissait souvent des vivres à la colonie Française.

Les *Natchés* occupaient d'abord un beau pays sur la rive orientale du Mississipi: ils ont traversé sur la rive opposée; mais ne sont plus, comme autrefois, la nation la plus florissante de l'Amérique septentrionale: leur gouvernement & leurs superstitions sont toujours les mêmes: ils obéissent à un chef despotique, qu'on nomme le *grand-soleil*, parce qu'il porte l'image de cet astre sur sa poitrine: tout cede à sa volonté, ainsi qu'à celle de sa femme, aussi révérée que lui; leur caprice y regle tout à son gré; ils déclarent la guerre, instituent des fêtes, condamnent à la mort: tout ce que la pêche, la chasse, la culture fournit d'utile à leurs sujets, doit leur être présenté, pour qu'ils choisissent ce qui leur plaît : à la mort du chef, plusieurs de ses sujets quittent la vie pour aller le servir dans l'autre monde. Toute la nation adore le soleil, & n'a qu'un temple, construit en bois fort mesquin au dehors, & décoré au dedans de caisses remplies d'ossemens secs, & d'autant de têtes de bois : ils y entretiennent un feu perpétuel, regardé par ces peuples comme l'emblême le plus pur de la divinité : ils avaient des fêtes en son honneur & des ministres préposés pour l'entretenir.

Les *Natchitoches* habitent les bords de la rivière Rouge : ses mœurs sont peu connues. La compagnie Française y avait placé un fort qui devait favoriser le commerce avec les Espagnols, dont les possessions sont peu éloignées.

Les *Cadodaquios* sont moins connus encore, parce qu'ils habitent plus au nord : à leur couchant sont les *Choumans* ; au midi desquels sont les *Assenis* ou *Cenis*, peuple humain, sédentaire, qui connaît l'art de cultiver la terre, seme du maïs, des feves, des citrouilles, des melons & d'autres légumes, plante du tabac, nourrit des chevaux, dont il se sert pour porter le gibier qu'il tue dans ses chasses. Ces sauvages combattent à cheval, & portent en bandouliere un carquois de peau de bœuf rempli de fleches : d'une main ils portent leur arc, & de l'autre une espece de bouclier de cuir ; avec le crin de leurs chevaux, ils font le mors de leurs brides, & leurs étriers : leur selle est une peau de biche pliée en quatre. Ils peuvent mettre mille guerriers en campagne. Les *Ayenis* sont leurs voisins ; mais ils sont moins puissans encore : ces deux peuples sont bien faits, & ont le visage agréable ; le vent du nord les oblige à se couvrir de peaux : ils offrent les prémices de leur récolte à une divinité qu'on ignore ; ils n'ont point d'autres cérémonies religieuses, point de temple. Les Espagnols les ont subjugués, & ont bâti le fort *des Adayes* sur la riviere de Mexicano, qui borne leur pays au levant.

Les *Claincoëts* habitent les environs de la baie St. Bernard : on les peint comme des hommes gais, railleurs, bouffons ; mais cachant sous l'apparence de la franchise la cruauté & la perfidie. Les hommes y sont presque nuds ; les femmes ne sont couvertes que depuis la ceinture aux genoux : les deux sexes ont l'aspect désagréable. Cavelier de la Salle y avait élevé un fort que ces sauvages détruisirent ; les Espagnols y en ont construit un qu'ils savent conserver, & auquel ils ont donné le nom général de *Presides*.

Au nord de ces différens peuples, on trouve les *Canatinos*, qui occupent un grand espace de terre inconnu ; les *Caneccis*, les *Mentis*, les *Osages*, les *Sioux*, & d'autres petites nations dispersées sur des rivieres qui se jettent dans le Mississipi : leur pays renferme du charbon de terre, des mines d'argent, de cuivre & de fer.

## DU NOUVEAU MEXIQUE.

On divise ordinairement la vaste étendue de pays comprise sous ce nom, en *Nouveau Mexique propre*, en *Nouvelle Navarre*, *nouveau royaume de Léon*, & *Californie*. Les Espagnols l'ont divisé en quinze ou en dix-huit provinces ; mais ils ne connaissent eux-mêmes que les noms. Il s'étend du 23$^e$ au 40$^o$ de latitude septentrionale, & du 260 au 280$^o$ de longitude. Il confine vers le nord à des pays inconnus, à de hautes montagnes ; au couchant, à l'Océan pacifique

pacifique & à la mer Vermeille ; au midi, au Mexique ; au levant, au golfe de ce nom & aux pays que nous venons de parcourir.

Ce pays est peu connu : la plus grande partie est possédée encore par ses habitans naturels. Le climat en est doux ; il est au milieu de la zone tempérée : dans l'été, la chaleur y est forte ; dans l'hiver, le froid y est violent ; mais la premiere n'y est jamais suffoquante ou mal-saine ; le second n'y est jamais insupportable, ni accompagné de torrens & de pluie ; l'air alors y est toujours pur : en automne, les brouillards y sont fréquens. Chaque saison y a des agrémens qui peuvent la faire desirer ; & les Européens n'ont point à y redouter les maux qui les accablent, quand ils changent de climat.

Cette contrée est arrosée par un grand nombre de rivieres ; mais peu d'entr'elles sont remarquables par la beauté & la longueur de leur cours. Le *Rio del Norte* ou *Rio Bravo*, parcourt le pays du nord au midi dans un espace de plus de 350 lieues, & se jette dans le golfe du Mexique : son cours se dirige entre le midi & l'orient dans sa plus grande partie. Le *Rio Solado* ou *des Apaches*, s'y joint vers le 30° 30' de latitude : celle de *Colorado* ou *Riviere Rouge*, qui borde le pays au levant & se jette dans le golfe du Mexique : le *Colorado* ou *Riviere des Martyrs*, qui le borde au couchant & se jette dans la mer Vermeille, après avoir reçu la *Riviere de los Apostolos*, laquelle se forme de la réunion de cinq torrens qui descendent des montagnes. Sur les côtes on trouve quelques golfes, & des anses dont il serait facile de faire des ports, si les Espagnols avaient plus d'activité & l'esprit du commerce.

Le pays y est agréablement varié de collines & de plaines fertiles : elles sont couvertes d'arbres, dont quelques-unes offrent des bois à bâtir, & d'autres, différens fruits. On y trouve auſſi de l'or, de l'argent, des turquoiſes, des émeraudes & d'autres pierres précieuſes; toutes ſortes de bétail domeſtique & ſauvage, principalement des vaches, qui errent dans ſes vaſtes pâturages: les rivieres y ſont remplies de poiſſons d'excellent goût. Enfin, il y a lieu de croire qu'il eſt un pays des plus riches, des plus agréables & des plus favoriſés de la nature qu'offre l'Amérique, ou même le monde entier.

### I. *Nouveau Mexique propre.*

Il eſt arroſé par le Rio del Norte: on y recueille peu de fruits; mais le maïs y réuſſit, & les pâturages en ſont excellens. Les bêtes ſauvages n'y ſont pas en grand nombre, parce qu'il y a peu de grandes forêts; les montagnes ſeules en recelent. On y trouve diverſes nations ſauvages: le caractere général qu'on leur donne, intéreſſe à leur ſort: ces hommes ſont, dit-on, humains, courageux, pacifiques; mais dangereux par leur adreſſe à ſe ſervir de l'arc & de la fleche: ils ſont plus en état de ſe défendre que les autres habitans du Nouveau Monde: les Eſpagnols trouverent les hommes bien vêtus, les terres cultivées, les villages propres, & les villes bâties en pierres: leurs troupeaux étaient nombreux, & ils paraiſſaient contens de leur ſort: telle était leur adreſſe à lancer le dard, qu'à une grande diſtance, ils atteignaient, dit-on, un grain de maïs dans ſon épi mûr, ſans toucher à l'épi même. Ils étaient paſſionnés pour la chair de mulets, & enlevaient quelquefois ceux des Eſpagnols, laiſſant ſur le chemin les caiſſes d'argent dont ils étaient chargés. Le plus grand nombre vénerent le ſoleil & la lune; quelques-uns ont des idôles; quelques autres n'adorent que le Dieu du ciel, & il en est qui n'ont point de culte. En général, ils seraient portés à embrasser la religion chrétienne, s'ils ne craignaient pour leur liberté. Leurs princes ne sont que les chefs de l'armée: ils sont élus librement par le peuple; & il les préfere, parce qu'ils sont les plus sages & les plus instruits parmi leurs égaux.

Les nations diverses dont le Nouveau Mexique est peuplé, ne sont liées entr'elles par aucun traité. La plus nombreuse de ces nations est celle des *Apaches* : leur pays fut appellé par les Espagnols *Apacheria*. Ils sont divisés en quatre tribus, dont la plus puissante est celle des *Apaches des sept rivieres*. Ils n'ont point d'habitations fixes, campent sous des tentes, sont courageux, aiment l'indépendance, adorent le soleil & la lune, ont une langue particuliere, épousent plusieurs femmes, & coupent le nez & les oreilles aux adulteres. Ils sont impatiens du joug : les Espagnols qui avaient éprouvé leur courage, les traiterent long-tems comme alliés, & non comme sujets; en 1768, ils voulurent leur commander en maîtres, & trouverent une résistance qui les irrita : ils poursuivirent ce malheureux peuple avec l'acharnement & la fureur de la vengeance; mais ils n'ont pu le détruire.

Plus au couchant sont les *Cibalas* : ceux-ci ont des demeures fixes, & forment sept bourgades, dont la plus grande renferme 500 cabanes : chaque bourgade n'est éloignée d'une autre que de quatre lieues; chaque cabane a trois étages, & des souterrains où l'on se retire pendant l'hiver. Ces peuples sont presque nuds; leur taille est avantageuse, & leur agilité singuliere : leurs longs cheveux tombent sur leur dos.

Les rives du fleuve del Norte font habitées encore par d'autres fauvages qui different des premiers par les mœurs & le langage : leur teint eſt plombé, leur taille courte ; la plupart vivent errans ; ceux qui habitent des villages font idolâtres. On les appelle les *Gorettas* & les *Manſos*.

*Santa Fez*, capitale du Nouveau Mexique, eſt, dit-on, une jolie ville, bien bâtie, voiſine des montagnes & d'un torrent qui va ſe jetter dans le del Norte, à neuf lieues de là : elle fut élevée ſur un plan régulier, & devint bientôt la demeure du gouverneur qui eſt revêtu de cet emploi pour cinq ans, & qui doit y entretenir conſtamment ſix cents cavaliers ; mais pour augmenter ſes revenus, il en entretient à peine trois cents. Elle eſt auſſi le ſiege d'un évêque.

On ajoute à cette ville celles de *Lorenzo de Pecuries*, chef-lieu d'une province, ſituée à l'embouchure du Zama dans le fleuve del Norte, de *St. Domingo*, d'*Humana de Tompires*, *Puaray*, *St. Eſtevan de Acoma*, qui eſt bâtie ſur un roc élevé, autour duquel on a pratiqué des marches pour arriver à la ville ; *St. Barthelemi de Xongopani*, chef-lieu de Moqui; *las Barancas*, &c. Ce pays fut découvert par le capucin Ruiz ou Sluis : Antoine d'Erpejo lui donna le nom de *Nouveau Mexique* en 1583. Il dépend du vice-roi du Mexique, ainſi que la province ſuivante.

## 2. Le *Nouveau Léon*.

Il s'étend le long des côtes du golfe du Mexique, de l'embouchure de la riviere de *las Palmas*, juſqu'à celle de Colorada, & même aujourd hui juſqu'à la Louiſiane. Au levant il eſt borné par la mer, par des nations sauvages, & le Nouveau Mexique; au couchant, par la Nouvelle Biscaye; au midi, par une partie du Mexique. Les côtes en sont presque désertes: l'intérieur en est peu connu; il est, dit-on, rempli de montagnes où l'on trouve des mines fort riches. Le *Rio Bravo*, le *Rio del Conchos* ou *de Salinas*, le *Rio de las Palmas*, sont les principales rivieres qui l'arrosent, en y comprenant le *Coaguila* & le *Santander*. Les principales villes sont, *Villa de la Monclova* ou *de la Coaguila*, petite ville dans une vaste plaine; *St. Yago*, la *Comargo*, & *Santander*: ce dernier est à quinze lieues de la mer, sur le Rio de las Nassas.

### 3. *Nouvelle Navarre.*

Elle est bornée au nord par des pays inconnus encore, à l'orient par le Nouveau Mexique & la Nouvelle Biscaye, au midi par la province de Cuiacan, au levant par la mer Vermeille. Les Espagnols le conquirent en 1552. Les Indiens qui l'habitent sont grands, robustes, courageux: ils se servent de fleches empoisonnées, & habitent des bourgades situées sur les rivieres; leurs habillemens sont semblables à ceux des Mexicains. Ils n'ont point de loix, point de gouvernement politique: ils ont cependant des caciques qui sont les chefs de leurs villages; mais ils n'ont d'autorité que pendant la guerre; & ils n'obtiennent cette dignité que par leur valeur ou le nombre de leurs parens, quelquefois par leur éloquence. Quelques tribus de la province de Cinaloa paraissent former entr'elles une sorte de société; ils n'ont point de maisons; ils ne cultivent, ni ne sement; quelques plantes, quelques racines, la pêche pour ceux qui sont voifins des côtes, la chasse pour ceux qui en sont éloignés, fournissent à leurs besoins : lorsqu'il pleut, ils mettent des faisceaux de roseaux en forme de cône sur leur tête : en été, ils font des huttes de branches d'arbres, pour se mettre à l'abri du soleil ; en hiver, ils dorment en plein air autour d'un grand feu. Plusieurs n'ont aucune connaissance d'un Dieu, d'une Providence, d'une autre vie ; ils sont sans culte : quelques-uns semblent avoir des traces d'idolâtrie. La nation sauvage la plus puissante est celle des *Pimas* ; ils habitent toute la partie septentrionale de la Nouvelle Navarre, qui en a pris le nom de *Pimaria*. Les *Zopas* & les *Seris* habitent plus au midi.

Parmi les diverses provinces de cette partie du continent, on remarque celle de *Sonora*, qui a des mines riches, & dont *Pitquin* est le chef-lieu : celle d'*Hiaqui*, dont *Rio-chico* est la principale ville. Celle de *Mayo*, dont le chef-lieu est *Santa-Cruz*, sur la riviere de Mayo. *San Juan de Cinaloa*, située sur la riviere de ce nom, dans un pays riche & fertile, est la capitale de toute la Nouvelle Navarre, & celle de la province de Cinaloa en particulier. Au reste, la Nouvelle Navarre, Sonora, Cinaloa & la Californie, forment aujourd'hui un gouvernement particulier, qui n'a ni le titre de vice-roi, ni les appointemens qui y sont attachés.

### 4. *De la Californie.*

C'est une presqu'isle attachée à la côte occidentale de l'Amérique, & qui s'étend du cap *St. Lucas*, sous le 23° de latitude, jusqu'à l'Anse des Vierges, sous le 34° : elle a environ trois cents lieues de long, sur dix, vingt, trente, quarante de large. Elle confine au levant à la mer Vermeille, au midi & au couchant à la mer Pacifique, au nord à des pays inconnus encore, parmi lesquels on compte la Nouvelle Albion, découverte par Drak, vers le 39°.

Dans une péninsule si vaste, on pense bien que le sol & le climat doivent être variés : aussi trouve-t-on des contrées couvertes de fleurs qui confinent à des déserts inhabitables. Selon le pere Bergert de Scheleſtat, elle n'est qu'une chaine de rochers arides, couverts de ronces, sans eaux, sans bois, mal peuplée, incapable de culture, dont on n'a découvert les côtes maritimes qu'en 1768. La chaleur y est insupportable ; elle est tempérée après midi par le vent d'est qui y est rare, ou par celui du sud qui y est fréquent. Il y pleut rarement & peu : là le sol est un rocher nud ; ailleurs il est recouvert d'une terre rocailleuse, fertile dans le peu d'endroits qui sont arrosés : un volcan, ou un tremblement de terre, semble l'avoir fait sortir de la mer : on y voit peu ou point d'arbres fruitiers ; quelques arbres de haute-futaie, des buissons, sur-tout au midi, c'est tout ce qu'elle offre. Il y vient naturellement des *tunas* ou figuiers d'Inde ; des *pitahayas*, espece de cierge qui porte des fruits de la grosseur d'un œuf de poule, rouges au dehors, remplis d'une pulpe bonne à manger, & dont le goût est fort délicat. Les poissons, les oiseaux, les quadrupedes y sont rares & mesquins, disaient les jésuites : les mines n'y pouvaient occuper que 400 hommes, la pêche des perles n'y rapporter que 400 florins de Rhin : il n'y avait que quinze établissemens de missions, que 12000 hommes répandus sur ce grand espace, divisés en peuplades & langues différentes: ils semblent venir du nord, vivent sans habitations, sans habits, & les femmes y sont plus nombreuses que les hommes qui vivent comme elles : ils se marient en joignant leurs mains : les femmes sont peu fécondes, & accouchent avec facilité. Ils sont stupides, paresseux, inconstans, insensibles : ils ne comptent, dit-on, que jusqu'à 6 ; sont voleurs & fourbes, ont des généalogies, ne peuvent point avoir d'idées refléchies, & sont d'un babil intarissable. Leur langue est pauvre.

De nouvelles observations ont rectifié quelques-unes de ces décisions des jésuites : on a trouvé qu'en plusieurs lieux, le sol était excellent & susceptible de culture ; que la vigne réussissait même sur les montagnes ; que les jésuites en retiraient assez de vin pour fournir le Mexique ; que ce vin était bon, le meilleur qu'on ait jamais recueilli en Amérique, & que son goût approchait de celui de Madere ; que vers le nord, on trouvait des forêts remplies de gibier ; qu'on y voyait le tigre poltron, le loup, l'ours, des troupeaux de bisons, & un animal qui lui est particulier ; c'est le *taye* : il est de la grosseur d'une genisse, lui ressemble par le corps ; mais sa tête le rapproche du cerf ; ses cornes épaisses & tortueuses ont du rapport à celles du bélier. Que les mers y étaient poissonneuses ; que la pêche des perles y était plus riche que celles de Panama, d'Ormus & autres ensemble ; que les coquillages y avaient plus de lustre & d'émail, y étaient d'un éclat éblouissant ; qu'on y trouvait des huitres nacrées, accumulées par monceaux : qu'on y trouvait encore d'autres coquillages rares par leur finesse ; un lapis, qui fait le même effet que le vernis le plus pur & le plus transparent, qui y fournit un mélange de couleur, que la nacre la plus fine ne peut égaler.

Les bords de la mer Vermeille sont marécageux :

le cordon de rochers qui borde les *Los-Virgines*, renferme quelques volcans : l'intérieur fournit la plupart des fruits naturels à l'Amérique ; on y recueille une sorte de manne, qui tombe, dit-on, avec la rosée sur les feuilles des arbres, où elle s'épaissit : le pere *Pinola* assure qu'elle est aussi blanche, aussi douce que le sucre le mieux purifié : ceux qui ont étudié la nature, savent qu'elle est un suc qui suinte d'un arbre. On y a transporté des chevaux, des ânes, des bœufs, des brebis, des porcs, des chevres, & autres quadrupedes : ils n'y dégénerent point. Les oiseaux naturels au Nouveau Monde s'y trouvent presque tous : il en est qui lui sont particuliers ; mais on n'en a pas de descriptions exactes. Les côtes sont habitées par des paons, des outardes, des oies, des grues, des vautours, des oies de bois, plus grandes que les autres, des corbeaux de mer, des mouettes, des cailles, des rossignols, des alouettes, des linottes, &c. Les insectes n'y sont ni vénimeux, ni en grand nombre. Les tortues, les huitres, des homars, divers autres poissons à coquilles y sont communs le long des côtes. On y en trouve un petit, qui est peut-être le plus beau qu'il y ait sur la terre : son éclat surpasse celui des plus belles perles, & il lance des rayons au travers d'un vernis d'une couleur bleue, la plus belle & la plus agréable qu'on puisse voir.

Les diverses nations ou tribus qui l'habitent, ne reconnaissaient aucun chef : chaque pere était le prince de sa famille ; mais son pouvoir cessait, dès que l'enfant se suffisait à lui-même. Chaque tribu a cependant quelquefois quelques personnes désignées qui convoquent les assemblées, où l'on partage les productions de la terre, où l'on regle ce qui concerne la pêche : ces especes de chefs marchent aussi à la tête des guerriers, quand il faut combattre. Ils doivent leur rang au choix de leurs compagnons : on les considere plus qu'on ne leur obéit : ce sont des agens, non des princes : ils reçoivent & envoyent des ambassades, donnent avis des dangers, & préparent la vengeance de la nation : dans toute autre chose, chacun est son maître.

L'ombre d'un arbre leur servait d'asyle pendant le jour : la nuit, ils se retiraient dans des huttes posées sur des pilots au bord des rivieres, des fontaines, ou des étangs : le défaut de vivres les obligeait souvent de changer de demeure : dans les hivers les plus rigoureux, ils se retirent dans des souterrains.

Une ceinture, un linge qui leur passe autour du corps, quelques ornemens de tête, des cordons de perles, font leur habillement & leur parure : ils inserent des plumes colorées dans les trous qu'ils se font aux oreilles & aux narines ; quelques-uns portent autour du front des bandes d'une espece de réseau, qui couvre aussi leurs bras ornés de cordons de perles en maniere de bracelets : ceux du nord n'ayant pas des perles, parent leur tête d'une tiare brillante faite du beau coquillage univalve, dont nous avons parlé, coupé en languettes, polies des deux côtés : communément les femmes portent une espece de robe longue, tissue de feuilles de palmiers ; quelquefois elles n'ont qu'une espece de ceinture. Les hommes font des filets, tissus avec art & de différentes couleurs ; les femmes en tordent le fil, qu'elles tirent de différentes plantes & des fibres grossiers que fournit le palmier : quelques-uns s'en couvrent la tête & la gorge comme d'un ornement ; ils ne leur servent pas seulement pour la pêche ; ils y suspendent aussi leurs fruits, leurs racines, leurs provisions, &c.

Dans leurs moissons ils ont un grand jour de fête, où ils font un festin, des danses pantomimes légères & assez gracieuses, qui représentent les divers soins dont ils s'occupent ; ils les prolongent dans la nuit : ils sont adroits ; mais ne savent guere qu'imiter.

Les jésuites distinguaient trois sortes de nations dans la Californie. Du cap St. Lucas au dessus du port de la Paix, on trouve les habitations des *Edues* ou *Pericues*. Les *Monquis* ou les *Loretto*, sont dispersés du port de la Paix à la mission de Lorette. Le reste, vers le nord, est occupé par les *Cochimies* ou *Laymones*. En 1745, ces nations réunies par les soins des missionnaires, formaient quarante-trois bourgades, séparées entr'elles par d'assez grands espaces de champs secs & stériles. Il n'y avait dans toute la Californie que deux garnisons de trente hommes chacune, & un soldat auprès de chaque missionnaire. La cour de Madrid, après en avoir expulsé les jésuites, paraît vouloir faire de cette presqu'isle un boulevard de son empire en Amérique, contre les entreprises des Russes.

Les principales bourgades sont, en descendant du nord au sud, *Santa Maria*, *S. Ignatio*, *S. Isidoro*, *Loreto*, *S. Estevan*, *S. Xavier*, *S. Yago*, *Rosario*, *S. Juan*, *Guadalupe* & *S. Joseph*, petite ville près du cap S. Lucas, où est un bon port : les vaisseaux qui viennent des Philippines y entrent, y trouvent des rafraîchissemens & des avis. Là est aussi le chef-lieu des missions qui ne sont plus composées de jésuites, mais des augustins, des dominicains, des cordeliers, des capucins qui retirent le fruit de travaux qu'ils n'ont point fait.

Le golfe qui sépare la Californie du Continent

de l'Amérique s'appelle *Mer Vermeille* : sa longueur est de 270 lieues ; sa largeur est tantôt de 15 lieues, tantôt de 60 ; elle est semée d'isles, dont les principales sont celles de *S. Vincent*, de *S. Inès*, de *Seris*, de *Carmen*, de *S. Joseph*, du *S. Esprit*, de *Ceralvo*. Quelques-unes ont des volcans ; on en remarque aussi quelques-uns dans la chaîne de montagnes nommées *Sierrade Nevadas*. Vers le nord est le cap redoutable de *Gabriel de las Almejas*, qu'on appelle aussi *Sauve-t-en si tu peux*. Au delà, un archipel de petites isles rend la navigation dangereuse. L'isle de l'*Ange-Gardien* est assez grande & forme le canal *des Baleines*, nommé ainsi de la quantité des baleines qui s'y rendent en de certains tems. La côte orientale de la Californie a encore quelques isles : celle de *Pascaros* ou *des Oiseaux* est la plus considerable.

La partie du Continent qui s'étend au nord & au nord-ouest de cette presqu'isle, n'est pas connue, ou l'est mal : on connait le nom du *Quivira*, & c'est à peu près tout ce qu'on en connait : le pays, dit-on, renferme de l'or : ses habitans se nomment *Aixavros*. Les découvertes de l'amiral de Fonte paraissent fabuleuses : les Russes, en 1741, découvrirent une longue chaîne d'isles, qui paraissent devoir border le Continent, mais à une très-grande distance : le froid y est très-vif & l'on y trouve des volcans. En 1769, deux vaisseaux Espagnols allerent le long des côtes jusqu'au 36° de latitude, où ils trouverent un port qu'ils nommerent *Monte-Rey* ; ils ont fait d'autres expéditions le long de ces côtes dans les années suivantes, & se sont avancés jusqu'au 58°, mais on n'en peut donner aucun détail, parce que les journaux de ces voyages n'ont point été publiés. On tirera de grandes lumieres des voyages du célebre navigateur Cooke, mais on les attend encore.

## DU MEXIQUE.

Le Mexique ou la Nouvelle Espagne s'étend entre le 270 & le 297° 30′ de longitude, & entre le 8 & le 30° de latitude septentrionale. Il est borné au sud-est par l'isthme de Darien, au nord-ouest par le Nouveau Mexique, à l'orient par le golfe du Mexique, à l'occident & au midi par la mer Pacifique. Il a environ 650 lieues de côtes le long de la mer Pacifique ; environ 560 en suivant les côtes de la mer Atlantique. Sa largeur est inégale : vers le nord-ouest elle est de 200 lieues, au sud-est, elle n'est que de 21.

Sa plus grande partie est sous la zone torride : la chaleur y est très-forte ; mais dans les mois où elle se fait le plus sentir, elle est tempérée par des pluies particulieres ou générales, ou par des vents de mer qui y regnent alternativement. Dans quelques contrées, les vapeurs qui s'élevent de plusieurs lacs & des rivieres y rafraichissent l'air & le rendent doux & agréable. De Fevrier en Avril, l'air est ardent pendant le jour, aucun nuage n'y tache le soleil, les lacs, les rivieres se desséchent, on ne trouve de l'eau qu'avec peine. En Avril les pluies commencent & durent jusqu'en Septembre ; souvent des éclairs, des tonnerres effrayans s'y font alors entendre, & des averses qui couvrent les campagnes d'eaux leur succédent.

Sur les côtes orientales le sol est bas, marécageux, toujours inondé dans la saison des pluies, bordé de forêts impénétrables, de mangliers qui s'étendent dans la mer ; la perspective en est triste ;

l'air y eſt mal-ſain. Dans l'intérieur, l'air eſt plus doux, plus pur, l'aſpect devient beau : le ſol très-fertile, le pays agréablement varié. Sur les côtes occidentales, le ſol eſt bon, les rivages plus élevés, & l'on y trouve de la variété dans les productions.

Les Eſpagnols ont abandonné les côtes orientales à leur état inculte & déſert : ces frontieres impénétrables & mal-ſaines les mettent en ſûreté contre une armée Européenne, mieux qu'en les bordant de ſoldats & de forts.

Les mines d'or & d'argent ſont abondantes dans les provinces du Mexique : on dit qu'on y en compte mille de ces dernieres ; celles d'or ne ſe trouvent que dans la province de Veragua & de la Nouvelle Grenade, ſituée proprement hors des limites du Mexique, & qui aujourd'hui n'en dépend plus. L'or s'y trouve en grains dans le lit des torrens, ou dans les mines. Acoſta y en a vu des morceaux de deux livres, communément ils ne ſurpaſſent pas la vingtieme partie de ce poids : dans les mines il eſt diſpoſé par veines dans une pierre dure, & ordinairement uni au cuivre & à l'argent. Ces métaux ne ſe trouvent guere que dans des rocs ſtériles, des montagnes incultes, pelées, arides : quelques veines de ces mines s'enfoncent à une profondeur étonnante, telles ſont les mines de *Pachuca*, profondes de plus de mille pieds, & où plus de mille Negres travaillent ſans ceſſe.

Celui qui découvre une mine d'or ou d'argent peut y faire travailler, en payant au roi, autrefois le quint, aujourd'hui le dixieme : on trace autour du lieu découvert un eſpace de 400 pieds de rayon, où il peut creuſer : au delà, un autre particulier peut ouvrir une nouvelle mine, pourvu qu'il y ait entre celle-ci & l'eſpace accordé au premier, un eſpace

# MEXIQUE. 223

environ quinze pieds : tout le métal qu'on en [ti]re, ou qu'on trouve en grains, doit être porté à [la] chambre du tréfor royal, d'où l'on ne peut [fo]rtir annuellement que deux millions de marcs [d']argent, chacun de huit onces, & dont 700 mille [fo]nt employés à faire des monnaies. Chaque parti[cu]lier peut y en faire fabriquer; mais ordinaire[m]ent on le vend à des marchands qui retiennent [de]ux réales pour chaque marc d'argent, trois pour [ch]aque marc d'or, dont la moitié eſt pour le droit [d]u roi, l'autre pour les frais de fabrique.

Ces deux métaux ne font pas les feuls qu'on y [tr]ouve : il y a des mines de fer & d'alun dans le [ca]nton de Meſtitlan, des mines de plomb à Yzquil[pa]; dans la province de *Guaxaca*, du cryſtal de [ro]che, du vitriol, différentes fortes de pierres pré[ci]euſes; dans le canton de Colyma, des mines de [cui]vre; dans la province de Guadalajara, des mi[n]es de cuivre & de plomb. On y trouve encore un [ef]pe couleur d'herbe & taché de fang, nommé [iz]tell; un autre moucheté de blanc, à qui l'on donne [le] nom d'*émeraude obfcure*; un autre fans taches, [m]ais plus foncé, nommé *tlilayetie*; du porphyre, [de] belles carrières de marbre, des perles, des éme[ra]udes, des turquoifes, du fel foſſile, des eaux [th]ermales, des volcans, &c.

Aucun pays ne furpaſſe le Mexique par l'abon[d]ance de fes grains, de fes excellens fruits, de fes [ra]cines, de fes plantes, dont pluſieurs lui font par[ti]culières. Les forêts qui couvrent le fommet & le [pe]nchant de fes montagnes, confiſtent en de beaux [b]ois épars, ou en boccages agréables, formés par [d]ifférentes fortes de beaux arbres qui ne font point [em]barraſſés de broſſailles. Parmi ces arbres font le [cè]dre, le bois de bréfil, celui de maho, dont on fait des cordes & différentes choses ; le bois de chandelle ; l'*aguacate*, qu'on ne trouve que dans ses provinces, arbre dont la feuille répand une odeur douce, dont le fruit semblable à la poire, est d'une saveur admirable, qu'on mange cuit ou crud, & dont l[e] noyau fournit de l'huile, semblable à celle de l'a[mande] amere : le *sapotier*, dont le fruit est dange[u]reux avant d'être mûr, très-sain quand il l'est de[ve]nu, mais qui a le goût de la casse ; il en est qua[tre] espèces : le *mamey*, qui donne un fruit jaun[e] au dehors, rouge au dedans, renfermant un noya[u] violet ; l'arbre épineux qui donne le *nuchtli*, frui[t] rafraîchissant & agréable ; l'*abricotier mexiquain*, plus haut que les plus grands chênes, & dont l[e] fruit est de la grosseur du melon ; l'arbre au bau[me] ; le *molle*, dont les rameaux donnent un vin qu[i] sert à divers usages ; le *quahuayohuatli*, grand arbre dont le tronc gros, rouge, tortu, porte beaucou[p] de branches qui produisent une sorte d'amandes qu'on rôtit & macere dans le vin pour servir d[e] purgation : le *xahuali*, dont les feuilles ressemblen[t] à celles du frêne, & le fruit semblable au poivre ; l[e] bois en est pesant & d'un jaune tigré; son suc teint e[n] noir : le *coatl*, dont le suc teint aussi en noir, & don[t] les feuilles sont semblables à celles des pois ; so[n] bois est connu sous le nom de *bois néphrétique* ; le *higuero*, dont le fruit a la forme & la grosseu[r] d'une gourde ; on en mange la pulpe ; l'écorce ser[t] à faire des tasses : le *xaxocotl*, dont l'écorce e[st] utile dans l'enflure des jambes : le *mizquitl*, qu[i] porte des siliques comme le tamarinde : différen[s] arbres qui donnent des résines, des gommes odo[-]riférantes ; le *cabbage* ou le plus haut des palmier[s] ; le cacaotier, l'arbre de la vanille, celui du plantain [;] le *capadillo*, espece de laurier ; l'arbre des mamelle[s]

# MEXIQUE. 225

le figuier d'Inde, le tamarin, le calebassier, le sep de vigne, qui s'éleve de sept à huit pieds, & en prend deux ou trois de circonférence; & beaucoup d'autres arbrisseaux: la grenadille de Chine, plante rampante, & le *maybey* ou *maguey*, dont les racines donnent un fil avec lequel on fait des toiles, des lacets; la tige, du bois, les pointes des feuilles, des clous ou aiguilles, les feuilles elles-mêmes servent à couvrir les toits, & on en tire encore du fil; sa touffe creusée donne un baume ou suc, qui, lorsqu'il est fermenté, est aussi agréable, aussi fort que le vin; c'est ce qu'on appelle la *pulque*: ces deux plantes sont encore des productions remarquables du Mexique. Tous les arbres y sont pendant l'année entiere couverts de fleurs ou de fruits, & chaque mois y offre le mélange du printems, de l'été & de l'automne. On y voit des forêts d'orangers, de citronniers, &c.

Outre le maïs que les Espagnols y trouverent, on y cultive le froment, l'orge, les pois, les feves, & d'autres grains; le riz y prospere dans la saison humide. On en retire diverses drogues médicinales, telles que le *copal*, l'*anime*, le *takambacha*, le *caranna*, l'ambre liquide, l'huile d'ambre, le baume de *tollu*, le gayac, la racine de *mechoacanna*, la squine, la salsepareille: & d'autres productions d'un usage général, comme le coton, qui occupe les manufactures du pays, la cochenille, le cacao, les plumes, le miel, les bois de teinture, le sel, le suif, les peaux, le tabac, l'ambre, le gingembre, les perles, &c. On y recueille beaucoup de sucre; mais on l'y consume, sur-tout dans les monasteres, pour faire le chocolat & les confitures: on y trouve le meilleur indigo qu'il y ait au monde; & cet objet, joint à la cochenille, sont presque les seuls objets du commerce que font les

*Tome XI.* P

marchands du Mexique & de Carthagene. Les provinces de Guaxaca & de Guatimala, font celles de la Nouvelle Efpagne qui fourniffent la meilleure & la plus belle foie; mais elles font mifes en œuvre pour des étoffes ferrées: le coton de ces mêmes provinces eft léger, & fournit au peuple un habillement convenable au climat: les autres étoffes font d'une cherté exceffive, & la plupart viennent d'Europe.

On y voit d'innombrables troupeaux de bétail; beaucoup errent dans les bois & font fauvages: ils fourniffent au commerce leurs peaux & leur fuif. Les moutons y font nombreux; mais leur laine paraît peu utile; elle y eft groffiere & courte, même de ceux qu'on y amena d'Efpagne: les porcs y font très-communs; leur lard eft recherché & fert de beurre: on s'y fert du fuif des chevres pour faire des chandelles & préparer le maroquin: les chevaux s'y font multipliés prodigieufement; ils égalent ceux d'Europe pour la force & la vîteffe; ceux qui font devenus fauvages, ont dégénéré; leur tête s'eft groffie, leur cou s'eft allongé, leurs jambes font devenues raboteufes; mais on les apprivoife, & ils font bons pour le travail. Les chiens errent en troupes dans les montagnes; ils attaquent les veaux, les poulains, le fanglier même; il en eft d'originaires au pays. Les lions y font gris & peu redoutables: les tigres y font moins grands qu'en Afrique; mais ils n'y font guere moins à craindre: les ours y font peu communs: les fangliers n'approchent pas des nôtres pour la force; leurs dents font tranchantes: les forêts y font remplies de cerfs. Outre les animaux qu'on y a tranfporté, on y trouve diverfes fortes de gibier, des lievres, des lapins, des écureuils, des renards, des loutres, des chats sauvages, des mouffettes, des porcs-épis, des jackalls ou tchakalls, des babouins, des guanos ou grands lézards, l'armadillo, le raocoon, l'once, le pareffeux ou l'aï, le pecarée, le warée, le squacha ou quash, &c.

Le *pecarée* ou *pecari*, est un animal petit, noir, ayant les pieds courts & quelque ressemblance avec le porc : il marche en grandes troupes ; son nombril est sur le dos ; sa chair est bonne : c'est une espece de porc.

Le *warée* est plus petit que le pecarée, auquel il ressemble ; mais son nombril est à sa place ordinaire : la peau en est épaisse & couverte de poils. Ces deux animaux osent même attaquer l'homme.

Le *guano* a la forme d'un lézard ; sa grosseur est celle de la cuisse d'un homme ; mais elle diminue jusqu'à la queue : ils ont quatre pieds courts avec des ongles ; ils different par la couleur : les uns sont d'un brun clair ou obscur, d'autres d'un verd plus ou moins foncé, jaunes ou mouchetés ; ils vivent sous terre ou dans l'eau ; leur chair & leurs œufs sont une bonne nourriture.

Le *quash* est plus gros qu'un chat : sa tête ressemble à celle du renard, son nez est long, ses oreilles courtes, ses pieds rabougris : il grimpe sur les arbres ; sa peau est couverte d'un poil jaune & fin, sa chair est bonne à manger : jeune, on peut l'apprivoiser, & il devient plus amusant que le babouin.

Le *babouin* de Campêche est fort laid, plus gros qu'un lievre ; leur queue est longue de deux pieds & demi ; leur corps & la partie supérieure de la queue sont couverts d'un poil noir, long & grossier ; ils courrent en troupes dans les forêts, s'élancent d'un arbre à l'autre, font un bruit effrayant,

& lancent à l'homme qui est seul tout ce qu'ils peuvent rencontrer, leur urine, leurs excrémens, le menacent suspendus par leur queue à des rameaux d'arbres; mais ils fuient, s'ils voyent deux ou trois hommes ensemble.

On trouve au Mexique des poules domestiques, des dindes, des pigeons, des perroquets, des aigles, des vautours, des pélicans, des corbeaux aquatiques, des chauve-souris grandes comme des tourterelles; le *macaw*, dont le plumage est varié de rouge, de bleu & de verd; son bec est jaune, le matin il fait de grands cris semblables à la voix humaine, contrefait la voix des hommes & le cri des animaux; on l'apprivoise avec assez de facilité: le *quam* est de la grosseur d'une poule d'Inde; ses plumes sont d'un brun noirâtre, sa queue est courte & plus obscure encore que le reste, sa chair est excellente: le *curaffao* est plus grand, mais a la même forme; il a sur la tête un bouquet de plumes jaunes & noires, & sur le chignon du cou, une chair rouge & mobile; leur chant est grossier, leur chair est médiocre, leurs os sont regardés comme dangereux; les *cockrikow* ou *cogreco* ont le plumage de la perdrix; ils aiment les marais, s'appellent l'un l'autre le soir & le matin, & ont une chair délicate: le *totoqueftal* est remarquable par sa longue queue, la *boubie* par sa stupidité, le *tout-bec* par l'énorme grosseur de son bec, l'*ahre* par l'impétuosité de son vol. On y voit deux sortes de faisans; l'un d'une couleur obscure, a les ailes & la queue noire; & on le nomme *gritones*; l'autre plus gros a sur sa tête un mouchet qui lui sert de couronne, ce qui lui fait donner le nom de *roi des faisans*; différentes sortes de merles, & plusieurs oiseaux de chant.

# MEXIQUE.

Les serpens y sont nombreux : il en est un jaune dont le corps a quatre pouces de diametre, & est long de six à sept pieds : il est paresseux, se tient toujours caché, & vit de lézards, de rats, de guanos qui passent auprès de lui. Un autre est verd, moins gros, moins long, il chasse aux oiseaux : un troisieme de couleur obscure, plus petit encore que les autres, vit dans les maisons, tue les souris & les insectes, & n'est point dangereux. On y trouve le serpent à sonnettes, des scorpions, des scolopendres, des araignées, des crapauds, des fourmis, des mosquites, &c. Les sauterelles y dévastent les champs ; elles sont ailées & s'élèvent en essaims si nombreux qu'ils obscurcissent le soleil : en une nuit, elles dévorent les moissons du canton qu'elles couvrent; elles n'épargnent ni la canne à sucre, ni l'indigo : en vain on cherche à les épouvanter par un bruit effrayant, on ne peut échapper à leurs ravages.

On y voit beaucoup d'alligators, diverses sortes de tortues, des huitres, des moules d'une grosseur incroyable, des homars, des crabbes, des écrevisses sur les côtes & le bord des rivieres. Entre les poissons, on remarque le *parocoud*, qui a trois à quatre pieds de long & attaque l'homme ; quelquefois sa chair est excellente, quelquefois elle est mal saine : l'*empereur* ou l'*esox* de Linnæus lui ressemble, mais il est plus petit & porte sur le nez un os long, aigu, rond, uni ; il nage avec rapidité, s'élance souvent & rejette de l'écume à 60 ou 70 pieds, au dessus de la mer ; il humecte ses ailerons & s'élance de nouveau; il se précipite avec tant de force qu'il perce le canot qu'il rencontre : sa chair est saine & de bon goût : les mulots y sont très-abondans ainsi que les maquereaux : on y pêche encore le *snooks*, le *cavally*, le *turpom*, & diverses especes de poissons peu connus : les carpes, les brochets abondent dans les lacs & les rivieres.

L'empire du Mexique s'appellait d'abord *Anabac*; & n'était pas bien ancien : il était occupé par diverses tribus indépendantes ; d'autres tribus vinrent du nord, s'y établirent, & plus civilisées que les autres, elles leur apprirent à vivre en société. Les Mexicains plus civilisés encore que leurs voisins, quittant les bords de la mer Vermeille, vinrent se fixer dans les plaines contiguës à un grand lac, ils y bâtirent la ville de *Mexico* qui s'accrut insensiblement ; long-tems ils n'eurent point de rois ; ils n'avaient guere de chefs qu'en tems de guerre ; mais l'un d'eux affermit son pouvoir, & donna une forme au gouvernement. Montezuma était son neuvieme successeur par élection. Ces princes étaient despotiques, la crainte fut l'appui de leur gouvernement. L'empire n'était pas formé de provinces qui eussent les mêmes loix ; plusieurs n'étaient que tributaires, & avaient leurs caciques, leurs loix particulieres ; les autres étaient gouvernées par des grands, nommés par le monarque, & qui n'étaient que les instrumens de leurs volontés : à chaque emploi public était attachée la possession de terres plus ou moins étendues : & en changeant d'emploi on changeait de domaine : les hommes les plus distingués jouissaient des possessions héréditaires, mais elles étaient en petit nombre : le peuple n'avait que des communes plus ou moins étendues selon le nombre de la *calpullée* ou association à laquelle on l'assignait & qui ne pouvait l'aliéner ; dans diverses calpullées les travaux se faisaient en commun, les récoltes étaient déposées dans un grenier public, & distribuées ensuite à chacun selon ses besoins : en d'autres, les champs étaient partagés & chacun les cultivait pour son utilité particuliere. Il y avait des serfs qui changeaient de maîtres comme la terre à laquelle ils étaient attachés, & on les nommait *mayeques* : il y avait des esclaves domestiques dont les maîtres pouvaient disposer, & de leur vie même. Les tributs se paiaient en nature; le roi paiait ses agens en denrées, & chaque commune, chaque artisan, chaque manœuvre lui devait le tiers de ses récoltes ou de son salaire : les mendians même étaient soumis à ce tribut.

L'agriculture y était très-imparfaite, elle n'avait pour objet que le maïs & le cacao, qui étaient la nourriture du peuple; les riches seuls avaient de la volaille, des poissons, du gibier, parmi lequel on compte de petits chiens; l'ivrognerie était dans toutes les classes un vice odieux. Presque tous étaient nuds, ils se peignaient le corps, ornaient leur tête de plumes, leur nez & leurs oreilles d'ossemens & de petits ouvrages d'or : une chemise ouverte sur la poitrine était le vêtement des femmes. Le roi ne se distinguait du peuple que par une espece de manteau de coton noué sur l'épaule droite : son palais n'avait pas même des fenêtres; les maisons ordinaires étaient des cabanes, dont les murs toujours bas étaient de terre ou de tourbe, quelques-unes de pierres, & le toit de branches d'arbres ou de roseaux : des vases de terre, des nattes, quelques sieges de feuilles de palmier, de la paille, en étaient les ornemens, les commodités. Les arts de luxe y étaient encore très-grossiers; une personne n'en pouvait exercer qu'un à la fois; leurs tableaux étaient sans graces, sans dessein, sans intelligence; l'application qu'ils en avaient fait à l'hiſtoire fait plus d'honneur à leur génie; ils employaient des hiérogliphes; mais cet art y était informe encore. Leurs guerres, leurs funerailles étaient ſanguinaires. Leurs villes étaient étendues; mais les maiſons en étaient éparſes, placées irrégulierement: leur plus beau temple n'était qu'une maſſe de terre quarrée, revêtue de pierres en partie, ayant quatre-vingt dix pieds de face, s'élevant en pyramide juſqu'au ſommet qui était un quarré de trente pieds, ſur lequel on avait placé la ſtatue d'une divinité, & deux autels où l'on immolait des victimes. Le plus vénéré de tous était celui de *Cholula*, & n'était qu'un monticule de terre qui avait un quart de lieue de tour & près de deux cents pieds de hauteur: on ne trouve preſque plus de veſtiges de leurs édifices publics. L'établiſſement des poſtes, quelques loix de police devaient ſeuls peut-être faire admirer le génie des Mexicains.

Leur religion était atroce & terrible; leurs divinités inſpiraient l'effroi, elles ſembaient ne reſpirer que la vengeance; elles étaient entourées de ſerpens, de tigres, des animaux les plus nuiſibles; on ne les approchait qu'après les pénitences les plus auſteres, qu'après avoir arroſé de ſang leurs autels; on leur immolait les priſonniers; leur tète, leur cœur étaient la portion qu'on leur réſervait; le guerrier qui l'avait ſaiſi mangeait le reſte avec ſes amis: on dit qu'on immolait ainſi deux à trois mille victimes par an dans le Mexique. On y invoquait auſſi des divinités ſubalternes; celles-ci étaient leurs génies, leurs manitous, leurs camis, leurs fétiches.

L'empire parait n'avoir pas été auſſi vaſte qu'on le dit: toutes les provinces de la Nouvelle Eſpagne n'en dépendaient pas : le pays montueux était occupé par les *Otomies*, peuple grossier, qui paraît être le reste des habitans originels : au nord, au couchant habitaient les *Chichemecas*, peuples chasseurs, qui ne reconnaissaient point le pouvoir du chef des Mexicains : *Tlascala*, située à vingt-une lieues de sa résidence, en était indépendante : *Cholula* plus voisine encore, ne lui était soumise que depuis peu. *Tepeaca*, qui n'en est qu'à trente lieues, était un Etat indépendant : *Chiapa* ne lui était pas plus soumis. *Mechoacan* était un royaume ennemi de celui du Mexique : toutes ces provinces rendaient la communication entre celles de l'empire très-difficile, & nuls chemins publics ne la facilitaient.

Tel était, en général, l'Etat que Cortez donna à l'Espagne en 1519. Aujourd'hui le gouvernement y est fort différent. Il serait bien long de le décrire ici : contentons-nous d'en faire un très-court résumé. Son chef a le titre de viceroi ; il représente le roi d'Espagne, est absolu comme lui dans toutes les affaires politiques, militaires, civiles & criminelles ; il préside dans tous les tribunaux qui expédient les affaires, nomme à tous les emplois, & a une cour pompeuse, des gardes à pied & à cheval, une multitude d'officiers & de domestiques. Ses revenus légitimes montent à quarante mille ducats, & les illégitimes beaucoup plus haut encore : on a vu l'un d'eux se faire un revenu d'un million de ducats sur le sel & le commerce des Manilles. Son emploi dure cinq ans. Sous lui sont des tribunaux qu'on nomme *audiences*, elles administrent la justice, & sont composées de plus ou moins de juges, dont la charge est aussi honorable que lucrative. Pour les jugemens civils &

criminels elles font prefqu'indépendantes du vice-roi, qui n'y peut opiner; elles oppofent une barriere à fon pouvoir, en ce qu'elles peuvent examiner les réglemens politiques du viceroi: elles ont le droit d'avifer, de repréfenter, mais jamais elles ne doivent fur ce point réfifter à fes ordres: elles obéiffent, mais peuvent s'adreffer au roi & au confeil des Indes: celle de Mexico exerce les fonctions du viceroi s'il meurt dans l'exercice de fon emploi, jufqu'à ce que la cour ait nommé fon fucceffeur: elles jugent en dernier reffort de tous les procès dont la valeur n'excéde pas fix mille piaftres: pour une fomme plus forte, on peut appeller au confeil des Indes, qui eft chargé du gouvernement fouverain de tous les domaines Efpagnols en Amérique: c'eft de lui qu'émanent les loix qui y font relatives; mais avant de les publier, il faut qu'elles foient approuvées par les deux tiers de fes membres: tous les fujets de l'Amérique font foumis à fon infpection. Il y a encore un autre tribunal; c'eft la chambre de commerce, établie à Seville en 1501; elle regle les marchandifes qu'on doit porter en Amérique, examine celles qu'on en rapporte, fixe le départ des flottes, regle leur cargaifon, prefcrit la route qu'elles doivent prendre, & juge toutes les queftions civiles ou criminelles, rélatives au commerce de la métropole avec fes colonies.

Il y a diverfes races d'habitans dans la Nouvelle Efpagne: les Efpagnols qui arrivent d'Efpagne y font nommés *Chapetons*, & ils font les plus puiffans; ce font eux feuls qui exercent les premiers emplois & même tous les emplois publics, quoiqu'il n'y ait pas de loix qui en excluent les *Créoles*, qui font les defcendans des Efpagnols établis dans l'A-

# MEXIQUE. 235

mérique, & des conquerans de l'empire : les premiers ont aussi tout le commerce & vivent dans l'opulence ; les seconds languissent dans l'oisiveté ; une haine implacable les divise, & la cour l'attise pour affermir son pouvoir : les *Mulâtres* sont issus d'un Européen & d'une Négresse ; les *Metifs*, d'un Européen & d'une Indienne : cette race mixte est la plus nombreuse, la plus endurcie aux fatigues, & la seule qui exerce les métiers méchaniques : leurs enfans se nomment *Méstices*, leurs petits-fils, *Terceroens de Indiens*, leurs descendans, en s'unissant avec les véritables Espagnols, deviennent *Quarteroens de Indiens* ; la cinquieme génération jouit de tous les privileges des Créoles. Les Nègres tiennent le quatrieme rang parmi les habitans du Mexique ; ils sont habillés magnifiquement par leurs maîtres, ils en servent les plaisirs, en flattent l'orgueil, en prennent les vices : ils haïssent les *Indiens* qui forment la classe la plus basse de toutes, & sont cependant censés libres : chaque Indien mâle de l'âge de dix-huit ans jusqu'à cinquante, doit annuellement au roi environ cinq livres de France, tribut onéreux pour des hommes qui languissent dans la pauvreté la plus extrème. La couronne, ou les particuliers à qui elle les céde, les emploient à cultiver le maïs & les autres grains, à garder les bestiaux, à bâtir des édifices publics, à faire des grands chemins, ou à tirer les métaux des mines : ceux qui habitent dans les villes sont soumis aux magistrats Espagnols ; ceux des villages le sont à des caciques, & ce sont les plus heureux.

On croit qu'il y a cinq cents mille Espagnols dans le Mexique, un million de Nègres, de Mulâtres & de Mestices, & deux millions d'Indiens.

Les rois d'Espagne sont les chefs de l'église en

Amérique; ils difposent de fes revenus, & non[t] ment aux bénéfices: aucune bulle n'y eft reçue q[ui] n'ait été approuvée du confeil des Indes. L'hi[é]rarchie y eft la même qu'en Efpagne, elle a d[es] archevèques, des évèques, des doyens & autr[es] dignitaires: le bas clergé y eft divifé en *cura*[s], *doctrineros*, *miſſioneros*: les premiers deffervent l[es] paroiffes des Efpagnols, les feconds celles des I[n]diens, les derniers s'occupent à inftruire les fauv[a]ges. Leur nombre & leurs richeffes font immenfe[s]; les églifes & les couvens y font d'une magni[fi]cence extraordinaire: on croit qu'il y a 400 co[u]vens, & on y a compté 6000 prêtres fans béné[fi]ces. Il n'y a pas long-tems qu'on a été obligé d'i[n]terdire les cures aux moines. En général, le cler[gé] y eft ignorant, & fes mœurs font fcandaleufes: [fa] dévotion, ainfi que celle du peuple, eft méchan[i]que: rarement il parle de devoirs moraux, pl[us] rarement il les pratique: il s'occupe à imprim[er] une vénération illimitée pour les faints, à infpir[er] une admiration ftupide pour leurs miracles: il y [a] parmi eux des prêtres vertueux, mais ils font en p[e]tit nombre.

Tout le commerce y fut gêné, tourmenté p[ar] des réglemens: il fallait le faire dans un port dé[si]gné, d'une maniere déterminée, fur des vaiffea[ux] deftinés à cet objet. La communication avec l'E[s]pagne y a été aujourd'hui rendue plus facile p[ar] l'établiffement des paquebots qui portent & [des] lettres & des marchandifes; la liberté du commer[ce] a été donnée à plufieurs provinces entr'elles.

Les revenus publics ont diverfes fources: [les] accifes, les douanes, les droits fur l'or & fur l'a[r]gent, les mines, la bulle de la croifade, le trib[ut] des Indiens, la traite des Négres, diverfes branch[es] commerce, celui du mercure, du papier, les droits sur la monnoie, d'un impôt sur la pulque, sur les cartes, sur la glace, sur le papier timbré, sur le cuir, sur la poudre à canon, sur le sel, sur l'alun; le neuvieme des évêchés, la moitié des annates, sur la vente des biens, &c. Le tout peut s'élever à onze millions de piastres, ou selon un autre calcul à cinquante-quatre millions de livres: mais les dépenses du gouvernement en consomment au moins la moitié.

Chaque année de fortes sommes sont destinées à payer les troupes, à entretenir les fortifications. Cependant on n'y voyait autrefois que peu de soldats mal habillés, mal payés, plus mal disciplinés encore: mais aujourd'hui, ils sont sur un meilleur pied. Nous ne pouvons entrer dans de plus grands détails.

Le Mexique est divisé en trois audiences: ce sont celles de *Mexique*, de *Guadalajara* & de *Guatimala*: chacune sont soudivisées en diverses provinces.

### I. Audience de Guadalajara.

On la nomme aussi *Galico*: c'est la moins connue. Elle est bornée au levant & au midi par l'audience de Mexique, au nord, par le Nouveau Mexique, au couchant par la mer Vermeille & l'Océan pacifique. C'est un pays qui n'obeissait pas au chef des Mexicains; il fut conquis en 1530 par Nunez de Guzman, & c'est la partie de la Nouvelle Espagne la plus abondante en métaux: c'est au sein de ces arides montagnes qu'on tire pour plus de cinquante millions de livres de monnaie qu'on fabrique à Mexico. Son étendue est de 280 lieues de long, de 115 de large, & on la foudivif en six provinces. En général le climat y est tempéré, le pays agréable & sain.

### 1. *Province de Culiacan.*

Le sol y est fertile, l'air assez sain, on y trouv quelques mines d'argent : elle est bordée par l mer Vermeille : *Culiacan* sa principale ville est su une petite riviere à quelques lieues de la mer, *Petatlan* & *St. Miguel* sont après elles ses princi pales villes.

### 2. *Nouvelle Biscaye.*

C'est la province la plus étendue de l'audience Elle est en général un pays montueux, arrosé par u grand nombre de rivieres, & un plus grand nombr de torrens : ses mines d'argent sont peu connues Sa capitale est *Durango*, située au pied des mon tagnes ; on y compte mille habitans, la moitié Es pagnols. C'est le siege d'un évêché, dont le dioces conprend la province entiere : l'air y est sain ; le autres bourgades sont celles de la *Punto*, *Santa Crux*, *Santa-Maria*, *Perral*, *Barros*, *S. Phelipe Sainte-Barbe*. Les mines d'argent d'*Ende*, de *S. Jean de Sainte-Barbe* sont très-abondantes, & voisine de plusieurs mines de plomb, très-utiles pour puri fier l'argent. On y trouve aussi des salines.

### 3. *Las Zacateças.*

Cette province est au midi de la derniere : ell doit son nom à ses anciens habitans. Sa capitale *S. Luis de Zacatecas*, est le siege d'un évêque, l

meure d'un gouverneur: elle est à la source d'u-
e riviere qui se perd dans celle des Nassas:
érés, *Ellerena*, *Nombre de Dios*, *Avino*,
ont ses principales bourgades. Le pays est sec,
iontueux, mais fertile dans les valées, & riche
ar ses mines d'argent: on y en compte douze ou
uinze, dont les plus considerables sont, celle qui
orte le nom de la province, celle d'*Avino*, décou-
erte en 1554, celle de *S. Martin*, celle d'*Erena*,
elles de *los Chalcuitos* & de *las Nieves*, abondantes,
ais exposées aux courses d'Indiens encore in-
omptés, celle *del Fresnillo*, qui a paru long-tems
épuisable.

### 4. Le *Chiametlan*.

Cette province est située entre celle que nous
enons de décrire & la mer Pacifique. On vante
 fertilité de son terroir, son miel, sa cire, ses
ines d'argent: les Indiens habitent ses campagnes,
s Espagnols quelques bourgades qui ont le nom
e villes: telles sont *S. Sebastien*, *Avehen*, *Chiamet-
n* & *Mazatlan*; cette derniere est peuplée d'In-
iens, elle est voisine d'un lac salé qu'environne
n pays riche en maïs & en bestiaux: quelques
les, que Dampier nomme *Chametli*, paraissent dé-
endre de cette province, mais elles sont plus au
idi: on y trouve de l'eau, du bois, souvent des
êcheurs, une bonne rade: quelques autres isles
lus voisines de cette province, portant le même
om, sont hautes, pierreuses, la plupart stériles,
uelques-unes couvertes d'arbrisseaux: on y trouve
es veaux marins, & une espece de fruit qui sort
mmédiatement d'une racine: on le nomme *pingouin*.
es isles *Marie*, sont trois isles désertes, dont le

sol est élevé, aride, pierreux, couvert de broussailles, d'arbrisseaux, de cedres; on y trouve des lapins, des raocoon, des guanos, des pigeons, des tourterelles & beaucoup de poissons.

### 5. *Le Guadalaxara.*

Ses mines d'argent, son air pur, son sol fertile, sa capitale, sont ce qu'on y remarque ordinairement : cette derniere est le siege de l'audience & d'un évêque ; sa situation est agréable, sur la rive septentrionale du Bareinja ou Barania : sa cathédrale, ses autres églises sont plus riches que belles, on y compte plusieurs couvens : le nombre de ses habitans est de plus de 3000. Les principales villes sont *Zamora*, *Leon*, *Lagos* & *Guaynamota*. Le maïs, le froment, les fruits d'Europe y abondent. On y voit le lac de *Chapala*, long de vingt-cinq lieues, large de quatre, formé par trois rivieres, dont l'une a le nom de *Rio-Grande*. Au nord est une montagne très-élevée, inaccessible de toutes parts aux bêtes de charge, couverte de pins & de chêne d'une hauteur extraordinaire, habitée par des loups, elle renferme des mines d'argent & de cuivre, mêlées de beaucoup de plomb.

### 6. *Le Xalisco.*

C'est le nom que lui donnaient les Indiens, elle touche au levant à la province précédente, au couchant à la mer Pacifique : l'air y est mal-sain, le pays peu peuplé, les habitans sujets à l'hydropisie. Sa capitale est *Compostella-nuova*, batie en 1531 par Nugnez de Guzman : elle fut un siege épiscopal, mais son évêque a été transféré à Guadalajara,

*Xalisc*

# MEXIQUE. 241

[Ja]lifco est une ville voisine, habitée par les In[d]iens. *La Purification* est plus au midi; au couchant est le cap de *Corrientes*, dont la hauteur est [m]édiocre, qui a un sommet plat & uni, mais ceint [d]e rochers escarpés: les terres voisines en sont aussi [b]ornées; l'intérieur est semé de montagnes pelées [&] stériles: près de là est la vallée de *Valderas* ou [V]*al d'Iris*: elle est au fond d'une baie profonde, a [tr]ois lieues de large, & est arrosée par une belle riviere [u]n peu salée quand elle est basse: des pâturages [m]êlés de bois, entre lesquels croissent les guaves, [le]s limons, les oranges, & où l'on voit paître des [b]œufs & des chevaux, embellissent ce lieu que sa [sit]uation seule rend intéressant. *Olita* est au pied [d'u]ne chaîne de montagnes. *Sainte Pecaque* est dans [un]e plaine près d'un bois, ses rues sont régulieres, [se]s habitans cultivateurs: le maïs, le sel, le sucre, [fon]t ses principales richesses; une riviere large de [cin]quante pas l'arrose. Il y a des mines d'or & [d'a]rgent dans la province, l'argent y est plus fin [qu]'au Pérou: les fonderies, les moulins y sont [no]mbreux.

## II. AUDIENCE DE MEXICO.

Elle est la plus importante de toutes les posses[sio]ns Espagnoles au nord de la ligne. Ses bornes [son]t, à l'orient, le golfe du Mexique; entre l'orient [&] le midi, l'audience de Guatimala: au midi, au [cou]chant, la mer Pacifique: au nord, les pays que [nou]s venons de parcourir. Sa longueur est d'envi[ron] 205 lieues, sa largeur varie de 200 à 50. [Ell]e surpasse de beaucoup les autres par la richesse [de] ses productions, par l'or, l'argent, les pierres [pré]cieuses qu'on y trouve, par l'étendue de ses

*Tome XI.* Q

belles vallées, la fécondité de ses champs labourés ses beaux pâturages, ses fruits excellens. Ses lacs ses rivieres, ses ports y facilitent le commerce, donnent une multitude de poissons. Elle est partagée en sept provinces.

### 1. *Le Mexico propre.*

On dit qu'elle doit son nom à une ancienne idole nommée *Mixitli*, dont les Espagnols ont fait le mot *Mexique*. Cette province est fort étendue renferme un grand nombre de villes, parmi lesquelles est la capitale de la Nouvelle Espagne, celle qui lui donne son nom. *Mexico* est située dans une plaine de quarante lieues, entourée de montagnes dont la plupart ont mille pieds de hauteur; la plus grande partie de cet espace est occupée par des lacs qui communiquent ensemble. La ville avait été fondée sur la fin du 13$^e$ siecle par les conquerans sauvages du pays: huit lacs l'environnent; on y arrivait par trois chaussées larges, solides, inégales longueur. Si l'on en croit les Espagnols, elle avait quand ils la conquirent, 30,000 maisons (*a*), de beaux édifices, trois cents mille habitans: le palais du chef était bâti de marbre & de jaspe, décoré d'une place superbe, ordinairement remplie de cent mille hommes, couverte de tentes & de magasins, où l'on étalait toutes les productions de la campagne toutes les richesses de l'art, des fleurs sans nombre des coquillages brillans, des émaux, des ouvrages d'orfévrerie, &c. C'est une exagération: ces maisons étaient des cabanes, & elles étaient moins

---

(*a*) Gomara dit qu'elle en avait 60,000.

nombreufes; mais laiffons la defcription de ce qu'elle était pour nous occuper de ce qu'elle eft.

Elle s'éleve au milieu d'un lac dont les rives offrent des fites charmans: on s'y rend par de larges levées, bâties fur pilotis, & cinq ou fix canaux conduifent, du lac dans fes plus beaux quartiers, toutes les productions de la campagne: c'eft une des villes les plus régulierement bâties de l'univers; elle forme un quarré parfait, dont chaque côté a demi-lieüe de long. Au centre eft une grande place, d'où partent les rues qui s'étendent en lignes droites vers les quatre points cardinaux; d'autres les coupent à angles droits, & chacune a la même longueur que la ville. Elle a cinq entrées, mais elle n'a ni portes, ni foffés, ni groffe artillerie: fes maifons font conftruites de briques & d'autres pierres; elles font folides, affifes fur des pilotis, peu élevées, parce qu'elles font fujettes aux tremblemens de terre. Une grande partie de la ville s'élevant fur des marais, on voit quelquefois des maifons s'y enfoncer: elle eft expofée aux inondations caufées par les torrens qui defcendent des montagnes & fe précipitent dans le lac: chaque année on voit quelques maifons, quelques habitans emportés par les flots, malgré les canaux, les étangs qu'on a creufés, les éclufes qu'on a élevées à grands frais. En 1763 on a coupé une montagne pour donner aux eaux un écoulement facile; il en a coûté fix millions de livres pour le faire, & l'on s'occupe même à deffécher le lac.

Les maifons font la plupart de vaftes hôtels, prefque fans commodités & fans élégance; les édifices publics y font accumulés, mais ils font fans goût: toutes les places ont la même forme, la même régularité: les fontaines fe reffemblent toutes, & aucune n'eft agréable: les promenades font infipides;

cinquante-cinq couvens y multiplient les édifices mal conſtruits ; les temples nombreux y manquent de majeſté ; ils ne font que riches. L'égliſe archiépiſcopale poſſéde 1,800,000 livres, dont environ 340,000 ſont pour ſon archevêque, & ſon caſuel excéde encore cette ſomme. L'égliſe, à laquelle on a travaillé pendant près d'un ſiecle, eſt en effet un bâtiment ſuperbe ; ſa forme eſt celle d'une croix ; ſa longueur eſt de 400 pieds, ſa largeur de 195 ; elle a coûté environ 8,469,000 livres ; les monaſteres qui en dépendent, les maiſons des chanoines, &c. comprennent une grande partie de la ville : l'intérieur en eſt ſculpté, peint, doré ; ſes côtés ſont embellis de riches autels & de chapelles : le grand autel, placé au milieu du chœur, a coûté plus d'un million de livres ; on y voit une ſtatue de la Vierge d'argent maſſif, ornée de perles & de rubis : chaque année on la porte en proceſſion ; le calice dont on ſe ſert eſt d'or, travaillé en relief, orné de rubis, & eſtimé 250,000 livres : on n'y ſort l'hoſtie que dans un carroſſe traîné par quatre beaux mulets d'Europe.

Le palais du viceroi ſe diſtingue auſſi par la beauté de ſon architecture : brûlé par le peuple en 1692, il a été bâti ſur un plan mieux choiſi : c'eſt un quarré qui a quatre tours, & 750 pieds de long, ſur 690 de large : là s'aſſemblent les tribunaux, ſe frappe la monnaie, ſe dépoſe le vif-argent. On remarque auſſi le palais du marquis de *Valle*, bâti ſur les ruines de celui de Montezuma, ayant preſque la même étendue.

Il y a des hôpitaux très-riches dans Mexico : il en eſt un pour les jeunes orphelines, qui y ſont entretenues juſqu'à ce qu'elles ſe marient, & alors elles reçoivent une dot d'environ 12000 livres ; il

# MEXIQUE. 245

en a un pour les prêtres malades, un pour ceux qui font attaqués de la maladie vénérienne : ce dernier a 800,000 livres de revenus annuels.

Un des côtés de la place est orné des plus riches boutiques de l'univers : chaque rue a un genre de commerce qui lui est assigné : celles des orfèvres sont remplies d'instrumens & de choses précieuses en or, en argent & en joyaux ; sur-tout de vaisselles d'or, de parures de tête, de rubis, d'émeraudes, de perles : celle de St. Augustin se distingue par les riches étoffes de soie qui y sont étalées : c'est dans celle de Tacuba que sont rassemblés ceux qui travaillent le cuivre, l'acier, le fer : les jurisconsultes, les nobles habitent une rue particuliere.

Les eaux fraîches & pures y sont amenées par deux aqueducs, construits par les Mexicains, en terre glaise, paitrie avec du mortier, & élevés de six pieds : dans l'un coule un gros ruisseau qui se rend au centre de la ville, & qu'on fait passer dans l'autre quand il faut nettaier le premier : ils ont près de deux lieues de long.

Un vaste parc orné de grottes & de cascades, ombragé par des arbres, rassemble le soir les gens riches, les nobles, les aisés ; les uns en voiture, les autres à cheval. Des centaines de carrosses y sont en mouvement, précédés d'un cortege nombreux de noirs : les jeunes négresses y brillent par des bracelets d'or, des colliers de perles, & les joyaux suspendus à leurs oreilles ; les négres par leurs dentelles & leurs broderies.

Cette ville n'a aucun port, ne communique avec la mer par aucune riviere navigable, & cependant elle est le centre de tout le commerce qui se fait entre la nouvelle Espagne & l'ancienne, entre la premiere & les Indes orientales : ici de-

Q 3

meurent les plus riches commerçans ; ici se rassemblent les marchandises qui vont d'Acapulco à la Vera-Crux, & de la Vera Crux à Acapulco, pour l'Europe, le Pérou & les Philippines. On y apporte tout l'or & l'argent destiné a devenir monnaie, tout le produit du dixieme que le roi retire des mines ; & on y travaille une quantité immense de meubles, d'ustensiles & d'effets précieux. On estime que le nombre de ses habitans peut être de 150,000.

Le lac dans lequel elle est située, est divisé en deux parties par une langue de terre fort étroite ; l'une est remplie d'eaux douces, l'autre d'eaux salées : elles paraissent sortir d'une haute montagne ; mais on croit que les dernieres traversent des mines de sel : plus loin sont quatre petits lacs ; tous offrent aux habitans les plaisirs de la navigation : on aime à y contempler une multitude de canots, toujours en mouvement, ou pour le plaisir, ou pour les affaires, & des isles flottantes, especes de radeaux formés de roseaux entrelassés, assez solides pour porter de fortes couches de terre & des habitations légerement construites : des Indiens y demeurent & y cultivent des légumes.

Les environs de ces lacs sont embellis par des palais, des maisons de campagne, des monasteres, des villages : on comptait autrefois 50 villes d'Indiens sur les bords du grand lac ; aujourd'hui elles ne sont plus, ou ne sont que des bourgades. Les Indiens disparaissent & dépérissent dans les contrées où ils dominaient : le commun peuple de Mexico est composé de Negres & de Mulatres ; on y amene continuellement un grand nombre de noirs qui y deviennent libres, & leurs descendans s'y multiplient tous les jours. Ceux qui descendent de pere

& de mere Espagnols y sont en petit nombre, ainsi que dans les autres villes du royaume. La longitude de Mexico est de 277° 30′, sa latitude de 19° 55′.

*Tezcuco* fut une ville florissante : aujourd'hui elle n'a que 400 habitans, Espagnols, Indiens, qui tous ne vivent que du produit des légumes & des fruits qu'ils cultivent : elle est à deux lieues du lac, & arrosée par une riviere de son nom. *Otoméa* est plus au nord, ainsi que *Pachuca*, où l'on trouve plusieurs mines d'argent.

*Tacuba* est au nord-ouest de Mexico, à l'issue d'une de ses chaussées ; elle est encore une bourgade agréable.

*Escapuzalco*, bourg sur une riviere de son nom : le palais de son ancien cacique, un couvent de dominicains, le rendent seuls remarquable.

La *Piedad* ou la *Piété*, bourg bâti par les Espagnols à l'extrèmité d'une chaussée : une image vénérée en a fait la prospérité.

*Toluco*, bourgade située au midi : on y fait un grand commerce de jambons & de porc salé.

*Chalco* fut une grande ville, & aujourd'hui elle est presque déserte. Elle est à quelques pas du lac qui porte son nom.

*Metepec* est une petite ville, ainsi que *Popocatasoec*, *Cuernabaca* ou *Cornavace*, qui est riche par le commerce & la fertilité de son sol. *Ystla*, *Chilapa* & *Mascatlan*, où l'on cultive la canne à sucre, du beau froment, & près de laquelle est une mine d'argent : elle est à vingt lieues d'Acapulco, que l'on compte encore parmi les villes qui dépendent du Mexico propre.

*Acapulco* est un des ports les plus profonds, les plus sûrs & les plus commodes qu'il y ait sur la côte : le baſſin qui le forme s'avance dans les terres dans un eſpace d'une lieue & demie : il eſt entouré de montagnes arides & ſans eau, mais où l'on trouve beaucoup de gibier : il a deux embouchures, formées par une petite iſle baſſe : on y entre de jour par un vent de mer, on en ſort la nuit par un vent de terre : un château d'une force médiocre commande l'entrée du port, & ce château, quatre-vingt ſoldats, quarante-deux pieces de canon ſont ſes ſeules défenſes : les maiſons ne ſont que de bois, de boue & de paille : ſes habitans ſont des Chinois, des mulâtres, des negres, au nombre de quatre cents familles : l'air n'y eſt rafraîchi par des pluies que durant cinq mois de l'année ; il y eſt embraſé, lourd & mal-ſain pendant le reſte de l'année ; ſes environs ſont marécageux & ſtériles. A l'arrivée du galion de Manille, tous les négocians des diverſes provinces du Mexique y accourent pour échanger leur argent & leur cochenille contre les épiceries, les mouſſelines, les porcelaines, les toiles peintes, les ſoieries, les aromates, les ouvrages d'orfévrerie de l'Aſie. Ce galion doit être, par l'ordonnance, un vaiſſeau de 600 tonneaux ; il eſt preſque toujours de 2000 : la vente eſt fixée à la valeur de 2,700,000 livres ; elle approche de onze millions. On y fait des fortunes rapides. Le gouverneur du port en retire chaque année cent mille livres : ſes principaux officiers en retirent preſque autant. Le curé même, en vendant aux étrangers le droit de ſépulture, gagne annuellement 30 ou 60,000 livres. Le vaiſſeau de Lima y apporte pour deux millions de pieces de huit, & du mercure, du cacao & d'autres marchandiſes : des navires du Pérou & du Chili s'y rendent auſſi. Cette foire qui dure trente jours y rassemble les productions & les marchandises de l'Europe, de l'Amérique & de l'Asie. Ce port est sous le 17° de latitude septentrionale, sous le 276° 50' de longitude.

## 2. Le Mechoacan.

Son nom signifie *pays de poisson*, & elle le doit à ses lacs poissonneux : elle a quatre-vingt lieues de tour : son sol produit beaucoup d'indigo, de coton, de cacao, de vanille, de racine purgative de mechoachan & de fruits qui, avec la soie, le miel, la cire, le soufre qu'on y fait, font les objets de son commerce : elle a des mines d'argent & de cuivre, mais toutes sont pauvres. Ses habitans excellent à fabriquer des étoffes & des ouvrages en plumes : leur langue est la plus élégante du Mexique ; ils se distinguent par leur taille, leur force, leur adresse & leur intelligence. Ils croyent à un Dieu nommé *Tucapacha*, auteur de tout ce qui existe. Sa capitale, qui portait le nom de *Mechoacan*, a reçu des Espagnols celui de *Valladolid* : c'est un riche évêché.

Autrefois cette province était gouvernée par un cacique puissant, auquel on immolait après sa mort un grand nombre de victimes qui devaient aller le servir dans l'autre monde ; & sur la tombe duquel on plaçait diverses figures vénérées, qui veillaient à sa conservation. Ce cacique résidait à *Zinzoacza* ; la plus riche partie du tribut qu'on lui devait consistait en plumes, dont il faisait faire de riches tapis & d'autres ouvrages.

Les autres villes de la province sont *Colima*, située dans la vallée la plus fertile du Mexique, s'étendant jusqu'à la mer, ayant dix lieues de large ;

la ville eſt riche & grande : derriere elle eſt une montagne élevée, qui a deux ſommets qui vomiſſent des flammes & de la fumée. *Sacatula* ou *Zacatulan* eſt une ville ſur un golfe, où ſe jette la riviere de ce nom, qui prend ſa ſource près de Tlaſcala. Cette ville paraît voiſine du port nommé *Chequatan* par les Anglais, & *Segutanaïo* par d'autres voyageurs : le rivage y eſt ſablonneux, la mer y bat avec violence ; mais le fond de la mer y eſt net, les environs ſont fertiles & remplis de villages : derriere s'élevent des montagnes couvertes d'arbres. Ce port eſt très-important. *S. Yago* eſt un port à l'embouchure d'une riviere un peu ſalée. *Xiametla, Turequato, Paſcuar* ou *Paſquaro, Tanſitaro, St. Miguel* & *St. Philipe* ſont des villes dans l'intérieur des terres. Quelques iſles peu connues bordent ſes côtes.

### 3. *Le Panuco* ou *Guaſteca.*

Elle eſt ſituée au nord du Mexique propre, & s'étend juſqu'au Mechoachan & les montagnes de Mexico : elle doit ſon nom à une ville Indienne qui le conſerve encore, quoique les Eſpagnols lui aient donné celui de *S. Stilvara del Puerto* : une belle riviere de ſon nom l'arroſe, & ſe jette, à vingt lieues delà, dans le golfe du Mexique, d'où les barques peuvent la remonter juſqu'à la ville. C'eſt un ſiege épiſcopal ; elle a deux paroiſſes ; un couvent, une chapelle, & environ cinq à ſix cents familles Eſpagnoles, Indiennes & Mulâtres : ſes maiſons ſont grandes, bâties de pierres, couvertes de feuilles.

Les autres villes ſont *Tompeque,* ſituée ſur un lac & peuplée de pêcheurs. *Haniago,* bourg dans une iſle, ſituée au milieu d'un lac étendu, & abondant en poissons, parmi lesquels on remarque la chevrette. *Tampice* ou *Tanxipe*, ville au pied des montagnes. *S. Yago de los Valles* est sur la riviere de Panuco: *Sichu* est au pied d'une chaîne de montagnes qui s'étendent au nord-ouest. *S. Luis de Potosi* doit son nom à des mines d'argent. *S. Luis de la Paz*, *Tamiagua*, *Tuspa* ou *Taspa* sont peu considerables: la derniere est sur le rivage du golfe de Mexique, à l'embouchure d'une riviere de son nom. Les isles de *Lobos*, découvertes par Dias de Solis, sont sur les côtes de cette province: il ne faut pas les confondre avec les isles de même nom situées dans la mer du sud.

### 4. Le *Tlascalan*.

Cette province est assez étendue: sa circonference était de cinquante lieues quand les Espagnols la conquirent: elle s'étend aujourd'hui des bords du golfe du Mexique à ceux de la mer Pacifique, dans un espace de quatre-vingt lieues. C'est un pays inégal, montueux, mais fertile, assez peuplé: on y cultivait le maïs, & telle était sa fécondité, qu'on l'appellait la *Terre à pain*: on y recueillait beaucoup de fruits; elle nourrissait un grand nombre d'animaux sauvages & domestiques: on y trouvait la cochenille, dont on ne savait point faire usage: on y manquait de sel; les ouragans y sont terribles, les inondations communes.

*Tlascala* qui lui donna son nom est bâtie sur quatre éminences, qui communiquaient par des rues bordées de murs épais qui en fermaient l'enceinte: chaque éminence avait son cacique: les maisons étaient à un seul étage, construites de briques & de pierres, avec des terrasses & des corridors en place de toits : les rues étaient étroites & tortueuses. Elle a encore quatre belles rues, deux sur la pente des collines, deux à leur pied : les édifices publics sont dans la plaine. On y voit des orfevres, des plumassiers, des potiers, qui font une vaisselle égale à la plus belle qu'on fabrique en Espagne : les Indiens y parlent trois langues différentes ; des Espagnols se sont mêlés à eux, & tous menent une vie assez douce ; ils vivent des productions de leurs campagnes & nourrissent des bestiaux dans leurs bois : autrefois ses habitans étaient exempts de tribus, on les accabla de travaux qu'on ne leur payait pas, & leur pays devint désert.

Ils formaient une république indépendante, où l'on comptait 28 bourgades & 150,000 familles. Chaque bourgade avait son cacique qui conduisait ses soldats à la guerre, levait les impôts, rendait la justice ; mais ils dépendaient tous du sénat de Tlascala, composé de citoyens choisis par le peuple dans chaque district. Ces républicains avaient des mœurs séveres ; le mensonge y était puni de mort, ainsi que le manque de respect du fils envers son pere : l'arc & la fleche étaient leurs armes ; ils étaient nuds pour combattre, ils étaient vêtus dans leurs villes ; ils honoraient les vieillards, & on loue leur franchise & leur bonne foi.

La capitale de la province est aujourd'hui *Puebla de los Angeles*, ville épiscopale, située à trois lieues de Tlascala, dans une jolie vallée que termine une montagne toujours couverte de neige, & qu'arrose le Zacatule. Ses rues sont tirées au cordeau, se croisent à angles droits ; les maisons sont construites en pierres ; au centre est une grande place, bordée de trois côtés par des portiques uniformes, sous lesquels on voit de belles boutiques :

la cathédrale en forme le quatrieme côté : son portail est magnifique, & ses tours élevées : on peut juger de sa richesse par celle du clergé qui la dessert ; il se partage environ 800,000 livres, & l'évêque jouit presque de la moitié. L'air qu'on y respire est très-sain : on y fabrique des draps égalés à ceux de Ségovie & d'excellens chapeaux : elle possede la seule verrerie qu'il y ait dans la contrée ; on y frappe des monnaies : ses campagnes sont fertiles en grains, en légumes, en cannes à sucre ; elles sont embellies par des fermes.

*Cholula* ne mérite plus le nom de ville : elle fut considerable & formait un Etat indépendant : les peuples du Mexique la regardaient comme une terre sacrée, comme le sanctuaire des dieux : une foule de pélerins y accoururent, & l'on immolait plus de victimes dans son temple que dans celui de Mexico : on y trouve aujourd'hui de riches marchands, & de beaux jardins : au centre est le temple, qui parait une pyramide dégradée.

*Guacocingo* renferme 600 habitans, parmi lesquels on compte une centaine d'Espagnols : elle jouit de grands privileges. *S. Pedro* est au fond d'un golfe profond sur la mer du sud. *Pachiutla*, *Guisitlan*, *Chiaulsa*, riche en coton, *Cacaguales* ne sont que des bourgades.

*Xalapa* est une ville épiscopale qui a environ 2000 habitans : elle est adossée à une montagne, & environnée de campagnes fécondes en maïs, froment, cochenille & sucre, embellies par plusieurs bourgades, où l'on eleve un grand nombre de mules & de bestiaux. Son évêque jouit de 10,000 ducats de rente : elle est à douze lieues de la Vera-Crux ; il s'y tient une foire célebre qui dure quatre mois, & le produit des échanges qu'on y fait sont embarqués à la Vera-Crux pour l'Europe. Elle donne son nom au xalap ou jalap, racine qui croît dans son voisinage.

La *Vera-Crux*: deux villes furent connues sous ce nom; l'une est la vieille, l'autre la nouvelle: la premiere fut fondée par Cortez sur la plage où il aborda, dans des campagnes sablonneuses, sur les bords d'une riviere tarie une partie de l'année, mais qui, dans la saison des pluies, peut recevoir les plus grands vaisseaux; ils y étaient exposés à tous les vents, & c'est ce qui fit bâtir la nouvelle cinq lieues plus au midi; son port est formé par la petite isle de *S. Jean d'Ulua* qui lui donne quelquefois son nom : ce port est ouvert aux vents du nord, il ne peut contenir qu'une trentaine de bâtimens, ils n'y peuvent entrer que l'un après l'autre par deux canaux, & des rochers à fleur d'eau en rendent l'approche dangereuse : le soleil y est brûlant, des orages fréquens s'y font sentir, des sables arides s'étendent au nord, des marais infects au couchant. La ville est bâtie en bois, ses rues sont droites, ses maisons régulieres, son enceinte ovale; des monts garnis de bois & de bestiaux l'environnent, une faible garnison veille sur elle; les officiers du gouvernement, les agens du commerce & quelques navigateurs sont ses seuls habitans, mais ils sont très-riches. C'est là qu'arrivent les vaisseaux envoyés pour l'approvisionnement du Mexique, & les richesses que celui-ci envoye à la métropole. La flotte de Cadix est composée de quatorze à quinze vaisseaux; lorsqu'elle arrive, la Vera-Crux rassemble une multitude d'hommes qui campent sous des huttes. Cette ville a été fortifiée avec soin après la paix de 1763.

*Perote*, magnifique citadelle, élevée en 1770,

à vingt-quatre lieues de la mer, au débouché des montagnes, dans une plaine que rien ne domine : les arsenaux, les casernes, les magasins, tout y est à l'abri des bombes.

*Segura de la Frontera*, ville bâtie par Cortès; dans une situation avantageuse, au sud-ouest de Tlascala: la plaine qu'elle commande est abondante en fruits & en vivres. On y compte mille habitans, Espagnols ou Indiens.

### 5. *Guaxaca.*

Cette province est riche en froment, en maïs, en cochenille, en cacao, en sucre, en miel, en fruits de toute espece; on y trouve des mines d'or, d'argent & de cryftal; elle s'étend d'une mer à l'autre, au sud-est de la province que nous venons de décrire. Sa capitale porte le même nom, & n'est pas une grande ville; mais elle est agréable; elle a un évêché, est située dans la belle vallée que Charles-quint donna au conquerant du Mexique, fous le nom de *Marquis del Vallé* : elle a cinq lieues de long, quatre de large; une riviere poissonneuse l'arrose; les prairies qui la bordent sont couvertes de bestiaux, sur-tout de brebis qui fournissent peut-être la meilleure laine du Mexique : les chevaux en sont très-estimés, on en recherche les fruits, le sucre & les confitures qu'on y fait. Elle est sans défense & sans murs; on y compte six couvens très-riches & deux mille habitans. La riviere qui l'arrose communique à l'Alvarado, qui se rend dans le golfe du Mexique, & à l'embouchure de laquelle est un fort & un chantier où l'on a commencé de construire des vaisseaux. On y respire un air tempéré.

*Antiquera* est une bourgade d'Indiens, à laquelle on a donné quelquefois le nom de capitale de la province. *St. Ildefonse* est sur l'Alvarado : elle semble prospérer. *San Yago* communique au même fleuve par la rivière qui l'arrose. *Nixapa* est sur un bras de l'Alvarado : on y compte mille habitans : on y fait un riche commerce : ses campagnes fournissent beaucoup d'indigo, de sucre, de cochenille, de cacao. *Aguatulco* est sur un large golfe de la mer Pacifique, & dont l'entrée est resserrée par quelques isles : c'est une ville assez grande, dans un pays marécageux, où l'on nourrit beaucoup de bétail, & où les fruits sont excellens : telle est encore *Capalita*, située plus au sud-ouest. *Técoantapaque* a un port qui reçoit les vaisseaux qui font le commerce sur ces côtes : ceux du Pérou & du Chili y relâchent : c'est une rade ouverte, utile à la province, mais qui ne peut en défendre l'entrée ; elle est très-bonne pour la pêche. Ses environs sont ornés de grands arbres : devant elle est un rocher percé où la vague entre & s'élance par le trou qui est au sommet : on l'appelle le *Buffadore*.

Entre ce lieu & la province de Chiapa sont les hautes montagnes des Quelines : elles sont effrayantes par leurs rochers nuds & élancés, mais à leur pied sont des campagnes charmantes : la volaille, le poisson, le gibier, les bestiaux y abondent : les ruisseaux qui descendent des montagnes arrosent des jardins remplis d'herbes & de légumes ; les champs sont embellis par une multitude d'orangers, de limoniers, de figuiers & d'autres arbres fruitiers.

6. *Tabasco.*

## 6. Tabasco.

Elle porte le nom de la seule ville qu'on lui connaisse, & s'étend le long des côtes du golfe du Mexique, dans un espace de quarante lieues, formant la vaste baie de Campêche : elle a au midi la province de Chiapa, au couchant celle que nous venons de décrire, au levant celle d'Yucatan : le cacao fait sa principale richesse : elle est arrosée par les rivieres de *Tabasco*, de *St. Pierre* & *St. Paul*, de *Sumasinta*, &c. & toutes prennent leur source dans les hautes montagnes de Chiapa : leurs bras se joignent, se séparent & forment différentes isles : telles sont celles des Bœufs & de Tabasco, telle est l'isle Triste, l'isle du Port-Royal ; les côtes sont tantôt bordées de mangles, tantôt de guavers : plus loin sont des savanes environnées de boccages, couvertes de gros bétail. *Tabasco* avait deux paroisses, un évêché & cinq cents familles Espagnoles, ou mulâtres, ou Indiennes : ses maisons sont assez grandes, bâties de pierres, couvertes de feuilles. La province renferme des bourgades d'Indiens ; telle est *Villa de Mose* qui a un fort, & jusqu'où des bâtimens remontent par le Tabasco pour y décharger des étoffes, des bas de fil, des chapeaux, & se charger de cacao. *Estapo* ou *Istapa* est sur le même fleuve : un mélange d'Espagnols & d'Indiens l'habite ; elle est située entre deux anses, & on n'a qu'un passage pour y arriver. *Halpo*, *Tacalalpo*, de *Ma Saura*, sont des bourgades opulentes, placées au bord de la même riviere, dont les bords sont couverts d'arbres à chou qui la plupart ont cent pieds de haut. Plus au couchant est un pays semé de villages, remplis de cultivateurs qui nourrissent beaucoup de volaille, qui entretiennent des plantages

*Tome XI.* R

de cacaotiers : il s'y fait beaucoup d'échange des productions d'Europe avec celles du pays. Plus au couchant est un lac qui communique avec la mer, & six lieues au delà est le fort *S. Anne* : les prairies y sont vastes, & on y voit errer des troupeaux de vaches fort grasses. On trouve ensuite la riviere de Guazacoalco ou Guasiekevalp qui prend sa source dans le Guaxaca, près de la mer du sud : sur ses bords est la bourgade de *Keyooca* ou *Cayoca*, qui, dit-on, est grande & riche, n'ayant que peu d'Espagnols, mais beaucoup de Mulâtres & d'Indiens qui commercent en cacao. La ville & la province de Tabasco ont aussi le nom de *Nuestra Senora de la Victoria*.

### 7. *Yucatan.*

C'est une péninsule qui a cent lieues de long sur vingt à vingt-cinq de large, & qui conserve encore le nom que lui donnaient les Indiens : c'est une plaine continue où l'on ne trouve point de rivieres, & à peine quelques faibles ruisseaux remplis dans la saison des pluies, à l'exception du gros ruisseau de Sagartos : ses habitants n'ont d'eaux douces que celle des puits ; mais par-tout où on en creuse, on y en trouve : il est peu d'espace où l'on ne voie des coquillages, & tout porte à croire que ce grand espace fit autrefois partie de la mer : il fut découvert en 1517 par Hernand de Cordoue. En général le terroir y est humide & semé de mangles, sur-tout près de la mer & des lacs : l'intérieur est plus sec, il n'est inondé que dans la saison des pluies qui dure souvent plus de cinq mois : alors les Savanes sont toutes couvertes d'eaux : à ces pluies succede un vent de nord qui empêche les eaux de s'écouler par les ruisseaux. En Février tout y est à sec, & le mois suivant on n'y trouve plus d'eaux courantes, & bientôt les étangs même sont desséchés. Un grand nombre d'arbres y croissent; mais il en est peu qui soient élevés: on y trouve un pin sauvage, dont les feuilles sont épaisses & longues d'environ un pied, si serrées l'une contre l'autre qu'elles retiennent l'eau & la conservent: on fait un trou au bas de la touffe & on recueille l'eau qui en découle; on y remarque encore le *xocoxochitl*, arbre assez grand, qui a la feuille de l'oranger, des fleurs rouges, & une baie ronde qui devient noire, d'une bonne odeur, & dont on se sert en place de poivre: mais sa plus grande richesse est le bois de Campêche. Linnæus le désigne sous le nom de *hæmatoxylon*; sa hauteur est médiocre; ses feuilles sont composées de huit folioles taillées en cœur, ses fleurs petites & rougeâtres sont en épis: la partie la plus intérieure du bois, rouge quand on la coupe, devient noire ensuite: il n'y a que le cœur de l'arbre qui donne le noir & le violet: c'est le bois de teinture qui est le principal objet du commerce de ces contrées: ceux qui l'abattent, ont sans cesse de l'eau ou de la boue jusqu'aux genoux, & trouvent à peine un petit espace desséché pour y élever leurs huttes: l'althea, le bambou présentent une haie impénétrable, qui en divers lieux ne permet pas de pénétrer dans le pays.

Lorsqu'on le découvrit, on y trouva des temples construits en pierres, remplis de petites statues de bois, & des prêtres vêtus de blanc qui brûlaient de l'encens en leur honneur; les hommes y étaient couverts de mantes de coton: ils avaient pour armes l'arc, la fronde, la lance armée d'un caillou pointu, la rondache : ils portaient des cuirasses doublées de coton ; ils étaient parés de bagues & de pendans d'oreille d'or.

*Merida* est la capitale du pays : là réside le gouverneur & un évêque : des Espagnols, des Indiens l'habitent, il y a beaucoup de noblesse & peu de commerce : elle est dans l'intérieur.

*S. Francisco de Campêche*, est sur la côte occidentale de la péninsule, près d'un ruisseau : le commerce du bois de son nom l'enrichit : elle est bâtie en pierres ; ses maisons ne sont pas élevées, mais les murs en sont épais, & les toits plats : c'est presque le seul port de l'Yucatan : on y fabrique des toiles de coton, on y vend du sel qui vient de salines qui en sont éloignées de vingt lieues : plusieurs fois elle a été dévastée, mais elle s'est toujours rétablie. Plus au midi est la rivière *Champetan*, au bord de laquelle est la bourgade *Sacabuchen*.

*Sical* est sur la côte septentrionale, c'est une bourgade & un fort où veille une garnison de cinquante hommes.

*Linchanchi*, *Chinchanchi*, sont des bourgades Indiennes. *Selam* a quelques habitans Espagnols.

*Valladolid*, ville sur un ruisseau qui se jette dans la mer à la pointe nord-est de la péninsule. On y voit un beau couvent de cordeliers. *Salamanca de Bacalar* est encore une petite ville sur un ruisseau.

La mer qui environne l'Yucatan, au couchant & au nord, est semée de basses ou de petites isles unies & sablonneuses : au levant elle en a de plus considerables ; telles sont celles de *Cozumel* & de *Turneff*, qui ne sont point inhabitées.

# Mexique.

### III. Audience de Guatimala.

Elle est la partie la plus méridionale du Mexique : elle est renfermée entre le 283° & le 297°, 30' de longitude ; entre le 16° & le 7° 10' de latitude septentrionale : elle a 400 lieues de long, sur une largeur qui varie entre 100 & 21. Des géographes la divisent en sept provinces ; d'autres qui en donnent huit.

#### 1. *Soconusco.*

Au couchant, elle touche à la province de Guaxaca, au nord à celle de Chiapa, au levant à celle de Guatimala, au midi à la mer Pacifique : sa plus grande longueur est de 35 lieues, sa largeur commune est de 20. Le pays est plat & ouvert : sa plus grande richesse est un cacao, le meilleur de ses contrées ; son prix est double de celui des Caraïques, & le cacao qu'on en transporte n'est destiné que pour la cour. On y voit aussi quelques volcans : ses *Mosquitos* en occupent la partie orientale : nous parlerons ailleurs de ces peuples.

*Soconusco* ou *Guevetlan* est la seule ville de cette province ; & elle n'est pas bien considerable ; elle est près des bords de l'océan Pacifique, & a peu de commerce, excepté celui du cacao : derriere elle est un volcan qui porte son nom. *Schutepeque* ou *S. Antonio de Suchetepe*, bourgade : c'est la seule qui soit connue.

#### 2. *Chiapa.*

Elle est au nord du Soconusco, au sud de Tabasco. Sa longueur est de 85 lieues, sa plus grande largeur de 80. Elle a formé un Etat indépendant qui fe foumit aux Efpagnols : elle était fort peuplée & l'eft encore, parce qu'on n'y a point trouvé de mines d'or ou d'argent (*a*) : fa richeffe eft dans fes grains, fes fruits & fes pâturages. Ses habitans moins dégradés montrent de l'intelligence & de l'aptitude pour les arts ; leur langue eft élégante & douce. On y joint le *Pays des Zoques* & celui des *Zeldales*, que nous croyons être les mêmes que les *Choles* & les *Chuchuma tlanes*.

*Chiapa des Efpagnols*, ou *Ciudad Real*, eft une petite ville qui a un évêché auquel eft attaché 8000 ducats de rente, une feule paroiffe, trois couvens affez pauvres, 400 familles Efpagnoles : fon fauxbourg eft compofé d'une centaine de maifons Indiennes : on y commerce en cacao, en coton, en cochenille, qu'on met en vente devant la place de l'églife avec des drogues & des liqueurs. La plupart de fes habitans font des nobles, pauvres, ignorans, s'occupant à élever des beftiaux, mais vains, & fe parant de titres pompeux : la vallée où elle eft fituée eft fujette à de violens orages & à des tonnerres effrayans.

*Chiapa dos Indos*, eft une des plus grandes villes Indiennes de l'Amérique ; elle jouit de divers privileges & renferme plus de 4000 familles : fes chefs font Indiens, leur gouverneur a le droit de porter l'épée & le poignard : prefque tous fes habitans font riches : ils cultivent les arts, ils favent fe procurer bien des commodités : les dominicains y

___

(*a*) Des auteurs difent qu'elle en eut d'or, d'argent, d'étain, de plomb, de cuivre & de vif-argent ; mais qu'elles font épuifées.

ont formé un établissement très-étendu où ils font cultiver les cannes à sucre : pendant le jour, la chaleur y est ardente ; la fraicheur se fait sentir le soir, & alors les Indiens s'occupent aux exercices qu'ils aiment : sur le fleuve qui se rend à Tabasco après avoir baigné ses murs, ils forment des armées navales, ils combattent, s'attaquent & se défendent avec une agilité surprenante. Ils bâtissent des châteaux de bois qu'ils couvrent de toiles peintes & qu'ils assiegent. Ils excellent dans la course des taureaux, au jeu des cannes, à la danse & à tous les exercices du corps.

*Capanabastla*, bourg qui renferme 800 familles Indiennes : il donne son nom à la belle vallée où Ciudad Real est située. Celui d'*Izquintenango* est plus grand encore : il est au pied des monts des Cachumatlanes : on y trouve d'excellens fruits, sur-tout des ananas.

*S. Bartolomeo*, grande ville ouverte, peuplée d'Indiens : tous ces lieux sont riches en bestiaux, en gibier, en volaille, en fruits : la riviere qui les arrose & qui est la même que le Tabasco, y fournit d'excellens poissons, mais elle est infestée de crocodiles : on y cultive le maïs, la canne à sucre ; on y recueille beaucoup de miel.

*Teopiscan*, *Comitlan*, sont deux villes Indiennes, décorées de deux belles églises. *Chiantla* est un village : le pays en est aride & pauvre ; mais des religieux, avec une image miraculeuse, y ont su élever un beau couvent, une riche église, & s'y procurer de l'opulence. *Chautlan* commerce en cacao, en vaisselle de terre, en sel qu'on recueille le matin sur le bord de la riviere qui y passe, en belles dattes qu'on recueille dans la vallée où l'air est d'une chaleur étouffante. *Saint-André* est riche en coton, en beſtiaux, en coqs d'Inde.

Le pays des *Zoques* eſt abondant & le commerce y eſt actif; mais le climat en eſt très-chaud, & les moucherons y troublent la tranquillité de la nuit: il ſe termine à la province de Tabaſco, par laquelle il fait paſſer ſes marchandiſes à la Vera-Crux: les bourgades n'en ſont pas grandes; mais les habitans en ſont aiſés, ingénieux & de belle taille; ils recueillent beaucoup de ſoie & de cochenille; ils font des tapis de toutes couleurs; le maïs y eſt abondant, le froment aſſez rare; la volaille & le gibier communs.

Le pays des *Zeldules* s'étend de la province de Tabaſco au diſtrict de Comitlan: ſa principale ville eſt *Ococingo*, près des bords de la riviere de St. Pierre & St. Paul, dans une vallée riante: le cacao, & la graine d'achiote ou de rocou, dont on colore le chocolat, en ſont eſtimés: les beſtiaux, la volaille, le gibier, le maïs, le miel n'y manquent point; le bled, la canne à ſucre y réuſſiſſent: le pays eſt varié de montagnes & de belles vallées.

### 3. Le *Guatimala*.

Sa fertilité, ſon étendue la rendent très-conſiderable: elle a près de 150 lieues de côtes le long de l'océan Pacifique; & en quelques endroits 40 à 50 de large: elle eſt abondante en grains, en beſtiaux, en rocou, cochenille & ſylveſtre, en miel & en cire; on y cultive la canne à ſucre & le coton; on y recueille un indigo ſupérieur à celui de tous les autres lieux de la monarchie eſpagnole: lorſqu'on le viſita, il fit croire qu'elle renfermait des mines d'or abondantes: on n'y en a trouvé encore que dans quelques torrens. Son sol est inégal & montueux; ses vallées sont fécondes & riantes: c'est un des pays les plus riches de l'univers: mais il a de nombreux volcans, & il est sujet aux tremblemens de terre.

S. Yago de Guatimala, ou simplement Guatimala, était située dans une vallée large d'une lieue, mais qui s'élargit toujours davantage en approchant de la mer du Sud; entre deux montagnes, dont l'une, abondante en sources, est couverte d'une éternelle verdure, de beaux villages, de champs de maïs, de prairies qu'embellissent les roses & les lys, & où l'on recueille des fruits délicieux; l'autre est d'un aspect horrible; on n'y voit que des cendres & des pierres calcinées d'une grosseur énorme. Les métaux semblent bouillonner sans cesse dans son sein & y font entendre un bruit effrayant: de son sommet s'élancent de la fumée, des flammes, des torrens de soufre. Mais la ville même était un séjour délicieux: l'air y est doux, les vivres abondans, le commerce actif: on y comptait 7000 familles presque toutes opulentes. Plusieurs couvens y étaient magnifiques, les jacobins y jouissaient d'un revenu de 30,000 ducats; les ornemens de leur église en valaient 100,000: à quelque distance on trouvait des rivieres qui charriaient de la poudre d'or. Un tremblement de terre épouvantable, joint à l'éruption d'un volcan, la détruisit en 1751. Le jour qui précéda sa ruine, on entendit les rugissemens effroyables du volcan; on trembla, mais la nuit fut plus affreuse: le volcan vomit des torrens de matiere embrasée & d'eaux bouillantes qui engloutirent les hommes & les animaux qui se trouverent sur leur passage; & la terreur fut augmentée encore par un tremblement de terre qui fit perdre la vie à plus de 50,000 hommes. La ville fut rebâtie à peu de diſtance, dans une belle plaine, qui n'était pas à couvert des feux ſouterrains, ni des tremblemens de terre ; elle fut détruite de nouveau en 1772, & l'on ſe propoſe de la rebâtir avec autant de magnificence, mais à huit lieues de là.

Son audience eſt compoſée du gouverneur, de deux préſidens, de ſix conſeillers & d'un procureur du roi : le premier a 12000 ducats d'appointement ; il peut gagner une ſomme triple de celle-là par le commerce : les préſidens ont 6000 ducats, les conſeillers 4000 ; mais les préſens qu'ils reçoivent montent à des ſommes conſiderables.

A ſix lieues de l'ancienne Guatimala eſt une vallée charmante, longue de cinq lieues, large de quatre, où l'on recueille le meilleur froment du Mexique, & où ſont les deux bourgades de *Miſco* & de *Pinola* ou *Pingola* : les habitans en ſont riches : l'une eſt connue par la vaiſſelle qu'on y fait, l'autre par ſon marché de vivres. *Petapa* eſt plus conſiderable : on y compte 500 familles Eſpagnoles ou Indiennes ; elle eſt gouvernée de pere en fils par un Indien deſcendant des rois du pays, qui peut nommer chaque jour un certain nombre d'habitans pour le ſervir à table, & dont le pouvoir n'eſt limité que par un religieux qui vit avec le faſte d'un évêque. Elle eſt ſituée ſur un lac très-poiſſonneux. *Amatitlan* a des rues larges & régulieres ; elle a un riche couvent de dominicains ; ſon nom ſignifie *ville des lettres*, parce qu'on y excellait dans l'art d'écrire, ou de deſſiner ſur l'écorce d'arbre des eſpeces d'hyerogliphes. *St. Lucas* eſt ſur un côteau expoſé au nord, & où l'air eſt toujours frais. C'eſt le magaſin de bled des contrées voiſines, parce qu'il s'y conſerve mieux qu'ailleurs.

Au midi est le port & le bourg de *Sanfonate* ou de la *Trinidad*, le seul qu'il y ait sur ces côtes depuis Tecoantepec: on y fabrique une excellente poterie: près d'elle est un terrein bas, d'où s'éleve sans cesse une fumée noire & sulfureuse, quelquefois enflammée: on n'ose s'en approcher. Sur la même mer, on trouve *St. Miguel*, bourg au fond d'un golfe, environné des hautes montagnes de Chuntales. *Xerès* ou *Chuluteca* est sur la riviere de Fonseca, qui se jette dans le large golfe de son nom, qui sépare la province de celle de Nicaragua: ce golfe a aussi le nom d'*Amapalla*, d'une des isles qu'il renferme, & qui a deux petites villes. Près d'elle est l'isle *Mongera*, qui paraît un bois ceint de rochers; elle a une ville: toutes les deux sont formées d'une terre noire & profonde qui produit de très-beaux arbres.

*Cuzcatlan* ou *S. Salvador*, ville Espagnole, dans laquelle un grand nombre d'Indiens habitent; mais ils y sont pauvres: on cultive la canne à sucre & l'indigo dans son territoire; où l'on voit dispersées de grandes fermes où l'on nourrit un grand nombre de bestiaux.

Vers le nord, Guatimala communique par une longue vallée avec le *Golfo dulce*, qui se joint au golfe Amatique ou de Guanacos. Là sont les bourgs d'*Acasabastlan* & de *St. Thomas de Castille*; le premier connu par ses bestiaux & ses fruits; le second par ses grands magasins, où l'on entasse les productions & les richesses de Guatimala, pour les transporter en Espagne & en d'autres contrées.

### 4. *Vera-Paz.*

Elle est située au nord de Guatimala, au sud de

l'Yucatan, près de la mer du Nord : on lui donne 35 lieues de long & presqu'autant de large : c'est un pays montueux, hérissé de bois : une partie est habitée encore par des Sauvages indomptés, qui gênent sa communication avec l'Yucatan : on y cultive le maïs & d'autres grains ; elle est abondante en fruits ; mais ce qui la rendait importante était les plumages éclatans dont on composait des tableaux, & qu'elle fournissait au Mexique : ce genre d'industrie y est tombé : ses eaux âcres avaient fait espérer d'y trouver des mines nombreuses & riches : on a été trompé dans cette attente : on y a découvert du soufre : on dit qu'on trouve de l'or dans une montagne voisine du Golfo dulce.

*Vera-Paz* ou *Coban* eut autrefois un évêque : un alcade Espagnol la gouverne, un couvent de St. Dominique l'embellit. Dans les montagnes couvertes de gras pâturages qui la séparent de Guatimala, on trouve les bourgs de *St. Jaques*, de *St. Pierre*, de *St. Jean* & de *St. Dominique de Senaco*, qui renferment ensemble 2000 familles ; leurs habitans sont courageux & honnêtes ; ils cultivent le maïs & le froment ; l'air y est frais, les églises y sont riches. *Robinal*, grand bourg dans la belle vallée de St. Nicolas : on y compte 800 familles : le commerce du sucre, des chevaux, des mulets, l'enrichit : on y trouve tous les fruits d'Espagne, toutes sortes de bestiaux, de volaille, de gibier, & la riviere qui l'arrose y abonde en poissons. *St. Christoval* est sur la rive d'un lac qui semble s'être formé par un tremblement de terre : derriere lui s'élevent des montagnes arides : non loin de là est un volcan.

## 5. *Honduraz* ou *le Hibueraz*.

Cette province est au bord du golfe de son nom, à l'orient de celle de Guatimala : on lui donne 150 lieues de long, sa plus grande largeur est de 80, sa moindre de 30. Elle est variée de plaines, de montagnes, de vallées, & arrosée par un grand nombre de rivieres : c'était autrefois un des pays les plus peuplés de l'Amérique : aujourd'hui ses campagnes fertiles en maïs, abondantes en pâturages, sont presque désertes ; le fer, le feu, le travail des mines, les rigueurs de l'esclavage ont fait disparaître des peuplades nombreuses, dont les tristes restes se sont sauvés dans des bois & des rochers impénétrables. Barthelemi de las Casas fait monter à deux millions le nombre d'hommes que les Espagnols y ont détruit : on y trouve des mines d'or ; les torrens en déposent sur leurs rivages : on y recueillait d'excellentes citrouilles qui ont donné le nom d'*Hibueras* au pays.

*Comayagua* ou *Valladolid* en est la capitale : elle est située au bord de la riviere Chamahicon, & est le siege d'un évêché, dont le possesseur prend le titre d'*évêque de Honduras* : on n'y compte pas mille habitans : ses campagnes sont peuplées, fécondes en maïs, mais peu riches en général : les montagnes de son nom renferment cependant des mines d'or.

*Naco* ou *Puerto de Cavallos* est bâtie sur les bords de la riviere de Sol, c'est une petite ville. *Tencoa* est un bourg dans une plaine. *Gracias a Dios*, ville sur une riviere qui se jette dans le Guanacos, & par elle communique au golfe de Mexique, dans une vallée qui forme la partie de la province la plus saine, la plus commode pour le commerce avec

Guatimala : ſes campagnes ont de riches fermes, où l'on nourrit beaucoup de bétail & cultive beaucoup de froment : ſes monts renferment de l'or. *Amatique* eſt un village qui donne ſon nom à un golfe. *Omoa* eſt un fort élevé au bord de la mer. *Truxillo*, ville près de la mer, ſur une colline ; qui a été priſe par les Anglais & les Hollandais, & qui aujourd'hui eſt preſque détruite : le pays qui l'environne eſt plein de bois & de montagnes, pauvre, mal peuplé, & l'on n'y vit preſque que de caſſave : ſes richeſſes ſont dans ſes cuirs, la caſſe & la ſalſepareille. *S. George de Olancho*, *Soneguera*, ſont ſur les bords de la même riviere : le premier eſt voiſin de torrens qui roulent de l'or ſur leurs bords.

La partie orientale de la province de Honduras eſt habitée par des Indiens libres qu'on nomme *Moſquitos*. Ils occupent un eſpace d'environ 50 ou 60 lieues, diviſés en deux nations, l'une qui habite près du cap Gracias à Dios, & on l'appelle *Moſquitos-Samboes*, l'autre s'étend dans l'intérieur du pays ſous le nom de *Moſquitos-Shore* : leur gouvernement eſt républicain : le guerrier le plus expérimenté devient leur chef, mais il perd ſon autorité dans la paix : quelques Negres échappés à l'eſclavage ſe ſont mêlés avec les Samboes : ils n'ont pas de religion : cependant leurs ancêtres avaient des dieux auxquels on ſacrifiait annuellement un eſclave, qu'on honorait, qu'on vénérait juſqu'au moment où on l'immolait. On enterrait & quelquefois on enterre encore avec un pere de famille les eſclaves qui le ſervaient & le prêtre qu'il entretenait : ſa femme lui porte à boire & à manger pendant quinze lunes, puis elle en ſort les os de la foſſe, elle les lave, & les lie enſemble pour les porter ſur ſon dos pendant un espace de tems égal ; puis elle les place au sommet de sa cabane, & alors seulement elle peut prendre un autre époux. Ces Indiens furent autrefois nombreux ; les ravages de la petite vérole les a réduit à neuf ou dix mille hommes. Ils sont grands, bien faits, robustes, agiles, vigoureux, ont le visage long, basané, les cheveux noirs & luisans, l'air un peu sauvage, la vue perçante, sont exercés dès l'enfance à lancer le harpon, & sont si adroits qu'ils savent, d'un coup de baguette, détourner la fleche qu'on leur lance.

Les Anglais sont le seul peuple qui se soit fixé parmi eux. En 1730, ils formerent un établissement sur la riviere Black, 26 lieues à l'orient du cap de Honduras, mais la riviere n'ayant que six pieds d'eau, ne l'appelle pas à une grande prospérité : ils en ont formé un autre plus florissant sur une riviere navigable qui coule près du cap Gracias à Dios, dont la rade est immense & assez sûre : les champs y sont très-fertiles. Soixante & dix lieues plus loin cette nation en a formé un troisieme sur un rocher, qu'on pourrait rendre inexpugnable, près d'un port commode & d'un fleuve accessible qui prend sa source à 120 lieues de là, dans l'intérieur des provinces Espagnoles : les Anglais lui ont donné le nom de *Blewfields*. En 1776, on y a établi un gouvernement régulier, & s'il est défendu par la puissance de l'Angleterre, il sera une branche féconde de ses richesses. En 1769 ses habitans expédierent pour l'Europe 800,000 pieds de bois de Mahagoni, 200,000 livres pesant de salsepareille, 10,000 livres d'écailles de tortues : le commerce du bois de Campêche y est devenu languissant & faible : celui de la côte occidentale de l'Yucatan est d'une qualité supérieure à celui qu'ils peuvent offrir ; la cour en a encouragé la coupe par une exemption de droits, pour rendre inutile celui qu'y poſſedent les Anglais.

### 6. *Nicaragua.*

Elle eſt ſituée au midi de celle de Honduras; elle eſt longue de 160 lieues, & ſa largeur eſt de 50. Pendant ſix mois une pluie continuelle l'inonde, & pendant ſix autres mois une ſéchereſſe ardente la déſole; cependant on y trouve de la cire, du miel, beaucoup de fruits, beaucoup de porcs, des arbres d'une groſſeur énorme : il ne parait pas qu'il y ait des mines d'or ; il y a peu de gros bétail, & on y voit quelques volcans. Le pays eſt ſemé de hautes montagnes, de belles vallées, de petites rivieres ; un grand lac en couvre une partie. Les habitans ſont efféminés & voluptueux ; ils parlent quatre langues différentes.

*Leon* eſt ſa capitale : cette ville eſt ſituée à la naiſſance du grand lac qui porte le nom de la province, à ſept lieues de la mer, dans une plaine voiſine d'une haute montagne qui vomit ſouvent du feu & de la fumée. On y compte 1200 maiſons baſſes, mais ſolides, vaſtes, entourées de jardins; les murs en ſont de pierres & les toits de tuiles : quatre égliſes, divers couvens la décorent ; le commerce des deux mers y fait régner l'abondance ; la beauté du climat y fait régner le plaiſir & la molleſſe : un ſol ſablonneux, expoſé à tous les vents, couvert de beaux pâturages, les poiſſons de ſon lac, les oiſeaux qui y voltigent, ſes beſtiaux, ſes cannes à ſucre ſont ſes principales richeſſes.

*Ria Lexa* ou *Realejo* eſt ſituée à deux lieues d'un golfe aſſez grand ; mais l'entrée en eſt reſſerrée par l'iſle

## MEXIQUE.

l'isle du *Cordon*, & par celles qu'on nomme les *Aserradores* ou les *Scieurs*, presque toutes bordées de mangles rouges: la ville est dans une plaine abondante en fruits; la terre y est forte & jaunâtre; les marais en rendent l'air pesant & malsain: on y affine le sucre, on y travaille le chanvre, on y nourrit beaucoup de bétail. La montagne ardente que les Espagnols nomment *Volcano vejo* la fait reconnaitre de loin, & cette montagne, on la voit de vingt lieues sur la mer.

*Pueblo vejo*, grand bourg peuplé, où est un couvent de franciscains, qui possédent une image de Nôtre-Dame, à laquelle ils font faire de fréquens miracles.

*Nueva Segovia*, petite ville au pied d'une chaîne de montagnes, qui sert de bornes à la province & qui ceint la ville de toutes parts: les églises en sont mal bâties, sa place d'armes est belle & ses maisons commodes.

*Grenade* est mieux bâtie & plus peuplée que Léon: le commerce y est plus considerable; l'indigo, la cochenille, les cuirs, le sucre en sont les principaux objets; elle communique à la mer par le lac de Nicaragua, sur les bords duquel elle est assise. Ses habitans sont riches, ses églises belles, ses couvens y jouissent d'immenses revenus.

*Nicaragua* donne son nom au lac & à la province: vis-à-vis d'elle est une belle isle, nommée *Opctopec* ou *Mumbacho*, abondante en ouattes, en cacao, en teinture d'écarlate, en fruits excellens: on y voit un volcan. La ville est à peu de distance de la mer du Sud, ou du golfe de Papagai; elle communique à celle du Nord par le lac qui a plus de cent lieues de tour, où le flux & le reflux est sensible, quoique l'eau en soit douce: on y voit

*Tome XI.* S

plusieurs isles, & le canal par lequel il communique à la mer est long de quarante lieues : ce canal est nommé encore la riviere *Coloredo* ou *Escondido*, & forme à son embouchure diverses isles.

*St. Jean*, petit fort situé au lieu où le lac se dégorge : celui de *S. Carlos* est presque à égale distance du lac & de la mer.

*Nicoya*, ville & port dans le golfe de Salinas ou de la Caldera, sur les frontieres orientales de la province : elle est petite, arrosée par une riviere de son nom : la plupart de ses habitans sont charpentiers ; on y bâtit des vaisseaux neufs, on y en radoube des vieux ; on y file une herbe dont on fait des étoffes qu'on teint avec le sang qui se trouve dans la tête d'un poisson à coquille : on y teint aussi des draps de Ségovie : on y commerce en peaux de bœufs & de vaches. Ses campagnes sont abondantes en bestiaux & cultivées avec soin : il y croît un bois rouge, utile pour la teinture. Le golfe de Nicoya est très-beau, semé d'isles inégales, & reçoit plusieurs rivieres.

### 7. *Costa rica.*

On serait tenté de croire que ce nom fut donné par dérision à la province qu'il désigne, & qui est à l'orient de celle de Nicaragua : elle renferme des déserts, de vastes forêts ; elle est mal peuplée, mal cultivée ; on lui donne 60 lieues de long, presque autant de large : elle a des mines d'or & d'argent que la difficulté du travail a fait abandonner ; elle nourrit beaucoup de bestiaux ; on y commerce en cuirs, en miel & en cire. Une partie de ses habitans sont encore indépendans des Espagnols & les détestent. Elle a des ports sur l'une & l'autre mer

# MEXIQUE.

on connaît dans la mer du Sud la vaste baie de Caldera, dont la partie orientale baigne ses rives : la Suere, los Anzuelos, Vasquez sont trois rivieres qui se rendent à la mer du Nord, & y forment des anses commodes pour les petits vaisseaux.

*Carthago* en est la capitale : elle a un évêque & trois couvens : c'est le siege d'un gouverneur ; on y compte 400 familles, parmi lesquelles sont de riches commerçans : elle est située au pied des montagnes sur la riviere Herradura qui se jette dans la baie Caldera, à trois lieues de laquelle est la petite ville *Esparze*, bâtie sur une éminence où l'on voit une église & deux couvens, environnée d'un pays inculte, mais agréable. *Queypo* est au bord de l'océan Pacifique. *Azanjuez* est une bourgade. *S. Lorenzo*, sur les frontieres de la province, est sur un ruisseau qui se rend dans une baie qu'on nomme *Golfo dulce*.

## 8. *Veragua*.

Cette province fait partie de la viceroyauté de *Tierra-Firma*, ou de la *Nouvelle Castille*, selon D. George Juan & D. Antonio d'Ulloa ; la précédente même y est réunie selon le dernier auteur. Christophe Colomb la découvrit en 1503, & lui donna, dit-on, le nom de *Verdes aguas*, parce que les eaux de la riviere de ce nom lui parurent vertes ; de là est venu le nom actuel de la province. Elle lui fut donnée avec le titre de duché, & c'est presque la seule récompense qu'il ait transmise à sa postérité. On y trouve de l'or ; on y cultive le maïs ; les fruits en sont estimés, la volaille, le gibier, les bestiaux y sont nombreux : le terroir en est humide, noir & fertile : on y voit de fort grands arbres : fa longueur eft de 50 lieues, fa largeur eft inégale : l'intérieur en eft mal connu, les côtes mêmes le font peu exactement : des auteurs nomment la ville de la *Conception* comme étant fa capitale, & Ulloa n'en parle pas : elle eft fur la Veragua qui forme fon port : au couchant de cette riviere eft une baie de trente lieues de circuit, qu'on nomme *Bocca-Toro* ; fes bords font féconds en vanille, fes habitans font barbares & libres, errans, très-agiles, excellens chaffeurs & pêcheurs : plus au couchant encore eft la vafte baie de l'*Amirante*, qui renferme un grand nombre d'isles. *La Trinité* eft une petite ville au bord de la mer, à l'orient de celle de la Conception. *S. Carlos* eft un port dans une vafte baie formée par la mer du fud, & qui renferme plufieurs isles, dont la plus grande eft celle de *Coiba* ou *Quibo*. Cette isle eft d'une hauteur médiocre, & fa furface n'eft qu'une forêt d'arbres toujours verds : quelques oifeaux, des finges, des lézards, &c. font fes feuls habitans : fur fes rivages on trouve des huîtres perlieres & d'excellentes tortues. *Chiriqui* eft une bourgade Efpagnole, où font des magafins de vivres, fur une riviere qui lui donna fon nom : elle le donne à de petites isles voifines où l'on trouve de l'eau douce & des noix de coco. Quatre lieues plus loin font les isles *Seches*, ou les *Secas*. Au fond de la même baie eft *Pueblo nuevo*, fur une riviere de fon nom ; on lui donne aufli le nom de *N. Sennora de los Remedios de Pueblo nuevo*. *S. Yago* eft dans l'intérieur des terres, elle fut fondée en 1520. *S. Francifco de la Sierra* eft un bourg habité par des Indiens, armés d'arcs & de fleches : on en compte plufieurs encore, tous habités par les Indiens, qui forment des peuplades diftinctes, dont celles des *Dorafes* & des *Changuins* font les plus confiderables.

Avant de passer à la description de l'Amérique méridionale dont nous approchons, parcourons les isles qui sont au nord de l'équateur, à l'orient du continent.

## ISLES BERMUDES ou SUMMER'S ISLANDS.

Jean Bermudes, Espagnol, les découvrit en 1503 & leur donna son nom : Philippe II les donna à D. Ferdinand Camelo, qui n'en prit point possession. Un Anglais les visita en 1593 : les Sommers en connurent les avantages en 1609, & l'un d'eux y mourut & leur donna son nom : la compagnie de Virginie y forma un établissement deux ans après : en 1614, les Espagnols tenterent d'en chasser les Anglais & ne le purent. Moore y conduisit les premiers colons & les y soutint par son courage, les fit prospérer par son industrie. Le sévere Tucker y encouragea la culture, y fit régner l'ordre ; mais y excita des mécontentemens : en 1619 Butler y régla le gouvernement : il divisa les Bermudes en plusieurs districts, y forma une assemblée générale, & un recueil de loix ; & déja, sous le regne de Charles II, on y comptait dix mille habitans, tous Anglais d'extraction : aujourd'hui on n'y en compte pas davantage, & même des auteurs n'y en comptent que la moitié.

Elles sont au nombre de 400, & on peut en trouver davantage encore ; mais la plupart sont si petites & si stériles, qu'elles sont sans habitans & sans nom : elles sont sous le 312° 30' de longitude, sous le 32° 18' de latitude, & forment un croissant long de sept lieues, large de deux, qui s'étend du nord-est au sud-ouest : à peine la huitieme partie en est habitée : la partie du Continent qui en est la plus voisine en est à 300 lieues, l'Angleterre en est à 1500.

Les plus considerables de ces isles sont celles de *St. George*, de *St. David*, de *Cooper*, d'*Ireland*, de *Sommerset*, de *Long-Island*, de *Bird-Island*, de *Nonsuch*. La premiere a une ville, les deux suivantes ont des villages ; les autres n'ont que des métairies dispersées. L'air y est si sain, que les malades dans les autres colonies s'y font transporter pour recouvrer la santé ; en été la chaleur y est forte, l'hiver s'y fait sentir à peine ; on peut dire que le printems y est perpétuel ; les arbres n'y perdent jamais leur verdure & les feuilles n'y tombent que lorsque de nouvelles commencent à se développer ; les oiseaux y chantent, y pondent sans cesse ; mais ces avantages sont contrebalancés par des orages effrayans accompagnés de tonnerres redoutables, annoncés par un cercle autour de la lune. On y voit quelques plaines fertiles ; mais en général elles sont montueuses ; le sol y est de couleurs diverses ; le brun est le meilleur, le blanchâtre ou sablonneux est médiocre, le rouge est le moins bon ; quoique léger & pierreux, il est riche & fécond ; l'eau y est communément salée ; il n'y a d'eaux douces que celles de pluie qu'on y conserve dans des cîternes. On y fait deux récoltes de maïs par an, l'une en Juillet, l'autre en Décembre, & c'est la principale nourriture des habitans ; les légumes, les fruits satisfont encore leurs besoins & leurs plaisirs : on y cultive le tabac : les cédres qui y forment de petits bois, sont estimés par l'odeur qu'ils répandent, par leur durée, leur beauté ; par la facilité avec laquelle on travaille son bois nommé *acajou* par les Français ; c'est avec cet arbre que l'on construit, non-seulement des chaloupes, des brigantins & d'autres bâtimens de transport, qui n'ont pas d'égaux pour la marche & la durée, mais souvent encore des maisons, des églises, des bâtimens publics. Le *palmeto*, espece de palmier sauvage, n'y est pas moins commun, ni moins utile : son fruit est semblable au pruneau par sa couleur, sa forme, sa grosseur, & il y est fort prisé : son bois sert à bâtir & à brûler, & ses feuilles, longues de huit à dix pieds, sont propres à couvrir les maisons : le dattier, l'oranger, l'olivier, le laurier, le poirier de Barbarie y prosperrent, s'y élevent beaucoup, & leur fruit surpasse en grosseur, en parfum, en goût, ceux des deux Indes : le bois rouge leur est particulier : son fruit coloré nourrit des vers, qui se changent en mouches un peu plus grosses que la cochenille qui sert au même usage, & la surpasse par ses qualités médicinales. Enfin on y remarque l'*ivraie venimeuse*, qui rampe comme le lierre, dont la racine est un puissant vomitif, & qui est l'unique plante de ces isles, où végétent divers bois aromatiques.

On y trouve beaucoup de porcs & une variété étonnante de petits oiseaux : on y voit aussi le cygne, la sarcelle, le héron, l'oie, le rouge-gorge, la bécasse, la poule & le corbeau d'eau, la buse, l'autour, l'aigle de mer, la chauve-souris, la chouette, &c. Le *cowkée* semble particulier à ces isles : il fait son nid dans les trous des rochers & dans les antres ; il est grand comme la mouette de mer & si peu sauvage, qu'il se laisse prendre avec facilité : c'est un mets délicat, ce qui l'a rendu très-rare. On y voit encore l'*oiseau-trompette* & le *pemlico* ; ce dernier ne s'y trouve presque plus aujourd'hui.

Les insectes y sont les mêmes que dans les autres colonies : l'araignée seule s'y distingue par son énorme grosseur ; mais ses belles couleurs diminuent l'effroi qu'elle inspire : les petits oiseaux ne peuvent se débarrasser de ses toiles : il n'y a pas d'animaux vénimeux.

Le roi en nomme le gouverneur & le conseil ; les représentans du peuple y forment l'assemblée générale : il y a peu de loix, peu de commerce, peu de vices : les bois de construction, les vaisseaux qu'on y fabrique, les vivres, le tabac, y sont les seuls objets d'exportation ; satisfaits des agrémens & de l'abondance dont ils jouissent, ils vivent en paix, en sûreté; ils ne se tourmentent point par le soin de s'enrichir, par l'inquiétude & le besoin des distinctions; ils sont simples, intégres, honnêtes. La température attrayante de ces lieux, le caractere estimable des colons engagerent le docteur Berkeley, depuis évêque de Cloyne, à y fonder une académie pour les sciences utiles & la religion : il obtint de George I une patente pour y élever un college : une tempête l'empêcha d'y aller exécuter son plan. Leurs principaux habitans formerent, en 1765, une société, qui s'engagea à former une bibliothéque de tous les livres économiques dans toutes les langues, à occuper toutes les personnes valides dans les deux sexes, selon leurs talens & leur caractere; à récompenser celui qui y ameneroit un art nouveau, ou perfectionneroit un art connu, à donner une pension à l'ouvrier honnête, qui devenu vieillard, ne pouvait vivre sans inquiétude pour l'avenir ; à dédommager tout individu que le ministere ou le magistrat auraient opprimé.

On a parlé d'y cultiver la soie, la vigne, la cochenille ; sans doute on l'essayera, & peut-être on y réussira : on y fabrique des toiles à voiles.

*St. George* est la plus grande de ces isles : elle a presque six lieues de long, sur une de large : une chaîne de rochers qui s'étend au loin dans la mer, l'environne & la défend: des forts, des batteries, des parapets, en rendent encore l'approche difficile; par-tout les canons s'y croisent: les vaisseaux n'en peuvent approcher que par deux endroits, qu'on découvre avec peine; un pilote de l'isle peut seul y conduire en sûreté les plus grands navires: le rivage même n'y est que roc, & l'attaquer, c'est y chercher le naufrage: ce danger leur a fait donner le nom de *Los Diabolos* par les Espagnols. Cette isle est partagée en neuf districts, qu'on nomme *tribus*: ce sont celles de S. Georges, d'Hamilton, de Smith, de Paget, de Devonshire, de Pembroke, de Warwich, de Southampton & de Sandwyk: tous les habitans des autres petites isles appartiennent à l'une ou l'autre de ces tribus.

*S. Georges-town* en est la capitale: elle est située au fond d'un port, & protégée par sept ou huit petits forts munis de 70 canons. On y voit une belle église, une bonne bibliotheque, une maison de ville considérable, où s'assemblent le gouverneur, le conseil, les représentans du peuple, & les magistrats.

## DES ISLES LUCAYES ou DE BAHAMA.

Colomb les découvrit, & l'une d'elles fut la premiere terre de l'Amérique, vue par les Européens. Elles appartiennent aux Anglais, & s'étendent à l'est & au sud-est de la Floride du 21 jusqu'au 28° de latitude septentrionale, du 298 jusqu'au 306° de longitude. Des voyageurs en font monter le nombre à cinq cents, d'autres à quatre cents, quelques-uns à deux cents; mais il n'en est gueres que douze que l'on connaisse bien. On les divise en trois classes: celles qui forment le canal de Bahama; celles qui s'étendent parallélement à Cuba ; celles qui font au nord de St. Domingue, ou les Caïques ou Cayes, ou isles Turques.

Les infulaires que les Efpagnols y trouverent, formaient un peuple fimple, innocent, incapable de nuire : les vaiffeaux de Colomb les frapperent d'étonnement ; ils coururent en troupes au-devant des Européens ; ils admiraient tout ce qui s'offrait à leurs regards. Mais plus ils étaient doux & bons, plus ils furent expofés à la dureté Efpagnole, qui ne trouvant pas ces isles dignes d'attention, les en arracherent pour les plonger dans les mines, où ils travaillerent & périrent ; on en maffacra même un grand nombre fans but & fans raifon : & ces isles devinrent défertes.

Elles ne furent connues des Anglais qu'en 1667, parce qu'elles font écartées des routes qu'ils fuivaient alors. William Sayle, cinglant vers la Caroline, fut jetté entr'elles par une tempête : il les examina, & donna fon nom à l'une d'elles ; mais y ayant été jetté une feconde fois, il la nomma *la Providence*, & elle eft connue fous ce nom. On fentit les avantages de leur fituation, foit pour troubler le commerce des ennemis de l'Angleterre, foit pour affurer le fien ; & Charles II en fit une conceffion aux lords Albemarle, Asley, Berkeley & Craven, à fir George Carteret, à fir Peter Colleton. En 1672, *Chillingworth* y mena une colonie qu'il voulut foumettre à un ordre févere : elle s'affembla, fe faifit de lui, l'embarqua pour la Jamaïque, & vécut à fon gré. Les propriétaires y envoyerent quelques années après Clarke pour la gouverner ; mais les Efpagnols y defcendirent, la dévafterent, ruinerent tout ce que les habitans ne purent emporter en fe difperfant dans les autres colonies, brûlerent leurs maifons, tuerent Clarke

, dit-on, le mangerent. Après la révolution qui plaça Guillaume III sur le trône, ces isles se repeuplerent : on y nomma un gouverneur ; on y cultiva le tabac ; on y éleva une sucrerie ; on y fit divers établissemens. En 1708, les Français unis aux Espagnols, débarquerent à la Providence, brûlerent la ville, emporterent le canon, les dépouilles, le gouverneur & la moitié des negres ; car le reste s'était enfui dans les forêts : ils y revinrent bientôt après pour enlever ce qu'ils avaient laissé, & ces isles demeurerent désertes. Un nouveau gouverneur aborda, & n'y trouva personne. Après son départ, elles devinrent une retraite de pirates. George I y envoya un gouverneur, y fit placer une nouvelle colonie : les forbans se soumirent, deux cents se joignirent aux trois cents personnes qui étaient parties d'Angleterre, & à une garnison de cent hommes qu'on avait jugée nécessaire pour la défendre. Bientôt on compta quinze cents personnes à la Providence : la ville qu'on avait nommée *Nassau*, fut rebâtie, les plantages reparés. Soixante familles s'établirent dans l'isle d'*Eleuthere*, & y construisirent un fort. Une autre colonie se fixa dans celle d'*Halbour-Island*, dont la culture devint florissante ; un grand fort en protégea les habitans. *Cat-Island* fut aussi cultivée & habitée. Trois fois on battit les Espagnols qui vinrent les attaquer. Aujourd'hui on y compte 4000 ames. Jettons un coup-d'œil sur les principales de ces isles.

Dans la premiere classe, on remarque celle de *Lucaya* ou *Yucayoneque*, la plus septentrionale de toutes, & celle dont elles ont pris le nom : c'est une des plus grandes, & l'on y recueille des fruits & du maïs; on y voit l'arbre *varuma*. Celle de *Bahama* est à vingt lieues au levant de la Floride, & à dix au couchant de Lucaya. Elle est très-agréable, & son sol est d'une grande fertilité : un grand nombre de ruisseaux & de sources l'arrosent : on en exportait beaucoup de gayac, de saffafras, de salfepareille, de bois rouge ; mais les Espagnols vinrent les détruire : elle produit aujourd'hui du maïs : on y trouve beaucoup d'oiseaux, & une espece particuliere de lapins. La Caroline & la Floride fournissent aux habitans ce que leur sol y refuse. L'isle a dix-huit lieues de long. Le canal de son nom est large, mais difficile & dangereux, parce qu'il est semé de rocs & de bancs de sable : ses habitans doivent tendre des secours aux vaisseaux que les orages & les courans impétueux y mettent en danger. *Bimini* a autour d'elle des rochers & des sables : on a cru qu'elle renfermait une source dont les eaux rendaient aux vieillards la force & les graces de la jeunesse.

Dans la seconde classe, on remarque *la Providence* : elle est entourée d'un grand nombre d'autres isles ; les unes longues de deux ou trois lieues, parmi lesquelles sont les *Andros* ; les autres n'élevant au-dessus de l'eau que quelques pointes de rochers : elles ne laissent entr'elles que des canaux dangereux où l'on n'entre que lorsque l'orage force de le faire. La *Providence* a dix lieues de long, & quatre dans sa plus grande largeur : elle est belle, remplie d'arbres, de plantes, d'oiseaux, de poissons ; mais on dit que la plupart de ces derniers sont vénimeux. Les secours que les habitans tendent aux vaisseaux menacés du naufrage, font une partie de leur commerce. On y voit des magasins de provisions : on en vend à ceux qui en manquent ; & les débris des vaisseaux qui sont jettés sur leurs côtes, ne rapportent pas moins d'avantages. Les champs donnent des pois, du maïs; les forêts, du bois de Bréfil; la mer, du fel, & c'est avec ce dernier article qu'ils paient les vivres qu'ils tirent de la Caroline: les cannes à fucre y réufliffent. Elle pourrait devenir très-floriffante; mais les gouverneurs y ont trop de pouvoir: il y a trop de juges, trop de goût pour la chicane, & fur-tout pour la piraterie.

*Eleuthera* ou *Alabafter*, eft longue, peu large, affez fertile; mais encore imparfaitement habitée. *Guanahami*, que Colomb nomma *St. Salvador*, & que les Anglais appellent *Cat-Island*, a de l'eau & du bois: le coton y croît en abondance, ainfi qu'en d'autres isles voifines: on vante la bonté de fon port: on y trouve des palmiers: elle était peuplée lorfque Colomb la découvrit. *Guanima*, au nord-eft de la précédente, eft environnée de rochers & de fable, a des fources d'eaux vives, & un fol fertile. *Mayaguana* a huit lieues de long. L'*Isle Longue* ou *Yuma* eft longue de vingt lieues, large de fix. *Mira per vos*, font trois isles difpofées en triangle, entre des fables & des rochers, d'où vient leur nom, qui fignifie *prends garde à toi*.

Dans la troifieme claffe font les *Caïques* ou *Cayes*, formées de plufieurs isles difpofées en un cercle, coupé par une multitude de canaux, bordé au levant par des fables: la plus grande a un bon mouillage: il y a auffi la Caye bleue au couchant, & la Caye d'argent au fud-eft: les isles Turques en font voifines, ainfi que l'*El Penuelo Quadrado* ou le *Mouchoir quarré*, la grande & la petite *Inague* ou *Yanagua*; la premiere eft longue de dix lieues.

Nous paffons de ces isles aux grandes Antilles, nommées encore *Isles deffus le vent*, ou *Isles de Barlovento*. On en compte ordinairement quatre: ce font celles de Cuba, de St. Domingue, de Porto-Rico, & la Jamaïque.

## ISLE DE CUBA.

Cette isle s'étend du 293° 20' au 303° 36' de longitude, & du 19° 40' au 23° 20' de latitude septentrionale : sa plus grande longueur du cap St. Antoine au cap Maisy, est d'environ 250 lieues, & sa plus grande largeur de 88 ; quelquefois elle n'en a que 10 ou 15 : elle est à 36 lieues du cap Floride. Elle semble commander l'entrée du golfe de Mexique & le passage pour aller aux Antilles : ses habitans la nommaient *Cuba*; Colomb lui donna le nom de *Juanna*, & ensuite celui de *Ferdinando*, en l'honneur du roi qui régnait alors en Espagne ; mais elle a conservé son premier nom.

Elle fut découverte en 1492 ; mais ne fut soumise à l'Espagne qu'en 1511 : on traita les habitans avec la cruauté qu'inspire une avarice insatiable, jointe à une bigoterie féroce. On dit que quelques millions d'entr'eux furent massacrés, qu'on avait ordonné leur destruction entiere : l'un de leurs caciques qui connaissait les Espagnols, & qu'ils haïssaient, attaché à un poteau pour être brûlé, refusa d'entendre parler du paradis, & de s'en ouvrir l'entrée, de peur de les y trouver. L'histoire de cette révolution n'est que le tableau d'une boucherie affreuse, qu'un reste de honte faisait cacher avec soin. Les uns expirerent dans les tortures, d'autres furent ensévelis dans les mines d'or, que leur pauvreté fit enfin abandonner : la petite vérole acheva d'en faire un désert. En 1519, le pilote Alaminos vit que le canal formé par cette isle & le continent était la seule route convenable pour ces vaisseaux qui allaient du Mexique en Europe; & la Havane fut bâtie sur sa côte septentrionale pour les recevoir : elle fut d'abord bâtie en bois : ses richesses naissantes y amenerent des pirates Anglais & Français qui la pillerent plusieurs fois, & enfin la brûlerent. En 1669, elle fut prise encore par le flibustier Morgan. En 1741, l'amiral Vernon s'établit dans le sud-est de l'isle, y éleva le fort Cumberland, & ne l'abandonna qu'à cause de l'intempérie du climat. Les Anglais prirent encore la Havane en 1761, & y trouverent des trésors immenses.

Un gouverneur ou capitaine-général, commande dans cette isle ; il décide de toutes les affaires civiles & militaires : un intendant y régit les finances. Elle est partagée en dix-huit jurisdictions, sur chacune desquelles président des magistrats, dont on appelle des sentences à l'audience de St. Domingue. Un évêque, un chapitre, qui résident à Cuba, ont l'inspection des affaires ecclésiastiques : ils ne perçoivent point la dixme, qui est un revenu de la couronne : on y compte vingt-six couvens, dont les biens montent à 14,589,590 livres, sans y comprendre les biens de l'ordre de S. Jean de Dieu : on y instruit les jeunes gens : en 1728 on fonda une université à la Havane, qui a moins de deux cents écoliers, & jouit de 37,800 livres de revenu : on y compte aussi dix-neuf hôpitaux bien rentés. En 1774, Cuba renfermait environ 150,000 habitans libres, & 30,000 esclaves.

Les arts de nécessité y sont les seuls cultivés, & ce sont les noirs & les mulâtres qui les exercent : la menuiserie y est seule portée à un degré de perfection remarquable.

Une chaîne de montagnes s'étend du levant au

couchant dans la longueur de cette isle, & la partage : on y trouve des mines de cuivre, qui fournissent toutes les colonies Espagnoles d'ustensiles de ce métal : des paillettes d'or & d'argent se recueillent dans le sable de ses rivieres ; ce qui fait penser qu'il y a des veines de ces métaux dans les montagnes. Ces montagnes sont couvertes d'arbres ; les côtes ne sont presque par-tout qu'une plaine unie : une multitude de rivieres descendent des collines qui les couronnent ; mais aucune de ces rivieres n'est large, aucune n'a un cours étendu. Peu de contrées ont de meilleurs ports ; & le plus considérable, le plus connu d'entr'eux est celui de la Havane, placé au nord-ouest de l'isle ; il est un des plus beaux & des plus commodes qu'il y ait en Amérique. Après lui, on remarque celui de *S. Jago* ou de Cuba, situé au fond d'un grand golfe, vers l'extrémité orientale de cette isle.

Les mois de Juillet & d'Août y sont des tems de pluies ; les mois suivans sont très-chauds, lorsque des nuages n'y cachent point le soleil, ou que l'air n'est rafraichi ni par des vents de mer, ni par des ondées : la saison la plus ardente est lorsque le soleil est le plus éloigné de son zénith, & alors c'est le matin qui est le moment le plus chaud du jour ; car vers le midi un vent de mer s'éleve, souffle avec force, & se soutient jusqu'au soir. Les vents réglés y viennent du nord-ouest. Vers les pleines & les nouvelles lunes, d'Octobre jusqu'en Avril, les vents du nord & du nord-ouest y regnent : ils deviennent des ouragans en Décembre & Janvier, & cependant ces deux mois y donnent la saison la plus agréable de l'année.

Cette isle, qui par son étendue est un royaume, jouit du sol le plus fertile peut-être de toute l'Amérique.

que. Elle rapporte toutes les productions des isles anglaises & Françaises, sur-tout le gingembre, le poivre long & d'autres épiceries ; l'aloès, le mastic, cassia-fistula. On y voit des cedres élevés, dont on ne fabrique des vaisseaux que depuis 1724 ; des arbres odoriférans, des chênes, des sapins, des palmiers, des seps de vignes qui y sont des arbrisseaux élevés, & des cotonniers : l'ébene y est commun. On y recueille deux sortes de fruits, qu'on y nomme *camiton* & *guanavana*, dont le premier ressemble à une orange de Chine, & croît sur un arbre qui a les feuilles vertes d'un côté, & couleur canelle de l'autre : le second a la forme d'un cœur ; est vert à l'extérieur, & renferme des aiguillons épineux, quelques noyaux & une chair aigrelette : il en est d'autres qui ne lui sont point particulieres, telles que le plantain, la banane, la guave, les limons, &c. On y voit de longues allées faites avec le cocotier. Le tabac est une de ses principales productions ; il y est le meilleur ; il est du moins celui qui a l'odeur la plus agréable des tabacs du Nouveau Monde, & on croit qu'elle en produit annuellement 55000 quintaux : cette production ne s'accroîtra pas, si celle du sucre y occupe davantage les habitans ; il est estimé un des meilleurs des Indes occidentales : Cuba en produisait déja 250000 quintaux il y a quelques années ; & cette culture prospérerait bien plus encore, si l'on n'y manquait de bras ; car les champs à sucre en demandent beaucoup, quoiqu'on ait des moulins à sucre que l'eau ou les chevaux mettent en mouvement. Celles du café est peu considérable. En 1763, les habitans qui abandonnaient la Floride, lui apporterent des abeilles, qui multiplierent avec tant de rapidité dans les creux des vieux arbres, que bientôt elles donnerent assez de cire pour la consommation annuelle; en 1770, on en eut déja de superflue; en 1777, on en exporta 715000 livres: les ruches y donnent quatre récoltes par année, & les essaims s'y succedent sans interruption.

On y cultive des fruits, des légumes qu'on a porta d'Europe, du manioc, du maïs, du cacao en très-petite quantité, mais bon; peu de froment, quoiqu'on y en consomme toujours: les farines y viennent d'Espagne & des colonies Anglaises. Les Espagnols y ont transporté beaucoup de bêtes à corne, qui s'y sont si prodigieusement multipliées, que devenues sauvages, les forêts sont remplies de troupeaux errans qu'elles forment: on les chasse, on les tue, pour leur ôter la peau; & souvent on en laisse la chair très-succulente, se corrompre & empester l'air, parce qu'il n'y a pas des hommes pour la manger: quelquefois on la fait sécher au soleil, & on la garde pour en fournir les navires qui ont besoin de provisions. On y préfère la chair du porc sauvage ou domestique, dont on y voit de nombreux troupeaux. On y a introduit des moutons, qui peut-être y prospéreront. Les chevaux, les mulets y paissent dans de vastes pâturages; mais il paraît qu'ils n'y sont pas en bien grand nombre, puisque les colons en tirent beaucoup encore du continent. La volaille n'y est point rare: différens oiseaux en habitent les bois & les monts; & on distingue parmi eux les perroquets, les tourterelles & les perdrix à têtes bleues. Les oiseaux de mer abondent sur ses côtes: le plus commun est une espèce de grue, blanche dans sa jeunesse, mais qui se couvre d'un plumage varié en vieillissant. On trouve aussi sur ses rivages de grandes tortues. Nulle part les lacs & les rivieres ne nourrissent plus d'alligaors : les principaux poissons qu'on y pêche sont le mulet & l'alose.

L'isle est bien loin d'être cultivée comme elle le serait d'abord, & bien moins encore, comme elle le pourrait être. On a dit qu'il y avait plus d'églises que de hameaux, plus de prêtres que de planteurs ; que cette grande isle, dont le sol est riche, qui apporte abondamment & sans beaucoup de soins tout ce qui est nécessaire à la vie, qui récompense les soins avec plus de prodigalité que nulle autre contrée peut-être, où l'on voit de belles forêts remplies d'excellent gibier, de bêtes sauvages, d'animaux domestiques, a fourni long-tems moins d'objets d'exportation en peaux, en suif, en sucre, en diverses sortes de tabac, que la petite isle d'Antigoa : mais ces reproches cesseront bientôt d'être fondés, & déjà ils le sont bien moins. Déjà on a remarqué que le produit des douanes, qui avant 1765 n'avait jamais excédé 565,963 livres, était monté de nos jours à 1,620,000 livres ; que la valeur des métaux que la métropole en retirait, excédait peu la somme d'un million & demi, & qu'elle est aujourd'hui de plus de huit millions : tel est l'effet de la liberté du commerce.

Les Espagnols divisent cette isle en sept provinces, qui sont celles de *Bayame*, de *Maisy*, de *Canagueya*, de *Cueyba*, de *Macamun*, d'*Ubima* & de *Sagua* ; mais comme chacune d'elles ne nous offre point d'objets particuliers connus, nous n'en ferons aucune division.

St. *Yago* a été long-tems regardée comme la capitale de Cuba, dont elle porte aussi le nom : elle est située sous le 302° de longitude, & le 20° 6' de latitude, au fond d'un golfe spacieux, sur sa côte méridionale, à quelque distance de la mer :

T 2

l'entrée du golfe eſt étroite ; il renferme de petites isles, qui défendent les vaiſſeaux qui s'y rendent, contre les orages, & en font un port ſûr & commode. La ville devenue preſque un bourg, eſt le ſiege d'un évêque, ſuffragant de St. Domingo : ſa cathédrale eſt riche : ſon commerce était autrefois conſidérable ; mais il eſt aujourd'hui paſſé à la Havane : ſa juriſdiction s'étendait ſur la moitié de l'isle : aujourd'hui elle eſt fort reſſerrée ; la Havane lui a ſuccédé. A ſon couchant ſont des montagnes où l'on trouve des mines de cuivre.

*La Havane* eſt ſituée ſur la côte ſeptentrionale : elle fut bâtie par Diego Velaſquez, qui conquit l'isle au commencement du ſeizieme ſiecle. Son port eſt un des meilleurs de Cuba, & un des plus beaux du monde : mille vaiſſeaux pourraient s'y placer commodément, y être en ſûreté, ſans ancres, ſans cordages ; aucun vent ne peut les y agiter : & il eſt ſi profond, que les plus grands vaiſſeaux peuvent jetter l'ancre tout près du rivage : on y entre par un canal long de 600 toiſes, bordé de rochers à ſon entrée, & ſi étroit, qu'un ſeul vaiſſeau peut y entrer à la fois ; on pourrait le fermer avec une chaîne : ſur ſes côtés ſont de petites anſes. Il eſt défendu par le fort *Mooro* & le fort *Puntal* ; le premier eſt trop élevé pour avoir à craindre le canon des vaiſſeaux, & le ſecond ne peut en être atteint que par un canal étroit : celui-ci eſt ſur un ſol uni, vis-à-vis du précédent ; il eſt d'une figure réguliere, entouré de quatre baſtions, d'un foſſé ſec creuſé dans le roc : celui-là eſt ſur un rocher, entouré d'un profond foſſé que rempliſſent les eaux de la mer, & couvert de hauts & larges parapets ; ce foſſé forme un triangle, que trois baſtions & quarante pieces de canon défendent :

## Isle de Cuba.

e là part une ligne parallele au rivage, défendue
ar douze canons de 36 livres de balle, nommés
*s douze apôtres :* entre lui & la mer est une tour
u'on éclaire au sommet, & où l'on entretient
onstamment un sentinelle, qui éleve autant de
annieres qu'il voit arriver de vaisseaux. Le fort
V *Fuerte* est petit, mais il est très-fort, & situé à
entrée d'un canal étroit, d'où il défend encore le
ort.

La ville est au centre de la contrée la plus fer-
le de l'isle, au couchant du port, dans une plaine
gréable, sur les deux rives du Lagida : sa forme
st ovale : un espace de deux cents toises la sépare
e la mer : ses maisons sont de pierres, plus jo-
es que magnifiques : ses rues sont étroites, mais
ropres. On y compte onze églises & monasteres,
eux hôpitaux bien construits, une belle place de
arché, environnée de maisons uniformes. Les
glises y sont belles & richement ornées : les lam-
es, les chandeliers, les ornemens d'autels sont d'or
 d'argent ; on y voit quelques lampes d'argent
'un travail singulier, & si grandes, qu'elles pesent
n quintal. L'église des Franciscains a douze belles
napelles ; le cloître renferme cinquante cellules,
our autant de peres : celle de Ste. Claire est dé-
orée de sept autels ; il en est treize dans celle
es Augustins, & neuf dans celle de *St. Jean de*
*Oieu*, qui a un hôpital dont les revenus actuels
nontent à 12000 pieces de huit.

Elle est défendue par des fossés larges & profonds,
: un bon chemin couvert, par les forts qui défendent
 port, par celui qu'on a élevé sur la hauteur d'*Arof-*
*guy*, composé de quatre bastions, qui voit la mer,
 bat au loin la campagne ; par celui d'*Atares*,
yant comme le précédent quatre bastions, des sof-

T. 3

fés, des remparts, des citernes, des casemattes, étant défendu encore par une riviere & un marais impraticable; par le *Cavana*, ouvrage à couronne par plus de 12000 hommes de milice qu'on a exercé soigneusement, & par une nombreuse garnison.

Cette ville est la plus importante peut-être de celles que les Espagnols possèdent en Amérique. C'est le lieu où se rassemblent leurs flottes; & sa situation à l'entrée du golfe de la Floride, par lequel elles passent, l'ont fait appeler la *clef des Indes occidentales*. Là se tient la flotte royale; là se rassemblent en Septembre les navires marchands du continent, dont on annonce le départ par une proclamation publique, & dont des messes nombreuses font espérer l'heureux retour.

En général, ses habitans sont sociables; les femmes y sont assez libres, quoiqu'elles ne puissent sortir sans voiles: beaucoup d'entr'eux parlent le français, & s'habillent à la française. Le porc & la tortue sont leurs principaux alimens; les navires viennent s'y en pourvoir: la chair du premier est fort nourrissante; celle de la seconde est coupée par longues tranches, qu'on sale & seche au grand air. Le vin y est à bas prix, mais n'y est pas bon: tous les autres alimens y sont chers, sur-tout lorsque les gallions sont rassemblés dans le port. Le peuple s'y nourrit de pain de cassave, parce que le froment ne réussit pas dans l'isle. La longitude de la Havane est de 295° 45', & la latitude de 23° 10'.

Les autres villes de Cuba sont peu considérables: telles sont *San-Yago de la Vega*, dans l'intérieur de l'isle, au centre d'une belle plaine ceinte de montagnes. *Batabano*, sur la côte méridionale, au fond d'un vaste golfe, devant lequel est l'isle de *Pinos*, qui a la figure d'un fer à cheval, & qui est montueuse &

ouverte de pins. *Metanzas* ou *Santa-Crux*, au levant de la Havane, célèbre par une bataille navale. *Simones Grandes*, à sept lieues de la mer. *Camarones*, au nord de la baie de *Xaguas*. La *Trinidad*, voisine d'un bon port. *Villa-Clara*, plus au nord, au pied des montagnes. *Remedios*, qui a une bonne rade. Le *St. Esprit*, sur une riviere qui se jette dans la mer, à huit lieues de-là. *Sainte-Marie du port au Prince*, voisine d'une chaîne de montagnes, & de *Cunagoa*; c'est une ville agréable, mais peu riche; près d'elle est une montagne, d'où il découle du bitume ou de la poix. *Bayamo* ou *San-Salvador*, sur une riviere qui lui forme un port, dans un vaste golfe, embarrassé d'isles. *Guibara*, près d'une baie commode. *Baracoa*, dans la partie orientale de l'isle, connue par son port.

Du nord au sud de cette isle, sont de petits archipels d'isles désertes: celui du nord s'appelle le *Jardin du Roi*; ceux du sud, les *Jardins* & les *Jardins de la Reine*. Entre cette isle à celle de la Jamaïque, on trouve le *Cayman-Brac*, le *petit* & le *grand Cayman*, petites isles désertes.

## LA JAMAÏQUE.

C'est la plus grande de celles que possédent les Anglais en Amérique. Colomb la découvrit, & lui donna le nom de *San-Yago*, qu'elle a conservé aussi long-tems que les Espagnols en ont été les maîtres. Diego, fils de Colomb, les y avait fixé: ils n'y tinrent, ce semble, que pour en détruire les paisibles habitans, qu'on y comptait au nombre de soixante mille. Pendant un siecle, on n'y vit prospérer qu'une ville; & l'on ne comptait dans son enceinte que quinze cents Espagnols, & autant d'esclaves noirs : il n'y avait plus que cinq ou six familles d'Indiens. Penn & Venables, l'un amiral l'autre colonel, repoussés à Hispaniola, vinrent débarquer à la Jamaïque : ils y vainquirent les Espagnols, qui abandonnerent aux vainqueurs tous les forts, les armes, les munitions, les provisions tous les vaisseaux qui étaient dans les ports, & toutes les marchandises. Ceux qui voulurent demeurer, garderent leurs possessions, & purent les cultiver en paix : les autres furent transportés dans la Nouvelle Espagne, avec tous leurs habillemens leurs livres, leurs papiers. Dodley en devint gouverneur : il s'y fit respecter au milieu des dissentions que la religion y avait semées, & même en y exerçant un gouvernement arbitraire ; c'est qu'il fut un homme juste, ferme, éclairé, sur-tout désintéressé. On y trouva la culture du cacaotier en vigueur. On ne fut que l'y entretenir : des habitans de la Barbade y firent connaître celle de la canne à sucre ; & bientôt les flibustiers y apportant les richesses acquises par leurs déprédations, les y firent circuler. Les Jamaïquains devenaient avec facilité des capitalistes ; mais la destruction de ces pirates les porta à s'ouvrir de nouvelles sources de richesses par leur industrie : leur succès accrut leur population ; & aujourd'hui un auteur la fait monter à 60000 blancs & 120000 negres ; le premier article est sans doute exagéré : un philosophe très-instruit dit, qu'en 1775 on y comptait 18500 blancs, 3700 noirs & mulâtres libres, & 190914 esclaves ; mais cette population est loin de ce qu'elle peut être : sur deux millions soixante & dix mille acres cultivables que renferme cette isle, le gouvernement n'en a encore accordé qu'un million six cent soixante-onze mille quatre cent trente : il en reste donc un million quatre cents mille sans culture, ou même sans maîtres.

Cette isle s'étend du couchant au levant, du 299° 12′ au 301° 43′ de longitude; du nord au midi elle est comprise entre le 17° 38′ & le 18° 34′ de latitude septentrionale. De la pointe Morant à celle de Negril, elle a 60 lieues; de la pointe Portland, à celle de Rocky elle en a 23 de large, sa surface peut être de 3,800,000 acres.

Située sous la zone torride, il y regne un vent de mer régulier, qui se fait sentir sur-tout au midi de l'isle, les Anglais le nomment *the sea breeze*: il s'éleve à huit heures du matin, se renforce jusqu'à midi, baisse avec le soleil, meurt à quatre heures après midi. Le vent de terre commence à souffler à huit heures du soir & se fait sentir sur la mer à quatre lieues du rivage; il s'accroit jusqu'à minuit, s'affaiblit ensuite & meurt vers les quatre heures du matin: de cette alternative vient que les vaisseaux n'en approchent que le jour & n'en partent que la nuit.

L'isle est partagée par plusieurs chaines continues de collines élevées, de montagnes irrégulieres, où les rochers sont confusément entassés: elles s'étendent du levant au couchant; au centre sont les *montagnes bleues* & les *montagnes du borgne*, dont la pente se prolonge au loin par des collines inférieures: la plupart sont déchirées par des canaux profonds creusés par les pluies abondantes. Des ondées violentes y tombent presque tous les jours; l'eau s'en écoule par une multitude de sinuosités, y forme d'abondantes cascades, creuse la terre, & approfondit chaque jour la route qu'elle s'y est tracée. Les plus belles plaines, les savanes les plus riches où les bois sont abattus ou éclaircis, où l'on a préparé le fol, font dans le midi de l'ifle : là on peut voyager pendant quelques lieues fans rencontrer la moindre élévation ; il eft de ces plaines qui s'avancent dans l'intérieur, & y préfentent de beaux vallons. Lorfqu'elles font arrofées, tout y annonce la fertilité, tout y eft verd, frais & brillant, mais fi la fécherefſe fe fait fentir, l'herbe y jaunit, tout y languit, fe flétrit & meurt.

L'ifle a plufieurs ports, mais il eft dangereux d'approcher de fes côtes fans un bon pilote, parce qu'elles font bordées de rochers de corail. Parmi les rivieres qui l'arrofent, il en eft peu de navigables : les hautes montagnes qui s'élevent dans le centre de l'ifle, font que l'eau fe précipitant de rochers en rochers vers le midi ou le nord de l'ifle, forme des torrens rapides, qui fe jettent dans la mer après un cours impétueux & bientôt terminé : fouvent ils entraînent avec eux de grands arbres & des rocs qu'elles détachent des monts, & font des cafcades de 50 à 60 pieds d'élévation. Dans les années de fécherefſe, l'eau eft fort rare dans les lieux éloignés des rivieres, & l'on voit périr le bétail avant qu'il y foit parvenu pour fe défaltérer : quelques-unes fe perdent dans le fein de la terre ; telle eft la *Rio d'Oro* qui fe perd, fe remontre, fe cache encore pour reparaître : quelques-unes pétrifient le canal dans lequel elles coulent, l'incruftent d'un ciment qui unit le fable & le caillou, & n'en fait qu'une maffe continue. On y trouve auffi des fources chaudes, des fources falées qui forment de petits lacs : tel eft le *Riotto* qui reçoit beaucoup d'eau, fans qu'il paraiffe avoir aucun canal de décharge : on forme des étangs fur fes bords, le foleil en fait évaporer l'eau, & le fel demeure.

Les montagnes font couvertes de forêts qui ne

perdent jamais leur verdure. Le mois de Décembre y est embelli par des fleurs comme celui d'Avril ; mille arbres différens couvrent d'énormes masses de rocs & en parent la nudité ; leurs racines plongent, serpentent dans les fentes & y vont pomper l'humidité qu'y répandent les pluies & les brouillards ; leurs rameaux entrelassés forment des labyrinthes, des grottes, des asyles ombragés & frais : les cédres, les *mahagoni*, le bois de vie & un grand nombre d'autres, s'unissent de cette maniere ; quelques-uns balancent leurs têtes élevées au dessus des autres ; à leurs pieds sont des vallées riantes & cultivées, qui présentent des beautés différentes ; comme les monts, elles sont parées d'arbres qui répandent leur ombre bienfaisante ; il semble que la main de l'homme les ait creusées pour varier & multiplier ses jouissances : on y voit les plantes les plus belles réunies aux plus utiles : là prosperent la canne à sucre, le gingembre, le piment, & beaucoup d'autres, qui sont des sources de richesses plus sûres, plus abondantes que les mines du Potosi : là sont les plus beaux orangers & une multitude de citronniers ; les arbres fruitiers couvrent des plaines, bordent les chemins, & en voyageant, on peut cueillir des deux côtés des oranges, des guaves & d'autres excellens fruits. Mais ces avantages, ces beautés sont compensées par des désagrémens & des fléaux redoutables : les rivieres sont peuplées de formidables alligators ; leurs eaux ont un goût de cuivre désagréable & dangereux ; les marais, les flaques d'eau sont remplis de serpens, de grands lézards, de bêtes malfaisantes : presque toujours la chaleur y est accablante, le soleil brûlant, & cette ardeur du climat corrompt l'air de l'isle : ces causes réunies le rendent si meurtrier, qu'on n'oferait, qu'on ne pourrait impunément y paffer une nuit fans autre couvert que le ciel.

Le plus long jour y eft de treize heures, le plus court de onze: déjà, vers les neuf heures du matin l'air eft brûlant, & fans le vent de mer qui vient le tempérer, il rendrait l'isle inhabitable: l'humidité, jointe à cette chaleur, y caufe des maladies contagieufes, qui l'auraient bientôt dévaftée fans ce fouffle rafraîchiffant qui redonne & la force & la fanté: quelquefois les nuits y font très-fraîches, & la rofée fi abondante, qu'elle tombe en gouttes des feuilles des arbres, comme s'il eut fait la pluie: le voyageur de nuit eft mouillé en peu de tems; & la fraîcheur, jointe à cette rofée pénétrante qu'on reçoit lorfque les pores ont été ouverts par l'ardeur du jour, caufent diverfes maladies: ce n'eft qu'à force de foins que les nouveaux venus peuvent échapper à leur atteinte meurtriere.

On ne connait ici que la faifon feche & celle des pluies: ces faifons font diverfes dans les différentes parties, & dans aucune elles ne font régulieres. Tandis qu'il pleut tous les jours plus ou moins dans les vallées qui entourent les montagnes bleues, on y plante la canne à fucre; ailleurs elle mûrit, ou on la coupe. C'eft dans la partie feptentrionale de l'isle que ces faifons font plus régulieres: on plante du mois d'Août jufqu'à Noël, parce que dans cet efpace les pluies font continuelles: de Noël à la fin de Mars, l'air eft ferain; les deux mois qui fuivent font ordinairement pluvieux, puis le beau tems recommence. Diverfes parties de l'isle, qui autrefois fourniffaient abondamment les productions les plus précieufes, ne fervent plus aujourd'hui que de pâturages, parce que, durant neuf mois, la fécheresse les rend arides. Les vallées conservent mieux leur fécondité ; les arbres qui les couronnent y rassemblent, y entretiennent des vapeurs, qui retombent sur elles en pluie. De Juillet en Septembre, les ouragans y sont fréquens; toutes les nuits l'éclair s'y fait appercevoir ; mais le tonnerre ne se fait pas toujours entendre. Lorsqu'il tonne, c'est avec un bruit effroyable ; & pendant l'orage rapide qui semble promener le tonnerre, les éclairs ou la foudre causent souvent de grands dommages ; c'est dans les mois de Février & de Mars qu'on y éprouve le plus de tremblemens de terre ; c'est alors qu'ils sont les plus redoutables, & les habitans ont consacré plusieurs jours de l'année par des fêtes solemnelles, en mémoire des ouragans & des tremblemens de terre qui y ont jetté la désolation & la mort.

Les plantages s'y étendent autour de l'isle ; mais ne s'étendent pas loin de la mer ; & encore, dans le voisinage de la mer, tout n'est pas cultivé ; de grands espaces sont encore couverts de bois. Tel planteur qui s'est fait adjuger trois ou quatre mille acres de terrein, n'en a cultivé que quatre ou cinq cents, & a laissé le reste comme inutile. Cependant le sol est en quelques lieux d'une fertilité si extraordinaire, qu'un acre seul y donne plusieurs tonneaux de sucre; la canne qui le produit s'y éleve à plus de dix pieds, le suc coule de sa partie spongieuse avec plus de facilité que le miel ne coule de son rayon; il est doux, agréable, plus épais que le jus de pomme, on en fait des sirops, le rum & le sucre : ce dernier est le plus grand objet de son commerce : on y compte 680 sucreries ; elle envoye chaque année à l'Angleterre, 800,000 quintaux de sucre, qui lui rapportent environ 32 millions de livres; 4 millions de gallons de rum, qui se vendent environ 6 millions de livres; 300,000 gallons de melasse, qui rapportent 130,000 livres. Le coton est encore une de ses principales productions, elle en exporte 6000 quintaux, qui équivalent à peu près 900,000 livres: 6000 quintaux de piment lui produisent plus de 250,000 livres; 18,000 quintaux de café lui produisent environ 900,000 livres; 3000 quintaux de gingembre, 210,000 livres; les bois de teinture & de marqueterie 400,000 livres. Un grand nombre de vaisseaux du port de 150 à 200 quintaux sont occupés à ce commerce. L'arbre qui produit ce que nous appellons le *poivre de la Jamaïque*, est une espece de myrthe qui croit sur les montagnes; son tronc est droit, haut de plus de trente pieds; ses feuilles exhalent une douce odeur; ses branches sont terminées par des corymbes en fleurs, semblables au myrthe ordinaire; les baies qui leur succedent sont vertes, brunes ensuite & un peu plus grosses que le genievre: c'est ce qu'on nomme *piment* ou *all-spice*, tout épice: il réchauffe, dit-on, les estomacs froids. Le gingembre, dont la tige s'éleve comme le froment, mais moins haut, a des feuilles longues & rudes, un épi uni & aigu: c'est la racine seule qui est utile.

Voilà les sources des richesses de cette isle, mais ce ne sont pas les seules productions utiles: les bleds d'Europe n'y réussissent pas; mais le maïs, le bled de Guinée, des pois & des racines de diverses sortes y prosperent, & l'on retrouve dans les jardins plusieurs des légumes de l'Europe & plusieurs de ses fruits: le citron, l'orange de Chine, les limons doux, la grenade, l'ananas, la poire, les fruits que les Anglais appellent *shadocks*, *mamees*, *sour-sops*, *papas*, les melons, les courges, les guaves

# JAMAÏQUE. 303

les tamarins, & diverses sortes de fruits s'y rencontrent par-tout dans son chemin. L'arbre de la canelle sauvage n'y est pas rare; l'arbre à chou, le cédre, l'arbre du mastic qui s'éleve fort haut, celui qui rapporte le mahagony, le fustet, le bois rouge, le logwood, & d'autres arbres utiles y croissent sans les soins de l'homme. Parmi les drogues & les plantes médicinales qu'elle produit, on distingue le gayac, la squine, la salsepareille, la casse, la vanille, & d'autres encore.

Les animaux les plus remarquables de cette isle & des mers qui l'environnent sont les bœufs, les porcs, les brebis, dont la laine est semblable au poil de la chevre : ( on ne nous parle point des animaux sauvages) les chevaux, les tortues, dont l'écaille est fort belle, les alligators ; une multitude de perroquets, des pélicans, des bécasses, des sarcelles, des poules de Guinée & d'Inde, des oies, des canards, des colibris ou bourdonneurs, & une variété étonnante d'autres oiseaux; les fleuves, les baies fourmillent de poissons ; les champs sont ravagés par les rats, infestés de reptiles & d'insectes ; les montagnes nourrissent beaucoup de viperes, on en trouve dans les marais de la plaine, ainsi que des lézards, des guanos; les insectes les plus incommodes sont le ciron & le chegon qui se glissent & rongent la partie membraneuse de la chair des negres; ils attaquent aussi les blancs, se logent le plus souvent sous l'orteil & rongent la chair jusqu'aux os ; ils attaquent les autres parties du corps & s'y multiplient ; il faut en détruire le nid avec soin, afin qu'aucune lende oubliée ne le reproduise.

Les habitans se nourrissent de pains faits de plantains qui croissent en touffes sur les arbres, &

qui a un goût agréable lorsqu'on le fait rôtir coupé en tranches ; d'ignames, espece de patate qui pese plusieurs livres ; de cassave, qui est la racine d'un arbrisseau, & dont le suc est un poison mortel ; on l'exprime, & ce qui reste, mis en farine, trempé dans l'eau, séché ensuite, se forme en gâteaux qu'on cuit sur le gril, & qui deviennent blancs & tendres : les Créoles le préférent au pain fait du froment qu'ils retirent de la Nouvelle Angleterre. Ils y joignent la chair de porc, qui dans cette isle est douce & exquise ; celle du bœuf qui est maigre & coriace, celles du mouton & de l'agneau qui y sont très-bonnes, & celle de la tortue qu'on y estime ; la volaille, les oiseaux sauvages y fournissent aussi des alimens : ceux des domestiques sont principalement les morues & le bœuf salé qu'on y apporte d'Irlande & des colonies Anglaises. La boisson la plus commune y est le vin de Madere trempé : le peuple boit du punch fait avec le rum, qu'on y appelle *le diable exterminateur*, parce qu'il enflamme le sang de ceux qui en boivent avec excès, sur-tout des nouveaux débarqués, & bientôt une fievre ardente les couche dans le tombeau. On y trouve de l'aile & du clairet, mais ils sont très-chers.

Des bas de fil, des culottes de toile, une veste, un mouchoir autour de la tête & un chapeau, voilà quel y est l'habillement ordinaire de l'homme ; il ne met de perruque que le dimanche, ou lorsqu'on tient le tribunal de la province : les riches se parent d'habits de soie brodés en argent : les domestiques ont des surtouts, des caleçons de toile grossiere & point de bas ; les Negres sont communément nuds, excepté ceux qui portent la livrée. Les dames s'y parent d'étoffes précieuses : le matin,

matin; une robe de chambre légere flotte négligemment autour d'elles; au dîné, elles paraissent en habits élégans & riches; leurs suivantes portent une longue robe de coton ou de toile de Hollande rayée, & sur leur tête un mouchoir uni: les Negresses ont des jupes, mais seulement dans les villes.

Les maisons des riches sont à un étage; les chambres en sont boisées & parquetées avec le mahagony: la plupart ont une place ouverte qui s'avance en dehors, élevée de plusieurs marches & ombragée: dans les villes, il y a des maisons de deux étages; mais quelquéfois elles ne résistent ni aux ouragans, ni aux tremblemens de terre. Les Negres habitent de mauvaises huttes.

Quelques hommes riches y cultivent les sciences, mais sans émulation, presque sans secours, ils n'y peuvent faire de grands progrès: ceux qui connaissent les avantages d'une bonne éducation envoyent leurs enfans en Angleterre; le reste préfere la chasse à tout autre plaisir: les Negres, les domestiques, sont leurs premiers précepteurs. Une école où ils apprennent à lire leur succéde; puis ils apprennent à danser, &c. Aucun, ou presque aucun ne s'inquiéte de vivre dans sa jeunesse, comme il aurait voulu vivre quand il approche de la vieillesse. Les maîtres y sont polis, la plupart sont orgueilleux & insolens; c'est en rampant devant eux qu'un étranger peut y faire sa fortune. Les domestiques sages s'y enrichissent, bientôt ils sont les confidens, les égaux de leurs maîtres; mais ceux qui manquent de talens ou d'adresse & de conduite, y sont traités avec dureté: leur travail n'est pas pénible; il se borne à veiller sur les Negres & à diriger leurs travaux. Les esclaves y sont malheureux ; leur esclavage est éternel, il est accablant ; un fouet redoutable y punit les moindres fautes : l'esclave est fustigé dans les places publiques s'il joue, s'il chasse, s'il vend quelqu'autre chose que du lait & du poisson : il ne peut sortir des possessions de son maître sans une permission écrite, ou sans un blanc qui l'accompagne ; il ne peut faire usage d'un instrument sans faire condamner son maître à une amende de 225 livres ; s'il se révolte, s'il frappe deux fois un blanc, il est brûlé : d'autres sont condamnés à périr de faim, desséchés par l'ardeur du soleil, ayant du pain suspendu près de leur bouche : cette rigueur leur fait aimer la mort : à leur dernier instant, on les voit embrasser, baiser leurs compatriotes, qui leur souhaitent un voyage heureux, ne le pleurent point, & envient son sort. Ce qui a rendu nécessaire cette barbare police, c'est la crainte. Quand les Espagnols quitterent l'isle, ils y laisserent des Negres qui se cantonnerent dans les *montagnes bleues*, où ils donnaient asyle aux noirs qui s'échappaient, & souvent après avoir massacré leur maître & mis le feu à sa maison, ils en descendaient pour porter dans la plaine la désolation & la mort. Plusieurs fois la colonie s'arma sans pouvoir les détruire ; enfin on fut obligé de faire un traité d'alliance avec eux, & il existe encore ; mais il ne tient qu'à un vil intérêt, & l'allié peut facilement devenir un ennemi.

Le gouverneur & le conseil de la Jamaïque sont nommés par le roi ; les possesseurs des biens-fonds nomment les représentans du peuple. Le premier est capitaine général, amiral, grand chancelier de l'isle, il distribue les plein-pouvoirs, convoque les assemblées générales & les dissout, préside dans le conseil, fait grace aux criminels, excepté dans les cas de trahison & de meurtre, mais il peut accorder des délais dans ce dernier cas : il nomme à tous les emplois qui ne s'obtiennent pas par une patente, dépose ceux qui les exercent, & par sa voix négative, il peut empêcher l'effet des résolutions de l'assemblée. Comme chancelier, il nomme les administrateurs des biens des colons qui meurent *ab intestat*; & cette prérogative lui rapporte beaucoup : ses appointemens fixes sont d'environ 60,000 livres; l'assemblée lui en assigne encore davantage, & ces sommes, jointes au casuel, lui font un revenu d'environ 230,000 livres.

Le conseil est formé de douze membres d'un état, ou d'une richesse distinguée : ils sont nommés sur un ordre du roi : après la mort ou la démission de l'un d'eux, le gouverneur nomme celui qui doit le remplacer par interim : ils sont les appuis & le frein du pouvoir de ce chef; ils forment la chambre haute de l'assemblée générale.

La cour souveraine de justice décide de tous les procès civils, de tous les criminels qui n'emportent point peine de mort. Elle s'assemble pendant 21 jours, quatre fois par an. Le président & six assistans la forment : sous elle sont des tribunaux inférieurs qui décident des procès dont la valeur n'excède pas 450 livres. En général, la justice y est exercée promptement & avec impartialité.

Les loix veulent qu'on y dédommage de tout le mal que l'ennemi a fait à un colon ; qu'on récompense celui qui y amene un homme ; que l'homme chargé de dettes, qui les acquitte par la vente de sa possession, puisse retirer le surplus ; les créanciers ne peuvent réclamer le déficit : les noirs n'y peuvent hériter que d'environ 14,000 livres.

Les dépenses publiques de la colonie s'élevent

annuellement à 18,450,000 livres. Nous avons parlé des principaux objets de son commerce ; celui de la contrebande avec les Espagnols existait encore avant la guerre ; mais il était très-faible : les principaux objets du commerce d'importation sont les bleds, la chair salée de bœuf & de porc, les Nègres, les fromages, les batistes, les étoffes de soie, les draps, les chapeaux, les souliers, les quincailleries, les douves, les tonneaux ; la poix, le goudron, &c.

Toute l'isle est partagée en dix-neuf districts ou paroisses, que nous allons parcourir rapidement.

*St. Thomas de l'Est* renferme la partie la plus orientale de l'isle : là est situé le port *Manchioneal*, bon havre, dans une mer fréquemment agitée, le village de *Bath*, arrosé par le Plantin ; là est la *Pointe Morant* & le *Port Morant*, qui est bon, mais d'une entrée difficile, & défendu par une batterie & treize soldats : près de lui est une rade commode.

*S. David* est au couchant de la précédente : là était la bourgade de *Nanny*, aujourd'hui abandonnée ; là est encore *Free-town*, petite ville voisine de la mer & d'une riviere ; & la pointe *Yellows* ou *Yala*, voisine d'une saline & d'un village de ce nom : cette paroisse est bien arrosée par les rivieres qui descendent des montagnes bleues : elle a beaucoup de bois.

*Port-Royal* fut regardé comme la capitale de l'isle : elle est située sur un promontoire long & étroit, qui d'un côté forme un beau port, où plus de mille vaisseaux du premier rang peuvent jetter l'ancre commodément : près du quai qui le borde l'eau est si profonde, que les vaisseaux pesamment chargés s'y joignent & s'y déchargent presque sans peine & sans frais; cet avantage la rendait florissante, quoiqu'élevée sur un sable stérile & sans eau douce : le commerce en avait multiplié les habitans; elle renfermait deux mille maisons bien bâties; peu de villes étaient plus riches & plus dépravées. Le 9 Juin 1692, l'air devint rouge & sombre; un bruit effrayant & souterrain se répand des montagnes dans la plaine, deux montagnes s'écroulent & comblent une rivière, une autre se fend, elles s'engloutissent; des marais se forment sur leurs sommets ensevelis; de vastes forêts sont transportées à plusieurs milles de leur premiere situation; les édifices se renversent ou tombent dans des gouffres : 13000 hommes périssent, & la contagion qui suit ce fléau en fait périr encore 3000. Port Royal est enseveli; ses vaisseaux sont engloutis ou jettés sur des plages désolées. Ces revers donnent l'espérance de la victoire aux François, qui viennent l'attaquer; il fallut combattre à la fois les hommes & la nature : on vainquit du moins les premiers. On essaya de rebâtir la ville : en 1722, un ouragan épouvantable en fit un monceau de ruines; il ne respecta que quelques maisons situées à l'extrêmité d'une péninsule qui s'avance au loin dans la mer. Ces fléaux n'ont pu la faire abandonner; on y voit encore trois ou quatre rues assez longues, assez belles, traversées par quelques autres, une église bâtie avec élégance, un hôpital pour les soldats invalides ou malades, une place pour les chantiers royaux, un vaste couvert. Le port y est protégé par une citadelle redoutable, garni d'une ligne de cent pieces de canon, & d'une garnison bien entretenue : c'est là qu'on embarque la moitié des productions que la colonie envoie à l'Europe.

Les revers de Port-Royal ont fait fleurir *Kingstown* sur le côté opposé de sa baie, dans le district de *St. André*, mais formant aujourd'hui une paroisse séparée. Cette ville est dans une situation heureuse, elle a des eaux fraîches & abondantes, des commodités de toute espece, des rues larges, tirées au cordeau, coupées à angles droits & à égales distances par d'autres rues : elle est longue d'un tiers de lieue & renferme plus de mille maisons, presque toutes bien bâties, avec des corridors bien ceintrés, & tous les agrémens qui peuvent les rendre agréables sous un climat brûlant. Ici siege la cour de justice inférieure, & les principaux officiers du gouvernement : on y compte deux églises : les Juifs y ont deux synagogues & les Quakers une maison d'assemblée. L'amiral Knowles, gouverneur de la Jamaïque, en a fait sa capitale : derriere, au fond de la baie, est le fort de *Zock* : à l'entrée de cette baie est d'un côté le fort *Charles*, de l'autre, les fortifications de *Mosquito-Point*.

Non loin de Kingstown, coule la riviere de Cobra, la plus grande de l'isle, sans être cependant navigable : sur son bord, à 3 lieues de la mer, s'éleve *S. Jago de la Vega* ou *Spanish-town*, qui fut le siege du gouvernement jusqu'en 1756 : moins grande que Kingstown, moins active, moins commerçante, on y mene cependant une vie plus agréable. Ici demeurent les riches oisifs, & l'on est étonné de la multitude des carrosses & des calêches qui roulent sans cesse : le goût de ses habitans fastueux, & la beauté de ses environs en font une ville brillante. Elle nomme trois députés pour l'assemblée générale, les autres villes ou paroisses n'en nomment que deux.

*Sainte Catherine*, paroisse qui forme une presqu'isle entre deux rivieres & la mer : *Passage-Fort*, lieu peuplé d'auberges, en est le lieu le plus remarquable.

*S. Thomas de la Vallée* est renfermée dans les montagnes : elle n'a que des villages, des hameaux ; mais sa situation, la fertilité de son sol, les ruisseaux nombreux qui l'arrosent, la rendent agréable & peuplée.

*S. Jean* est aussi dans l'intérieur du pays, & renferme quelques vallées qui se communiquent. Le village qui lui donne son nom est au pied des monts.

*Sainte Dorothée* renferme *Old-Harbour* ou le vieux port, assez fréquenté encore ; son entrée est difficile.

*Sainte Vere* est arrosée par le Mino, elle renferme de belles plantations, la baie & le village de *Carlisle*.

*Clarendon* est située au nord de la précédente, elle s'étend dans les montagnes du Borgne, & celle du Charpentier : elle est peuplée.

*Sainte Elisabeth* est une des plus anciennes paroisses de l'isle : elle est remplie de rocs, bordée de petites isles. Là est la baie de la Riviere noire, fréquentée par les petits navires, mais ouverte à l'ennemi.

*West-Moreland* renferme un lac, des marais, la baie de *Blewfield*, près de laquelle les Espagnols avaient bâti la ville d'*Oristan*, aujourd'hui détruite : & *Savanne la Marr*, mauvais port où il y a peu d'eau, dont l'entrée est embarrassée de rochers submergés, & qui cependant est l'entrepôt d'un assez grand commerce : autour on voit les ruines des fortifications que les habitans voulurent y élever. Là principale de ses rivieres est celle de Cabrito.

*Hanorne* renferme des marais, & le port *Orange*, où sept ou huit bâtimens viennent annuellement, & qu'un fort de 22 canons défend, & le port *Lucy*, le meilleur de la côte septentrionale, qui est spacieux, sûr, défendu par un fort.

*St. James* est arrosée par différentes rivieres : à l'embouchure de celle qu'on nomme *Grande-Riviere*, les Espagnols avaient bâti une petite ville nommée *Seville*. Dans cette paroisse est l'excellente baie de *Montego*, au fond de laquelle est *Barnet-Town*, ville que défend une batterie, & où s'embarque la cinquieme partie des productions de l'isle : dans l'intérieur est *Furis-town*, dans une belle plaine, & *Trelaway-town*, au pied des montagnes.

*Sainte Anne* est peu peuplée, mais elle est étendue : elle contient le *Dry-Harbour* ou *Havre-sec*, & la baie *Sainte Anne*, dont les bas fonds gênent l'entrée, & qui reçoit annuellement quinze ou seize vaisseaux : près d'elle est le village de ce nom.

*Sainte Marie* est entre les montagnes du Borgne & la mer : elle est arrosée par le Rio Nuevo, & n'a de village que celui qui est situé sur le rivage du port *Marie*.

*St. George* renferme une belle plaine & des vallées où coulent le Wagwater, qui se jette dans la baie *Anotta*, & le Buff-bai : au bord de la premiere est *Negro-town*, petite bourgade : au bord de la seconde était *Crawford*, aujourd'hui abandonné pour *New-Crawford*, bourgade plus voisine de la mer, & à la source de la riviere blanche.

*Portland* est au pied des montagnes bleues : *Moore-town*, son chef-lieu, est sur le Rio-Grande : là encore est le port *Antonio*, très-sûr, assez peu fréquenté, défendu par un fort.

# ISLE DE S. DOMINGUE
## ou HISPANIOLA.

Cette isle, à l'orient de Cuba, au nord-est de la Jamaïque, est située entre le 303° 6' & le 309 de longitude, entre le 17° 50' & le 20ᵉ de latitude: elle a cent cinquante lieues de long; sa largeur moyenne est de trente; son circuit, sans y comprendre les anses, de trois cents cinquante. Elle est partagée entre les Français & les Espagnols: les premiers en possedent la partie occidentale; les seconds l'orientale. Une chaîne de monts s'y étend du levant au couchant dans toute sa longueur: on y exploita des mines avant qu'on en connut de plus riches. Dans tout son contour, elle n'offre que des terres comme entassées dans l'intérieur, découpées vers la mer par des baies & des promontoires: des arbres la couvrent par-tout: l'aspect en est uniforme & peu riant, excepté dans un canton vers le nord, qui présente un paysage unique, parce qu'il est rempli de riches plantations, de l'Océan jusqu'à la cime des monts.

Les Espagnols qui l'avaient découverte sous la conduite de Colomb, en 1491, la possédaient sans fruit & sans partage, lorsque des Français vinrent s'établir sur la côte septentrionale: la crainte des Espagnols les fit passer dans l'isle de la Tortue, dont ils expulserent les Espagnols: une situation heureuse y amena bientôt de nouveaux colons: les uns cultiverent le tabac; d'autres descendirent à S. Domingue pour y chasser les bœufs sauvages: ses plus hardis ou les plus impatiens allaient en course: la nécessité les força de se choisir un chef, qui fut un Anglais, nommé *Willis*: bientôt les

Anglais dominerent dans la colonie ; & Poincy, gouverneur de la Martinique, y envoya un homme intrépide, fuivi de quelques hommes auffi intrépides que lui, qui réuffirent à les en expulfer. Le Vaffeur, c'eſt le nom du commandant Français, était proteſtant ; ceux qui l'avaient fuivi, qui s'étaient joint à lui, l'étaient auffi : on était convenu qu'ils auraient une pleine liberté de confciences dans l'iſle : ils l'y établirent. Le Vaffeur mit l'iſle à couvert des infultes ; il repouffa les Eſpagnols, & s'acquit trop de gloire pour ne pas exciter la jaloufie : Poincy voulut le dépoſféder, & ne put réuffir ; il fut fe maintenir dans fon gouvernement ; il était févere ; on l'a peint comme un homme cruel ; il fut affaffiné par deux hommes qu'il aimait, & qui ne jouirent pas long-tems de leur forfait ; on les expulfa de l'iſle. Un nouveau gouverneur y rétablit la religion romaine avec fon intolérance, & en fut chaffé par les Eſpagnols, qui ne purent garder la Tortue. Les Français y revinrent, & ils y profpérerent dès qu'on leur eut donné pour chef le fage Ogeron ou Dogeron : il parvint à gouverner des hommes indifciplinables par la bonté, la générofité, la prudence unie au courage : fon neveu fuivit fes traces, & bientôt on comptait dans la Tortue & dans S. Domingue 8000 hommes en état de porter les armes.

La fituation de cette iſle, fa fertilité, l'activité des nouveaux colons, l'auraient rapidement conduite à la profpérité, fi des compagnies excluſives n'y avaient rendus plus qu'inutiles tous les efforts de l'induſtrie ; mais elles ceſferent d'y être oppreffives en 1722 : un foulevement général en délivra la colonie, & la cour fut juſte en ne le puniffant point, en confirmant ce qu'il avait fait.

Les habitans anciens se civiliserent par leur commerce avec les nouveaux, qui y apportaient les principes de la politesse & de l'honnêteté : les Français qui abandonnerent S. Christophe, vinrent augmenter leurs forces ; & la colonie put résister aux Espagnols, jusqu'à ce que la paix d'Utrecht lui eut permis de se livrer sans crainte à leurs travaux. Aujourd'hui c'est la plus florissante & la plus importante que les Français possedent en Amérique.

Les Indiens qui habitaient cette isle, lui donnaient les noms de *Quisqueia* & de *Hayti*, noms qui signifient, le premier, *grande terre*, le second *terre montueuse* ; Colomb lui donna celui d'*Hispaniola* : elle prend son autre nom de la capitale que les Espagnols y éléverent. Elle était divisée en cinq royaumes, & en quelques autres petits Etats indépendans. Ses habitans venaient du continent voisin : leur taille était médiocre, bien proportionnée ; leur teint était bazané, leur peau rougeâtre, les traits de leur visage désagréables, leurs narines ouvertes, leurs cheveux longs ; ils n'avaient point de barbe, point de poils, presque point de front, des yeux hagards, des dents sales : ils écrasaient le front de leurs enfans, en leur pressant le crâne d'une planche : les hommes étaient nuds ; les femmes portaient une jupe courte : ils étaient faibles, sobres, mélancoliques, paresseux, insoucians, simples, doux, humains, sans apparence d'esprit, sans desirs, sans passions. Ils disaient que les premiers hommes étaient sortis d'une caverne de leur isle, ainsi que le soleil & la lune. Les chansons leur servaient d'annales, & ils ne les chantaient jamais sans danser ; souvent on y joignait le son du tambour, & c'était le prince ou cacique qui en faisait la fonction : ils jouaient au ballon, fumaient du tabac, chassaient, pêchaient, femaient du maïs, vivaient prefque fans loix, prenaient autant de femmes qu'ils en pouvaient nourrir ; ils étaient enfévelis par elles, quelquefois elles voulaient l'être avec eux. Leurs maifons baties la plupart fur des pilots, avaient une forme conique, & étaient formées de longues perches qui fe réuniffaient vers le haut ; des cannes les traverfaient, & le tout était couvert de pailles ou de feuilles de palmier : les riches donnaient au leur là figure d'une grange. Leur religion était une efpece de fétichifme : ils voyaient leurs dieux dans des tortues, des crapauds, des couleuvres, des caymans ; ils les repréfentaient auffi par des figures humaines hideufes, qu'ils plaçaient dans un recoin de leurs maifons ; chacune avait fon diftrict, l'une préfidait fur la chaffe, l'autre fur la pêche, une troifieme fur la fanté : on a prétendu qu'ils regardaient ces divinités comme les miniftres d'un être unique & tout-puiffant, dont la mere avait cinq différens noms ; mais qu'on n'adorait ni l'un ni l'autre. Ils avaient des fonges, des révélations, des oracles, dont leurs princes profitaient pour les tenir dans la foumiffion : les prêtres expliquaient tout à leurs manieres, & fervaient auffi de médecins. On ne peut connaître leur culte, leurs mœurs, que par le récit des hiftoriens. Cette race malheureufe a été détruite par les Efpagnols & par leurs chiens : des amas de coquilles, des ftatues informes, des uftenfiles accumulés & enfévelis, montrent feuls encore les lieux où ils formerent des bourgades : ils ont eu le fort de quelques animaux paifibles dont ils fe fervaient : tels étaient l'*utius*, le *chemer*, le *mohuis*, qui reffembiaient au lapin ; le premier n'était pas plus grand qu'une fouris ; il y en avait de blancs ; tous avaient la chair affez bonne : le *coris* n'avait point de queue ;

sa gueule reſſemblait à celle de la taupe ; il était blanc & noir, & de la taille d'un petit lapin : les *goſchis* étaient de petits chiens muets, qui ſervaient d'amuſement aux femmes, dont les uns étaient couverts d'une laine très-douce, & les autres d'un duvet délicat & rare : les couleurs en étaient vives. Aujourd'hui on n'y voit gueres de quadrupedes que ceux qui y furent apportés par les Européens ; ſur-tout des taureaux, dont la chaſſe occupa long-tems les habitans, & dont la peau était le principal objet de seur commerce.

On n'y trouva point de volaille domeſtique : le nombre des oiſeaux y eſt encore beaucoup plus rare qu'en Europe : les hirondelles, les corneilles, les tourterelles, les ramiers, les oies, les canards y different peu des nôtres : parmi ces derniers, il en eſt d'un beau blanc, dont la tête eſt d'un rouge éclatant : on y éleve des canards muſqués. Toute la volaille y eſt ſujette à une maladie qu'on nomme *ioian*; & qui en fait beaucoup périr. Les paons, les faiſans, les peintades y ſont l'ornement des baſſes-cours ; celle-ci y fut apportée de Guinée ; les deux autres ſont originaires de l'iſle. Le pivert y a un plumage plus beau qu'en Europe ; il eſt mêlé de rouge & de noir, ſur un fond jaune, & eſt très-multiplié : le roſſignol, la linotte y ont un ramage agréable. Il y a des perroquets de toutes les eſpeces, de toutes les couleurs ; des *flamingos*, dont on ne mange que la langue ; & beaucoup de colibris. Il y a beaucoup d'oiſeaux de proie, & des eſpeces très-variées : parmi eux on diſtingue le *grand-goſier*, qui differe peu du pélican ; le *malfeni*, qui tient du faucon & de l'aigle ; & diverſes eſpeces de hérons, dont les unes ſe nomment *pêcheurs* & les autres *aigrettes*.

Les rats & les souris apportés d'Europe, y ravagent les champs : on y voit diverses especes de lézards, de couleuvres, dont quelques-unes avalent des poules entieres ; des scorpions, qui n'y sont pas vénimeux : diverses especes d'araignées, dont on remarque une qui est d'une grosseur extraordinaire; elle a le cul rouge, & sa morsure est dangereuse : une espece d'escarbot qui a, dit-on, deux yeux à la tête, deux sous les ailes, & qui jette une si grande lumiere, qu'elle guide le voyageur, & permet de lire à son éclat : ils servaient de chandelles aux habitans : ils ne brillent que dans les grandes chaleurs ; & quand ils sont renfermés, ils ne brillent pas plus de huit jours : on les nomme *lango*. L'*escarbot rhinoceros* dépose dans les troncs de palmier des vers cornus, qui font un mets délicat ; sa figure est hideuse : l'escarbot qui le produit, a une corne ornée d'une double époussette ; deux barbillons mobiles, articulés, sortent de ses narines; sa tête est couverte d'un casque d'un noir luisant; sa gueule est fendue horizontalement ; ses jambes sont articulées, recoudées, terminées par une patte velue, ardillonnée, fourchue. La mouche commune y a été apportée d'Europe, & y est devenue très-incommode. L'*iguana* est un animal amphibie de cette isle, qui tient du lézard & du crocodile ; c'est le guanos, dont nous avons parlé ailleurs : sa figure est horrible ; mais il n'est pas d'animal plus doux, & moins malfaisant que lui : les plus grands ont plus d'un pied & demi de long, & neuf pouces de large : sa queue a deux fois la longueur de son corps ; ses dents sont aiguës ; un long & large jabot lui pend sur la poitrine; ses pattes de devant ressemblent aux serres des oiseaux de proie, mais elles sont faibles ; une nageoire en forme de scie court le long de son dos : cet animal n'a point de voix, point de cri : sa patience est extraordinaire ; il ne sait ni se défendre, ni s'échapper : on le nourrit de cassave & d'herbe : sa chair est un mets délicieux : il ne peut nager que dans sa jeunesse : il dépose ses œufs gros comme une noix, sur le rivage sablonneux des ruisseaux.

Les crocodiles y sont dangereux, & ils atteignent l'homme à la course : ils appuyent leur queue contre la terre, & s'élancent avec une rapidité incroyable, mais en ligne droite ; ce qui permet de leur échapper : ils ont l'instinct chasseur, dressent des pièges, quittent rarement le bord des rivieres ; & quand ils ont atteint un animal, ils le saisissent par le museau, & le traînent au fond de l'eau, où ils en laissent, dit-on, la chair se putréfier avant de la manger : il en est qui ont plus de vingt pieds de long : la corneille est avide de ses œufs.

Le lamentin a deux nageoires sous les deux épaules ; elles ont la figure de deux mains : il a la tête ronde comme l'homme, & Christophe Colomb le prit pour la sirene : il ne chante pas ; mais il se plaint, & verse des larmes, comme on dit que le faisaient les sirenes ; on en sale la chair, & elle est plus agréable que celle du veau, à laquelle elle ressemble : cet animal peut s'apprivoiser ; on en a vu qui venaient lorsqu'on les appellait, qui suivaient ceux qui leur faisaient du bien, qui passaient sur l'autre bord d'une riviere chargé d'un enfant ; c'est sans doute cet animal qui fit ce que les anciens attribuaient au dauphin.

Les bords de la mer y sont couverts de coquillages d'un lustre & d'une beauté extraordinaire : tels sont le *lambis*, le *burgot*, le *pourpre*, la *pomme de mer*, le *cornet*, la *porcelaine*: les madrepores & jumets de mer y sont communs : le corail ne s'y trouve pas : l'ambre gris y eſt rare : les perles y ont preſque diſparu : les cancres, les moules, les écreviſſes de mer y ſont communs : parmi les premiers, on retrouve le *pagurus* des anciens.

Les poiſſons les plus communs y ſont l'ange, le mulet, le congre, le marſouin, la raie, le pilote, la bonite & la dorade. Parmi les crabes, on remarque le ſoldat : les tortues ſe tiennent dans les touffes d'herbes, qui tapiſſent les rivages en divers lieux : la galere eſt un inſecte couvert d'une peau remplie de vents, qui, lorſqu'il la pouſſe hors de l'eau, lui ſert de voile, & paraît ornée de toutes les couleurs ; une glu mordicante l'imbibe ; & ſi on la touche, elle cauſe de vives douleurs. On y voit auſſi le perroquet de mer ; le poiſſon de roche, dont la couleur eſt un beau mêlange d'or & d'azur ; le hériſſon, le crapaud de mer, &c.

L'oranger, le limonier, le citronier, le figuier, le grenadier, le coignaſſier, le caſſier, l'olivier, le pêcher, le prunier, le ceriſier, la vigne, furent apportés à S. Domingue, & y ont réuſſi. Parmi les arbres qui lui ſont naturels, on remarque le *hobo*, grand & bel arbre, dont l'ombre eſt ſi ſaine, qu'on y ſuſpend ſon hamac : ſon fruit eſt une prune jaune, d'un goût & d'une odeur agréables : ſa racine coupée, donne aſſez d'eau pour déſaltérer le voyageur ; un bain dans l'eau où ſon écorce & ſes bourgeons ont bouilli, lui redonnent de la vigueur. Le *caymito* eſt commun dans les isles de l'Amérique ; ſes feuilles ſont rondes, vertes d'un côté, rouſſes de l'autre : ſon fruit de la groſſeur du doigt, renferme une pulpe ſemblable au lait épaiſſi qui devient fromage, elle eſt ſaine & ſe digere avec facilité : ſon bois eſt dur. Le *higuero* ſert auſſi à faire des meubles ; ſa feuille eſt longue, étroite à ſa baſe,

plus

plus large à son extrémité; son fruit est une courge, dont on mange la pulpe dans sa fraîcheur, & dont l'écorce sert à faire des vases. Le *xagua* donne un suc noir, un fruit qui ressemble au pavot, qu'on mange dans sa maturité, & dont il sort une eau qui sert à faire des bains de pieds qui délassent; un bois pesant, dur, & d'un fort beau lustre en gris & en fauve. Le *bixa*, arbrisseau dont la feuille ressemble à celle du cotonnier, & le fruit à une coque remplie de grains rouges & visqueux, dont les insulaires se fardent. Le *guacama* donne un fruit semblable à la mûre; le *guama* un bois qu'on recherche pour brûler: tous les deux sont de grands arbres. Le *hicaco* semble être un framboisier, par sa taille & sa feuille; mais ses fruits sont une espece de pommes de diverses couleurs, & d'une bonté médiocre. Le *yaruma* est un figuier sauvage, qui produit un fruit doux, semblable à un gros ver: son bois est léger, creux & cassant: l'extrémité de ses feuilles cautérise la peau. Le *macagua* est un grand arbre: son bois est bon; son fruit a la forme de l'olive, & le goût de la cerise. L'*acaba* est un des arbres les plus grands; il donne le bois le plus dur de l'isle, & une figue qui a le goût des poires muscades. Le *copey* a un bois excellent: de ses feuilles on peut faire des cartes à jouer, & on peut y écrire ce qu'on veut: cette qualité lui est commune avec le *guibara*, dont le bois fait un charbon excellent, & le fruit croît en grappe. Le *gaguey* donne une écorce dont on fait des cordes. Le *civucas* a le feuillage du saule; c'est un bel arbre qui répand au loin une ombre fraîche. Le *guanabana*, grand arbre qui produit une espece de melon vert, revêtu d'écailles figurées, dont la peau est fine, & sa chair blanche, fondante, rafraîchissante; l'*anon*

Tome XI. X

a encore un fruit plus agréable, mais qui lui ressemble. Le *guayabo* a la hauteur & la feuille de l'oranger : ses branches sont éparses ; ses fruits sont des pommes rondes ou oblongues, d'abord vertes, ensuite jaunes, couronnées de petites feuilles, d'un goût agréable : ses fleurs ont le parfum du jasmin ; son bois est excellent pour la menuiserie. Le *mamey* est haut, branchu, sphérique, vert & frais ; son fruit est rond, de la grosseur des deux poings, d'un goût exquis. On trouvait aussi dans l'isle des vignes sauvages : on y apporta des seps de Castille qui ont réussi. Le *quentas del xavon* porte un fruit qui jetté dans l'eau chaude, rend une écume qui sert au même usage que le savon. Le *coaban* est fort haut ; son bois est rouge, & est bon pour les constructions.

Les forêts y sont peuplées d'arbres à chou, de palmiers, d'ormes, de chênes, de pins, de cedres, de térébinthes, de tamarins, de mangles, qui y sont d'une beauté singuliere. On y trouve le vénéneux mancenillier ou manzanillier, l'opuntia, trois espèces de chardon, dont l'une donne un fruit rond, doux, couleur cramoisi ; la seconde a des feuilles rondes, massives, hérissées d'épines, & un fruit long, vert au dehors, vermeil au dedans, de bon goût & d'un usage très-sain : la troisieme est connue en Europe sous le nom de *cierge*. On y cultive une plante qui répand ses branches sur la terre & produit un fruit blanc, de la grosseur des dattes, d'un goût agréable, & qu'on vend cuit au marché. Le *callesbuya*, le *henequin*, sont des plantes qui ressemblent aux cardes ; mais la feuille en est plus large, plus épaisse, plus verte : on les fait rouir, on les seche, on les broye, & l'on en fait de la filasse & des cordes : quand on y joint du sable menu, ces cordes peuvent scier le fer.

Les monts y renferment des mines d'or, d'argent, de cuivre qu'on n'y exploite plus: on y a découvert encore des mines de fer, du talc, du cryſtal de roche, de l'antimoine, du ſoufre, du charbon de terre, des carrieres de marbres.

Le gouvernement y a ſouvent changé; il y eſt aujourd'hui militaire ſans y être meilleur. L'état civil & l'état militaire s'y heurtent ſans ceſſe: le premier y eſt compoſé de l'intendant, des magiſtrats municipaux, des cultivateurs, & des commerçans exempts de milices: l'état militaire y eſt formé par les milices, les officiers majors, les commandans, & le gouverneur-général: ceux-ci ne veulent pas qu'on leur réſiſte, qu'on leur faſſe même des repréſentations; toute plainte eſt une rebellion; mais auſſi tous les citoyens murmurent, & il n'y a pas de paix intérieure: rarement les chefs de la colonie s'accordent, & les magiſtrats ſont ſans ceſſe contrariés par les officiers. Pour qu'elle proſpere, il faudra le changer. Il y a aujourd'hui un gouverneur-général, de qui dépendent trois autres gouverneurs, qui ſiegent, l'un à S. Louis, pour la côte du ſud; un autre à Léoganè, pour la côte de l'oueſt; le troiſieme à Ste. Croix, pour la partie du nord.

En général, la chaleur n'y eſt pas exceſſive; des vents reglés & des nuits fraîches la temperent: pluſieurs vents y regnent tour-à-tour; ceux du ſud & de l'oueſt ſont très-chauds, mais peu durables; celui de l'eſt y eſt conſtant & frais: dans les montagnes, le degré de chaleur change ſelon la diſpoſition du terrein: une habitation eſt chaude, ſa voiſine eſt fraîche; mais la différence n'eſt point extrême; & quand on eſt habitué au climat, on eſt preſque aſſuré d'y vieillir ſans infirmité: toujours la terre y eſt couverte de verdure, toujours le printems y regne ; dans toute l'année on y refpire le parfum des fleurs, & on y cueille des fruits: la chaffe & la pêche y font abondantes: on y trouve beaucoup d'herbes aromatiques & falutaires, peu de malfaifantes.

Les créoles font bien faits, grands, robuftes, vifs, généreux avec oftentation, confians, humains, bienfaifans: mais inconftans dans leurs goûts, aimant trop le plaifir; indolens & légers: il eft rare de leur voir entreprendre de grandes chofes; ils n'ont pas de grands talens, mais ils n'ont pas du penchant au crime.

Les cuirs furent le premier objet d'exportation: le tabac s'y joignit bientôt; c'eft-là, dit-on, qu'il a pris fon nom de l'inftrument qui fervait aux Indiens pour en humer la vapeur : les gênes qu'on éprouva pour fa vente, fit cultiver le cacao, l'indigo, le coton dont on a paru fe dégoûter bientôt, le fucre qui aujourd'hui fait fa principale richeffe, & enfin le café. On y compte 648 fucreries, & en 1775 on en exporta 1,230,673 quintaux de fucre: 2587 indigotieres; 14,018,336 cotonniers; 92,893,405 cafiers; 757,691 cacoyers; & en 1775 on en exporta 11,306 quintaux d'indigo, 7,922 quintaux de cacao, 1,020 quintaux de coton: joignez à ces produits 1531 quintaux de rocou, 1207 quintaux de canefice, 41,808 quintaux de bois, 568 cinq cent livres de caret, & autres petits objets de détail.

On compte que la colonie nourrit dans fes pâturages 75,958 chevaux ou mulets, & 77,904 bêtes à corne: elle recueille les fruits de 7,756,225 bananiers ; elle poffede 1,176,229 foffes de manioc, 12,734 quarteaux de maïs, 18,738 de patates, 11,825 d'ignames, 7,046 de petit mil. Elle poffede

2,650 blancs de tout âge & de tout sexe, 6036 negres ou mulâtres libres, & environ 300,000 esclaves.

Ces habitans sont repartis en quarante-six paroisses, dont quelques-unes ont vingt lieues de circonférence; la plupart n'ont que des cabanes ou des ruines pour églises, & dans presqu'aucune on n'y pratique le culte avec décence: celles du sud & de l'ouest sont dirigées par les dominicains; celles du nord l'étaient par les jésuites, auxquels ont succédé les capucins: toutes ont un petit bourg ou une petite ville; les premiers formés par les boutiques de quelques marchands, les atteliers des artisans, construits autour d'un presbytere: les jours de fête, il s'y établit un marché, où les esclaves apportent des fruits, de la volaille, & d'autres denrées, qu'ils échangent contre des meubles, des vêtemens, des parures ou quelques commodités; mais sous l'inspection d'un archer & d'un administrateur, dont l'un y exerce souvent sa férocité, & l'autre la souffre & l'autorise. Les villes ne renferment que des atteliers propres aux denrées que le sol produit, & aux travaux qu'ils exigent: on n'y voit que des commissionnaires, des aubergistes, des aventuriers avides.

La partie Française dont nous nous occupons ici, forme une espece de croissant, au centre duquel s'avancent les possessions Espagnoles, qui empêchent que celles de l'ouest & du sud communiquent avec celles du nord.

En général, les établissemens y languissent; les montagnes qui le dominent, la privent des pluies qui viennent du nord. Nous allons les parcourir en commençant par le midi.

Ce quartier du sud s'étend de la pointe à Pitre,

jusqu'au cap Tiburon. Les Espagnols y allaient bâtir deux bourgs, qu'ils abandonnerent : les Français commencerent à s'y établir en 1673. Le premier quartier au levant, est *Jacmel*, qui renferme les paroisses de *Benet*, de *Cayes*, & celle qui donne son nom au quartier qui occupe une côte de 36 lieues, sur peu de profondeur, & où l'on compte 160 cafeyeres, 62 indigotieres, & 60 cotonneries. Le sol y est montueux, pierreux, aride dans la saison seche : ses habitans sont pauvres ; ils le seraient moins s'ils ne manquaient de bras, pour distribuer l'eau des rivieres dans leurs champs.

*Aquin* comprend quinze lieues de côtes, sur quatre de largeur commune : ses monts sont peu élevés ; il y a peu de sources : l'indigo faisoit l'unique richesse de ses plaines, qui chaque jour plus exposées aux sécheresses, par la dévastation des forêts, en rapportent toujours moins, & de moins bon. On y en compte quarante plantations, vingt en café, & six en coton : la Serpente l'arrose, & ses eaux bien distribuées, pourraient y rendre au sol ce qu'un soleil ardent lui enleve. Le bourg est à trois lieues de la mer ; la paroisse de *S. Michel* en dépend : il donne son nom à une petite isle qui ferme une vaste baie.

*S. Louis* est une bourgade de cinquante maisons, au bord d'une riviere de son nom : il a un port, bon même pour les vaisseaux de ligne : au devant de la rade est un islet, long de 500 pas, large de 160, où l'on voit des fortifications détruites : le quartier comprend environ six lieues de côte : ses monts fertiles sont couverts d'acajou : sa plaine est entrecoupée de marais qui peuvent être desséchés : on y compte vingt cafeyeres, quinze indigotieres, six cotonneries, & deux sucreries.

*Cavaillon*, n'occupe que trois lieues de côte : c'est une gorge ou vallée qui s'étend à huit lieues dans ses terres : elle est arrosée par une riviere qui la ravage dans les grandes pluies, & amene les vaisseaux jusqu'au bourg, situé à deux lieues de son embouchure : on y compte vingt cafeyeres, dix indigotieres, six cotonneries, & dix-sept plantations de sucre : ses montagnes sont fertiles ; mais sans communication avec la plaine.

La plaine du fond de l'*Isle à Vache* est très-fertile, & a peu de marais : trois rivieres y coulent ; la sécheresse y est moins à craindre que dans les lieux qui l'avoisinent : on y compte 83 sucreries, & plusieurs indigotieres : ses montagnes produisent du café & du coton : toutes ces productions sont portées à la ville des *Cayes*, formée de 400 maisons, enfoncées dans un sol marécageux, & la plupart environnées d'une eau croupissante. L'air y est malsain : la baie manque de profondeur, l'Isle à Vache la rend dangereuse : près de-là est la *baie aux Flamans*, profonde & sûre ; mais exposée aux vers.

L'*Abacou*, péninsule, formée de collines amoncelées, & où des plantations d'indigo amenerent beaucoup de richesses ; mais on n'en voit plus qu'aux bords de la mer, parce que cette plante a épuisé le sol le plus élevé : le sucre lui a succédé ; & les bestiaux pourraient prospérer dans les lieux autrefois défrichés.

Les *Côteaux* occupent environ dix lieues de côtes, sur une profondeur qui varie de deux à cinq. Les anses dont ils sont bordés, y offrent un débarquement facile, aucune un asyle sûr : on y compte vingt-quatre cafeyeres, trois cotonneries, & soixante-six indigotieres qui n'y ont point encore épuisé le sol ; les sucreries cependant leur succéderont bientôt.

*Tiburon* termine la côte, & s'étend douze lieues en longueur & trois en largeur. Tiburon est le nom d'un cap, d'une baie & d'un bourg : la rade peut y mettre à couvert d'un ennemi, non des tempêtes : on y cultive le coton, le café, l'indigo & le sucre.

Le quartier de l'ouest est plus opulent que celui que nous venons de décrire ; & c'est le plus anciennement habité, parce qu'il étoit le plus éloigné des possessions Espagnoles. On trouve d'abord le bourg de *Jérémie* ou la *grande Anse*, dont le territoire occupe vingt lieues de côte, & quatre à six lieues dans les terres : il est mal peuplé, & ne l'est qu'au bord de la mer : on y cultive comme ailleurs, le sucre, l'indigo, le café, le coton & le cacao, qui ne se cultive pas dans les cantons plus découverts. Le bourg est bien bâti, sur une hauteur où l'air est pur ; mais sa rade est mauvaise ; & dès que le vent du nord s'y fait sentir, les vaisseaux se réfugient derriere le cap *Dame-Marie*.

Le *petit Goave* dût son ancienne célébrité à un port, où les vaisseaux de toutes grandeurs peuvent trouver un asyle sûr contre les vents : il convenait à des pirates ; il est moins utile à des cultivateurs : on y compte quinze plantations en sucre, vingt en café, douze en indigo ou en coton : il est l'entrepôt où se rassemblent les productions des paroisses du *Petit-trou*, de *Lance à veaux*, de *St. Michel* & du *grand Goave*, où l'on trouve vingt-quatre sucreries, cinquante indigotieres, soixante-sept cafeyeres, & trente-quatre cotonneries. L'Abaret l'arrose ; ses eaux forment des marais croupissans sur ses bords, & corrompent l'air.

*Léogane* a un territoire étendu : son chef-lieu était une ville assise sur un terrein uni, une plaine étroite, féconde, arrosée, marécageuse, que rien ne domine ; les vaisseaux ne peuvent l'insulter ; on y comptait quinze rues bien alignées & 400 maisons de pierres ; mais elles furent renversées en 1770 par un tremblement de terre, & ses maisons ne sont plus que de bois. Elle a été le siege du gouvernement jusqu'en 1750. Son nom vient d'*Yaguana*, nom que les Indiens donnaient à cette partie du pays. On y cultive le sucre, le cacao, l'indigo, le rocou, le tabac, le manioc, le mill, les patates, toutes sortes de fruits & de légumes. La ville a succédé au bourg de l'*Estero*, très-bien bâti, & bien situé.

Le *Port-au-Prince* est un territoire riche en coton, en indigo, mais sur-tout en sucre & en café ; toutes ses productions se rassemblent dans la ville de ce nom, qui reçoit aussi celles des riches plaines du Cul de sac, de l'Arcahaye, & des montagnes de Mirbalais. Elle est renfermée dans un recoin large de 1400 toises, dominé des deux côtés, où sont deux ports, formés par des islets, dont l'un sert aux marchands & est à moitié comblé ; l'autre pour les vaisseaux de guerre : l'air y est mal-sain, & la chaleur accablante ; un tremblement de terre la détruisit en 1770 ; on en a relevé les maisons, les édifices publics, & elle est depuis quarante ans la capitale de la partie Française de St. Domingue. Au nord est le *Cul de sac*, bourg où fut autrefois la capitale du royaume de *Xaragua*, l'un des cinq qui étaient dans cette isle : il était le plus peuplé, le plus étendu, celui où les liens de la société étaient plus étroits : les hommes y étaient bien faits, la langue y était douce.

*St. Marc*, ville de 200 maisons, bien bâtie, au fond d'une baie couronnée par des collines: deux ruisseaux traversent la ville & contribuent à la pureté de l'air; on y cultive les memes objets que dans les lieux précédens; mais sur-tout le café & le coton: sa rade est mauvaise, mais elle est fréquentée, parce qu'elle est voisine de la plaine d'*Artibonite*, qui a quinze lieues de long, sur quatre à neuf lieues de large, & est arrosée par la riviere qui lui a donné son nom; les plantations qui sont sur sa rive droite, sont exposées a de fréquentes sécheresses; celles de la rive gauche sont les plus riches & les plus florissantes. Elle faisait partie du royaume de *Maguanas*.

Les *Gonaives* a un territoire plat, uni, assez sec; le coton est la production qui parait devoir réussir le mieux dans son sol sablonneux: son port est excellent & facile à fortifier: on y trouve des eaux minérales, & en 1772, on y bâtit des bains, des fontaines, quelques logemens commodes, & un hôpital pour les matelots & les soldats.

Le *Môle St. Nicolas* sépare le quartier de l'ouest de celui du nord, & fait partie de l'un & de l'autre. A l'extrèmité de ce cap est un port beau, sûr & commode; sa baie a 1450 toises d'ouverture: le bassin parait fait exprès pour les carenages; les vents d'ouest & de nord y renouvellent l'air sans y troubler les travaux. La péninsule où le port est situé, s'élève comme par degrés jusqu'aux plaines qui reposent sur une base énorme; c'est une montagne qui, d'un sommet large & uni, se joint au reste de l'isle par une pente douce.

Le *Morne St. Nicolas* présente des côteaux pelés & des rochers applatis; mais c'est un entrepôt commode où l'on vient échanger les bois & les bestiaux qui manquent à la colonie, contre les sirops & les eaux de vie de sucre qu'elle fabrique. Là est une petite ville de 300 maisons de bois. Près d'elle étaient les mines d'argent, & l'on y voit la bourgade de *Lombardopolis*, où s'établirent des Allemands & des Français neutres de l'Acadie, que l'insalubrité du climat y fit presque tous périr : ceux qui ont échappé s'occupent à nourrir des bestiaux, à cultiver des légumes & un peu de coton & de café pour l'Europe.

Le *Port de paix* dut sa fondation au voisinage de l'isle de la Tortue : c'est aujourd'hui un des cantons les plus sains de l'isle, parce qu'il est le plus anciennement cultivé : on y a percé une montagne pour arroser ses terres : le bourg fut fondé en 1660 : il est presque séparé de la colonie, parce que, de quelque côté qu'on parte, il est difficile d'y arriver.

Le petit *St. Louis*, le *Borgne*, le *Port Margot*, *Limbé*, *Lacul*, tous dans le quartier du nord, sont mis aussi sans communication entr'eux : ils sont séparés par des rivieres qui ravagent leurs meilleures terres ; & elles sont trop froides pour que la canne à sucre y prospere : le café qu'on y recueille est le plus estimé de la colonie. Le Port Margot n'est qu'une rade que les Flibustiers rendirent célebre ; elle est protégée par une petite isle Limbé, où récolte jusqu'à deux millions de livres pesant café.

Le *Cap Français* vit élever sa premiere habitation 1670 : la fertilité du sol les y fit multiplier promptement : en 1690, c'était déja une petite ville florissante : elle est située dans un fond, dont les vents ne rafraîchissent point l'air, où les rocs des montagnes répercutent & doublent la chaleur :

29 rues tirées au cordeau, la coupent en 225 islets couverts de maisons riantes : on y en compte 900 : mais ses rues étroites & sans pente, sont toujours bourbeuses, parce qu'elles ne sont pavées qu'au milieu. La place Notre-Dame, l'église bâtie avec des pierres apportées d'Europe, la nouvelle place de Clugny, les fontaines qui les décorent, l'autel du gouvernement, les casernes, la salle de la comédie, n'ont rien qui arrête les regards ; mais ils s'attachent sur les maisons de la Providence : ce sont deux hospices où les hommes & les femmes qui arrivent sans avoir de fortune, trouvent tous les secours que leur état exige : c'est un particulier qui a fondé ces hospices, & le gouvernement les laisse périr. L'air est sain au Cap, parce qu'on y a défriché tout le territoire, & qu'on en a comblé les cloaques : il reste cependant encore quelques marais dans le voisinage. Le port est très-bien placé pour recevoir les vaisseaux de toute grandeur qui arrivent d'Europe, & ils y sont commodément & en sûreté : là est l'entrepôt de la moitié des productions de toute la partie française : elles y arrivent des montagnes, des vallées, & principalement de la plaine voisine, longue de vingt lieues, large de quatre, coupée de beaux & larges chemins tirés au cordeau, & bordée de haies de citronniers : c'est le lieu de l'Amérique qui produit le plus de sucre & le meilleur : des montagnes peu élevées la terminent, plusieurs peuvent être cultivées jusqu'au sommet ; & les vallées qui les séparent sont remplies de casiers & de plantations d'indigo. La partie qu'on appelle le quartier *Morin* & l'islet de *Limonade*, sont les plus abondans & donnent le meilleur sucre. Les possessions Françaises se terminent à la rivière Massacre, qui sert

# S. DOMINGUE. 333

aussi de limite aux possessions Espagnoles.

La partie Espagnole est bien plus étendue que la Française, mais aussi beaucoup moins riche, moins peuplée, moins cultivée; c'est aussi la moins connue. Les Espagnols n'y chercherent d'abord que de l'or, & c'est dans les mines qu'ils exploitaient qu'ils engloutirent les habitans originaires de l'isle, & ceux même des isles voisines. Les Négres leur succéderent & furent employés à la culture: la barbarie avec laquelle on les traitait les fit révolter; ils furent battus, mais on les craignit, & ils furent traités avec moins de rigueur. En 1717 on y comptait 18,400 hommes Espagnols, métis, négres, ou mulâtres, vivant comme des demi-sauvages, presque nuds, se nourrissant de fruits & de racines, & habitant des cabanes sans meubles. Elle ne compte guere aujourd'hui un plus grand nombre d'habitans, & leurs travaux ne fournissent actuellement au commerce que cinq ou six mille cuirs & quelques denrées; ce qu'ils recueillent de café, de sucre, de tabac, ne suffit pas à leur consommation.

S. *Domingo* sa capitale avait autrefois un port, formé par la *Lozama* qui baigne ses murs; il a été comblé par le sable & les pierres qu'elle amene des montagnes. Elle n'a qu'une paroisse, on n'en compte que dix dans toute la colonie. Son archevêque est primat de toutes les Indes Espagnoles; son audience fait reconnaître son autorité sur les isles de Porto-Rico, de Cuba, sur toute la partie du Continent qui s'étend de l'isle de la Trinité à la riviere de Slacha. Là résident encore un capitaine-général, un gouverneur d'armes, un major, huit aides-majors, quatre compagnies de troupes réglées & une d'artillerie. Elle est dans la partie méridionale de l'isle, & dépérit tous les jours.

Au couchant de cette ville est la baie étroite & profonde d'*Ocoa* : les Espagnols n'y ont point d'établissement, mais ils y viennent débarquer du Mexique l'argent nécessaire pour les dépenses du gouvernement. Près de là est une saline abondante. Plus au couchant encore est la baie de *Neybe*, où vient se rendre la riviere de ce nom, après avoir arrosé le village de *St. Jean de la Maguano*. C'est près de-là qu'est l'étang ou lac de *Riquille*, long de sept lieues, large de deux.

Au couchant de *S. Domingo* coule la riviere du *Macouffis*, qui forme un port, couvert par de petites isles, & où les Américains viennent trafiquer. Plus loin est la *Rumana*, qui parcourt de superbes plaines, où l'on ne voit qu'une miserable bourgade.

La baie d'*Tumba* reçoit la riviere d'*Higuey* où est le village de ce nom, appellé aussi *Alta-Gratia*, & formé d'une cinquantaine de maisons.

*Sabo* ou *Zibo* est un bourg autrefois florissant, dans l'intérieur des terres, son district était étendu: on y comptait 180 maisons, & la plupart sont aujourd'hui désertes. *Bayagana*, situé au pied des *Monts de la Porte*, est presque abandonné, de même que *Monte Plata*.

*La Vega* ou *le Begue*, bourg à deux lieues de la ville de ce nom, renversée par un tremblement de terre, & dont on voit encore des ruines.

*Le Cotay*, village de cinquante cabanes, voisin de monts qui renferment des mines de cuivre; ses habitans commercent en viandes salées, en suifs, en cuirs, en chevaux qu'ils prennent dans les montagnes.

*S. Yago de los Cavalleros*, n'est plus qu'un bourg sans fortifications, composé de 300 chaumieres, mais où l'on compte encore cinq églises assez mal construites. Il est situé sur une hauteur escarpée, dont l'Yaquil baigne le pied: au nord, au levant est une plaine bordée de bois élevés, qui a 80 lieues de long sur 20 de large; les autres côtés sont ceints de montagnes; celles de *Cibao* sont les plus considerables: dans presque toutes on trouve de l'or, de l'argent & du cuivre. L'air y est très-sain: on y cultive le bled, le tabac; on y nourrit de nombreux bestiaux: il serait difficile de trouver dans le Nouveau Monde un sol plus uni, plus fécond, plus arrosé que la plaine; mais elle manque de communication avec la mer.

*Porto de Plata*, sur le rivage du nord, est un des plus beaux lieux de la terre, & l'on n'y voit que des cabanes: son territoire renferme des anses nombreuses.

L'*Isabellique* a une belle riviere, des plaines immenses, des forêts remplies de bois précieux, & tout y languit encore dans l'inutilité.

L'isle est environnée de quelques petites isles: nous dirons un mot des principales.

### Isle de la Tortue.

Elle est située au nord de S. Domingue, & a huit lieues de long, deux de large; l'air y est pur; mais il n'y a point de rivieres, & les fontaines y sont très-rares; il en est une cependant qui fait un jet de la grosseur du bras: des bois précieux couvrent ses montagnes: le tabac qu'on y cultivait était excellent: tous les fruits communs aux Antilles s'y trouvent; les cannes à sucre y viennent d'une grosseur prodigieuse: les côtes en sont poissonneuses, & les porcs, la volaille qu'on y avait transporté de S.

Domingue, s'y étaient extrèmement multipliés. La côte du nord est peu accessible ; celle du midi a une rade excellente. Avec tant d'avantages, cette isle est encore déserte.

### Isle Gonave.

Elle est située dans le vaste golfe que forme au couchant l'isle de S. Domingue : elle est déserte, longue de neuf lieues, large de trois, & est envirironnée de bancs dangereux ; la terre y est fertile, l'air pur ; mais elle n'a pas d'eau douce.

### Isle Navazza.

Elle est à dix lieues du cap Tiburon, en allant vers la Jamaïque ; elle est peu étendue & déserte.

### Isle la Vache.

Elle est sur la côte méridionale ; elle est déserte, couverte de bois, & n'est visitée que par des pirates.

### Isle de la Saone.

Elle a huit lieues de long, trois de large, n'est point peuplée, renferme des montagnes ombragées d'arbres, & fut découverte en 1494 par Christophe Colomb. Elle forme avec S. Domingue un détroit large d'une lieue : Colomb lui donna le nom qu'elle porte : les Indiens lui donnaient celui d'*Adamanay*.

### Isle de Mona.

Elle est située entre S. Domingue & Porto-Rico :

le roi d'Espagne la donna en toute propriété à Christophe Colomb.

*Isle de Samana.*

C'est plutôt une péninsule, longue de seize lieues, large de cinq, dont le sol inégal est cependant propre aux plus riches productions du Nouveau Monde. Elle offre aux vaisseaux un atterage facile, un asyle sûr. Des aventuriers Français s'y fixerent & s'y soutinrent long-tems, puis ils la quitterent, & les Espagnols n'en occuperent pas la place. De nos jours, le roi d'Espagne y a fait passer des Canariens, qu'il s'est chargé de nourrir pendant plusieurs années; mais le climat, des défrichemens commencés sans précautions, l'infidélité des administrateurs en ont fait périr un grand nombre, & le reste languit dans l'attente d'une mort prochaine.

## ISLE DE PORTO-RICO.

Elle fut découverte par Colomb en 1493; il changea son nom de *Boriquen* (a) en celui de *S. Jean Baptiste*, mais elle a pris son nom actuel de son port, qu'on appella *riche* à cause de son importance.

Elle est située entre le 310° & le 311° 50' de longitude; & sous le 18° 20' de latitude : elle a 45 lieues de long, environ 15 à 20 de large : le sol en est varié de forêts, de vallées & de plaines :

―――――――――――――――――――――――

(a) On donne aussi ce nom à une petite isle à l'orient de Porto-Rico, dont nous dirons un mot à la fin de cet article.

Tome XI. Y

une chaîne de monts la partage du levant au couchant: la partie méridionale en est la plus fertile ; l'air y est sain & assez tempéré ; un grand nombre de sources & de rivieres l'arrosent ; ses montagnes sont couvertes de bois utiles ou précieux, ses plaines ont de belles & abondantes prairies, ses vallées sont d'une fertilité admirable : des voyageurs assurent qu'elle renferme des mines de vif-argent, de plomb, d'étain, qu'il en est même d'or & d'argent ; que toutes les productions de l'Amérique y prosperent. A ces avantages elle joint un port sûr, des rades commodes, des côtes accessibles. La saison des pluies y est la saison la plus mal-saine de l'année ; elle dure pendant les mois de Juillet & d'Août, qui sont les mois les plus chauds : dès les six heures du matin jusqu'à huit, l'air y est brûlant ; mais alors un vent de mer s'éleve & le tempere jusqu'à quatre heures du soir, que le calme ramene une chaleur ardente, mais la nuit la fait cesser bientôt.

Le sol y produit une herbe épaisse & longue qui invita les habitans à y nourrir de nombreux troupeaux de bétail ; le bois de construction y est un objet de commerce : on y voit s'élever dans les campagnes l'arbre qui rapporte le cocos ; l'ananas, la datte, la banane, beaucoup d'autres fruits y croissent naturellement : on y recueille le melon musqué, le limon, la grenade, le citron, le raisin, la prune, la figue, le poivre de la Jamaïque ; le plantain, la casse, le bled d'Inde : on y trouve des sensitives, du bois marqueté, de la canelle bâtarde ; le meilleur pain s'y fait avec la cassave : on y fait une liqueur avec le mélange fermenté de la melasse avec des épices ; les riches mêlent des aromates au vin qu'on leur apporte de Madere ou d'ailleurs.

# PORTO-RICO.

L'isle renferme beaucoup de bœufs sauvages que les Espagnols y porterent: on y voit des chèvres, des porcs, des brebis: la chair du porc y est excellente ainsi que celle du jeune bouc: celle du mouton n'y fournit qu'un aliment sec & pauvre: les perroquets, les pigeons à collier, une grande abondance de volaille sauvage ou domestique, du gibier de plumes connu en Europe, toutes sortes de poissons y sont communs.

Avant 1765, Porto-Rico ne renfermait que 44,883 hommes blancs ou de races mêlées: car les Indiens, qu'on y comptait au nombre de 600,000, avaient été presque détruits: la plupart de ses nouveaux habitans étaient nuds; c'était avec le tabac, les bestiaux & l'argent qu'une faible garnison y répandait, que la colonie payait les toiles & autres objets qu'on lui fournissait: elle n'envoyait à sa métropole que des cuirs. Mais depuis, son excellent port a fait jetter sur elle les yeux du gouvernement: on a entouré de fortifications la ville qui s'y était formée, & une garnison Européenne y fut envoyée pour la défendre; chaque année près de trois millions de livres y arrivent depuis ce tems du Mexique, & cet argent y a facilité des travaux, y a donné quelque mouvement à l'industrie, & sa dixme, qui ne rapportait auparavant que 81000 livres, en rapporte aujourd'hui plus de 230,000.

En 1778, l'isle renfermait 80,660 habitans, & parmi eux 6530 esclaves; on y comptait 77,380 têtes à cornes, 23,195 chevaux, 1515 mulets, 49,058 têtes de menu bétail. Les plantations y étaient au nombre de 5681, & l'on y récoltait 2737 quintaux de sucre, 1114 de coton, 11160 de café, 19556 de riz, 15216 de maïs, 7458 de tabac, 9860 de melasse. Cette prospérité naissante est loin de ce qu'elle peut être; pour l'aider, on assura, en 1778, la propriété entiere aux possesseurs des biens, dont jusqu'alors ils n'avaient eu que l'usufruit; sous la seule condition d'une faible redevance dont le produit sert à l'habillement des milices qui sont de 1900 fantassins, & de 250 chevaux. La liberté du commerce concourrait à l'effet de ces mesures.

Les seuls malheurs qu'on y peut craindre sont la sécheresse, les ouragans, & les courses des pirates: ses habitans ont plusieurs navires qui se rendent en différens ports de l'Amérique; ils y portent quelques-uns des objets dont nous avons parlé, du mastic, du sel dont ils font de grands amas, & des fruits.

*S. Jean de Porto-Rico* est située dans la partie septentrionale de l'isle, sur une péninsule qui ne tient à la terre que par une langue étroite: elle est bien bâtie & peuplée; là siegent un gouverneur & un évêque. A sa cathédrale est attaché un monastere. La chaleur du climat ne permet pas, dit-on, de se servir de glaces pour les fenêtres: des rideaux de toile grossiere, des jalousies de bois en tiennent lieu & défigurent ses bâtimens: elle est défendue par une citadelle & un château: son port est excellent; on ne lui désirerait qu'un peu plus d'étendue.

Les lieux les plus considerables après la capitale sont *Gundanilla*, forteresse sur la côte méridionale, & *San-Germano*, située au couchant de l'isle. Près d'elle sont les petites isles *Blanco*, *Evran*, & celle de *Boriquen* ou des *Crabes*, qui a neuf lieues de circonférence, qui est ornée de montagnes basses & fertiles, où circule une riviere: deux fois les Anglais ont tenté de s'y établir; deux fois les

## ISLES VIERGES.

[E]spag[nol]s ont détruit leurs travaux : ils veulent que cette isle demeure déserte, malgré ses belles [so]urces, ses belles vallées, ses allées d'orangers, de [ci]tronniers, de figuiers, de bananiers, & l'abondance de son gibier.

## LES ISLES VIERGES.

On donne ce nom à environ soixante petites isles, [si]tuées à l'orient de Porto-Rico ; les principales [so]nt celles de *Tortola*, de *Cammanoes*, d'*Anagada*, [de] *Virgen-Gorda*, ou *Spanish-Town*, de *Ginger*, de [S.] *Jean*, de *S. Thomas*, &c. Nous parlerons séparément des deux dernieres, parce qu'elles appartiennent aux Danois.

La navigation entre les isles *Vierges* est très-agréable ; on croirait voir une grande prairie, entrecoupée de bosquets : le sol en est élevé, de beaux [ar]bres les parent ; plusieurs sont désertes : la pêche [e]st très-abondante dans les canaux profonds qui les séparent : on y trouve de bons mouillages : des [H]ollandais s'y étaient établis, les Anglais leur ont succédé depuis 1666 : de *Tortola* & de *Virgen-Gorda* [il]s se répandirent dans les islots voisins, où ils vécurent pendant près d'un siecle en sauvages indépendans, occupés à cultiver un peu de tabac, de [i]ndigo, & sur-tout du coton ; leur nourriture commune était le poisson, les patates, les pois & quelques autres légumes ; n'ayant la plupart point [d']eaux courantes, ils se servaient de celle de pluie qu'ils recueillaient & conservaient dans des futailles, [o]n retiraient des rochers creux.

*Virgen-Gorda* ou *Spanish-town* est la plus orientale [de] toutes : sa longueur est de six lieues, sa largeur [es]t fort inégale ; elle a deux bons ports ; plusieurs de fes habitans ont des poffeffions dans l'ifle *Anagada* ou *Noiée*, qui eft fituée plus au nord, qui doit fon nom à fes côtes baffes, bordées de mangles, environnées de bas-fonds.

*Tortola* eft une des meilleures de ces isles, celle peut-être où l'on trouve le port le plus fûr, elle a fept lieues de long fur environ quatre de large. Avant 1748 il n'y avait dans cette isle, ni dans les voifines, aucun gouvernement régulier, aucun culte public : on y a établi l'un & l'autre : on y cultive principalement le fucre, & fes habitans paient au fifc le quatre & demi pour cent pour la fortie de leurs marchandifes. On n'y a pas réglé les poffeffions & on devait le faire. La bourgade de ce nom eft au fond du port, vis-à-vis duquel eft une rade fpacieufe qui peut recevoir plus de mille vaiffeaux, fur un fond de vingt-cinq braffes. Cette isle eft fous le 313° 10′ de longitude, fous le 18° 25′ de latitude.

Les deux isles dont nous allons parler font comprifes dans le nombre des Vierges : elles appartiennent au Dannemarc.

### Isle Saint-Thomas.

Cette isle eft fous le 312° 50′ de longitude, & le 18° 20′ de latitude feptentrionale : elle a un port fûr & commode, défendu par deux remparts que la nature femble y avoir formé pour y placer des batteries ; cinquante vaiffeaux peuvent y être en fûreté, & c'eft ce qui attira les Flibuftiers, qui firent d'abord la profpérité de cette isle. Elle n'a que cinq lieues de long fur la moitié de large, & cependant elle eft partagée entre les Brandebourgeois & les Danois ; mais les premiers font fous

# ISLES VIERGES.

la protection de ceux-ci. Presqu'au milieu du port s'éleve un fort sans fossés, sans ouvrages extérieurs; & à soixante pas de là est la ville formée d'une longue rue, terminée par la factorerie des Danois, grand bâtiment qui renferme des magasins spacieux, remplis de marchandises & de Négres, objet du commerce que cette nation fait avec les Espagnols. A droite de cette factorerie est le quartier des Brandebourgeois, composé de deux petites rues habitées en grande partie par des Français réfugiés qui s'y sont rendus de l'Europe ou des isles: leurs plus belles maisons sont bâties de briques & à la maniere Hollandaise; mais le mauvais fond sur lequel elles sont assises fait qu'on ne leur donne qu'un étage: la terre n'y forme qu'une espece de croûte épaisse de trois pieds, au dessous de laquelle on trouve l'eau & la vase.

L'isle produit des oranges, des citrons, des limons, des guaves, des bananes, du millet, des patates, des mandiaques, & la plupart des plantes & des fruits de ces climats: on y cultive le sucre & le tabac: les mosquites y sont très-incommodes. Elle languit aussi long-tems qu'elle dépendit de la compagnie des Indes; mais le dernier roi de Dannemarc, monarque bienfaisant & sage, l'acheta & en rendit le commerce libre. Depuis ce tems l'industrie & le commerce s'y sont accrus, & l'on en retire annuellement plus de 3000 bariques de sucre & une grande abondance d'autres productions. Dans la guerre, les armateurs des diverses nations y amenent leurs prises: un grand nombre de vaisseaux en partent pour commercer le long des côtes de la Terre-Ferme: ils en rapportent de l'argent monnaié, ou en lingots, & d'autres marchandises précieuses.

## Isle St. Jean.

C'est une isle presque circulaire, d'une fertilité médiocre, ayant une bourgade presqu'à son centre: son commerce deviendra peut-être considérable. On n'y compte encore que 110 blancs, & 2324 esclaves qui y cultivent 69 plantations.

## ISLE SAINTE-CROIX.

Elle est située au midi des précédentes, sous le 313° de longitude, sous le 17° 40' de latitude septentrionale : elle a douze lieues de long & trois de large : les Indiens la nommaient *Ayay* : le sol en est uni ; on y trouve peu de fontaines, peu de ruisseaux, une seule riviere où la mer remonte assez loin pour la rendre presque inutile à ses habitans ; ils sont obligés de se servir de cîternes. On y voit de très-beaux arbres, l'acajou, le bois d'Inde, l'acoma, le balata, des bois rouges y sont communs & utiles : la canne à sucre, le manioc, les patates, les oranges, les limons, les citrons, les grenades y prosperent. On y trouve encore une espece de papayes, nommés *mamée* ou *mamelles*, parce qu'il produit tous les mois un gros fruit qui a la forme d'une mamelle. L'air y est mal-sain encore, mais il deviendra toujours plus sain, à mesure qu'on en détruira les forêts qui la couvrent, & que la circulation en sera plus libre. Le sol y est noir, facile à cultiver, d'une grande fertilité. Une grande baie s'ouvre vers le nord & forme un bassin fermé par une petite isle : la mer pénétre dans les terres par plusieurs canaux, de maniere qu'une partie de cette isle parait n'être qu'un amas d'islots séparés par des marais.

# Isle Sainte-Croix.

Les Espagnols la découvrirent, & en détruisirent les habitans. Elle fut occupée tour-à-tour par les Français, les Anglais, les Hollandais ; par les Espagnols même, qui ne pouvant l'occuper, ne voulaient pas que d'autres l'occupassent. Les Français s'y fixèrent enfin ; ils mirent le feu à ses forêts, & la cultivaient avec des succès rapides, lorsque les ordres tyranniques d'une compagnie exclusive la rendit de nouveau déserte : enfin, ils vendirent leurs droits aux Danois ; & elle était encore un désert, lorsque le dernier roi l'acheta de sa compagnie des Indes. Depuis ce tems, on y a vu s'élever promptement des maisons, & vu arriver un grand nombre d'habitans mécontens de leur sort dans les isles voisines : aujourd'hui, elle a déja des commerçans très-riches dans le bourg de *Christianstadt*, défendu par une forteresse. On y compte 345 plantations, 2136 blancs, & 22,244 esclaves. Un peu de café, beaucoup de coton, dix-sept ou dix-huit millions de livres pesant de sucre, du rum, c'est là tout le produit actuel des isles Danoises : leurs dettes s'opposent à leur prospérité.

# PETITES ISLES ANTILLES,
## OU ISLES CARAÏBES.

Les précédentes sont aussi du nombre des Antilles; mais ce sont les grandes : les Espagnols les ont découvertes ou dévastées ; & pour justifier leurs cruautés, ils publièrent que *Caribbé* ou *Caraïbes* avait la même signification que *Cannibales* ; comme si les mœurs barbares d'un peuple pouvaient justifier l'inhumanité d'un autre. Et il n'est point démontré qu'ils fussent véritablement antropophages.

Ces isles forment un arc de cercle, qui des isles que nous venons de décrire, à la province de Cumana dans le royaume de Grenade, semble fermer le golfe de Mexique. Celles qui sont renfermées entre l'isle de S. Domingue jusqu'à celle de la Guadeloupe, sont appellées *Isles dessus le vent*: de la derniere jusqu'à celle de la Grenade, *Isles du vent*; celles qui suivent la direction de la Terre-ferme, sont comprises sous le nom d'*Isles sous le vent*. On en fait une division différente; mais nous choisissons celle-ci comme plus claire, & mieux déterminée. Nous allons les parcourir successivement.

### *Isle Sombrera.*

Elle a trois lieues de tour, & est déserte. Elle reçut son nom des Espagnols, parce qu'elle est ronde, unie, ayant à son centre une montagne ronde & haute; elle ressemble ainsi à un chapeau qui leur sert de parasols, & se fait de feuilles de palmier.

### *Isle Anguille* ou *Serpentante.*

Elle a sept à huit lieues de long, sur une largeur inégale, qui n'excede jamais trois lieues; sa forme lui a fait donner ce nom: sa longitude est 314° 45′, & sa latitude 18° 20′.

Elle est unie, couverte de forêts, dit l'auteur de la Géographie de l'Amérique: elle est sans bois & sans rivieres, dit M. Raynal; son sol n'est qu'un rocher poreux & friable, que de la craie. Les Anglais s'y établirent en 1656; & à force de travail, lui firent produire du coton, un peu de millet & quelques patates: six veines de terre végétale y ont été couvertes de cannes à sucre, qui en rapportent trente milliers année commune. Les animaux domestiques que les Européens y ont apportés, s'y font multipliés assez rapidement; ils y sont nombreux aujourd'hui: les moutons & les chevres surtout, y présentent une ressource sûre aux habitans: on y trouve aussi des rats musqués, des alligators, & autres animaux communs sous ce climat. Les sécheresses y sont redoutables & trop fréquentes : un étang salé lui fournit un objet de commerce. Ses côtes n'offrent que deux rades accessibles aux bateaux, défendues par deux batteries de quatre pieces de canon.

Cette isle ne compte que 200 hommes libres & 500 esclaves dans son enceinte : elle forme une assemblée qui nomme son gouverneur; mais il doit être confirmé par celui d'Antigoa. Les Français y firent une descente en 1745, & furent obligés de s'en retirer avec quelque perte.

### Isle S. Martin.

Elle a six lieues de long, quatre dans sa plus grande largeur, & dix-huit de circonférence; mais moins de terrein que cette enceinte ne semble l'annoncer, à cause des profondes baies & des étangs salés qui s'avancent dans l'intérieur, & qu'on trouve sur-tout dans la partie située entre le nord & le couchant: on y prend une multitude de beaux poissons & de tortues; mais l'eau douce & fraîche y manque, & l'on ne peut s'y servir que de l'eau de pluie conservée dans des citernes. Le centre est rempli de montagnes qui s'étendent jusqu'au bord de la mer, au levant & au midi: elles étaient couvertes autrefois de différens arbres, parmi lesquels on en remarquait un qui donnait beaucoup de gomme, & un autre qui coupé en pieces minces & féchées, sert au même usage que la chandelle, & répand une odeur agréable; on les a presque tous fait disparaître, pour cultiver leur sol plus fertile que celui de la plaine: il y est cependant léger & poreux, exposé aux sécheresses; mais le ciel y est beau & l'air très-pur: la navigation y est facile; & s'il n'y a point de ports, il y a d'excellens mouillages.

Les Français & les Hollandais s'y établirent en 1638; les Espagnols les en chasserent, & l'abandonnerent en 1648: quelques-uns de ses anciens habitans leur échapperent, & bientôt y firent venir de nouveaux cultivateurs. Les deux nations furent d'abord sur le point de prendre les armes les uns contre les autres; puis ils firent entr'eux un accord, & une paix perpétuelle, qui jusqu'à ce jour n'ont point été troublés.

Les Français y possédent 5904 quarrés, de 2500 toises quarrées chacun: les Hollandais y en possédent 4176. On y cultiva d'abord le tabac, puis l'indigo: aujourd'hui c'est le coton & le sucre qui sont les principaux objets de la culture. On compte dans la partie française 351 personnes blanches de tout âge, de tout sexe, & 1200 esclaves. Elles n'ont un gouverneur que depuis 1763. Dans la partie hollandaise, bien plus fertile, on compte 639 blancs & 3518 noirs, occupés à exploiter trente-deux sucreries, qui produisent communément 1,600 quintaux de sucre; à faire croître 1300 quintaux de coton, à recueillir le sel qui se forme sur la surface d'un étang salé, & qui rapporte environ 300,000 livres. La plupart des habitans de cette partie de l'isle sont Anglais. Cette isle est sous le 18° 5' de latitude septentrionale, & sous le 314° 40' de longitude.

### Isle de S. Barthelemi.

Elle a dix ou onze lieues de tour : un canal de trois lieues de large la sépare de la précédente. Ses montagnes ne sont que des rochers, ses vallées que du sable ; elle n'a point de rivieres, presque point de sources, & les pluies y sont rares : on lui donnait dans les livres un port qu'elle n'a pas : on y voit d'assez beaux arbres. Les Français l'habiterent en 1648 : leur premiere ressource fut de faire de petits ouvrages de bois de gayac qui était recherché ; puis ils nourrirent des bestiaux, cultiverent un peu de tabac, & sur-tout du coton, dont la récolte s'éleve à 500 ou 600 quintaux, quand la sécheresse n'en dévore pas toutes les productions. On y compte 427 blancs & 345 esclaves, tous vivant dans la pauvreté. La cassave y croit naturellement, ainsi que le *canapia*, arbre qui donne une gomme agréable & salutaire ; le bois de vie & le bois de fer : on y vient chercher de la pierre à chaux dont manquent les isles voisines.

### Isle de la Barboude.

Elle appartient aux Anglais : elle est située sous le 316° de longitude, & le 17° 40′ de latitude septentrionale. Elle a sept lieues de long & quatre de large : le sol y est bas, uni, couvert d'arbres faibles & peu élevés, parce que la terre n'y est profonde que de six ou sept pouces : un roc de pierre calcaire en fait le fondement. Sur le rivage occidental, elle a une bonne rade, où l'on ne peut craindre ni les écueils, ni les vents ; mais de cette isle partent deux bancs de sable longs de deux lieues, l'un qui s'étend entre le nord & le couchant, l'autre entre le couchant & le midi. Ses bords sont abondans en tortues : l'intérieur est ombragé par des orangers, des citronniers, des grenadiers, des seps de vigne, des opuntia : on y trouve des ananas, des plantes recherchées, des drogues médecinales, du cacao, du coton, du poivre, du gingembre, de la canelle, de la casse, du bois de brésil, de l'ébene, de l'indigo, du tabac, du maïs, des patates, des ignames ; mais aucune de ces productions n'y est abondante. Elle nourrit beaucoup de bestiaux, sur-tout des bœufs, des chevaux, des mulets ; c'est la principale occupation, la principale richesse des habitans : l'herbe de Guinée y est pour ainsi dire, la seule plante cultivée. Elle nourrit aussi des serpens, qu'on y aime, parce qu'on n'en craint pas les morsures, & qu'ils détruisent les rats, les grenouilles, les crapauds, qui sans eux infesteraient l'isle ; mais il en est une espece dont la morsure est redoutable.

On y a fait envoyer des bêtes fauves : le hasard y a rempli les bois de pintades & d'autres volailles, échappées des navires dans leur naufrage. L'air y est très-pur & très-sain : on y accourait des isles voisines pour y recouvrer la santé ; mais les Codringtons auxquels l'isle appartient, ne le permettent plus, parce que ces convalescens se sont permis d'y chasser ; & c'est, parce qu'elle appartient à cette famille qu'elle languit, inutile pour l'Angleterre. Sa population se réduit à 350 esclaves, & à quelques hommes libres qui veillent sur leurs travaux. Elle dépend des tribunaux d'Antigoa.

### Isle de Saba.

Elle appartient aux Hollandais : sa latitude est 17° 36′, & sa longitude 314° 28′. Elle a quatre à

## Petites Antilles. 351

cinq lieues de circuit : au premier aspect, elle ne paraît être qu'un rocher nud ; mais la colonie Hollandaise qui s'y rendit de S. Eustache, trouva au sommet de ce roc, après l'avoir gravi, une vallée propre au jardinage, où des pluies fréquentes qui s'imbibent promptement, font croître des plantes d'un goût exquis, des choux d'une grosseur singulière. Elle n'a point de ports ; une anse sablonneuse, située au midi, en sert pour les canots des habitans : autour d'elle la mer est si basse, qu'on voit à une assez grande distance les pierres qui en couvrent le sol ; de là vient que les chaloupes seules peuvent en approcher. La pêche y est abondante, sur-tout en bonites. On a taillé un chemin dans le rocher qui va du pied de l'isle au sommet ; mais il est rapide, & ne rend pas l'isle plus accessible : au sommet, les habitans ont rassemblé des monceaux de pierres & des especes d'échaffaudages qui en sont chargés, & les précipitent lorsqu'on tire une corde. Elle nourrissait cinquante familles en 1701, & le nombre en a peu augmenté : elles y vivent dans des maisons élégantes, commodes, bien meublées : leur commerce consiste en souliers qu'elles fabriquent, en bas & autre coton travaillé, en indigo, dont le produit leur sert pour acheter des esclaves & de bons meubles : elles vivent sans crainte, sont hospitalieres, honnêtes, & jouissent de l'air le plus pur, les femmes y conservent une fraicheur de teint qu'on ne trouve point dans les autres isles.

### Isle S. Eustache ou Eustatia.

C'est encore une isle Hollandaise. Elle est sous 314° 37′ de longitude, & le 17° 25′ de latitude septentrionale : on ne lui donne que deux lieues de long, qu'une de large : elle est formée par deux montagnes qui semblent être des pyramides, qui s'élevent de la mer, & laissent entr'elles un vallon peu large : l'une d'elles présente le profond cratere d'un volcan, ayant la forme d'un cône renversé, & dont les bords paraissent calcinés : les pluies n'y forment jamais de dépôt; elles filtrent encore au travers des issues que les vapeurs & le feu s'y étaient pratiquées. L'air y est sain; mais elle est sujette aux tremblemens de terre, aux ouragans, aux bourrasques, accompagnées de tonnerres violens. Ses productions les plus considérables sont le tabac & le sucre; on recueille de ce dernier 8 ou 9000 quintaux : on y compte, dit un auteur, 5000 blancs & 15000 negres; population qui nous semble exagérée : elle est une des isles Caraïbes les moins attaquables : cependant elle a été prise par les Français, par les Anglais, & ces derniers l'ont reprise encore en 1781, & y ont trouvé de grandes richesses, fruit de son commerce permis & de contrebande avec ses voisins, & sur-tout avec les colonies d'Amérique. Il n'y a qu'un lieu où l'on puisse débarquer, & l'on peut facilement en défendre l'approche ; un fort muni de canons le commande : le centre de l'isle est couvert de bois : le sommet d'une des montagnes est une plaine assez grande, où l'on nourrit des bêtes sauvages : elle n'a point de sources, point de ruisseaux; des étangs & des citernes remplies d'eau de pluie, en tiennent lieu.

## Isle S. Christophe.

Les Anglais la nomment aussi *S. Kitt* : sa longitude est de 314° 55', & sa latitude de 17° 19'. Elle a neuf lieues de long; sa largeur est inégale,

# PETITES ANTILLES. 353

& ne va jamais à trois lieues : sa surface peut être de trente-six lieues quarrées. Les Anglais & les Français s'y étaient établis : la crainte des Espagnols fit d'abord leur union ; puis ils se diviserent, & se combattirent avec acharnement : elle fut cédée toute entiere aux Anglais, par le traité d'Utrecht.

L'air y est d'une chaleur extrême ; mais pur, agréable & sain : les vents frais qui viennent de la mer, le temperent : le jour, la nuit y sont d'une durée presque égale dans toute l'année, & sans la saison des pluies & celle des ouragans, on n'y connaîtrait qu'un été perpétuel.

Des monts entassés, couverts de verdure, occupent le tiers de sa surface : l'arbre à chou remplit des épaisses forêts ; des essaims de singes en sortent dans le silence de la nuit, pour dérober les patates & les autres légumes répandus autour des habitations. Au sommet du mont *Cocarrhée* est une plaine large de 300 arpens, qui se termine à un autre d'une profondeur étonnante & d'un mille de circuit : son sol est couvert de soufre, & sans cesse il s'en éleve des vapeurs épaisses ; là sont deux ouvertures qu'on nomme *chaudieres du diable*, à la bouche desquelles on sent une chaleur assez vive : depuis une grande éruption de cette montagne, l'isle est moins sujette aux tremblemens de terre. Vers le sud-est, on voit une colline rocailleuse qu'on nomme *Mont du Misérable*, parce qu'un homme qui voulut y gravir une hauteur escarpée, y tomba mort. Ce mont est le plus haut de l'isle, & l'on estime qu'il est élevé de 1200 toises au-dessus de la mer. Ses hautes collines sont presque toutes couvertes de palmistes, de cotonniers, de bois de vie & autres arbres. Entre ses monts, on voit s'élever des rocs effrayans, environnés de forêts formées de

Tome XI.                            Z

longues lignes d'arbres toujours verts : entr'eux on découvre çà & là de belles maisons couvertes d'ardoises brillantes : le sol y est léger & sablonneux, & produit du tabac, des cannes à sucre, du coton, du gingembre, & toutes sortes de fruits. On voit éparses dans la plaine, des habitations propres, commodes, ornées d'avenues, de fontaines & de bosquets : un grand nombre de sources sortent du pied des monts, & rafraîchissent les prairies ; mais la sécheresse en fait tarir le plus grand nombre : il en est de chaudes, dont on fait un usage utile pour les bains. On y compte 1800 hommes libres (*a*) & 24000 esclaves, qui récoltent environ 180000 quintaux d'un sucre estimé le plus beau du Nouveau-Monde. Ils cultivent encore des champs féconds en maïs, en ananas, en poires épineuses, en poivre de diverses espèces, dont l'un croît dans une petite silique rouge & longue de quatre pouces, & les autres dans de petites gousses. On trouve dans ses riantes plaines l'arbre du mastic, le prunier sauvage américain, le bananier, le mancenilier, des melons, des papas, &c. On y fait beaucoup de sel, dans un étang dont la surface est de 80 acres, & où le soleil dardant ses rayons, fait évaporer l'eau, qui dépose une croûte de sel aussi claire, aussi pure que le crystal de roche.

On y trouve les mêmes animaux que dans les isles précédentes ; mais on y remarque le *rocket*, espece d'écureuil, dont la peau a la couleur de la feuille fannée, mouchetée de bleu & de jaune : il a les yeux brillans, la tête toujours élevée, le corps sans cesse agité ; sa queue se recourbe sur le dos,

---

(*a*) Un auteur y en compte 8000.

& forme un cercle & demi ; sa langue s'allonge & sort de la gueule, lorsqu'on le poursuit. Parmi ses oiseaux, on remarque l'*aigle de l'orenoque* & l'*oiseau à poche* : le premier, dit-on, attaque tous les oiseaux qui ont comme lui, le bec crochu & les serres aiguës ; il les surpasse tous par la rapidité de son vol. L'oiseau à poche vit de poissons qu'il épie du haut des arbres qui ombragent le rivage, & pour l'atteindre, il plonge jusqu'à une brasse de profondeur. On n'y éleve point encore d'abeilles ; mais les sauvages y fournissent beaucoup de miel.

Cette isle est défendue par quelques ouvrages. Sur le mont sulphureux ou *Brimstone-hill*, est un fort entouré de quarante-neuf pieces de canon, & on le croit presque imprenable. Le fort *Charles* est muni de quarante canons & de magasins remplis de munitions : le fort *Londonderry* défend le côté oriental de *Basse-Terre*. Près des lieux de débarquement sont diverses batteries.

*Basse-Terre*, chef-lieu de l'isle, est une jolie ville qu'avaient élevé les Français : les maisons en sont bâties de brique, de cailloux & de bois ; & parmi ses bâtimens, on remarque la salle du conseil, un hôpital, une grande église. Le château qui la défend, est sur un mont ombragé qui s'éleve à demi-lieue de la mer : il est bâti de briques & de pierres de taille, a de belles chambres, de belles salles lambrissées de bois de cedre, & de-là on jouit d'une perspective agréable, sur des plantations charmantes de cannes à sucre & de gingembre ; une longue allée de limons & d'orangers le joint à une maison rustique qui en dépend : il est entouré de boulewards ; sur un côté s'éleve une chapelle, sur l'autre une grande citerne de pierres, où l'eau est conduite par des canaux souterrains. Entre lui & la montagne

Z 2

est un grand & beau jardin, où l'on trouve les fleurs & les plantes les plus recherchées de l'Europe & de l'Amérique : une fontaine l'orne & l'arrose.

L'isle est partagée en six paroisses : les trois qui sont dans la partie du nord, sont celles de S. *John*, de *Christ-Church*, & S. *Mary* ; les trois du sud sont celles de *Ste. Anne*, S. *Thomas*, & *la Trinité*. Dans chacune est une belle église lambrissée & garnie de sieges, le tout en bois d'ébene, de brésil, d'inde, de cedre, & autres bois précieux, de la plus belle couleur, de l'odeur la plus agréable.

La milice de l'isle forme un régiment de fantassins, une compagnie de cavaliers & une de dragons, faisant ensemble 1340 hommes.

### *Isle de Nieves* ou *de Nevis*.

C'est une isle Anglaise, située à une lieue & demi de la précédente : elle a sept à huit lieues de tour : sa latitude est de 17° 15′, & sa longitude de 315° 6′. Ce n'est qu'une montagne dont le sommet s'éleve, dit-on, de 1100 toises au-dessus du niveau de la mer, & dont les pentes douces sont couvertes d'arbres & de plantations : le sol en est très-fertile, surtout dans les vallées ; mais les collines deviennent plus pierreuses en s'élevant, & les plantations rapportent d'autant moins qu'elles sont plus hautes : on y recueille des oranges, des citrons, des limons, mais sur-tout le sucre, qui en est la richesse : le tabac, le coton, le gingembre y ont aussi été cultivés, mais abandonnés pour lui : les feves anglaises y fleurissent, mais la gousse ne peut s'y former : différens légumes de l'Europe y prospérent. Entre les arbres qui l'embellissent, il en est un qu'on nomme *diddledoo*, qui a les feuilles étroites, assez sembla-

# PETITES ANTILLES. 357

sibles d'ailleurs à celles du pommier, mais plus minces, & dont les fleurs sont variées d'un très-beau jaune & de l'écarlate la plus brillante; elles sont très-utiles dans les jauniffes.

On n'y recueille point de fourrage: les chevaux de main s'y nourriffent de plantes que l'on cueille; ceux qui font mouvoir les moulins, les ânes, les mulets, font abandonnés dans les pâturages; mais quand ils travaillent aux opérations que le fucre exige, on les nourrit de l'écume, qu'on enleve des chaudieres où on le fait cuire. Les brebis n'y ont ni cornes, ni laines; mais leur peau douce & unie, tachetée de rouge & de noir, eft recouverte de poils: les béliers font d'un rouge pâle, & ont une rangée de poils longs, droits & rouges, qui defcend de fon menton fur la poitrine, & tombe fur fes jambes de devant: les porcs, la volaille, nourris avec le maïs, les patates, le fuc de la canne à fucre, ont une viande très-douce, blanche & graffe: on y éleve auffi des lapins, & un peu de gros bétail: la viande & les poiffons falés y viennent du dehors: on y éleve auffi beaucoup de canards de Mofcovie: les tourterelles y font de la couleur du chocolat, de la groffeur de l'alouette; mais leur tête, leurs yeux, leurs jambes, font d'un rouge obfcur: quelques lézards y ont cinq pieds de long de la tête à la queue: on y voit auffi un animal auquel on donne le nom de *brochet*, parce qu'ils font faire à leurs corps les finuofités & les mouvemens que fait ce poiffon quand on l'a tiré de l'eau: il eft long de feize pouces; fa tête eft d'un gris argenté, tout fon corps eft couvert de petites écailles brillantes; il marche fur quatre pieds très-faibles: il fait entendre fes cris défagréables vers le foir, où il fe tapit entre les rochers. Un infecte volant, porté fur quatre jambes,

Z 3

orné des plus brillantes couleurs, y est appellé *chasseur de mouches* ; & en effet il les épie, élevé sur ses jambes, la bouche ouverte, puis il s'élance, & rarement il manque de la saisir : il est doux & familier. Divers poissons à coquilles habitent ses rivages & les étangs voisins de la mer : on y voit des écrevisses d'un beau bleu de ciel ; d'autres qui sont brunes & nuancées de jaune vers leur extrémité, d'une forme plus élégante que celles d'Europe : de petits crabes, qui se creusent des habitations dans les forêts & sur le haut des collines ; mais qui chaque année en descendent vers la mer, pour nettayer leur écaille & faire leurs petits, & alors on cherche à les saisir à la lueur des flambeaux.

Cette isle est arrosée par de nombreux ruisseaux, qui seraient des sources d'abondance, si dans les orages ils ne se changeaient en torrens destructeurs. Parmi ses sources il en est de minérales, & l'on y a fait bâtir des bains. Elle n'a pas de bons ports : dans sa partie méridionale, les vaisseaux peuvent cependant se placer entre des rochers & des bancs ; mais si l'on craint un ouragan, il faut se hâter de fuir.

Cette isle, celle de S. Christophe, de Monserrat & d'Antigoa, ont le même gouverneur : il a le titre de capitaine-général, ou gouverneur suprême des isles Caraïbes qui s'étendent de la Guadaloupe à Porto-Rico. Le gouvernement de Nevis est entre les mains du gouverneur, d'un conseil, & de l'assemblée générale : les loix qu'ils font n'ont de force que pendant une année, à moins que le roi ne les approuve.

La seule ville de Nevis est *Charles-town*, où l'on voit de grandes maisons, de beaux magasins, protégés par un fort : il y a de riches commerçans :

les negres y font traités avec dureté, & leur travail est aussi long que pénible. Les Anglais paraissent s'y être établis en 1628 : les mœurs de ses premiers habitans furent long-tems en exemple : elle les dût aux soins paternels de son premier gouverneur, qui les conduisait ainsi à une prospérité rapide ; mais la guerre, les ouragans, l'avaient dissipée : elle s'est cependant un peu relevée, & l'on y compte aujourd'hui 600 blancs & 5000 esclaves, qui envoyent annuellement à l'Angleterre trois ou quatre millions pesant de sucre.

### Isle d'Antigoa ou d'Antego.

Elle est située sous le 17° de latitude septentrionale, & sous le 315° 45′ de longitude. Sa forme est presque circulaire, & son diametre est d'environ sept lieues : ses bons ports l'ont rendue célebre ; mais les rochers & les écueils dont elle est ceinte, en rendent l'entrée dangereuse, sur-tout pour ceux qui ne les connaissent pas. Les plus considérables sont, *Willoughby-Bay*, au levant de l'isle ; *Nonsuch-Harbour*, baie spacieuse, aussi au levant ; *Five Island-Harbourg*, ou le port des cinq Isles, au couchant ; *S. Johns-Harbour*, au nord ; ceux de *Falmouth*, de l'*Anglais* & de *Carlisle*, au midi.

Les Français s'y établirent d'abord, & la quitterent ; parce qu'on n'y trouve ni rivieres, ni ruisseaux. Les Anglais y vinrent après eux, en 1640 : le lord Willougby y fit passer une colonie à ses frais ; & dès-lors elle commença de se rendre recommandable : elle a peu souffert du fléau de la guerre ; mais elle a été exposée à des divisions intestines, à une conspiration des negres, à des ouragans redoutables.

Le climat y est brûlant, l'air sain : le sol en est sablonneux, & la plus grande partie en est couverte de bois : on y trouve quelques sources faibles; l'eau douce y est celle des pluies, conservée dans des citernes; mais souvent on en éprouve une disette cruelle. Cependant elle est une des isles Anglaises les plus importantes, les plus florissantes même. On y cultiva d'abord le tabac, l'indigo, le gingembre : en 1680, on y introduisit la canne à sucre, qui n'y donna les premieres années qu'un suc noir, âcre & grossier; avec du tems & de l'art, on parvint à le perfectionner.

Cette isle renferme 70,000 acres de terrein, & fournit, quand la sécheresse ne la désole point, dix-huit à vingt millions pesant de sucre : on y recueille moins de tabac; mais il y est bon, & beaucoup meilleur que celui qu'on y recueillait autrefois. Elle est plus riche en gibier qu'aucune des isles Caraïbes, & nourrit de grands troupeaux de bétail, beaucoup de volailles, presque tous les animaux qui se trouvent dans les isles voisines, & malgré les ouragans furieux & la chaleur excessive, ils y produisent beaucoup. On n'y compte gueres que 3000 habitans blancs (*a*), mais elle a près de 30,000 esclaves noirs.

Antigoa est divisée en cinq paroisses, qui chacune ont pour chef-lieu une bourgade. Celle de *S. Jean* ou *S. Johns-town* est la plus considérable; on la regarde même comme une des villes les plus régulieres de l'Amérique : on y compte deux à trois cents maisons, entourées de fortifications médiocres : là sont rassemblés les tribunaux de l'isle : là réside

---

(*a*) Un auteur y en compte 7000.

le gouverneur-général des isles Caraïbes, dont l'emploi rapporte annuellement 3500 livres fterlings : fous lui, dans chacune des isles voifines, fiege un gouverneur-lieutenant, dont les appointemens ne font que de 200 livres. Le commerce femble s'y être concentré ; mais il eft menacé d'y déchoir : fon port, un des plus commodes qu'il y ait dans ces isles, s'eft fermé par une barre, fur laquelle il ne refte que douze pieds d'eau : fi la barre s'accroit encore, les navigateurs feront forcés de fe rendre dans la rade de *Parham*, la plus voifine de St. Jean, meilleure même que fon port, mais moins commode pour le commerce. *Parham* eft une des paroiffes de l'isle : les trois autres font *Falmouth*, *Bridge-town*, fituées, celle-ci au levant, celle-là au midi, & *St. Peters* qui occupe le centre de l'isle.

Cette isle eft le boulevard des petites isles Angloifes de ces parages : c'eft dans le Havre Anglais, port excellent, que fe tiennent les forces navales chargées de les défendre, & où les vaiffeaux de guerre trouvent tous les fecours néceffaires pour le mettre en état d'agir : des arfenaux, des magafins élevés avec intelligence, y renferment tout ce qui eft néceffaire à la marine militaire : fix cents hommes veillent à fa défenfe.

### Isle de Redonda.

Elle peut avoir trois ou quatre lieues de tour : elle n'a ni ports, ni rivieres, ni bourgades : quelques colons Anglais y cultivent les mêmes objets de commerce que dans les isles précédentes, & des légumes.

## Isle de Montserrat.

Colomb la découvrit en 1493, & lui donna le nom qu'elle porte, à cause de sa ressemblance avec la montagne de Catalogne qui porte ce nom, & connue par le couvent qui y est situé, par les solitaires qui l'habitent. Les Anglais s'y fixerent en 1632, & la possedent encore : elle a neuf lieues de tour, & la forme d'un œuf : sa longitude est de 315° 28'; sa latitude de 16° 45'.

Les montagnes y sont couvertes de cédres, de cyprès, d'acomas, de la plante du musc : celle-ci croit en buisson comme la ronce ; mais elle est sans épines, & porte une fleur jaune, suivie d'une silique pleine de semences qui ont l'odeur du musc : on y trouve aussi le bois de fer : l'arbre est haut de trente pieds ; son écorce est blanchâtre sur le tronc, & d'un gris rouge dans les branches les plus élevées : ses feuilles sont molles, d'un verd jaunâtre, ses nombreuses fleurs croissent en grapes sur une tige commune ; à ces fleurs succédent de petits fruits longs de six lignes, dont la peau & la chair sont d'un très-beau rouge : la dureté de son bois lui fit donner son nom ; il est si pesant qu'il ne surnage point ; il résiste à toutes les saisons & ne s'altere point.

Les vallées de l'isle sont bien arrosées : le climat, le sol y different peu de ceux des isles voisines ; elle nourrit les mêmes animaux & fait le même commerce : l'indigo & le sucre sont ses principales productions ; ce dernier y est inférieur à celui de la Jamaïque : on le cultive dans de petites plaines ou des vallons, & l'on y en fait annuellement cinquante à soixante mille quintaux : elle est riche, mais elle manque de ports ; dans sa plus grande prospérité on y a compté 4000 blancs & 12000 noirs; deux fois les Français l'ont prise & dévastée, souvent elle est en proie aux ouragans : celui de 1733 fut épouvantable ; il fit voler en l'air un moulin entier qui pesait vingt mille livres , & causa une perte à cette isle évaluée à plus d'un million deux cent mille livres. Aujourd'hui on n'y compte que 1000 hommes libres & 8000 esclaves.

Elle est divisée en deux paroisses, dont les églises ont des lambris, des bancs, une chaire de bois de cédre, mêlé à des bois odoriférans : la principale bourgade est celle de *Basse-terre*.

### Isle de la Guadeloupe.

Colomb qui la découvrit, lui donna le nom de *Guardalope* ou *Guadaloupe*, de sa ressemblance avec les montagnes de ce nom qui sont en Espagne : ses habitans naturels l'appelaient *Karakuera*. Sa forme est très-irrégulière ; son contour est de 80 lieues : elle est coupée en deux par un canal long de deux lieues, large de 15 à 40 toises, rempli des eaux de la mer, navigable pour les pirogues, & appellé *riviere salée*. Elle s'étend du 305° 45′ au 316° 36′ de longitude, du 15° 55′ au 16° 37′ de latitude septentrionale.

C'est la plus grande des isles Caraïbes Françaises ; on y voit un grand nombre de montagnes, des collines escarpées où les habitans portent leurs effets lorsqu'ils sont menacés de quelque danger ; à leur pied sont de belles plaines où serpentent des rivieres & des ruisseaux qui y portent la fertilité & l'abondance : on y cultive le sucre, le coton, l'indigo, le tabac, la casse, l'ananas, la banane, le riz, le maïs, le manioc, le gingembre, les patates, le mill, les pois, &c.

La partie qui est au nord-ouest se nomme *Grande-terre*; l'autre partie est proprement la *Guadeloupe*, & se nomme aussi *Basse-terre*: c'est dans cette derniere partie qu'on trouve le plus de montagnes, des rochers escarpés, des précipices épouvantables. Là est la *Souffriere*, montagne très-élevée, chauve dans le haut, semée çà & là de plantes de fougere, de mousses dispersées entre de petits buissons épineux & tortus: de ce sommet on jouit d'une vue magnifique sur les isles voisines; il est formé d'une plaine rude & couverte de pierres brûlées, laissant entrevoir des crevasses dans le roc d'où s'éleve une fumée épaisse: vers la pente orientale de cette montagne sont deux embouchures qui conduisent à une caverne de soufre, d'une forme ovale, ayant cent pieds dans son plus grand diametre, & d'où s'élancent souvent des étincelles, quelquefois de la flamme, mêlée à une vapeur épaisse & noire: on tire du soufre de cet antre: deux cents pas au-dessous sont trois étangs à quelques pas l'un de l'autre: le plus grand renferme une eau noirâtre, exhalant l'odeur d'une forge; le second une eau blanchâtre qui a l'odeur de l'alun; l'eau du troisieme est bleuâtre & a le goût de vitriol: toutes sont chaudes. Du pied de la montagne sort un grand nombre de petites sources qui, en se réunissant, forment divers torrens: au milieu de sa pente le sol est brûlant; au bas, il est d'une nature différente de celui du sommet; couvert d'arbres & de plantes, arrosé par des nombreux ruisseaux, cultivé avec soin, il offre une des plus riches plaines de l'isle.

La *Grande-Terre*, moins peuplée que la Basse, jouit d'un sol moins riche; il est privé de forêts, de rosées & de rivieres; cette plaine, couverte de troncs, exposée aux sécheresses, est découpée par des lacs assez étendus, assez profonds pour que les vaisseaux y puissent trouver un asyle contre la tempête : leurs bords sont ombragés par des palmiers, avec le bois desquels on peut construire des vaisseaux. Le plus grand est un golfe nommé *Cul-de-Sac* : il est semé d'islots & offre une rade excellente pour les vaisseaux, quelle qu'en soit la charge.

Parmi les plantes de cette isle, on remarque l'arbre de *copaü*, célebre par le baume ou huile qu'il fournit, le *buisson de lait*, des fibres duquel on exprime une liqueur semblable à du lait; & l'arbre de *corbary*, qui donne un fruit dont la chair, couleur de safran, est fort douce, & donne une gomme qui, durcie au soleil, est claire & solide : les Caraïbes de ces isles s'en servent pour faire divers ornemens & des bracelets.

On y nourrit tous les animaux utiles amenés d'Europe, sur-tout des chevaux & des bœufs : un oiseau qu'on ne trouve que dans son enceinte & dans celle de la Dominique, quoiqu'il ait un vol étendu, c'est l'*oiseau du diable*, nom qu'il doit à la noirceur de son plumage : il est de la grandeur d'un petit coq ; son bec est long d'un pouce & demi, dur, tranchant, recourbé ; ses pieds faits comme celui du canard, ont de fortes serres ; ses yeux sont grands, il ne peut supporter le grand jour, & s'il y est forcé, il s'élance contre le premier obstacle & tombe par terre : c'est un oiseau pêcheur, qui fait son nid dans les antres des montagnes : il sert de nourriture aux pauvres & aux Négres.

Les baies, les anses, les côtes de l'isle sont remplies de tortues, de chiens de mer, de crabes, de diverses sortes de poissons : les abeilles y sont noires, petites, sans aiguillon ; elles se nichent dans les creux des arbres ; au lieu de cellules ou d'alvéoles, elles font leur miel, liquide comme l'huile d'olives, dans une vessie de la grosseur d'un œuf de pigeon, formée d'une cire trop fluide pour qu'on en puisse faire des cierges, & dont la couleur est un purpurin obscur.

Un insecte nommé *ravet*, qui ressemble à la punaise, aussi incommode, aussi puant qu'elle, y ronge pendant la nuit le papier, les livres, les meubles, salit les lieux où il pénétre avec ses ordures, & multiplie prodigieusement : on dit que chacun de ses œufs est formé de trente cellules, renfermant autant d'embrions ; une grosse araignée le prend dans le tissu qu'elle forme & le dévore : les fourmis y diminuent presque toujours les récoltes qu'on aurait droit d'attendre des soins du cultivateur.

Les premiers colons furent malheureux ; ils choisirent mal le sol qu'ils voulaient cultiver, leurs commandans furent divisés, la disette se fit sentir ; ils maltraiterent les Caraïbes qui les aidaient dans leurs travaux, dans leurs besoins, & ils furent exposés à leur vengeance : des secours & de nouveaux habitans y arriverent ; mais ses gouverneurs, les ouragans, les chenilles les dévoraient : elle ne devint florissante qu'au commencement de ce siecle, & sur-tout pendant le peu de tems que les Anglais en furent les maîtres en 1759. Elle renferme près de 10,000 blancs, & plus de 50,000 esclaves. En 1775 elle fournit au commerce 188,386 quintaux de sucre brut ou terré, 63,029 de café, 1438 d'indigo, 1024 de cacao, 5193 de coton, 727 de cuirs, 17 de caret, 13 de caréfice, 125 de bois, dont les valeurs réunies s'éleverent à

112,751,405 livres: on ne compte pas dans cette énumération ce qu'elle a fourni au commerce d'échange qu'elle fait avec la Martinique & les colonies Anglaises. Cette prospérité peut augmenter encore; il lui reste des terreins en friche, elle a peu de dettes, & ses fortifications, ses chaussées n'occupant plus un grand nombre de bras, ils pourront être tous employés à l'agriculture.

La Grande-Terre renferme huit paroisses. Les principales sont celles du *Port-Louis* & de la *Pointe à Pitre*. La premiere a un fort à étoile peu considérable, voisin de trois salines: la seconde un port profond & sûr, découvert par les Anglais pendant le peu d'années qu'ils possédèrent l'isle: les Français y ont fait tracer le plan d'une ville qui s'est rapidement accrue, & qui doit devenir en peu de tems l'entrepôt du commerce de la plus grande partie de l'isle.

La *Basse-Terre* est divisée en treize paroisses: les plus remarquables sont celles du *Cul-de-sac*, des *Goyaves*, du *Bailli* & de *Basse-Terre* ou *St. Charles*: cette derniere a une petite ville défendue par le fort de ce nom, revêtu d'ouvrages extérieurs, défendu par deux bastions du côté de la mer, avec un chemin couvert & des glacis, des tenailles, des redoutes, des fossés larges & profonds. C'est là que résident le gouverneur & les tribunaux. Le *Cul-de-sac* a un bourg assez étendu. Près de la *Goyaves*, dans la baie de son nom, on voit la mer bouillonner durant l'espace de cinq ou six pas; l'eau en est si chaude qu'elle peut cuire les œufs: non loin de là on voit un étang dont l'eau est chaude aussi & sent le soufre. Vis-à-vis de la paroisse la *Bouillante* & du petit islot la *Goyaves*, sont d'autres sources d'eaux thermales qui sont salutaires pour l'hydropisie.

Le gouverneur de la Guadeloupe étend son autorité sur les isles *Desirade*, *Marie-galante*, & *Saintes*, que nous allons décrire.

### Isle de la Desirade ou Deseada.

Christophe Colomb lui donna ce nom qui signifie la *desirée*, parce qu'elle fut la premiere des isles Caraïbes qu'il découvrit dans son second voyage: elle est située sous le 316° 42' de longitude, sous le 16° 30' de latitude; elle est à sept lieues au levant de la Guadeloupe, dont il semble que la mer l'ait séparée, elle a dix lieues de circonference: une partie de son sol est fertile & produit un peu de sucre, du café & du coton: ce dernier sur-tout est le meilleur que produisent les isles Françaises; ailleurs il est rude, très-aride; il y a peu de tems qu'elle est cultivée & n'est pas peuplée. C'est un refuge commode pour les armateurs: les Anglais la prirent en 1759, & la rendirent aux Français quatre ans après.

Entre la Desirade & Marie-galante est la petite isle qu'on nomme *Petite-Terre*, longue de trois quarts de lieue, sur la moitié de large, & qui n'est point encore habitée.

### Isle de Marie-Galante.

Sa forme est presque circulaire & a seize lieues de tour; elle est située au midi de la partie de la Guadeloupe qu'on nomme *Grande-Terre*, sous les 316° 34' de longitude, & le 16° de latitude septentrionale.

tentrionale. Colomb la découvrit en 1493 & lui donna le nom de son vaisseau.

Son sol est hérissé de collines : le long de ses côtes orientales régne une chaîne de hauts rochers si escarpés, qu'ils semblent avoir été taillés par la main de l'homme ; ils sont l'asyle d'un nombre incroyable d'oiseaux du Tropique, qui se nichent dans leurs crevasses. Entre le midi & le couchant elle est bordée de rocs noirs : au couchant le rivage est uni. Son enceinte est creusée par de vastes cavernes ; ses champs sont arrosés par une multitude de petits torrens, coupés par des étangs d'eau douce : elle a des sources ; mais elles tarissent en été, & on y fait usage des citernes. Les arbres en couvrent encore une grande partie : ses principales productions sont le coton, le café & le sucre, dont elle fournit plus de mille quintaux. Son sol est surtout excellent dans sa partie méridionale.

Les Français s'y établirent en 1647 ; deux fois elle a été prise par les Hollandais. Les Anglais l'ont subjuguée en 1691 & en 1759 : ils l'ont rendue à la France en 1763. Elle a deux bourgs, celui de *Sainte-Anne* est situé au levant ; celui de la *Basse-Terre* au midi : celui-ci a un port commode. On y compte 800 blancs, & 6000 noirs.

### *Les Isles Saintes* ou *Isles de tous les Saints.*

Ce sont deux isles qui, avec quelques islots, forment un groupe presque circulaire, qui renferme un bon port : elles sont sous le 316$^e$ de longitude, sous le 15° 48' de latitude septentrionale. Le sol y est uni, fertile ; mais on n'y trouve qu'une seule fontaine qui tarit dans la sécheresse : on n'y a pu faire d'établissemens durables qu'après y avoir creusé des cîternes ; les meilleures terres font fur le penchant des monts & dans les vallées : l'une s'appelle la *Terre d'en-bas*, l'autre la *Terre d'en-haut*; celle-ci est la plus grande, la plus riche, & a trois lieues de tour : le manioc, les patates, le tabac y réussissent, & l'on en tire annuellement 500 quintaux de café, & 1000 de coton. On y éléve aussi des moutons & de la volaille. Elles dépendent des Français.

### *Isle de la Dominique.*

Cette isle a treize lieues de long & huit de large ; elle est sous le 316° 20′ de longitude, sous le 15° 27′ de latitude septentrionale. Christophe Colomb lui donna le nom de *Dominique*, parce qu'il la découvrit le dimanche. Elle est divisée en haute & basse terre ; le sol en est médiocrement bon ; l'intérieur est rempli de hautes montagnes, d'où sortent une multitude de petites rivieres : les vallées, les plaines sont assez fécondes, les pentes des monts sont couvertes d'arbres d'une grosseur extraordinaire : diverses de ses rivieres sont abondantes en poissons, sur-tout en anguilles : on y recueille le manioc, la cassave, la banane, les plus belles figues, des patates, des ignames, & une grande abondance de pois : on y voit beaucoup de tourterelles, de perdrix & d'ortolans ; ses habitans nourrissent beaucoup de porcs & de volaille ; parmi les premiers, il en est deux especes de sauvages. Il y a, dit Labat, une montagne remplie de soufre, auprès de laquelle se trouve une mine d'or. En 1732, elle était encore habitée par ses habitans naturels : on y comptait 938 Caraïbes : des Français occupaient une partie de la côte, ils y préparaient des provisions pour la Martinique & y cultivaient le café & le coton. En 1763, elle devint une possession Anglaise : cette nation, dans un espace de quinze ans, y a successivement élevé neuf paroisses. En 1778 on y comptait 1574 blancs, 374 mulâtres ou Nègres libres, 14308 esclaves, 288 chevaux, 707 mulets, 1830 bêtes à cornes, 999 cochons & 2229 moutons.

Sa superficie est d'environ 40,400 acres, dont 19,478 étaient encore couverts de bois, 4296 sont en prairies, 3434 sont stériles, 3655 réservés pour la couronne, 5257 cultivés pour la canne à sucre, 3369 pour le café, 277 pour le cacao, 89 pour le coton, 69 pour l'indigo ; le reste était divisé en champs de manioc, d'ignames, de patates, de bananiers & de caneficiers.

L'importance de cette isle n'était qu'en partie dans sa culture ; l'Angleterre en voulait faire comme l'entrepôt général du commerce des Antilles, même des Françaises : elle en déclara toutes les rades libres ; on forma des dépôts immenses de farine, de poisson salé, d'esclaves qu'on fournissait à la Guadeloupe, à la Martinique & à Sainte-Lucie, qui donnaient en échange une partie de leurs productions. La prise de cette isle par les Français, en 1779, a détruit ce commerce avantageux.

C'est sur-tout au couchant que les Anglais ont formé des établissemens. C'est là qu'est situé le bourg *des Roseaux*, chef-lieu de l'isle, *Charlottetown*, *S. Joseph*, *Colihaut*, *Portsmouth*. Au nord, au sud, elle a deux excellentes rades, & celle du nord peut être assez facilement convertie en port.

### Isle d'Aves.

Elle est environ à 60 lieues au couchant de la Dominique : elle a trois lieues de tour : deux rochers stériles, blanchis par la fiente des oiseaux, se joignent à elle par des bas-fonds, des brisans remplis de coquillages : son sol, dans sa partie la plus élevée, ne l'est que de huit toises au dessus du niveau de la mer : elle est sans fontaines, mais si on y creuse la terre de huit à dix pouces, on y trouve une eau douce, pure & saine, qui dans un quart d'heure est remplacée par de l'eau salée : les puits n'ont pas cet inconvénient, s'il est réel : différens arbres la couvrent, un grand nombre d'oiseaux de mer en ont fait leur asyle : le poisson abonde sur ses côtes, les plus beaux coquillages se trouvent autour de ses écueils, & cependant elle est déserte.

### Isle de la Martinique.

Elle est une des plus grandes isles Caraïbes : elle a seize lieues de long, quatre à cinq de large, quarante-cinq de circuit, & s'étend du 316° 22' au 316° 60' de longitude ; du 14° 25' au 14° 52' de latitude septentrionale : son nom Caraïbe était *Madanina* : les Espagnols lui ont donné celui qu'elle porte.

L'air y est très-chaud, mais sain ; les ouragans y sont moins fréquens, moins violens que dans les isles que nous venons de décrire : elle est entrecoupée de monticules, de figure cônique pour la plûpart, & que trois montagnes dominent : deux sont cultivées jusqu'au sommet : la plus élevée paraît avoir été un volcan ; les bois dont elle est couverte y arrêtent les nuages, y entretiennent une humidité mal-saine, qui aide encore à la rendre inaccessible; mais c'est de son pied que sort le plus grand nombre de ses rivieres. Au nord on voit aussi trois rochers qui offrent de loin aux navigateurs l'aspect de trois isles différentes. Ses vallées, ses plaines sont agréables & fertiles; en général son sol est graveleux & ressemble à la pierre-ponce écrasée. On compte 40 à 45 rivieres dans cette isle: les unes sont de faibles ruisseaux qui deviennent des torrens dans les orages; les autres sont navigables pendant deux ou trois lieues; il n'en est que dix qui ne tarissent jamais: quelquefois elles inondent leurs rivages, couvrent les prairies, emportent les arbres & les maisons qui furent placées trop près de leurs bords: selon le terrein sur lequel elles roulent, les unes ont des eaux excellentes, & d'autres si mauvaises qu'on ne peut les boire.

Plusieurs montagnes sont cultivées, & c'est sur les hauteurs les plus escarpées que croît le meilleur tabac; celui des vallées n'en approche pas pour la bonté: quelques-unes sont encore chargées de forêts & servent d'asyle aux bêtes sauvages & à un grand nombre de serpens. On y cultive le sucre, le coton, l'indigo, le gingembre, l'aloès, le piment, les figues d'Inde, les bananes, l'ananas, les melons, la casse, la patate & autres racines. Le porc est la viande la plus commune à ses habitans: ils ont encore le cochon de Guinée, le coq d'Italie, la tourterelle des bois & l'ortolan: les écureuils y sont nombreux, les grenouilles incommodes; les fourmis dévastaient les champs, mais à force de soins on parvient à les détruire. Les côtes ont un grand nombre d'anses & de baies, où l'on trouve beaucoup de tortues. Elle porte les mêmes arbres & les mêmes plantes que les isles déja décrites.

Les Français s'en mirent en possession dans l'année 1635; ils en chassèrent les habitans naturels, & ne purent en être chassés eux-mêmes, ni par les Caraïbes, ni par les Hollandais, ni par les Anglais : ce ne fut qu'en 1761 que ceux-ci parvinrent à la soumettre; mais ils la rendirent à la France seize mois après.

Les Français qui s'y établirent y cultivèrent d'abord le tabac & le coton, puis le rocou & l'indigo : en 1650, on y joignit le sucre, en 1660 le cacao, en 1728 le café, qui s'y multiplia avec une facilité prodigieuse. Vers le milieu de ce siecle elle était parvenue rapidement à une prospérité éclatante : elle était le marché général des isles; elles y envoyaient leurs productions, elles s'y fournissaient des marchandises de l'Europe : seule elle occupait 72000 esclaves, commerçait avec le Canada, la Louisianne où elle vendait celles de ses productions que l'Europe n'estimait pas; elle faisait un commerce interlope avec les Espagnols de Caraque & des provinces voisines, qui lui rapportait plus de 80 pour 100; douze millions de livres y circulaient habituellement & avec rapidité; plus de deux cent cinquante vaisseaux sortaient & rentraient dans ses ports chaque année; des dépôts faciles, rassemblés, abondans, y facilitaient le commerce, y rendaient ses opérations plus promptes. La guerre de 1744, celle de 1756 firent évanouir ses richesses, ses forces & sa gloire. Prise, rendue à la France, elle n'a pu se relever encore; les malheurs de la guerre l'avaient réduite à ne trouver de ressources que dans sa culture; les fourmis, l'ouragan funeste de 1766, qui enleva ses récoltes, déracina les arbres, renversa les maisons, retarda ses progrès; des vexations, des vues particulieres s'y opposerent encore dans les années qui suivirent.

En 1778 on y comptait 12000 blancs, de tout âge & de tout sexe, 3000 noirs ou mulâtres libres, 80,000 esclaves, 8200 mulets ou chevaux, 9700 bêtes à corne, 13100 porcs, moutons & chevres. On y comptait 257 sucreries, 16,602,870 cafiers, 1,430,820 cacaotiers, 1,648,550 cotonniers. A ces richesses joignez l'indigo, le caret, la casse, le bois & autres objets de moindre importance: le tout ensemble lui rapportait annuellement environ quinze millions de livres. La guerre actuelle lui nuit; mais ses succès nourrissent ses espérances.

On y compte 23 bourgs ou paroisses: sa capitale est *Fort-Royal*. Le fort est sur une hauteur presqu'environnée de la mer, sur laquelle elle s'éleve de 75 pieds: ses anciens ouvrages mal distribués ont été environnés d'un chemin couvert, de remparts & de quelques ouvrages extérieurs; on a creusé dans un roc facile à travailler, des souterrains aërés, sains, propres à mettre en sûreté les munitions de guerre & de bouche, les malades, les soldats, plusieurs habitans: des monts plus élevés l'entourent; mais on a construit sur le plus haut d'entr'eux une citadelle à quatre bastions, qui a des citernes, des magasins à poudre, des casernes, &c. Son port est un des meilleurs des isles du Vent; mais il est détérioré par les carcasses de bâtimens qu'on y coula à fond dans la guerre de 1756, qu'on a enlevées, sans pouvoir encore faire disparaître les amas de sable qui s'étaient formés autour d'elles: les terres du Lamentin qui l'avoisinent sont les plus fertiles, les plus riches de l'isle. La ville peut avoir mille maisons; ses rues sont régulieres. Là sont réunis le gouverneur, l'intendant, les tribunaux, les principaux marchands, le bureau du domaine, la marine royale & quelques couvens : on y voit de beaux jardins bien entretenus, ombragés par des allées d'orangers.

Le bourg *St. Pierre* est le plus grand, le plus ancien de l'isle : quatre fois il a été réduit en cendres, quatre fois il a été rétabli ; il est au fond d'une anse circulaire, sur la côte occidentale : on y compte 1800 maisons ; une partie est répandue au bord de la mer, où sont les magasins & le mouillage, l'autre est sur une colline peu élevée, séparée de la premiere par le ruisseau de Royalon, & entourée de fortifications ; diverses batteries le défendent encore : le mouillage enfermé par un côteau coupé à pic, est exposé à un air brûlant & mal-sain : il n'a point de port ; mais l'embarquement, le débarquement y est facile, & on en part par tous les vents, dans toutes les saisons, & à toutes les heures : les terres de ce bourg furent les premieres cultivées ; il est le point de réunion où se rendent les productions des cantons voisins.

Le *Cul-de-sac Robert* est sur la côte orientale ; il est situé sur une baie profonde de deux lieues, & dont l'entrée est rétrécie par deux petites isles qui brisent l'impétuosité des vagues ; ce port naturel est sûr, assez spacieux pour recevoir une grande flotte, & en quelques endroits, on pourrait, avec une planche, unir un navire à ses bords élevés.

Le fort *Trinité* est situé sur la rive occidentale de la baie de ce nom, formée au levant par la pointe *Caravelle* & un isthme peu large : là est une petite ville où réside le lieutenant-gouverneur de Capesterre, ou de la partie haute de l'isle, &

plusieurs commerçans qu'y rassemblent la commodité de sa situation, & la sûreté de son port, où les vaisseaux sont en sûreté pendant les ouragans.

Le *Cul-de-sac Français* est formé par des islots, dans l'un desquels on trouve une bonne pierre de taille : l'entrée de la rade est fermée par une barre de sable mouvant; la riviere qui s'y jette est profonde, large de 35 toises, bordée de mangles, & très-poissonneuse. Nous ne parlerons pas des autres anses près desquelles on a vu s'élever un bourg : ils sont moins considerables que ceux-ci.

### *Isle Sainte Lucie* ou *Sainte Alousie*.

Elle doit son nom à la sainte dont on célébrait la fête le jour qu'on la découvrit : elle a quinze lieues de long, cinq à six de large, quarante-quatre de tour; elle s'étend du 13° 24′ au 14° 12′ de latitude septentrionale, du 316° 28′ au 316° 50′ de longitude : du nord au sud elle est partagée par des montagnes, au pied desquelles sont de charmantes vallées, dont le sol est riche, fertilisé par un grand nombre de ruisseaux, & couvert d'arbres, qui fournissent d'excellent bois de construction : il peut être défriché par-tout, excepté sur quelques montagnes escarpées qui semblent avoir été des volcans. Dans une des profondes vallées qu'elles forment, on trouve encore quelques excavations de quelques pieds de diametre, où l'eau bout d'une maniere effrayante. On y voit un grand nombre de petites plaines où le sucre peut prospérer. L'air y est mal-sain près des lieux où des ruisseaux ne pouvant pénétrer jusqu'à la mer, forment des marais infects, & dans ceux où l'on n'a point éclairci les forêts : il y sera sain par-tout à mesure qu'elle sera cultivée, parce que ses montagnes ne sont pas assez hautes pour intercepter le souffle des vents alisés qui viennent du levant, & y temperent la chaleur du climat. Un chemin fait le tour de l'isle; deux la traversent du levant au couchant, pour faciliter le transport des denrées des plantations aux ports, aux baies, aux anses, dont les rivages de l'isle sont découpés.

En 1777, on y comptait 2300 personnes blanches de tout sexe & de tout âge, 1050 noirs ou mulâtres libres, & 10000 esclaves; 1130 mulets ou chevaux, 2053 bêtes à cornes, 3719 moutons ou chevres; 53 sucreries, 5,040,962 cafiers, 1,945,712 cacaotiers, & 590 quarrés de coton: ces produits ont été évalués à un peu plus de 3,000,000 livres.

Les Anglais s'y établirent en 1637, & en furent chassés deux ans après par les Caraïbes. Les Français vinrent y former un établissement en 1644: ils l'abandonnerent, puis y revinrent: ils y habitaient un mauvais fort quand les Anglais vinrent faire un traité avec les habitans, en 1663; ils obtinrent d'eux la facilité & le droit de s'y établir de nouveau, & s'emparerent du fort Français. La dyssenterie les força encore de l'abandonner, en 1666: cependant le gouverneur de la Barbade y venait chaque année, élever l'étendart royal au bruit de salves répétées. En 1719, le maréchal d'Etrées voulut y former un établissement, la cour de Londres ne le lui permit pas: elle la donna trois ans après au lord Montaigu; mais les Français en expulserent encore les Anglais, sans s'y établir: il fut décidé entre les deux couronnes, que cette isle ne serait possédée ni par l'une, ni par l'autre nation; qu'elle serait neutre. Cependant malgré ce traité, les Français s'y établirent; & enfin elle leur fut cédée par le traité de 1763. En 1779, elle a été reprife par les Anglais.

On y compte neuf paroiffes ; mais aucune n'eft confidérable. Son meilleur port, le meilleur peut-être des Antilles, eft celui du *Carenage*. On y trouve par-tout beaucoup d'eau ; le fond en eft excellent ; la nature y a formé trois carenages parfaits, l'un pour les grands vaiffeaux, les deux autres pour les frégates : trente vaiffeaux de ligne y feraient à couvert des ouragans les plus terribles ; les vers ne l'infeftent pas encore, & les vents font toujours bons pour en fortir ; mais les vaiffeaux n'y peuvent entrer à la voile, & un feul peut y pénétrer à la fois. Sur un côté de la rade s'éleve le Morne fortuné, où l'on pourrait élever une fortereffe redoutable, qui protégerait le port & défendrait le bourg qui s'eft formé fur fon rivage.

### Isle de la Barbade.

Elle eft au fud-eft de Ste. Lucie, fous le 317° 46′ de longitude, & le 13° 5′ de latitude feptentrionale. Elle a fept lieues de long, de deux à cinq de largeur & dix-neuf de tour : de la mer au levant, elle paraît montueufe ; vue du couchant, elle eft plus unie. Sa plaine la plus étendue eft couverte de la plus belle verdure, entrecoupée çà & là par des arbres élevés & par des bâtimens qui en varient l'afpect : le mont le plus haut qu'on y trouve, eft un roc efcarpé, dont le fommet a 915 pieds perpendiculaires au-deffus de la mer, dans le tems du flux.

L'air y eft pur, fain, rarement nébuleux : on n'y connaît ni la grêle, ni la glace, ni les frimats : elle n'eft point fujette à des variations foudaines dans fa température ; elle doit la falubrité de l'air à l'alternative réguliere des vents alifés, & à ce qu'on n'y voit point d'étangs bourbeux, point de mares d'eaux corrompues, point de grandes forêts. Elle n'a pas de rivieres; mais les fources d'eau potable y font nombreufes & abondantes. Dans fa partie baffe, le fol eft profond & noir; dans celle qui eft médiocrement élevée, il eft profond encore, mais un peu rougeâtre; dans les montagnes, il a des couches de craie, & d'autres qui font marneufes; près de la mer, il eft fablonneux: la variété du fol y varie les productions. Là où le fol eft noir, l'air environnant conferve moins fa chaleur, que celui qui eft fablonneux ou plein de gravier: fa fertilité dépend de la faifon des pluies, annoncées par les nues qui s'attachent fur des montagnes à l'orient, & répandent dans leurs vallées une fertilité admirable: la plaine y fouffre de la féchereffe, tandis qu'il pleut fortement fur les monts.

On trouve en divers lieux des cavernes fingulieres; telle eft celle de *Cole's-Cave*, fituée au-deffous d'une ouverture effrayante & noire, creufée par les eaux, profonde de 165 pieds, d'où l'on ne découvre qu'un roc & un côteau rapide qui femblent fufpendus fur elles, & la cacher par les branches des arbres qu'ils portent. On defcend dans la caverne par une pente dangereufe; on parcourt en gliffant un long canal, puis on fe trouve fubitement environné de rocs élevés & perpendiculaires, où la lumiere ne parvient que par un trou qu'on a fur fa tête: de-là on arrive à *Dry-Cave*, la caverne feche, antre tapiffé d'innombrables cylindres de ftalactites fufpendues; ils forment d'un côté une efpece de baluftrade ferrée & irréguliere: l'antre voifin eft la caverne humide de *Wet-Cave*; elle eft haute, fpacieufe, mais le fol en eft bourbeux & crevaffé par les torrens qui s'y font un paffage : on entend le bruit d'une fontaine qu'on eft encore éloigné de voir; elle fort d'une fource limpide, qui vient de l'énorme rocher qui recouvre l'antre; puis le chemin devient étroit, écrafé, hériffé de ftalactites, qui obligent les curieux de rétrograder.

Un des foffiles les plus curieux de cette isle, eft une huile réfineufe, graffe, noire, quelquefois un peu verdâtre, qui fuinte de quelques collines des paroiffes de *St. Andrews* & de *St. Joseph*; on s'en fert comme de l'huile pour la lampe, & pour les maladies de nerfs & de la peau. On recueille auffi fur le flanc des collines de *St. Johns* & *Andrews* une réfine folide, femblable au bitume de Judée; elle s'enflamme & brûle lentement dans la terre, quand on y met le feu; on y déterre quelquefois des morceaux d'une réfine qui exhale une odeur agréable, & differe peu de la gomme de bouleau.

On y remarque l'arbre de l'huile de palme qui s'éleve à cinquante pieds, dont le fruit donne une huile abondante, claire & douce, que les efclaves fucent avec délices : le *burgamot*, dont le fruit plus gros, plus aigre que l'orange, a bien moins de fuc; mais on en tire une huile qui donne au tabac un parfum agréable. On y recueille différens fruits, tels qu'une efpece d'orange fort groffe, d'un goût & d'un parfum fi agréables, qu'ils lui ont fait donner le nom de *fruit défendu*; l'orange aigre, la guinée, la dorée, le citron, le *shaddor*, le limon de Ste. Helene, la grenade, la guave, dont il eft une blanche & une rouge, l'ananas, &c. Ses monts font encore ombragés par le bois de vie, le bois de fer, le bois rouge, le mancenilier, dont on exagéra les effets de l'ombre empoifonnée; mais dont le fuc eft peut-être le poifon le plus violent

& le plus actif qu'on ait encore découvert; le bois en est très-beau. Ses végétaux les plus connus sont le maïs, le bled de Guinée, la canne à sucre, plusieurs plantes médicinales, &c. On y élève des brebis qui toutes sont couvertes de poils, dont on fait des étoffes qui servent dans la saison des pluies; on en fait aussi avec un coton mêlé à la plus belle laine. On y fait venir d'Angleterre des chevaux de carosse, & de la Nouvelle Angleterre des chevaux de main; d'autres qui servent pour le trait, viennent des isles du Cap-Vert: ceux qu'on y élève sont d'une taille médiocre, forts, vites; mais ils ne supportent pas les travaux constans. On n'y voit aucun animal vénimeux: l'araignée noire, les quarante jambes, le scorpion, pourraient cependant mériter ce nom. Les singes y sont en petit nombre, & nuisent aux plantations; on récompense celui qui leur donne la mort: les rats font peut être plus de dégâts encore dans les cannes à sucre. Parmi les oiseaux, qu'on y trouve en petit nombre, on remarque le colibri, qui seul se distingue par son chant & la beauté de son plumage: les oiseaux domestiques y sont les mêmes qu'en Europe: la poule de Guinée, le canard moscovite, & l'oiseau sans corps (*rumpless-fowls*) y sont comme naturalisés.

Les côtes sont abondantes en coquillages d'une beauté extraordinaire, en coraux, plumes & verges de mer: on y pêche le diable de mer, le poisson d'encre ou sèche, qui poursuivie, répand une liqueur noire qui la rend invisible à son ennemi; le vieil-homme, la vieille-femme, le poisson étoile, le poisson fatigué, le *hay* ou *requiem*, & beaucoup d'autres.

Le gouvernement n'y diffère pas de celui des autres isles; un chef, un conseil, les représentans du peuple le composent : les habitans supportent les frais de l'administration ; ils donnent annuellement à leur gouverneur 5000 livres sterlings (a); les autres emplois & les pasteurs, ont des revenus proportionnés. C'est la religion anglicane qui domine dans la Barbade & les Caraïbes Anglaises : le culte y a plus d'ordre & de décence que dans les autres colonies.

Des familles Anglaises s'y établirent en 1627; elle était alors déserte : sa population s'accrut rapidement ; quarante ans après qu'on en eut fait une colonie régulière, on y comptait plus de cent mille ames, & son commerce occupait 400 navires, de 150 tonneaux chacun : cet exemple de prospérité est unique peut-être. Les guerres, un ouragan furieux, l'épuisement du sol, l'ont fait décheoir de nos jours : elle renferme cependant encore 10000 blancs & 50000 noirs ; mais les récoltes semblent diminuer tous les jours : elles ne s'élevent dans les meilleures années qu'à vingt millions pesant de sucre, qui y est le principal objet de commerce, & il faut plus de travaux pour l'obtenir : il faut engraisser le terrein avec le varec, plante marine que le flot jette sur ses bords ; & son sucre a peu de consistance, il se réduit facilement en melasse : le rum, le syrop, le coton, le gingembre & l'aloè, forment encore une branche de son commerce. Les monnaies Espagnolles y sont les seules courantes ; elles s'y pesent.

Elle peut mettre 4500 hommes sur pied; on y joint un régiment de troupes régulieres. Le long des côtes,

---

(a) Cette somme revient à 1,213,000 livres de France : elle nous paraît exagérée ; n'est-ce point 500 liv. sterlings ? Cette correction nous paraît nécessaire dans l'ouvrage de l'auteur Anglais de la Géographie de l'Amérique.

au levant, la nature l'a fortifiée par des rochers & des bancs de sable ; elle n'est abordable que dans un tiers de son enceinte : au couchant, elle a de bons ports ; & elle y est fortifiée par une longue ligne, soutenue par vingt-deux châteaux ou forts, & par vingt-six batteries.

Elle est divisée en six districts : au midi sont ceux de *S. Michel* ou de *Bridge*, qui renferme trois paroisses ; de *S. James*, qui en renferme deux ; & de *S. Peter* ou *Speight*, où l'on n'en compte qu'une. Au levant est celui d'*Ossine*, où sont deux paroisses ; au nord est celui de *S. Andrews* ou *Scotland*, qui en renferme deux encore ; au couchant est celui de *S. Lucy*, nom de son unique paroisse.

Sa principale ville est *Bridge-town* ; c'est la plus belle & la plus grande des isles Caraïbes : elle s'appella d'abord *S. Michel* ; un pont élevé sur un torrent rempli dans la saison des pluies, lui donna celui qu'elle porte. Elle est mal située, mais bien bâtie, au fond de la vaste baie de Carlisle, qui peut contenir 500 vaisseaux, mais qui est ouverte à tous les vents : ses maisons sont de briques ou de pierres, d'une hauteur médiocre, ornées de fenêtres de verre ; on y en compte 1200 : ses rues sont larges : les chantiers, les quais y sont commodes, & protégés par divers forts ; celui de *James*, situé au couchant, a dix-huit canons ; celui de *Willougbi* est élevé sur une langue de terre qui s'avance dans la mer, & a vingt canons ; celui de *Nedham* en a autant, & entre les deux derniers sont trois batteries. Au-dessus du dernier, dans l'intérieur du pays, est la citadelle royale de *Ste. Anne*. Le fort *Charles* a devant lui la mer, & sous le vent la ville & la baie ; une plate-forme le joint au fort *Osmond*. Cette ville peut être regardée comme forte & comme

riche :

riche : ses magasins de denrées & de marchandises sont bien fournis : son église est grande, & a un orgue magnifique, une belle sonnerie. Elle est le siege du gouverneur, du conseil, de la chancellerie, & de l'assemblée générale : on y voit un college & un hôpital.

On peut donner encore le nom de ville à *Speightstown* ou la *Nouvelle Bristol*, située au nord de l'isle. Le bourg *Holetown* est encore considérable. Toute l'isle est semée de jolies fermes.

### Isle St. Vincent.

Elle est située au couchant de la Barbade : elle a neuf lieues de long, sept de large, & vingt-cinq de circonférence. Elle est sous le 316° 25' de longitude, & sous le 13° 6' de latitude septentrionale. Le sol en est profond & gras, arrosé de sources abondantes & de ruisseaux nombreux : ses montagnes sont séparées par des vallons & par des plaines, que la culture rend riches en productions. On y voit des arbres élevés, & de toutes les especes qui prosperent dans les isles voisines. Le tabac qu'on y recueille est excellent : le manioc, le bled de turquie, le froment, les ignames, les citrouilles, des melons d'une grosseur & d'une beauté singuliere, le rocou, le café, le cacao, l'indigo, y prosperent : elle n'est pas riche en coton : on y a formé quelques sucreries.

Cette isle fut un des derniers asyles des *Caraïbes*, anciens habitans des Antilles, dont nous dirons un mot ici.

Le Caraïbe est de taille moyenne & bien prise : sa chevelure est noire, son front plat, ses yeux noirs & petits, ses dents blanches & bien rangées;

il est sans barbe, sans vêtemens; sa tête est couverte d'un bonnet ou d'une couronne de plumes; il a les levres, les narines percées & décorées d'os, de grains de verre ou de pierres colorées: ses bras sont ornés de bracelets; la femme en porte encore aux jambes & au cou; l'homme y tient quelquefois un sifflet attaché: les plus considérés portent des croissans de cuivre mince enchassés dans du bois, suspendus à leur nez, à leurs levres, à leur cou: ils s'oignent le corps de rocou & d'huile, pour se préserver des piquûres des moustiques, des maringouins, & de l'ardeur brûlante du soleil: à la guerre, ils se font des raies noires sur le visage & le corps: une petite corde autour de leurs reins, supporte une piece de toile qui couvre leur nudité, & un couteau nud. Les femmes sont plus petites, ont plus d'embonpoint, ont le visage plus rond, un air plus gai, plus ouvert que les hommes; cependant elles sont modestes: leurs cheveux noirs sont relevés sur la tête avec un cordon: les plus distinguées portent des brodequins de coton, d'un tissu épais, relevés d'un rebord large de demi-pouce, qu'elles ne quittent que lorsqu'ils sont usés: elles sont ornées avec des bracelets, des colliers, un camisa ou pagne: les caracolis ou croissans de métal, les plumes sont l'ornement des hommes.

Ce peuple parle une langue qui a différens dialectes; mais ils s'entendent tous: on dit que les deux sexes ne parlent pas le même dialecte; que le vieillard ne parle pas celui du jeune homme; que dans le conseil, il en parle un différent de celui en usage dans la maison: ils ne connaissent, ne nomment que quatre couleurs: ils sont mélancoliques, très-sensibles, s'aiment entr'eux, & conservent un souvenir profond des injures: jamais ils ne pardonhent, comme jamais ils ne se défient de leurs compatriotes, soit par stupidité, soit indifférence, ou défaut de prévoyance. Leurs maisons ou *carbets* ont soixante pieds de long environ & vingt-cinq de large, élevées sur des poteaux, ayant pour lattes des roseaux, pour couverture des feuilles de palmier: elles sont divisées en chambres, & renferment des paniers, des armes & des hamacs pour tout meuble; les hommes s'occupent à faire les premiers, les femmes à tisser les seconds; ces derniers sont une grosse toile de coton, peinte en rouge, longue de sept pieds, large de quatorze, soutenue par de petites cordes de coton qui passent dessous, arrangés parallélement dans la largeur de la toile, terminées en boucles, dans lesquelles sont enfilées deux cordes plus grosses, attachées par leurs extrémités à deux arbres ou à deux murs. On connaît en Europe les paniers des Caraïbes; les roseaux, les queues de latanier servent à les faire; les premiers sont plus durables, les seconds plus flexibles: ils sont peints de différentes couleurs: les Européens les achetent, ainsi que de la volaille, des fruits, des coquillages, des lézards, des perroquets, par des échanges plus ou moins avantageux, selon le plus ou moins de besoins des artistes; mais il faut ôter de devant eux l'ouvrage qu'ils cédent, parce qu'ils le reprendraient sans scrupule avec le prix qu'on leur en donne. Ils sont très-jaloux de leurs femmes; il est presqu'impossible de les convertir: ils vénèrent le soleil, la lune, & un Etre suprême; mais sans avoir de culte, de temple, ni d'autels: indifférens eux-mêmes pour tout ce qu'ils voient, ils croient leur Dieu aussi indifférent, & plus qu'eux-mêmes: ils paraissent croire à des esprits; les uns bienfaisans & amis de l'homme, les autres parcourant sans cesse les airs pendant la nuit, afin de nuire ; ils invoquent les premiers dans leurs maladies, dans leurs vengeances, & se servent de prêtres nommés *boyes*, pour éloigner les efforts des seconds. On dit qu'ils croient que l'homme a autant d'ames que les arteres ont de battemens ; mais que la premiere va au ciel après la mort, sous la conduite de l'esprit qui le guida durant la vie ; les autres se répandent dans l'air, sur la mer, dans les forêts, où elles causent les tempêtes. Ils vivent dans les bois, en familles éparses, sous la direction d'un vieillard, qui les conduit à la guerre, qui les conseille durant la paix : leurs armes sont l'arc, la fleche, la massue, le couteau : un fusil les jette dans un transport de joie quand ils peuvent l'acquérir ; mais ils n'ont pas assez d'intelligence pour le conserver en bon état, & pour le réparer quand il cesse de leur être utile : ils empoisonnent leurs fleches, en mettant leur pointe dans l'écorce entr'ouverte d'un mancenillier : ils ont des pirogues longues de vingt à trente pieds, larges de quatre à cinq, terminées en pointes par les deux bouts qui s'élevent au-dessus du reste ; l'intérieur est divisé en neuf bancs : ils ont une autre pirogue, nommée le *bacassa*, longue de plus de quarante pieds, large de plus de seize ; l'arriere en est plat : ces pirogues sont sans gouvernail ; mais elles ont deux mâts, deux voiles quarrées, plusieurs rames : ils les dirigent avec adresse, & bravent souvent avec elles l'effort des tempêtes.

Leurs mariages, leurs funerailles, leurs danses, leurs fêtes sont les mêmes que chez les autres sauvages de l'Amérique. Tel était le peuple qui habitait l'isle de *S. Vincent*, lorsque des Africains échappés du naufrage ou des fers de leurs maîtres, vinrent s'unir à eux : leur postérité fut distinguée sous le nom de *Caraïbes noirs*, qui plus grands, plus robustes que les autres, voulurent, bientôt maîtriser ceux qui les avaient reçus; & enfin s'en séparerent, & leur firent une guerre cruelle: un grand nombre de Caraïbes rouges périrent dans les combats; plusieurs se retirerent à Tabago, le reste vécut & vit encore ignoré dans les forêts.

Les Français s'y étaient établis à différentes reprises: d'abord ils y éleverent de la volaille, ils y cultivaient des légumes, du manioc, du maïs, du tabac, qu'ils portaient vendre à la Martinique; puis ils cultiverent le cacao, le coton, l'indigo, le sucre: on y comptait 800 blancs & 3000 noirs quand les Anglais s'en emparerent: la paix la leur assura; mais il fallut la disputer encore à ses habitans, les Caraïbes noirs: deux fois ils ont pris les armes, deux fois un traité avec eux les resserra dans leurs possessions ou dans leur liberté. Elle n'avait encore que 500 blancs & 7 à 8000 noirs, dont les travaux produisaient, dans une terre légere, 1200 quintaux de coton, 60 mille quintaux d'un très-beau sucre, & 360,000 gallons d'un très-beau rum, quand le sort de la guerre présente l'a fait passer de nouveau dans les mains des Français.

*La Grenade & les Grenadins.*

La premiere est située sous le 12° 7' de latitude septentrionale, & sous le 315° 45' de longitude: elle a huit lieues de long, quatre à cinq de large, & vingt-trois de circonférence: son terroir est haché, mais généralement fertile, propre aux plantations d'indigo, de sucre, du tabac. C'est la derniere des isles du vent: sur une haute montagne, située presqu'au centre de l'isle, on trouve un lac, duquel descendent des ruisseaux d'eaux fraiches, qui fécondent les champs qui en sont voisins; plus on s'éloigne des côtes, plus le sol est bon. Le gibier y est très-abondant. Parmi les oiseaux, on remarque les tourterelles, les perroquets & quelques autres: parmi les poissons, les anguilles, les surmulets & les écrevisses.

Dix rivieres coulent au levant, trois au nord, huit au couchant, cinq au midi: elles sont assez fortes pour mettre en mouvement les moulins à sucre, & divers ruisseaux coulent dans l'espace qui les sépare. Ses rivages forment différens ports, diverses baies, dont quelques-unes peuvent être fortifiées avec facilité. La navigation y est avantageuse, elle y est presque sans danger; le voisinage du continent la préserve des ouragans, si funestes aux autres isles Antilles. Le port *Lewis*, au couchant, dans le centre d'une grande baie, sur un fond de sable, peut mettre à l'abri des orages mille navires de 3 à 400 tonneaux, & cent autres de mille tonneaux peuvent jetter l'ancre à peu de distance. En perçant un banc de sable qui le sépare d'un grand bassin circulaire, un plus grand nombre de vaisseaux pourraient s'y mettre en sûreté: ce banc oblige les pilotes de raser presqu'une montagne, située à l'entrée du port. *Basse-terre* ou *S. George* pourrait fournir un abri pour soixante vaisseaux de guerre.

Les Français essayerent de s'y fixer en 1658; les Caraïbes les en chasserent: un corps plus nombreux y parut avec des présens d'une main, & les armes de l'autre: les Caraïbes prirent les présens, se soumirent, puis se vengerent d'y avoir été forcés: la guerre s'alluma; les Français renforcés par trois cents hommes, chasserent les anciens habitans, & les forcerent de se précipiter dans la mer du haut du roc, qu'ils appellerent par une raillerie honteuse & cruelle, le *Morne des Sauteurs*. Cette destruction ne mit pas en sûreté les vainqueurs ; d'autres Caraïbes venaient des isles voisines, les attaquaient pendant la nuit, & plusieurs perdirent la vie. Un gouverneur féroce & brutal vengea les malheureux Caraïbes, par les vexations qu'il exerça : plusieurs colons s'enfuirent ; d'autres prirent leur tyran, le condamnerent à mort, le firent exécuter, & disparurent. Il n'en restait qu'un petit nombre, lorsqu'elle fut vendue à la compagnie des Indes, qui céda cette isle au roi en 1674. Elle se peupla ensuite insensiblement : la prospérité de la Martinique fit la sienne ; sa chûte entraina celle de la Grenade, qui resta aux Anglais en 1763, & fut reprise par les Français en 1779.

Quoiqu'elle eut souffert de grandes calamités sous la domination Anglaise, ses productions avaient triplé : elle était la seconde des Antilles par son importance : l'Angleterre en recevait annuellement dix-huit millions pesant de sucre, un million cent mille galons de rum, 30000 quintaux de café, 13000 quintaux de coton, 3000 de cacao, & 300 d'indigo.

Dans ce produit est compris celui des *Grenadins*, qui font une douzaine de petites isles, & qui forment une chaîne de la Grenade à S. Vincent, où l'on ne voit point couler de rivieres, où la terre n'était couverte que de halliers clairs, où par conséquent le climat était sain : comme à la Grenade, le sol y est bon, & l'on y trouvait de beaux bois de construction, & l'arbre *latin*, dont la tige est élevée, & dont les feuilles cousues ensemble, couvrent les maisons. La plus grande de ces isles a huit lieues de tour ; la moindre en a trois. Deux méritent d'être

Bb 4

remarquées : *Cariocou*, déja cultivée par des pêcheurs de tortue Français ; les Anglais en ont accru la culture ; ils y ont élevé deux sucreries : elle produit même 3500 quintaux de coton. *Bequia* ou *Becouya*, était déserte quand elle passa aux Anglais, parce que son port y attirait beaucoup de corsaires ; voisinage incommode pour de paisibles cultivateurs : aujourd'hui elle a une sucrerie. Dans toutes ces petites isles on y cultive le coton.

### *Isle Tabago* ou *Tabago*.

C'est la plus méridionale des Caraïbes : elle est située sous le 11° 9′ de latitude, & le 317° 15′ de longitude. Elle a onze lieues de long, quatre de large, & vingt-huit de circuit : un canal de neuf lieues de largeur la sépare de l'isle de la Trinité, qui appartient aux Espagnols : sur sa côte orientale est une petite isle qui a une lieue de long & 300 toises de large, qu'on nomme *la petite Tabago*. Son climat n'est pas si chaud que son voisinage de l'équateur paraît l'annoncer, & le voisinage du continent la met à couvert des ouragans : sa surface est variée de collines & de vallées : son extrémité, nord-ouest, est montueuse, & paraît montrer des traces de volcan ; mais aucune de ses parties n'est couverte de rocs, ni impraticable. Le sol en est varié ; le plus commun est une terre noire, riche en sucs, très-propre à la culture, rapportant toutes les productions des isles voisines : un grand nombre de sources l'arrosent : elle a des baies & des anses commodes, une à l'orient, une autre au couchant, qui offrent un abri contre tous les vents ; avantage dont ne jouit pas celle du sud : l'entrée en est facile à toutes sortes de vaisseaux ; par sa situation elle est forte, & sa richeffe en rend la force néceffaire. Elle produit des arbres de toutes les efpeces qui profperent dans les isles de l'Amérique : on affure que le vrai mufcadin s'y trouve, ainfi que le canellier, & celui qui fournit la gomme copal : on dit encore qu'elle donne cinq efpeces de poivre; celui à longue gouffe, celui à cloches, le rond, & les deux qui font à la Jamaïque : le bled de Guinée, le maïs y croiffent naturellement ; mais les haricots & les pois font les feuls légumes Européens qui y réuffiffent : les figues y font excellentes : la grenade, diverfes efpeces d'orange, l'ananas, la banane, la pomme épineufe, les limons doux & aigres, les plantains y font abondans : la marmelade qu'on fait de fes guaves eft recherchée : le tamarin, les raifins, la pomme aigre, le papaws, le cuftard, le mamée, de belles prunes jaunes, le coco, ajoutent à fes richeffes : l'arbre qui produit le dernier fruit, eft nommé par les Indiens, *l'arbre de Dieu*. On y cultive la citrouille, le melon d'eau, la calebaffe, la patate, l'igname, la caffave, l'oignon, la carotte, la paftenade, le turneps ou navet. Les chevaux, les vaches, l'âne, la brebis, les chevres, les lapins y font affez communs : on y trouve le *pickery*, femblable au porc; l'*armadillos*, & le *guanoes*. Ses côtes font riches en poiffons, en tortues ; le furmelet y eft d'un excellent goût : aucune des isles que nous avons parcourues, ne raffemble une plus grande variété d'oifeaux.

Colomb la découvrit en 1498. Elle nourriffait autrefois un peuple nombreux, que les fauvages de Terre-ferme forcerent enfin de fe réfugier dans les isles voifines. Deux cents Hollandais vinrent occuper leur place en 1632 : les mêmes fauvages, joints aux Efpagnols, y débarquerent pour les maffacrer : d'autres

Hollandais y revinrent en 1654; ils en furent chassés douze ans après. Des Courlandais l'occuperent; puis leur duc vendit ses droits à l'Angleterre, qui ne l'occupa que six mois. Les Français la rendirent, puis l'enleverent à la Hollande; mais n'y envoyerent point d'habitans. Les Anglais se la firent céder en 1763. Ils y avaient formé une colonie de 400 blancs & de 8000 noirs: leurs plantations rendaient vingt à trente mille quintaux de sucre, 8000 quintaux de coton, & 120 d'indigo. Les Français s'en sont emparés en 1781.

*Isle de la Trinité* ou *la Trinidad.*

C'est la plus orientale des isles de Sottovento ou sous le vent. Elle est située entre le 315° 45′ & le 316° 38′ de longitude; le 9° 40′ & le 10° 48′ de latitude septentrionale: sa longueur est de 27 lieues, sa largeur de 17, & sa surface de 316 lieues quarrées. Colomb y aborda en 1498, lorsqu'il découvrit l'Orenoque, dont elle semble vouloir arrêter les rapides eaux: elle forme un des côtés du golfe de Paria: sa forme est un quarré long. Au nord est une côte trop élevée, trop hachée, pour être jamais bien utile; & elle s'étend dans un espace de 22 lieues: les côtes de l'est ont 19 lieues; mais leur fertilité est telle qu'on peut le désirer: celles du sud plus exhaussées, semblent inviter à des plantations de café & de cacao: celles de l'ouest bordent une rade large de 20 lieues, profondes d'environ 25, qui dans toutes les saisons offre un asyle sûr aux navigateurs.

En général, l'air y est souvent humide, mais il y est sain: le sol y est fertile, susceptible des plus riches cultures: les pluies y sont abondantes, depuis le mois de Mai jusqu'à la fin d'Octobre: la sécheresse y est peu redoutable, parce que le pays est arrosé par une multitude de ruisseaux qui ne forment point de rivieres navigables : les tremble- mens de terre y sont fréquens ; mais ils n'y cau- sent point de ravages : les ouragans ne s'y firent jamais sentir. Dans l'intérieur de l'isle, on voit quatre groupes de montagnes qui, avec quelques autres dispersées sur les bords de l'Océan, cou- vrent le tiers de sa surface. Elle est encore couverte que de forêts, & ne sert guere que d'entrepôt au com- merce.

Les Espagnols ne l'occuperent qu'en 1535 : en- core aujourd'hui elle n'a que deux bourgades mé- diocres : l'une formée de 78 cabanes, couvertes de chaume, est nommée le *Port d'Espagne* ; l'autre si- tuée à trois lieues plus loin, dans les terres, ren- ferme 88 familles qui languissent dans la pauvreté. Ces bourgades furent prises par sir Walter Raleight, en 1595, & par les François en 1676. Autour d'el- les on cultivait le cacao ; les arbres qui le rappor- tent périrent tous en 1727 ; les vents du nord y causerent ce désastre, que les moines s'efforçaient de faire attribuer au refus de leur payer la dixme. L'isle rapporte encore un peu de sucre, du tabac fin, du blé d'Inde, une grande abondance de fruits, un peu de coton ; elle pourrait rapporter beaucoup de toutes ces productions.

Ses anciens habitans sont encore nombreux, & redoutables même aux Espagnols, quoiqu'ils se soient alliés avec eux : ce sont les mêmes peuples qui errent dans le Continent, ils formaient & for- ment peut-être encore diverses nations, telles que les *Jaios*, les *Arvacas*, les *Salvojos*, les *Nepojos*, &c. qui chacune ont leur cacique. Ceux qui sont issus du mélange des Indiens avec leurs oppresseurs, joignent l'inertie des premiers aux vices des seconds; ils sont superstitieux, indolens & fripons, vivent de maïs, de poissons, de bananes, qui viennent dans cette isle d'une grosseur extraordinaire : ils élevent des bestiaux maigres, dont la chair est insipide, & les échangent dans les colonies Françaises contre les étoffes, les toiles, les bas, les quincailleries qui leur manquent & dont ils ont besoin. On dit qu'on trouve de l'or dans quelques-unes de ses rivieres. C'est sur-tout vers le nord qu'elle est couverte de forêts, remplies de bêtes à corne devenues sauvages, qu'on chasse, qu'on tire à coups de fusil, & dont la chair, coupée en aiguillettes, & séchée, peut se conserver trois ou quatre mois : on la vend dans les établissemens Français. On y trouve aussi des porcs, des oiseaux, & beaucoup de fruits.

Les commandans, les officiers civils & militaires, les moines, y attirent tout l'argent que le gouvernement y verse, & tous les colons, excepté eux, y sont miserables.

### Isle de la Marguerite.

Elle présente le même tableau que la précédente pour ses productions, ses richesses, son commerce & ses habitans. Découverte, comme elle, par Christophe Colomb, elle fut peuplée, en 1525, par Marcel de Villalobos, mais jamais elle n'a été bien cultivée : les perles qu'on trouvait sur les bancs qui la bordent lui donnerent un moment d'éclat qui ne s'est pas soutenu : les perles ont disparu, & l'isle a été presque oubliée : cependant le sol en est bon; il n'attend qu'une main active & vigilante pour rendre de riches productions : elle manque d'eau courante ; cependant la sécheresse n'y est pas redoutable, parce que des brouillards la couvrent très-fréquemment, & elle a de beaux pâturages : un canal large de sept lieues la sépare du Continent ou de la province de Cumana : elle a vingt lieues du levant au couchant & cinq du sud au nord : du 313° 8′ elle s'étend jusqu'au 314°, sa latitude est de 10° 55′.

La plupart de ses habitans sont des Mulâtres. Sa principale habitation est celle de *Mon-Padre*, qui est défendue par un fort : on y en place deux encore, l'*Assomption* & *Micarao* ou *Valle de Santa Luzia*, sur la rive d'un golfe profond.

Autour de cette isle, il en est plusieurs autres. Au levant sont les *Frayles*, la *Sola*, los *Testigos* : ces derniers sont huit petites isles ou rochers stériles. Au nord-ouest est l'isle *Blanca*, dont la circonférence est de six lieues, qui a un port dans une baie sablonneuse au couchant, où l'on voit peu de collines & d'arbres : sa partie orientale est couverte de bois, & à l'ombre de ses arbres croit une espece de sauge qui parfume l'air : le sol y est pierreux, cependant les plaines y sont couvertes d'une herbe, parmi laquelle on trouve des plantes hérissées d'épines aiguës : on y trouve quelques salines : elle n'a d'habitans que les boucs & les chevres qu'on y trouve en grandes troupes, & que les Espagnols & les Hollandais viennent y chasser.

Au couchant est l'isle *Tortuga*, sous le 312° 20′ de longitude, sous le 10° 58′ de latitude septentrionale ; elle a sept lieues de tour, & n'a de rade sûre que vers le nord : elle est couverte de bois au couchant, & ne renferme qu'une saline, qui peut fournir annuellement assez de sel pour charger trois ou quatre vaisseaux.

Au midi sont les isles de *Coche* & de *Cubagua* : la première est la plus petite ; elle n'a pas deux lieues de tour, & a si peu d'élévation qu'elle semble devoir être engloutie dans les flots quand ils sont agités : la pêche des perles y fut abondante & bientôt terminée. *Cubagua* fut, ainsi que les précédentes, découverte par Colomb ; les perles qu'on trouva sur ses bords y firent accourir les Espagnols en 1509, avec des sauvages des isles Lucayes qui savaient plonger ; mais bientôt l'avidité dévora son objet ; en 1524 les bancs de perles disparurent & les pêcheurs épuisés périrent. Le sol de cette isle est sec, stérile, rempli de salpêtre, sans eau douce, ne produisant que des ronces & quelques arbres de gayac. En s'en éloignant, on regretta son excellent port, la petite ville qu'on y avait bâtie sous le nom de *Nouvelle Cadix*, & une fontaine odoriférante, dont l'eau avait des qualités salutaires pour diverses maladies. On dit que les porcs qu'on y apporta de Castille y changèrent de forme. Elle avait quelques habitans lorsqu'on la découvrit ; ils avaient le corps peint & vivaient des huîtres dans lesquelles les Européens recherchaient si avidement des perles.

*Orchilla* ou *Horchilla*, isle à cinquante lieues au couchant de la Marguerite : elle est sous le 311° 20′ de longitude, le 11° 35′ de latitude méridionale : elle est partagée en divers sens par des canaux sablonneux : sa plus grande partie a la forme d'un croissant, est située au midi, & n'est qu'une terre basse, terminée par des collines au levant & au couchant : au midi, au nord on y trouve de petits bois, mais les arbres en sont petits & tortus, parce que le terroir est sec, sans sources, sans mare d'eaux douces : on y trouve des chèvres, peu d'oifeaux, point d'autres reptiles que des lézards.

*Rocca* est au levant d'Horchilla, sous le 10° 38′ de longitude & le 11° 45′ de latitude: c'est-moins une isle qu'une suite de rochers voisins, dont plusieurs sont revêtus d'arbres: au nord on y voit s'élever une haute montagne que sa blancheur annonce de loin: le côté méridional de ces rocs est escarpé & la mer très-profonde: au couchant ils sont comme ensablés: on n'y trouve, dit-on, d'êtres vivans que des *flamingos*, connus par la beauté de leur plumage, par la longueur de leurs jambes, & leur bec long & recourbé.

*Aves*, isle au couchant de Rocca: c'est un amas de rochers, séparés par des canaux sablonneux, & dont le plus oriental est de forme triangulaire, presque au niveau de la mer, couvert d'un sol pierreux & d'arbres.

*Curaçao* est sous le 308° 20′ de longitude, sous le 12° de latitude septentrionale. Elle a onze lieues de long & quatre à cinq de large. C'est l'isle la plus considerable possédée par les Hollandais dans les Indes occidentales: à l'orient on y voit deux montagnes, & là est le port *Santa Barbara*: partout ailleurs le sol y est bas & uni. Entre le midi & le couchant est un excellent port, dont l'approche est difficile, qui n'a point d'ancrage sûr à son embouchure, mais dont l'intérieur est un vaste bassin qui réunit la commodité à une sûreté entiere. Là est une belle ville, très-propre & assez grande, qui porte le nom de l'isle, où les bâtimens publics sont beaux & nombreux; les maisons commodes, les magasins bien situés, & toujours remplis; presque tous les travaux s'y font par des machines, & quelques-unes sont très-ingénieuses: en est une qui place un vaisseau sur le chantier d'un seul effort ; une autre qui le met sur le côté avec facilité, une troisieme qui le fournit promptement de canons, de provisions, de tout ce qui est nécessaire pour la guerre & le commerce. Une forteresse construite avec intelligence & bien entretenue fait sa défense.

Cette ville est l'entrepôt le plus confiderable peut-être qu'il y ait dans cette partie de l'Amérique. Là on trouve toutes sortes d'étoffes de laine, de lin & de soie ; des dentelles, des rubans, du fer travaillé, des provisions de guerre ou de navigation ; les productions des Moluques, des calicots Indiens ou blancs ou peints, des esclaves ; tout ce qui est de mode, & tout ce qui a passé de mode en Europe & ne peut plus s'y vendre ; car tout devient nouveau en passant dans le Nouveau Monde : les vaisseaux y viennent pour y chercher des marchandises ; ils en partent pour les répandre sur les côtes du Continent : les Espagnols paient en argent, en or, en argent monnaié, ou en lingots, en pierreries, en cacao, en vanille, en quinquina, en cochenille, &c.

Dans la paix, on évalue le produit annuel du commerce de Curaçao à plus de 120 millions de livres, & dans la guerre il est bien plus confiderable encore ; car alors, cette isle est le marché commun des isles occidentales, & l'asyle des vaisseaux qui y trouvent tout ce dont ils peuvent manquer. Lorsque le commerce des isles Espagnoles avec la métropole est interrompu, les premieres n'ont pas de marché plus voisin, plus commode, mieux fourni, soit en esclaves, soit en toute autre marchandise. Les Français viennent s'y pourvoir de porcs & de bœufs salés, de grains, de farines, de

meubles,

meubles, qu'ils tirent ordinairement des colonies Anglaises.

Ces avantages, les richesses qui naissent de ce commerce, se doivent à la situation de l'isle & à l'activité mercantile de ses possesseurs. Le sol sembloit d'abord s'y refuser à toute reproduction ; la patience du cultivateur y a vaincu en quelque maniere la nature : ce sol infertile manque d'eau, on ne s'y sert que de celle de pluie ; cependant on y recueille du sucre, du coton, du tabac, du manioc, des légumes : on y nourrit des bestiaux, on y coupe des bois de teinture : ses grandes salines fournissent un objet considerable de commerce avec les isles Anglaises.

Les Espagnols s'y étaient établis en 1527 ; les Hollandais les en chasserent en 1634 ; les Français ont en vain tenté de la prendre sur eux.

*Bonaire* ou *Buen-ayre*, petite isle située au levant de Curaçao dont elle dépend ; elle a sept lieues de tour : on y trouve entre le midi & le couchant une bonne rade, dans une baie profonde : on y trouve un bon marais salant & une fontaine d'eau douce assez abondante. Ses habitans s'occupent principalement de la culture du maïs, du bled de Guinée, des ignames, des patates ; ils élevent aussi des bestiaux.

*Aruba* ou *Oruba* appartient aussi aux Hollandais : elle est à sept lieues au couchant de Curaçao & en a cinq de tour : on y éleve des chevres & des brebis ; on y cultive un peu de sucre. Ces deux petites isles n'ont point d'objets considerables de commerce ; mais elles fournissent Curaçao & les vaisseaux qui s'y rendent, de quelques rafraîchissemens & de viandes fraîches.

Revenons au Continent de l'Amérique.

*Tome XI.* Cc

## DU GOUVERNEMENT DE TIERRA-FIRMA, ou VICE-ROYAUTÉ DE LA NOUVELLE GRENADE.

Ce gouvernement, dont une grande partie se nomme aussi *Nouvelle Castille* & *Castille d'or*, comprend une vaste étendue de pays. La mer du nord ou le golfe du Mexique le borne au septentrion; à l'orient, au midi, il est borné par la Guyane, au couchant par la mer Pacifique. Sa longueur, de la mer Pacifique à l'embouchure de l'Oroenoque ou Orenoque est de 450 lieues, sa plus grande largeur est d'environ 350; mais cette largeur n'est point par-tout la même & n'est pas de 100 lieues vers l'Orenoque : il s'étend du $3^{\circ}$ 40' de latitude méridionale, au $12^{\circ}$ de latitude septentrionale, & du $296^{\circ}$ au $316^{\circ}$ de longitude. Il comprend les provinces ou gouvernemens particuliers de *Darien* ou de *Tierra-firma* proprement dite, de *Carthagene*, de *Santa-Martha*, de *Rio de la Hacha*, de *Venezuela*, de *Maracapa*, de *Cumana* ou *Nouvelle Andalousie*, de la *Nouvelle Grenade*, du *Popayan* & de *Quito*.

Le chef de ce gouvernement a sous lui trois audiences, l'une fixée à Panama, la seconde à Quito, la troisieme à Santa Fé de Bogota. Nous ne suivrons pas la division par audiences, parce que nous ne connaissons pas exactement l'enceinte de leurs jurisdictions : nous suivrons simplement l'ordre des provinces.

### I. Tierra-Firma propre.

Elle renferme les provinces de Panama, du Darien, de Choco & de Boriquette. Sa partie septentrionale est connue sous le nom d'*Isthme de Panama* ou *de Darien*. Il sépare l'Amérique septentrionale de la méridionale; s'étend sous la forme de demi-lune, autour & un peu au de-là du golfe de Panama, dans un espace de 130 lieues de long, sur 20 à 50 de large. Ses bornes sont, à l'orient, la riviere & le golfe de Darien, qui la séparent de la province de Carthagene; au midi, la province de Popayan & la mer Pacifique; au couchant, cette mer encore & la province de Veragua.

Le pays est un mélange alternatif de vallées & de collines de différentes hauteurs, de différente étendue: au fond des vallées coulent des ruisseaux, des rivieres qui ne tarissent jamais, dont les unes se rendent dans la mer du nord, les autres dans la mer du sud: la plupart sortent d'une chaîne de monts élevés, qui s'étend parallélement aux rivages des deux mers. C'est une continuation des Andes, qui s'abaissent au nord & prennent une pente douce: cette partie du pays paraît être une forêt continue; la chaîne s'ouvre ensuite sans se couper, pour former de grandes vallées: les monts sont inhabités, soit par l'intempérie de l'air, soit par leur stérilité naturelle.

Quelques-unes des rivieres qui arrosent ce pays sont fort grandes, peu sont navigables: celles de la bande du nord sont peu considerables; elles naissent de monts peu élevés, & leur cours est bientôt terminé. Le *Darien* est un fleuve assez grand, mais à son embouchure il est large & n'est point profond. Le *Chagre* est plus profond, son cours est tortueux, il est rempli d'alligators; ses bords hérissés de forêts sont remplis de bêtes sauvages. Celui de la *Conception* ne lui est guere inférieur: tous trois tombent dans la mer du nord: les rivieres de *Santa*

*Maria*, de *Congo* & de *Cheapo* coulent dans la mer du sud.

Ce pays offre un bel aspect: les forêts qui ombragent les plaines & s'étendent jusqu'aux rivieres; les arbres qui s'y élevent à différentes hauteurs sur les collines, le tissu de leurs feuilles, l'apparence de leurs fruits, leurs couleurs variées présentent le coup d'œil le plus riant. Un grand nombre d'animaux l'habitent; mais les plus nombreux sont les babouins, qui sautent en troupes d'un arbre à l'autre, se suspendent aux branches, s'attachent ensemble six, huit ou davantage, pour traverser une riviere, suivis de leurs femelles qui portent leurs petits sur leurs épaules; qui ailleurs encore, vont se percher en des lieux escarpés pour faire cent grimaces ridicules: on les tue & on en mange la chair. Mais ce qu'on admire le plus, sont les oiseaux du pays: ils couvrent les rivages des fleuves, & la beauté, la variété de leur plumage enchante l'œil étonné: on y distingue diverses sortes de perroquets, des corbeaux d'eau, des toucans, des gallinaces, des faisans sauvages, des rois des faisans, des hérons, des tourterelles, &c.

Situé sous la zone Torride, ce pays est très-chaud; cependant il est plus humide encore: la saison des pluies y arrive en Avril, & finit en Septembre: l'air y devient brûlant dès que le soleil se fait voir au travers des nuées, & que les vents de mer ne soufflent pas. En Septembre, les ondées de pluie deviennent moins abondantes & plus rares; mais elles ne cessent entierement qu'en Janvier. Quand cette saison commence, il ne fait guere qu'une ondée de pluie chaque jour; puis il en tombe à toutes les heures, accompagnée de tonnerres, qui répandent une odeur de soufre dans les forêts, puis enfin la pluie ne cesse point pendant six semaines, & les tonnerres ne se font plus entendre : à cette pluie succédent des ondées : quelquefois elles sont séparées par des intervalles d'un jour ou de plusieurs ; mais ces jours sont troublés par des coups de vent impétueux, qui naissent peut-être de la pression des nuées ; ils temperent la chaleur, & secouent avec force les arbres des forêts. Lorsque la pluie est finie, on entend de toutes parts le croassement des grenouilles & des crapauds, le bourdonnement des mosquites qui se rassemblent, sur-tout dans les lieux bas, dans le voisinage des fleuves qui, grossis par les torrens, arrachent les arbres, dont la chûte au travers de leur lit suspend le mouvement de leurs eaux, jusqu'à ce qu'accumulées, elles rompent la résistance que ces arbres leur opposent, & les entraînent au loin.

Dans l'intérieur du pays, on trouve une terre noire, fangeuse & féconde ; les collines y sont fertiles jusqu'à leur sommet ; cependant c'est à leur pied qu'elles le sont davantage. Les montagnes y portent de beaux arbres, mais ils sont différens de ceux qui végétent sur les côtes. Sur les monts, ils forment de grandes forêts de bois de charpente, des boccages de haute futaie & de la meilleure sorte de bois : tous sont hauts, l'espace qui les sépare n'est point gêné par les broussailles, on pourrait y courir au galop sans rencontrer d'obstacles ; c'est au-delà de leur ombre que les arbrisseaux & les herbes végétent avec force : vers la mer où le sol est souvent marécageux, sur-tout à l'embouchure des fleuves, les arbres sont embarrassés de buissons, & ce ne sont guere que des arbrisseaux comme la guimauve en arbre, ou l'*hibiscus* de Linnæus, le bambou, des buissons de ronces, &c. ils ne forment point de forêts, mais croiffent par maffes touffues qui s'étendent au loin.

L'ifthme eft bordé d'ifles au nord & au midi : nous parlerons ailleurs de celles du golfe de Panama ; celles qui font au nord font difperfées le long de la côte : au devant de la baie de *Caret* il en eft deux qui font hautes & couvertes d'arbres : au devant de celle de Darien il en eft plufieurs : telle eft l'*Isle dorée*, qui eft petite & arrofée d'un excellent ruiffeau d'eau douce : telle eft l'isle *des Pins*, qui s'élève comme deux montagnes couvertes de diverfes fortes d'arbres, & au pied defquelles coule un ruiffeau d'eau douce. Plus loin font les nombreufes ifles des *Sambales*, féparées par des canaux navigables, offrant des fources d'eau douce & des abris commodes.

Les végétaux & les animaux y font à peu près les mêmes que ceux du Mexique, il ferait inutile de les répéter ici. En général l'air y eft mal-fain & le pays infefté d'infectes divers. On tirait autrefois de l'or de fes mines, mais aujourd'hui elles font abandonnées.

### 1. *Province de Panama.*

Ses villes, fes bourgades font fituées dans de petites plaines ; fon fol eft coupé de montagnes. On y compte quatre villes & dix bourgs.

*Panama* eft la capitale de Tierra-Firma : fon nom, dans la langue des habitans naturels de ces contrées, fignifie *lieu poiffonneux* : fes maifons font la plupart de pierres, grandes & commodes, mais elles n'ont qu'un étage ; la fymmétrie de leurs fenêtres préfente un afpect agréable. Elle a un fauxbourg ouvert, plus grand qu'elle, dont les maifons font prefque toutes en bois qu'on croit incombuſtible, mais conſtruites dans le même goût : les ameublemens en font propres, non précieux, ni chers ; on n'y voit point l'extrême richeſſe unie à l'extrême pauvreté : les rues de la ville & du fauxbourg y font larges & bien pavées. Elle eſt le ſiege d'une audience, dont le préſident eſt en même tems gouverneur de la ville & capitaine général de la province; l'évêque prend le titre d'*évêque de Tierra-Firma*. Sa cathédrale eſt plus riche que belle : on y compte cinq couvens, un hôpital de St. Jean de Dios, & un college qui fut occupé par les jéſuites.

Ses habitans ſont économes, entreprenans, artificieux : rien ne les arrête quand l'eſpérance du gain les excite; lorſque leurs femmes ſortent, elles ſont vêtues d'une robe courte & d'une robe longue ; mais à la maiſon, leur chemiſe fait leur unique habillement; les manches en ſont fort longues, amples, ouvertes vers le poignet, lequel, comme le ſein, eſt orné de très-fines dentelles : elles portent des ceintures, & des colliers de cinq à ſix tours, les uns faits en or, les autres en corail, entrelaſſés de petites plaques d'or : elles ont encore deux ou trois chaînes d'or, auxquelles des reliques ſont ſuſpendues ; elles ont des bracelets d'or ou de tombac & des cordons de perles, de coraux ou de verre : leur robe courte les couvre juſqu'au gras de la jambe, & de-là juſqu'à la cheville du pied pend la large bordure de la robe longue.

Les lieux qui environnent Panama ſont abandonnés à la nature ; on n'y découvre point de trace de culture ; les proviſions y viennent des côtes du Pérou, ou des lieux les plus éloignés de la province. Les vaiſſeaux du Pérou, comme les barques des côtes voiſines y vont & viennent ſans ceſſe pour y apporter les productions des diverses contrées & les leurs. On y apporte le meilleur froment, du maïs, des bestiaux, de la volaille en abondance.

Cette ville est le dépôt des trésors du Pérou, & des marchandises qui remontent le Chagre: ce commerce est important pour les habitans, par le haut prix qu'ils retirent de leurs maisons louées à des étrangers qui vont ou reviennent des ports de la mer du sud, & par celui de leurs petits bâtimens, de leurs mulets, de leurs Négres qui sont à leur usage. On y commerce aussi en farine, en vin & brandevin, en sucre, olives, huile, suif, cuirs, &c. Les vaisseaux de Guayaquil y apportent du cacao & du quinquina; la cherté des denrées y est compensée par ce commerce, & par le grand nombre & le prix des perles qu'on pêche dans son golfe.

Son port est formé dans la rade même par plusieurs isles, sur-tout par celle de *Puerco*, derriere laquelle les vaisseaux mouillent & n'ont rien à redouter. C'est autour des isles qui sont répandues dans son golfe, au nombre de 43, & sur-tout près des isles *del Rey*, de *Tabago*, de *Chape*, de *Taboguilla* & autres qui forment un petit archipel. On n'a de description exacte que de celle de Tabago ou Tabaco; la perspective en est riante, elle paraît un beau verger; elle rapporte des bananes, des plantains, des cocos; l'arbre *mammet* y donne un fruit plus gros que le coing, d'un parfum agréable, d'un goût excellent: un ruisseau d'eau douce sort du mont qui en occupe la partie septentrionale & arrose, en serpentant, des beaux arbres fruitiers. Les isles *del Rey* sont basses, pleines de bois: quelques-unes ont des plantains, des bananes, des champs de riz; les plus grandes sont incultes: on ne sait d'où leur vient le nom d'*isles du roi*. Celles-ci ont moins de perles que la premiere. On y en trouve en ſi grand nombre, qu'il eſt peu d'habitans qui n'ait des Négres exercés à cette pêche & fixés ſur les isles qui la procurent. Mais cette pêche eſt pénible & dangereuſe, ſur-tout par les poiſſons voraces qui menacent les Négres, & qui ſont, dit-on, en plus grand nombre, là où ſont les meilleures perles. Dans le golfe de Panama, ce ſont les *teutoreras* ou *taburones*, poiſſons monſtrueux par leur grandeur, qui mangent ces malheureux Négres : ce ſont les *mantas* ou *guills* eſpece de raies énormes, qui les preſſent & les écraſent : ces derniers les renverſent & les tuent d'un ſeul coup de nageoire : les Négres ſont armés d'un couteau effilé pour ſe défendre, & quelquefois ils donnent la mort à leur ennemi.

Panama fut fondée en 1517 par Pedrarias qui y transféra la colonie de Sainte Marie, fondée ſur les bords de la mer du nord; l'air n'en eſt pas ſain; mais la ſituation en eſt commode : elle fut priſe par le flibuſtier Morgan dans l'année 1670 : ſa latitude eſt de 8° 57′ 48″, ſa longitude de 297° 20′.

*S. Philipe de Porto-Belo*, ville ſituée ſur le penchant d'une montagne qui environne tout le port. La plupart de ſes maiſons ſont de bois, quelques-unes ont le premier étage bâti en pierres; on n'y en compte que 130, & elles forment une rue en croiſſant, qui régne le long du port; & que de petites rues croiſent de la montagne à la mer. On y voit deux grandes places, l'une vis-à-vis de la douane, édifice bâti en pierres, ainſi que le quai; l'autre devant la façade de l'égliſe, bâtie auſſi en pierres, & remarquable par ſa grandeur & la richeſſe de ſes ornemens. On y remarque auſſi l'égliſe du monaſtere de *Nueſtra Señora de la Merced* & celle de *S. Jean de Dios*, qui l'une & l'autre tombent en ruines.

A l'orient de la ville est le *Guinea*, où demeurent les Nègres des deux sexes, libres ou esclaves : le quartier de *Revier* se peuple à l'arrivée de la flotte Espagnole : les mulâtres, les familles pauvres se logent, ou dans le Guinéa, ou dans des huttes élevées dans le voisinage ; les artisans de Panama accourent pour qu'on les y occupe. Vers la mer, entre la ville & le château *Gloria*, est une vaste plaine où l'on construit des baraques qui se remplissent de matelots, & où l'on vend toutes sortes de provisions de bouche & de confitures apportées d'Espagne. Mais la foire terminée, les baraques sont abattues, les maisons se vuident, les vaisseaux s'éloignent, les marchandises partent pour Panama & la ville demeure déserte.

Christophe Colomb découvrit ce port & lui donna le nom qu'il conserve : l'entrée en est large, défendue par le fort *St. Philipe*, comme celui de *S. Jago da Gloria* défend la place où les vaisseaux jettent l'ancre. Sur un promontoire est le petit fort *S. Jerôme* : ces ouvrages furent rasés par l'amiral Vernon, en 1739. Au bas de la montagne qui enferme le port s'en élève une autre, remarquable par sa hauteur extraordinaire : sa cime est toujours couverte de nuées épaisses & obscures, qui, lorsqu'elles descendent, annoncent la tempête, comme leur élévation annonce un tems serein, & souvent ces changemens ne se font pas long-tems attendre. La chaleur est extrême à Porto-Belo, nul vent frais ne peut l'y tempérer ; les arbres qui couvrent les montagnes y interceptent les rayons du soleil, & la terre toujours humide, exhale sans cesse des vapeurs qui retombent sur la terre en torrens ; ils semblent devoir y tout inonder, & des tonnerres épouvantables précédent les pluies & les accompagnent; les échos les multiplient & les hurlemens des babouins, dans les forêts, les rendent plus effrayans encore. L'air y est très-mal-sain; les vaisseaux qui s'y arrêtent y perdent rarement moins de la moitié de leur équipage. On dit que les animaux qu'on y apporte ne peuvent s'y multiplier, que les poules cessent d'y pondre, que le bétail y perd sa vigueur, maigrit, languit au milieu des pâturages les plus abondans. Aussi on y compte à peine trente familles de blancs, tout le reste est négre ou mulâtre: mais le gouverneur, les commandans des forts, les officiers civils & militaires, la garnison qu'on y change tous les trois mois, sont encore Européens.

Les vivres y sont rares & chers, sur-tout lorsque la flotte y demeure: ils viennent de Panama & de Carthagene: de la premiere on amene du gros bétail; de la seconde, du maïs, du riz, de la cassave, de la chair de porc, du gibier, des racines: le seul aliment qui abonde dans ce triste lieu, c'est le poisson: il y est bon & d'especes diverses: les champs voisins & peu étendus qui l'environnent sont plantés en partie de cannes à sucre, & on en fait du sucre, de la melasse & du rum. Les serpens, les crapauds, & sur-tout ces derniers, y couvrent les lieux humides & fangeux, les chemins, les cours des maisons, les rues, les marchés; on ne peut marcher sans les souier aux pieds; ils sont grands & ont six pouces d'épaisseur, leurs croassemens se font entendre dans les bois, les champs, les recoins de la ville: ils mordent quelquefois; mais n'ont pas de venin. Les forêts touchent aux maisons, & souvent des tigres viennent roder la nuit dans les rues, pour enlever de la volaille, des chiens, d'autres animaux, quelquefois même des enfans. On leur tend des piéges, on les va tuer dans les antres qu'ils habitent ; les negres les combattent avec autant de courage que d'adresse.

La situation de Porto Belo la rend seule importante : le peu de distance qui la sépare de Panama, son excellent port dans l'isthme qui unit les deux parties du Nouveau Monde, y attire le commerce réciproque de l'Espagne & du Pérou. A peine les vaisseaux ont jetté l'ancre dans le port, qu'on fait de leurs voiles de vastes tentes sur la place, pour y recevoir leur cargaison, qu'on s'occupe à les décharger : de grandes troupes de mulets arrivent de Panama chargés de caisses d'or & d'argent, par les marchands du Pérou ; on vend, on achete, on s'agite ; & parmi tous ces mouvemens, ces richesses, cet amas de peuple, on n'y a jamais éprouvé de vols, de pertes, de désordres. Celui qui habitait ce lieu solitaire, où l'on n'est frappé que d'un aspect mélancolique & où regne un profond silence, est bientôt frappé du fracas de tout ce peuple rassemblé, de ces maisons remplies d'hommes, de ces rues, de ces places couvertes de marchandises, de ces caisses de métaux, de ce port rempli de vaisseaux, autour desquels circulent les chaloupes ; de voir enfin une ville abandonnée devenir une foire bruyante, & le dépôt des richesses du nouveau & de l'ancien Monde. On regle le prix des marchandises, on le publie ; achats, ventes, échanges, tout se fait par l'entremise de courtiers Espagnols : puis chacun transporte ce qu'il vient d'acquérir, les uns dans des vaisseaux, les autres sur des mulets & dans des bateaux qui remontent le Chagre, & la foire se dissipe. Ce spectacle est changé aujourd'hui.

Peu de villes ont éprouvé plus de défastres. Drake la prit & la rançonna en 1595; Parker la surprit en 1601, Morgan en 1669, Croxon en 1678, & Vernon en 1739. Sa latitude est de 9° 34′ 35″, & sa longitude de 297° 50′.

*S. Yago de Nata de los Cavalleros*, ou *Nata*, nom du cacique qui régnait dans ce lieu, est une petite ville, fondée en 1517, par Gaspard d'Espinosa : les Indiens la brûlèrent; elle fut rebâtie : elle est d'une grandeur médiocre, assez bien construite; ses maisons ne sont cependant que de briques, & couvertes de paille. Ses habitans sont un mélange d'Espagnols & d'Indiens.

*Los Santos*, ville moderne, élevée par divers habitans de la précédente, qui en préféraient la situation, les avantages, & qui bientôt l'ont rendue plus florissante que Nata ne l'avait jamais été : un mélange d'Indiens & d'Espagnols l'habite.

Les trois principales bourgades sont, *S. Christoval de Chepo*, ou simplement *Chepo*, du nom de ses anciens caciques : des Indiens & une compagnie de la garnison de Panama en sont les habitans; divers hameaux d'Indiens en dépendent. *S. Jean*, situé entre Panama & Porto Belo, n'a pour habitans que des mulâtres. *S. Jean de Podomé*, est habité par des Indiens, qui ont conservé l'usage de l'arc & de la fleche, dont ils se servent avec beaucoup d'adresse.

## 2. *Province de Darien.*

Le plus grand nombre de ses habitans sont des Indiens vagabonds, qui vivent dans les forêts, pour échapper au joug Espagnol : on y comptait autrefois vingt-sept bourgades considérables, qui se sont insensiblement détruites & dispersées. Là était *Nombre de Dios*, dans un lieu mal-sain, entouré d'une forêt :

ses maisons étaient bâties à la maniere d'Espagne ; son havre était spacieux : Porto Belo l'a fait décheoir & oublier. *Ste. Marie du Darien*, est sur une riviere, qui en reçoit son nom, ceinte de hautes montagnes, sur un sol marécageux, infecté de vermine, & où l'on respire un air chargé d'exhalaisons corrompues : dans ses environs on trouve des lions, des taureaux, & des vaches sauvages ; des cochons, des chevaux plus grands que ceux d'Espagne. Les habitans naturels du pays sont généralement bruns ; leur teint est olivâtre ; ils sont agiles, bien proportionnés, nuds jusqu'à la ceinture, vêtus de la ceinture aux genoux : les plus riches le sont jusqu'aux pieds.

*Uraba*, près du golfe de Darien, fut autrefois une ville considérable. Ce golfe a quatorze lieues de long & six de largeur à son embouchure : le sol qui l'entoure est bon ; tout ce qu'on y plante, tout ce qu'on y seme, y végéte avec force ; il n'y faut que huit à dix jours aux melons & aux concombres pour croître & mûrir.

Une colonie de 1200 Ecossais vint s'établir en 1699 près de l'extrêmité nord-ouest de ce golfe ; elle y éleva le fort de *New-Edimbourg*, & nomma le pays qui l'environnait *Nouvelle Caledonie* : il appartenait à huit chefs Indiens en guerre avec les Espagnols, & les Ecossais en furent d'autant mieux reçus, qu'ils espéraient avec ces nouveaux hôtes vaincre leurs ennemis. Des commerçans Anglais & Hambourgeois, autorisés par un acte du parlement d'Ecosse, s'intéresserent aux succès de cette colonie : elle prospéra ; mais cette prospérité excita la jalousie de la compagnie des Indes orientales, les plaintes de la cour de Madrid : les raisons des Ecossais n'en purent balancer la force, & leur ruine fut décidée. On persuada aux Hambourgeois de retirer leur souscription ; les marchands de Londres furent menacés de l'indignation du ministre, s'ils leur portaient des secours ; on défendit aux colonies Anglaises d'avoir aucun commerce avec eux : il fallut qu'ils s'éloignassent ; & la nation accuse l'esprit de parti & l'intérêt particulier d'avoir ruiné une colonie importante, qui en tems de guerre devenait la maîtresse de cet isthme. Depuis ce tems, les Espagnols fixerent leur attention sur cette contrée : leurs missionnaires y formerent neuf à dix bourgades d'Indiens, qui commencerent à décheoir en 1716 ; & aujourd'hui elles sont réduites à trois, défendues par quatre petits forts & par cent soldats.

Les Indiens de cette province ont les os gros, & la poitrine large ; ils sont souples, agiles, légers à la course : les femmes sont petites, bien faites, mais ont beaucoup d'embonpoint ; elles ont l'œil vif & agréable : les deux sexes ont en général le visage rond, le nez court & écrasé, le front élevé, les dents belles, les levres minces, la bouche petite, le menton bien formé, les cheveux noirs, longs & forts ; ils peignent sur leur corps diverses figures d'animaux, & s'arrachent le poil : celui qui a tué un ennemi, se coupe les cheveux & se teint le corps en noir : leur couleur naturelle est celle de l'orange seche : jamais ils ne mettent de vêtemens, excepté ceux du nord, une feuille de platane couvre leur nudité ; les femmes se mettent une ceinture qui tombe jusqu'aux genoux. Leurs cabanes sont au bord des rivieres, élevées sans ordre ; elles sont formées de pieux entrelassés de branchages, recrépis de terre ; les toits sont couverts de feuilles, ils ont la forme d'un quarré long, & au sommet est un trou qui sert de cheminée : une espece de fort un peu élevé où le conseil s'assemble & d'où l'on veille sur l'ennemi, les défend ; souvent des arbres plantés les uns près des autres, une barriere dans un défilé, en tient lieu : ils ne cultivent la terre qu'autour de leurs maisons ; là on seme le maïs, qui leur sert à faire différentes liqueurs ; c'est le travail des femmes : dans les voyages, elles portent les ustensiles & les vivres : leurs maris qui leur imposent ces travaux, les aiment cependant avec tendresse : dès l'enfance, les garçons apprennent à nager, à tirer de l'arc, à lancer le javelot : les filles demeurent dans la cabane pour s'accoutumer aux travaux domestiques ; elles font des cordons d'écorce, épluchent le coton, le filent : les meres en font de la toile : jusqu'à leur mariage, elles portent un petit voile de coton. La poligamie y est permise, l'adultere puni sévérement : leurs cérémonies, leur religion est la même que chez les Indiens de la province de Carthagene, où nous y reviendrons.

On y trouve des hommes blancs ou blafards : leur corps est couvert d'un duvet blanc & très-fin : ils s'arrachent la barbe ; mais n'ôtent jamais ce duvet : leurs cheveux, leurs sourcils sont blancs : ils sont moins gros, moins forts, moins nombreux que les autres Indiens : ils voient clair durant la nuit, & voient de loin ; mais la lumiere du soleil les fait souffrir : leurs yeux suintent presque sans cesse : ils sont légers, ne peuvent supporter le travail, & sont méprisés des autres Indiens.

### 3. *Province de Choco.*

Elle a fait partie du Popayan jusqu'en 1730, qu'on en a fait un gouvernement particulier, dépendant de l'Audience de Panama ; & c'est ce qui nous a déterminé à le joindre aux deux provinces précédentes.

précédentes. Au nord, il touche au Darien & à la province de Carthagene ; au levant & au midi, au Popayan ; au couchant, à la mer du Sud. Il s'étend jusqu'à la riviere qui se jette dans le golfe de Bonaventure : l'Atrato l'arrose du midi au sud : on lui donne cent lieues de long ; mais sa largeur n'est pas de la moitié : on y trouve diverses montagnes d'où l'on tire de l'or & de la platine. On y a élevé diverses petites villes ou bourgades peu connues, occupées d'Espagnols & d'Indiens de diverses nations. Le sol, les peuples, les animaux y sont les mêmes que dans le Popayan.

### 4. *Province de Boriquetta.*

On donne ce nom à une bande de pays large d'environ vingt lieues, renfermée au levant par le Choco, au couchant par l'océan Pacifique, au nord par la partie méridionale du golfe de Panama, au midi par le rivage septentrional de la baie de Bonawenture, au-dessous du cap Corrientes, près duquel les courans ont beaucoup de force. On connait le nom de deux peuples Indiens qui habitent cette contrée : ce sont les *Quaquaas*, au nord ; les *Noanamas*, au midi ; mais on n'en connait que les noms : les Espagnols peuvent être plus instruits ; mais ils ne répandent pas leurs connaissances. Le nom de quelques rivieres, de quelques baies, des forêts qui se sont offertes aux yeux des navigateurs qui ont suivi ces côtes, c'est tout ce qu'on sait de cette province.

## II. LE POPAYAN.

Il est situé au nord & au levant de Tierra-Firma : Benalcazar, gouverneur de Quito, le soumit en 1536.

Au midi, cette province s'étend jusqu'à la riviere de Mayo & jusqu'à Iftiales ; au levant, jusqu'à la Nouvelle Grenade ; au nord, aux provinces de Tierra Firma & de Carthagene ; au couchant, jusqu'au Choco & à l'océan Pacifique. Du nord au fud, il a 130 lieues, fur une largeur qui varie depuis 30 jufqu'à 100 lieues. On le divife en onze bailliages, dont les neuf qui font au nord & à l'eft, dépendent de l'audience de Santa Fé de Bogota, & deux au midi, de celle de Quito.

Le climat de ce pays varie felon les diverfes fituations des contrées qui le compofent : quelques-unes fouffrent plus de la chaleur que du froid ; d'autres du froid que de la chaleur : on penfe bien que ceuxci doivent être dans les montagnes. Il en eft qui jouiffent d'un printems perpétuel ; tel eft le territoire de la ville de Popayan, fujet cependant à des orages, des tonnerres effrayans, des tremblemens de terre épouvantables. Le fol y eft plus ou moins bon ; mais en général il produit abondamment des grains & des fruits. On y nourrit de nombreux troupeaux de gros & de menu bétail. Entre les plantes particulieres au pays, on remarque la *cuca* ou *coca*, herbe fi eftimée par les Indiens de diverfes provinces du Pérou, qu'ils la préférent aux alimens, aux métaux les plus chers, aux pierres précieufes : fa tige eft faible & a befoin d'appui ; fes feuilles font unies & longues de deux pouces : les Indiens la mâchent & la mêlent à une terre blanchâtre nommée *mambi* ; ils jettent la premiere falive qu'elle excite, & avalent l'autre : cette plante eft fi nourriffante, fi reftaurante, qu'ils travaillent tout le jour fans prendre d'autre nourriture ; mais auffi-tôt qu'elle leur manque, ils font épuifés : elle entretient, dit-on, les dents faines, & fortifie l'eftomac : on en confomme beaucoup dans des mines : c'est en quelque maniere, le bettel de l'Amérique.

Dans les districts méridionaux du Popayan, on trouve un certain arbre qui donne la résine *mopa-mopa*, dont on fait un beau vernis que l'eau chaude, ni les acides ne peuvent enlever. Les Indiens s'occupent aussi à faire des cassettes, des tables & autres meubles qu'on porte à Quito, & qui y sont fort recherchés.

Dans la vallée de Neyba, & dans d'autres qui appartiennent à ce gouvernement, on trouve un insecte vénimeux, nommé *coya* ou *coyba*; il ressemble à l'araignée, mais est de la grosseur de la punaise : sa couleur est un rouge de feu : il se tient dans les coins des murs ou dans le gazon : une goutte de son venin pénétre la chair dans un instant, & y éleve une tumeur que la mort suit de près : le seul antidote qu'on y connaisse contre ce poison, est de jetter l'homme ou l'animal qui l'a reçu, dans sa paille ou une herbe longue allumée, de maniere qu'il y soit entiérement plongé : quand l'opération est faite à tems, elle dissipe le poison. Lorsqu'on se sent piqué, on évite d'écraser l'animal, on évite même d'y porter la main, parce que le coya est si tendre, qu'un rien l'écrase : on charge une autre personne d'ôter l'insecte, & il l'enleve en soufflant avec force. Les animaux le craignent, & avant de brouter l'herbe, ils soufflent sur elle avec violence; & lorsqu'à l'odeur, ils soupçonnent que son nid est dans ce lieu, ils l'abandonnent & vont dans un autre. Si quelques-uns d'eux en avalent malgré leurs précautions, ils enflent & meurent sur la place.

Dans toutes les parties de la jurisdiction du Popayan, on trouve un grand nombre de mines d'or; on en exploite plusieurs, & on en découvre tous les jours de nouvelles. L'or ne s'y trouve pas avec la pierre, ou incorporé avec des corps étrangers; mais seulement éparpillé dans la terre & le sable, & on l'en sépare par la facile opération du lavage. L'or y est communément au titre de 22 carats, quelquefois de 23, rarement au-dessous de 21.

Le commerce de ce pays consiste en cuca, dont on envoye beaucoup au Pérou : en bestiaux, mules, bœuf fumé, jambons, tabac en feuilles, sain-doux, eau-de-vie de cannes, fil de coton, de pite, rubans, & autres marchandises, qu'elle envoye à Quito, dans la Nouvelle Grenade & au Choco. Il fournit à Santa Fé des étoffes de ses propres fabriques : il en reçoit du tabac en poudre qui se fabrique à Gunjar. Le change de l'or & de l'argent y est encore une espece de commerce : le premier y est commun ; le second fort rare : on achete donc l'un avec l'autre, & des deux parts on fait un profit considérable.

Il nous serait difficile de suivre chaque district de cette province : bornons-nous à parler de ceux qui se distinguent par quelque particularité connue, en commençant par le nord.

*Santa Fé de Antioquia*, fut bâtie par Benalcasar qui soumit la province : elle est sur les bords de la Cauca, dont le lit est large & profond, les eaux rapides, & même dangereuses dans les mois d'été : elle se jette dans le golfe de Darien. Ce district est la partie septentrionale du Popayan : il renferme encore la ville de *Mariquita*, près de laquelle sont de riches mines d'or : on l'appelle aussi *S. Sebastien del oro*, & est située dans un canton uni, près d'une montagne, qui augmente la chaleur naturelle au climat.

*San Yago de Cali* eut le même fondateur ; c'est une petite ville dans les montagnes : ce canton est riche par le commerce, ainsi que celui de *Guadalajara de Buga*.

*Neyva* ou *Neyba*, district montueux où l'on trouve des mines d'or : la ville de ce nom est au confluent de deux rivieres.

*Caluto* est dans un district souvent frappé de la foudre ; on dit que ses cloches ont la vertu de l'écarter de son enceinte : il est riche en denrées, ainsi que celui de *Raposo*.

*Popayan*, ville située dans une plaine spacieuse : du côté du nord, la vue s'y étend dans un espace qu'aucune montagne ne termine ; au couchant, elle a des collines variées dans leur aspect. C'est une des plus anciennes villes de ces contrées : elle est au pied de la pente orientale d'une montagne peu élevée, à qui sa forme a fait donner le nom d'*M*, qui est couverte d'arbres d'especes variées, & présente un aspect admirable. La ville est de moyenne grandeur : ses rues sont droites & larges ; sans être entiérement pavées, par-tout elles sont commodes : toutes ont un sentier pavé le long des maisons, & le milieu de la rue est rempli d'un petit gravier très-dur ; ce qui les préserve de la boue dans les tems de pluie, & de la poussiere dans la sécheresse : les maisons sont bâties en briques crues, ayant un étage au-dessus du rez-de-chaussée ; la face en est agréable, & l'intérieur meublé à l'Européenne. On y compte plusieurs couvens d'hommes, deux de religieuses dont l'un renferme 400 personnes, une université : la cathédrale en est la seule église paroissiale ; cependant on y compte environ 25000 ames : les revenus de l'évêque sont considérables ; mais son évêché est moins étendu que la province : il est suffragant de Santa Fé de Bogota ; son chapitre est riche, & n'est composé que de huit personnes : l'inquisition y est exercée par un commissaire du tribunal de Carthagene. Ses habitans sont en grande partie le produit du mélange du sang Espagnol & du sang negre: sa population augmente, parce que les mines d'or qui sont dans son district, y attirent bien des hommes par l'appât des richesses : on y comptait, il y a quelques années, vingt mille ames. Le gouverneur, une chambre de finance, lui donnent de l'importance. Le Rio del Molino, qui la divise en deux parties, lesquelles se communiquent par deux ponts, l'un de bois, l'autre de pierre, y entretient la fraîcheur & la propreté; ses eaux sont saines, & celles d'une source qui s'y rend, le sont plus encore : cette riviere se jette à une lieue de-là dans le Canco ou Cauca, qui prend sa source sur la montagne Guanacas, où des pluies abondantes la grossissent & lui font inonder ses rivages. Popayan est sous le 2° 32′ de latitude septentrionale, & le 301° 30′ de longitude.

Le district de *Barbacoas* est peu étendu, & n'a pour richesses que des racines & des grains qui végétent vigoureusement dans un sol humide & chaud: il dépend de l'évêché & de l'audience de Quito, ainsi que celui de *S. Juan de Pasto*, qui est grand, mais peu riche en productions : la ville de ce nom renferme environ 7000 habitans. *Almaguez* est petit & a peu de commerce.

Sur les côtes du Popayan est l'isle *Gorgone*, qui a trois lieues de tour : elle est haute, exposée aux orages, aux tonnerres; à la pluie pendant huit mois de l'année : elle est remplie d'arbres de haute-futaie, parmi lesquels est le *palma maria*, d'où découle un baume utile en diverses maladies. On y trouve beaucoup d'oiseaux, des singes, des paresseux, des cochons d'Inde, des lievres, des lézards, de beaux cameleons, & une quantité prodigieuse de serpens:

ses bois noirs sont infestés de mosquites. C'est là que François Pizarre demeura plusieurs mois, avant que de conquérir le Pérou.

## III. Audience de Quito.

Au nord, elle confine au Popayan ; au levant, elle s'étend jusqu'aux possessions Portugaises, sur le fleuve des Amazones ; au midi, elle est bornée par les deux provinces de Piuza & de Chachapoyas qui font partie du Pérou, & par des pays inconnus ; au couchant, par l'océan Pacifique. Du midi au nord, elle a plus de cent lieues, sur les bords de l'océan ; ailleurs, son étendue dans cette direction n'est pas déterminée : du levant au couchant, elle s'étend de la mer Pacifique aux environs du 315° de longitude ; ce qui donnerait 445 lieues d'étendue. Antonio de Ulloa lui donne 600 lieues dans cette direction, & 200 du nord au sud. La plus grande partie de ce vaste espace est formée de contrées inconnues encore, ou qui ne sont habitées de loin en loin que par des sauvages errans, & remplies de forêts & de marais. Les contrées habitées par les Espagnols sont en général peu peuplées ; elles sont interrompues par les deux chaînes des Cordelieres, qui, comparées à l'étendue du pays, peuvent être regardées comme formant une longue rue, ou une vallée large de 15 lieues, sur 80 de long. Cette vallée, qui forme la plus grande partie de la province particuliere de Quito, est un des plus beaux pays du monde : au centre de la zone torride, son élévation, le voisinage des montagnes couvertes de neige, la font jouir d'un printems perpétuel : des vents frais y tempérent sans cesse l'ardeur des rayons perpendiculaires du soleil. La matinée y est belle ; & vers les deux heures, l'air se charge de vapeurs qui s'accumulent en nuées, & font naître les orages : le feu des éclairs éclaire, & semble embraser la plaine & les monts, que le tonnerre fait rétentir avec un fracas épouvantable ; quelquefois la terre tremble & secoue les montagnes : quinze jours de sécheresse & d'un ciel serein, y dévorent les plantes, & y font naître des maladies dangereuses ; comme quinze jours de pluie y font périr les semences ; mais ces malheurs sont rares. L'air y est pur : des insectes dégoûtans n'y peuvent naître ; le seul qu'on y connaisse, est le *nigua* ou *pique*, semblable à la mouche, & d'une petitesse qui échappe à l'œil nud ; il se tient dans le sable, & se loge sous la plante du pied où il suce le sang, fait son nid qui s'étend, s'anime, & perce le pied jusqu'à l'os. On y vieillit dans le libertinage, & même en portant dans son sein le virus vénérien : on y a sans cesse sous les yeux le riche tableau des trois belles saisons de l'année : à peine l'herbe se dessèche, qu'on la voit surmontée par une herbe nouvelle : l'émail des prairies est à peine tombé, qu'on le voit renaître. Les arbres sont toujours verts, toujours ornés de fleurs odoriférantes, toujours chargés de fruits, dont la couleur, la forme & la beauté varient comme les degrés de leur maturité. On voit le grain germer & s'élever à côté des champs déja hérissés d'épis, à côté d'autres que dépouille la faucille du moissonneur. Le climat n'y est pas par-tout le même : près des hautes montagnes qu'une neige éternelle couvre, le froid est assez vif ; les plaines sont tempérées, les vallées souvent chaudes : on peut y appeller hiver les mois entre Septembre & Mars, parce qu'alors il y tombe plus de pluie.

C'est aussi la partie du Nouveau Monde qui est la mieux peuplée, & sans doute parce qu'il n'y a que des mines dont le produit n'a pu tenter l'avidité des Européens; les manufactures y exercent des bras qu'elles y auraient énervés : on y fabrique beaucoup de chapeaux, de toiles de coton, de draps grossiers, dont la consommation extérieure paie les vins, les huiles, les eaux de vie, le poisson salé, le savon, le fer qu'il faut tirer du dehors; & depuis que l'établissement des mêmes manufactures dans les pays voisins a diminué ce commerce, les habitans sont tombés dans la misere. Cependant le sol y est d'une fécondité extraordinaire : ses campagnes sont couvertes de cannes à sucre, de grains, de fruits, de nombreux troupeaux; mais cette abondance n'est point nécessaire aux pays voisins; le quinquina est la seule de ses productions qu'on exporte.

On y manque de légumes; des racines en tiennent lieu : telles sont les *camates*, les *arucaches*, les *yucas*, les *ocas* & les *papas* : les trois premieres sont originaires des pays chauds, & sont cultivées dans les plantations à sucre, dans les vallées profondes du Quito, avec les *guincas*, le poivre de Guinée, le plantain, les grenadilles, &c. les lieux les plus élevés produisent des poires, des pêches, des abricots, des melons d'espéces diverses, des *quaitambos* & des *aurimelos* : les fruits fondans s'y trouvent toute l'année. Le *chirimoya* lui est particulier : il a trois pouces de diametre, est plat vers la tige, rond par-tout ailleurs, & environné d'une écorce tendre & mince, qu'on ne peut séparer de la chair qu'avec un couteau : verd à l'extérieur, blanc au dedans, il renferme un suc abondant & doux comme le miel; mais cette douceur est mêlée d'un aigrelet qui la rend plus agréable encore: l'arbre qui le porte est haut, touffu; son tronc est droit, épais, un peu raboteux; ses feuilles elliptiques & d'un verd obscur, ses fleurs ne sont pas belles, mais exhalent une odeur admirable. Les *grenadilles* ont la forme d'un œuf de poule, & une faible couleur de chair: au dedans elles sont blanches & molles; c'est une substance glutineuse, remplie de petits grains tendres, séparée de l'écorce par une peau mince & transparente, d'une saveur aigrelette: ce fruit est rafraîchissant, cordial, & si sain qu'on peut en faire des excès sans crainte. Les *frutilles* ou fraises du Pérou, sont longues d'un pouce, & dans quelques lieux plus grosses encore; elles sont belles, elles ont du goût, mais n'ont pas le parfum, la bonté de celles d'Europe.

On divise l'audience de Quito en cinq gouvernemens, qui sont ceux d'*Atacamas*, de *Jaen de Buacamosos*, de *Quixos*, de *Macas* & de *Maynas*, & en neuf corrégidories ou corrégimens, ou provinces, qu'on nomme *S. Michel d'Ibarra*, *Otabalo*, *Quito*, *Latacunga*, *Riobamba*, *Chimbo* ou *Guaranda*, *Guayaquil*, *Cuença* & *Loja* ou *Loya*. Parcourons d'abord ceux-ci, puis nous passerons aux premiers.

### 1. *Corrégiment de Quito.*

*Quito* est située au pied oriental de la chaîne occidentale des *Cordelieres de los Andas*, à 35 lieues au couchant de la mer, sur le penchant du Pichincha, montagne dont le sommet s'élève au dessus des nuées, au centre d'un bassin qu'entourent d'autres montagnes d'une hauteur médiocre, entre des rocs & des abymes, dont quelques-uns sont d'une profondeur effrayante. La ville elle-même est irréguliere, ses rues sont inégales, & un grand nombre de ses maisons sont élevées sur des arcades. Près d'elle sont deux grandes plaines; l'une au midi, est longue de trois lieues, l'autre est au nord; toutes deux sont embellies par des campagnes bien cultivées, des villages, des hameaux, des prairies, & bordées de collines où errent des troupeaux. Les deux plaines sont séparées par un district étroit, inégal, sur lequel la ville s'éleve en partie. Fondée sur les ruines de la ville que les Indiens y avaient élevée, elle fut autrefois plus célèbre, & ses habitans se disperfent encore tous les jours.

Sa place de marché est vaste, ornée de bâtimens magnifiques, tels que l'église cathédrale, le palais de l'évêque, la maison de ville & le palais de l'audience, mais ce dernier tombe en ruines; ils en forment les quatre faces: au milieu est une belle fontaine jaillissante; quatre rues belles & larges se terminent aux angles de la place; mais à peu de distance sont des hauteurs & des pentes rapides qui ne permettent pas de s'y servir de voitures: excepté ces quatre rues, toutes les autres sont tortueuses, sans ordre, sans symmétrie, interrompues par des crevasses profondes, remplies & bordées de maisons; quelques rues sont pavées, les autres ne l'étant pas sont impraticables en tems de pluie. On y remarque encore quatre grandes places & un plus grand nombre de petites: près de celles-ci sont la plupart des monasteres ordinairement bien bâtis, décorés au dehors avec une sorte de magnificence: tel est celui des franciscains, bâti en pierres de taille, bien distribué, estimé par son élégance des Européens connaisseurs. Les principales maisons sont grandes, à un seul étage, ayant un balcon sur la rue, distribuées en chambres vastes & commodes; mais les fenêtres en font étroites & basses ; toutes sont bâties de briques crues, cimentées avec un ciment très-solide, dont se servaient les anciens Indiens.

On partage la ville en sept paroisses, y compris la cathédrale, enrichie d'ornemens précieux, de tapis & autres décorations de grand prix. Les autres sont moins ornées : la chapelle de Sagrario est fort grande, toute bâtie en pierre, & dans le bon goût. On y compte plusieurs couvens de divers ordres & des deux sexes, deux colleges, une université : les couvens d'hommes sont fort grands, fort beaux, & les églises qui en dépendent sont riches, décorées avec faste dans les solemnités, où l'on y étale une quantité prodigieuse de vases d'argent, des tapis, des ornemens superbes : ceux des femmes les surpassent en élégance. Il y a encore un hôpital sous l'inspection des dames de Bethléem.

Les revenus de l'évêque montent à 130,000 livres : son chapitre est composé de quatorze prêtres, qui jouissent ensemble de près de 100,000 livres de rente. Lorsqu'on porte l'hostie en procession les jours de fête, toutes les rues où elle passe sont couvertes de riches tapis, & de distance en distance sont des hôtels décorés d'arcs de triomphe, de vases d'argent, de pierres précieuses, surmontés d'arcades superbes : tous les officiers publics se parent de leurs plus beaux habits, les Indiens de leurs étoffes les plus brillantes, & ceux-ci portent à leurs pieds de petites cloches, jouent du fifre, du tambour, & dansent.

A Quito, le matin est frais, le reste du jour est chaud, les nuits sont agréablement tempérées : dans tous les jours de l'année il en est de même, aussi n'y change-t-on point d'habits. Cette ville est élevée de plus de 1400 toises au dessus du niveau de la mer.

Les tribunaux dont cette ville est le siege sont:
1°. l'*audience* de son nom, composée d'un président, qui est toujours le gouverneur civil de la province, de quatre auditeurs, juges des causes civiles & criminelles, d'un fiscal du roi, qui s'occupe de plus, de tout ce qui appartient aux finances, & d'un protecteur des Indiens, ou qui doit être leur avocat lorsqu'ils ont des plaintes à faire. 2°. La *chambre du trésor*, dont les chefs sont un maitre du trésor & un fiscal royal. 3°. La *crusade*, composée d'un commissaire, ordinairement ecclésiastique, & d'un trésorier. 4°. La *chambre pour les biens de ceux qui meurent à Quito, laissant leurs héritiers naturels en Espagne*. Un commissaire de l'inquisition y réside; il a un aguazil major & ses familiers: tous dépendent de Lima. Les magistrats civils sont un corrégidor, deux alcades élus annuellement, & des régidors qui président à leur élection rarement tranquille, à cause des deux factions formées par les Créoles & les Européens.

Parmi les habitans de Quito, il en est qui descendent de ses anciens conquerans; il y a aussi des nobles Espagnols venus en différens tems: ils occupent les principales places. On peut diviser le peuple en quatre classes; les *Espagnols*, les *Mestices* ou *Métis*, les *Indiens* & les *Négres*: ces derniers sont les moins nombreux. Les Créoles sont bien faits, assez grands, d'une physionomie agréable & pleine de vivacité: les Mestices bien faits aussi, sont communément plus grands que gros, robustes, d'un extérieur agréable. Les Indiens des deux sexes sont assez petits, forts cependant & bien proportionnés; on trouve plus d'hommes mal faits parmi eux que dans les autres classes; leurs cheveux sont épais, noirs, rudes, longs, flottant sur leurs épaules;

les femmes les lient par derriere avec un ruban qui passe sur leurs sourcils ; ils souffrent les injures, les cruautés des Espagnols : mais, couper leurs cheveux, c'est le comble de l'outrage & ils ne l'oublient jamais : c'est le supplice réservé aux plus grands crimes.

On a remarqué qu'il y avait dans ce pays plus de femmes que d'hommes ; effet contraire à celui que doivent attendre ceux qui savent la foule d'hommes étrangers qui s'y rendent. Beaucoup de familles ont un grand nombre d'enfans & point de fils ; les femmes s'y portent mieux que les hommes, parce qu'elles se livrent moins à un libertinage précoce. On croit que les blancs forment la sixieme partie des habitans ; que les Mestices, issus d'Espagnols, en font le tiers ; que les Indiens forment un tiers encore ; l'autre sixieme sont les Négres, ou le produit de leur mélange avec les Indiens.

Quito renferme 50 à 60,000 ames de tout sexe, de tout âge : une partie des Espagnols y sont dans la misere la plus déplorable, & pour soutenir la prérogative brillante de n'être, ni noirs, ni bruns, ni couleur de cuivre, ils sont avides de richesses & méprisent le travail. Les Mestices s'appliquent aux arts & au commerce, sur-tout à la peinture & à la sculpture, dans lesquels plusieurs se sont fait distinguer ; ils manquent de principes & sont trop lents & flegmatiques. Les Indiens s'adonnent aux métiers les moins honorés, mais les exercent avec une paresse, une insouciance qui les laissent toujours dans le besoin. Leur habit est de coton noir, c'est un sac, ouvert par les deux bouts, & qui, vers une de ses extrémités, a deux trous, par lesquels ils passent leurs bras.

L'occupation des riches Créoles qui ne sont pas ecclésiastiques, consiste à visiter leurs biens, à veiller sur leurs moissons : peu d'entr'eux se mêlent de commerce : leurs femmes sont plus douces, plus gaies, d'une conversation beaucoup plus intéressante : plusieurs ne sont pas des épouses fideles, toutes sont de tendres meres. Le défaut d'occupations réglées, le manque d'éducation y livrent presque tous les hommes au libertinage, aux danses, aux festins poussés jusqu'à l'extravagance : les grands seuls se les défendent. Les mets les plus recherchés du peuple sont le fromage, l'excellent beurre de Quito, les fruits confits, les gâteaux nommés *raspaduras*, faits avec le suc figé de la canne à sucre : hommes, femmes, y font des excès de rum & de brandevin : on fait encore une autre liqueur nommée *mate*, qui n'est qu'une infusion de l'herbe du Paraguai, qui croît ici naturellement, mêlée avec du sucre, quelquefois avec le jus du limon, ou de l'orange de Seville, auquel on a communiqué le parfum des fleurs les plus odoriférantes : on en boit toujours le matin, souvent le soir.

La passion du jeu est une fureur à Quito : les riches en ont donné l'exemple aux gens aisés, & plusieurs familles s'y sont ruinées : des hommes y jouent jusqu'à leurs habits. Le vol y est fréquent : les Mestices, les Indiens en laissent rarement échapper l'occasion.

On parle différentes langùes dans cette province : l'espagnol y est aussi commun que la langue du pays ; les Créoles parlent l'une & l'autre, & souvent les corrompent l'une par l'autre.

Leurs pompeuses funérailles sont dégénérées en une ostentation ridicule, souvent funeste : chaque famille s'épuise pour l'emporter sur ce point en magnificence sur les autres, & on peut dire que ce peuple ne se tourmente durant sa vie que pour avoir de quoi fournir aux dépenses de leurs superbes funérailles.

Le commerce s'y fait par des étrangers qui achetent les productions naturelles du pays, & y vendent les marchandises Européennes qu'ils y ont apportées. On y travaille le coton : on y fait des frises blanches & raiées qui se portent à Lima, d'où l'on rapporte de l'or pour faire des franges, de l'argent en monnoie ou en fil, du vin, du brandevin, de l'huile, du cuivre, de l'étain, du plomb & du vif-argent. Les commerçans vont à Carthagene lorsque la flotte y arrive, ils y achetent les marchandises recherchées dans les provinces voisines. Le Mexique leur fournit de l'indigo, dont on se sert beaucoup dans les manufactures, parce que le bleu y est la couleur la plus estimée & la plus commune. On y reçoit le fer & l'acier par Guyaquil, qui les tire d'Europe ou des côtes de Guatimala.

Le corrégiment de Quito, nommé *le pays des cinq lieues*, renferme vingt-neuf bourgades ou cures : il est rempli de métairies dans les plaines, les vallons & sur les montagnes : les premieres sont riches en maïs, les secondes en cannes à sucre, les dernieres en froment, en orge, en herbes potageres, en bestiaux : on y fabrique aussi des étoffes : les familles Espagnoles y sont rares, les maisons n'y sont que des chaumieres de boue, couvertes de paille, & dispersées dans les champs.

2. *Corrégiment d'Otabalo.*

Il est au nord de Quito & renferme huit paroisses ; son chef-lieu lui donne son nom ; sa situation est belle, & on y compte près de 20,000 habitans, presque tous Espagnols : les campagnes en sont bien cultivées ;

cultivées; on y trouve des moulins à sucre, des fabriques de riches étoffes, de toiles de coton, de pavillons de lit, de courte-pointes damassées, &c. On nourrit dans ses campagnes des chevaux, des vaches, des brebis : une multitude de ruisseaux en arrose les prairies, on y plante le blé par sillons qui s'éloignent, le long desquels on met quelques grains dans des trous faits à la distance d'un pied l'un de l'autre. Parmi ses bourgs, on distingue celui de *Cayamba*, dans une plaine que le voisinage du *Cayamburo*, toujours couvert de neige, rend froide & désagréable; celui de *San Pablo* sur les bords d'un lac, long d'une lieue, large d'une demi, bordé de jonc, qui reçoit ses eaux du mont Moyamba, & d'où sort le Rio Blanco. A quelque distance, dans le mont *Cuicocha*, est un lac égal au précédent, qui, au milieu, a deux isles remplies de daims qui traversent le lac pour aller paître, & repassent ensuite dans leur tranquille retraite : on y pêche un petit poisson sans écailles, nommé *prennadillas*, qu'on sale pour Quito où l'on n'a point de poisson frais.

3. *Corrégiment de St. Miguel d'Ibarra.*

Il est au nord d'Otabalo, & renferme une ville & huit bourgades : la première est assez grande & située dans une plaine arrosée par deux rivieres: le sol en est si humide & si mou que ses maisons s'y enfoncent insensiblement; elles sont basses & construites avec goût : ses rues sont larges & droites, ses édifices bâtis en pierres ou en briques crues, & couvertes de tuiles : ses fauxbourgs n'offrent que des baraques habitées par les Indiens : on y compte près de 10,000 habitans, Espagnols, ou de race mêlée : on y voit cinq couvens : le climat y est doux & tempéré. Les plantations les plus nombreuses de ses campagnes sont en cannes à sucre : les parties les plus élevées donnent du maïs, du froment & de l'orge. On y voit plusieurs haras.

### 4. *Corrégiment de Guayaquil.*

Il est au couchant de Quito, & renferme la ville de ce nom & sept bailliages.

*Guayaquil* fut fondée en 1533, d'abord sur le golfe de Charopoto, puis plus au midi, en 1537, sur la rive occidentale du fleuve de ce nom qui est navigable & fait de grands contours bordés d'arbres & de maisons : elle est divisée en vieille & nouvelle ; la premiere, située sur le penchant d'une colline, est jointe à la seconde par un pont de bois long de 300 toises, bordé de ravins & de maisons : elle s'étend dans un espace de demi-lieue sur la rive du fleuve, où les vents frais invitent à se fixer : ses maisons sont de bois, & couvertes de chaume dans la vieille ville, de tuiles dans la nouvelle : elles sont grandes, belles, & n'ont qu'un étage, le rez-de-chaussée est occupé par des magasins, des boutiques dont le devant est décoré de portiques : les cuisines en sont séparées & n'y communiquent que par une gallerie si légerement construite, qu'elle peut être facilement abattue si le feu prend à la cuisine ; les rues en sont presqu'impraticables en hiver, sur-tout dans la ville nouvelle ; on y marche sur de grosses & larges poutres qu'on y met en travers. Pendant l'été le sol est sec & ferme. La ville est défendue par trois forts ; deux sont au bord de la riviere, l'autre derriere la ville, près d'un ravin dont il défend l'entrée ; tous sont composés de grosses pieces de bois, disposées les unes dans les autres. La plus grande partie des couvens & des églises sont aussi de bois. Le corrégidor est nommé par le roi pour cinq ans, mais il est soumis à l'audience de Quito : toutes les villes ou bourgs sont gouvernés par ses lieutenans. On compte 20,000 ames dans Guayaquil : la plupart de ses habitans sont Européens : le climat y est très-chaud, cependant le teint des hommes y est moins basanné que dans les lieux où il fait un degré égal de chaleur : le pays ressemble à la Hollande ; il est bas, arrosé ; ses habitans qui ne sont pas d'un sang mêlé, sont blonds & beaux de visage ; tous les enfans ont de beaux traits, & les cheveux, les sourcils blonds. Les deux sexes y sont polis, doux, d'une conversation agréable, & c'est ce qui engage les Européens à s'y marier & à s'y fixer ; quoiqu'il n'y ait pas de grandes richesses. Les femmes y sont vêtues avec beaucoup d'élégance.

Son corrégiment ou jurisdiction s'étend le long de la côte jusqu'à Piura ; de-là il touche à celui de Cuença ; à ceux de Chimbo, de Riobamba : du nord au sud il a soixante lieues, de l'est à l'ouest il en a quarante ; il n'est composé que de plaines submergées pendant l'hiver : parcourons ses bailliages.

Celui de *Gregorio de Puerto viejo* est au nord : une ville petite & pauvre lui donne son nom : on y compte quatre paroisses, parmi lesquelles est le bourg de *Monte-Christo* : elles sont pauvres & mal peuplées ; on y recueille un peu de tabac, de cire, de chanvre, de coton, mais le bois est leur principale richesse : on y pêcha des perles ; on se borne aujourd'hui à y pêcher du poisson. Plus au midi est celui de *Punta de Santa Elena*, qui renferme cinq paroisses : celle de *Punta* est à deux lieues du port de ce nom, où l'on voit des baraques pour renfermer le sel, des marchandises & des rafraichissemens pour les vaisseaux qui vont de Panama au Pérou. Le sel qu'on y fait suffit pour toute la province de Quito : on y éleve des bestiaux, des mules ; la cire & le poisson y sont encore des objets de son commerce : sur ses rivages on trouve le coquillage qui donne le pourpre des anciens. L'isle de *Puna* forme le troisieme bailliage : c'est un quarré long, dont un côté est de six à sept lieues, l'autre de quatre à cinq : on y a compté près de 14000 habitans ; on n'y trouve aujourd'hui qu'un petit village peuplé d'Espagnols, de Mulâtres, d'Indiens ; son port y attire de gros vaisseaux qu'on ne peut charger sur la côte. *Machala*, *Naranjal*, sont deux bourgs qui en dépendent, & sont situés sur la côte : autour d'eux croissent des mangliers & des cacaotiers. *Yaguache* est le quatrieme bailliage : il est arrosé par la riviere de ce nom, & renferme trois paroisses : les bourgs y sont mal peuplés ; mais les métairies y sont nombreuses : le bois, le coton, les bestiaux sont ses principales productions. *Babahoyo*, bourg, chef-lieu d'un bailliage, a une douanne, & une jurisdiction étendue, où l'on ne compte cependant que quatre paroisses : le sol y est bas, souvent inondé ; on en abandonne les campagnes pendant l'hiver, cependant elles sont abondantes en cacao, en coton, en riz, en fruits. On y éleve beaucoup de chevaux, de mules, de bœufs, qui s'y nourrissent de l'herbe *gamalote*, qui s'éleve à la hauteur de six pieds, couvre les champs, pourrit dans l'inondation, mais renaît aux premiers rayons du soleil. *Baba* jouit d'une jurisdiction étendue ; on y compte trois bourgs : ses habitans sont des Indiens peu policés, son terroir, arrosé par le Baba, est abondant en cacao, dont on fait deux récoltes par an. *Daule*, bourg qui a de belles maisons, prend son nom de la riviere qui l'arrose : son district produit du cacao, du sucre, du coton, du tabac estimé, des fruits, des grains; il n'a que deux paroisses assez riches en bestiaux.

Tout ce pays, de Décembre en Mai, est très-désagréable : la chaleur y est extrême, il y pleut, il y tonne presque sans cesse : les fleuves, les rivieres inondent les rivages, des essaims de vers & d'insectes tourmentent les habitans; les serpens, les viperes, les scorpions, les mille-pieds se jettent dans les maisons, & y donnent la mort à quelques-uns de ceux qui les habitent; il faut s'y environner de voiles, de rideaux, pour échapper aux mosquites qui remplissent l'air : les maisons sont remplies de rats qui troublent le sommeil. Mais dans la saison séche, le ciel y est pur, l'air sain.

Parmi ses productions, on remarque un roseau long de vingt à trente pieds, rempli d'une eau salutaire pour les contusions, abondante, dit-on, dans la pleine lune, rare dans son déclin, trouble lorsque la lune croît, limpide lorsqu'elle est décroissante; ce roseau ouvert fournit une planche creuse, large d'un pied & demi, qui sert à bâtir des maisons, à faire des mâts, à doubler de petits vaisseaux. Le *vijahua* qui est une feuille longue de cinq pieds, sur la moitié de large, qui croît sans culture, n'a point de tige, & est molle, enduite d'une substance glutineuse, blanche & fine: on s'en sert pour couvrir les maisons, pour envelopper le sel, les poissons, les provisions. Le *bajucos*, qui est une espece de liane qui monte, descend, passe du sommet d'un arbre à l'autre, tendue comme une corde, souple, pliante, forte; on s'en sert pour faire des fouets, on les tord pour en faire des cordes, des cables, qui durent fort long-tems.

Ce pays est rempli de forêts de grands arbres, entre lesquels on remarque le *ceibo*, qui a un tronc élevé, des branches touffues, des feuilles rondes, & une petite fleur dans laquelle se forme un coucon, long de deux pieds, large d'un pouce, qui mûrit, séche, s'ouvre, laisse voir un flocon de laine rouge presqu'aussi fine que la soie : ces forêts sont remplies de quadrupedes & d'oiseaux, tels que le faisan, l'outarde, diverses especes de babouins. Le fleuve est riche en poissons, & le serait davantage, si une multitude d'alligators ne les dévoraient : ils les détruiraient si l'oiseau vigilant, nommé *gallinaze*, ne mangeait leurs œufs.

Le commerce y consiste en productions de son territoire & de ses manufactures, & dans celles qui viennent du dehors & ne font qu'y passer : le chocolat, le bois de construction, sont ses principales productions : le premier s'exporte à Panama, le second à Callao : le sel, le coton, le riz, le tabac, le poisson séché ou salé, les mulets, les poulains, la cire, le poivre de Guinée, la laine du *ceibo*, voilà quels sont les objets de son commerce.

### 5. *Corrégiment de Latacunga.*

Il est au midi de Quito, & on y compte dix-sept paroisses : le bourg de ce nom est au pied d'une haute montagne : au couchant il est bordé par une riviere : ses rues sont larges & droites, ses maisons bien alignées, bien bâties, toutes d'une pierre légere & spongieuse, qu'on tire des volcans, voûtées, n'ayant que le rez-de-chauffée depuis le tremblement de terre qui le renversa en 1698 & fit périr ses habitans ; on y en compte aujourd'hui 10 à 12000. L'air y est froid à cause de son voisinage du Cotopaxi, volcan énorme tout couvert de neige. Les autres paroisses sont grandes, assez peuplées ; on y voit peu d'Espagnols. Les campagnes y sont semées d'*alfalfa*, sorte de luzerne. On y trouve une argille rouge, fine, d'une excellente odeur, dont les Indiens de *Pugili* & de *Sanguisiti* font d'excellens ouvrages en poterie.

### 6. *Corrégiment de Riobamba.*

Il renferme vingt-quatre paroisses, & on y trouve beaucoup d'Espagnols, beaucoup de nobles. La ville de ce nom fut d'abord une bourgade d'Indiens : elle est dans une large plaine, environnée de montagnes. Au nord est la haute montagne de Chimboraço ; au midi est un lac, long d'une lieue, dont la surface est animée par une multitude d'oiseaux aquatiques, & les bords de jolies métairies : au couchant coule une riviere qui fertilise ses campagnes par divers canaux. Ses rues, ses places sont régulieres ; ses maisons bâties d'une pierre légere & volcanique : toutes sont basses à cause des tremblemens de terre. Elle a deux paroisses, cinq couvens, un hôpital ruiné. On y compte 20,000 ames ; ses Indiens sont connus sous le nom de *Peruajes* ; son gouvernement est municipal, & ses magistrats doivent être élus d'une voix unanime. Le Chimboraço y rend le froid assez vif ; mais le ciel y est plus souvent serein qu'à Quito & les tempêtes moins violentes : les plaines y sont couvertes de métairies dispersées : les fabriques y sont considérables & en grand nombre : le bétail y est abondant ; le sol fertile. Le bourg de *Hambato* qui a une jurisdiction particuliere : il est dans une grande plaine ou large vallée, qui renferme 10000 habitans, & est borné au nord par une riviere profonde & rapide : les maisons y sont de briques crues, jolies, mais basses. Le *Karguaitaso*, volcan couvert de neige, s'étant éclaté, fit couler des torrens de neige fondue, mêlée avec ses cendres, dans ses campagnes : les troupeaux furent engloutis, & les champs couverts d'une fange noirâtre : la croupe de ce mont produit du bon orge. Le bourg de *Patate* fournit du sucre estimé : celui de *Quero*, des ouvrages de menuiseries recherchés : le pain, le biscuit, les fruits de *Hambato* sont connus.

### 7. *Corrégiment de Chimbo.*

Il est au couchant de Riobamba ; il contient six paroisses, & environ 8000 habitans : le bourg de son nom a 80 familles, mestices, Indiens, Espagnols ; son corrégidor réside à Guaranda, bourg plus commerçant que le premier. Le voisinage du Chimbaraço y rend l'air froid : son territoire est étendu, & riche en grains & en troupeaux ; il nourrit beaucoup de mules : l'hiver y rend presqu'impossible le commerce d'un lieu à un autre.

### 8. *Corrégiment de Cuença.*

Il est au midi de Riobamba, & a quatorze paroisses : la ville de son nom fut fondée en 1557, dans une plaine de plus de six lieues de long, qu'arrosent le Machangara, le Matadoro, l'Yanouçai & le Bannos, rivieres dangereuses dans le tems des pluies, & qui se joignant à quelque distance de la ville, forment un fleuve considérable. Ses rues sont droites, ses maisons de briques crues & couvertes de tuile; elles n'ont qu'un étage: un canal qui vient des rivieres, passe dans chaque rue: on y compte 24 ou 30,000 habitans. Ce serait une ville charmante par sa situation, l'abondance de ses eaux, la fertilité de son terroir, si les habitans n'étaient livrés à la fainéantise la plus honteuse. Les femmes y sont laborieuses, & font des ouvrages en laine qu'elles savent teindre, & dont la vente fait la ressource de leurs familles. On y voit trois églises paroissiales & neuf couvens. Le climat y est doux, & les monts s'y abaissent en collines. *Atuncagnar*, village fameux par l'abondance de ses grains, la valeur de ses anciens habitans, & les trésors qu'on a cru ensévelis dans ses champs. Un des Incas y avait fait bâtir de magnifiques temples, dont les murs étaient revêtus d'or, nous dit-on, qu'on enleva & qu'on enfouit: on y voit encore des restes de ces temples, d'un palais, & d'une forteresse. *Alausi* ou *Atuasi*, bourg qui a une jurisdiction particuliere, où l'on compte mille nobles Espagnols, & environ 5000 Indiens. *Ticsan* fut peuplé; mais des tremblemens de terre, dont on voit les effets près de ses murs, l'ont fait abandonner.

9. *Corrégiment de Loxa* ou *Loja*.

C'est le plus méridional: il renferme quatorze paroisses. La ville de ce nom fut fondée en 1546: elle differe peu de Cuença; mais la chaleur y est plus forte, & la population moindre: on n'y compte que 10000 habitans. C'est là qu'on a trouvé d'abord le quinquina, & l'on a cru long-tems qu'il lui était particulier. On y trouve aussi de la cochenille, qui sert à y faire de belles teintures : on y fabrique aussi des tapis estimés. On y nourrit des bœufs & des mulets. *Zaruma* était fameuse par ses mines d'or aujourd'hui abandonnées : elle était riche, peuplée, & a bientôt cessé de l'être : elle ne renferme pas plus de 6000 ames.

Passons aux cinq gouvernemens.

### 1. *Gouvernement d'Atacames* ou *de Tacames*.

Il est situé entre la mer & la Cordeliere occidentale, au nord de Guayaquil. Le pays fut long-tems négligé : les missionnaires y prêchaient, y baptisaient, sans rien changer aux mœurs des Indiens, par le desir de faciliter le commerce de Quito avec les provinces plus au nord. En 1621, on y nomma un gouverneur. Les établissemens Espagnols y sont peu florissans encore : on n'y compte que vingt bourgs & villages, dont cinq sont peuplés d'Espagnols, de mestices, ou de negres ; les autres ne le sont presque que par des Indiens. Le sol y est fertile, plus encore que celui de Guayaquil ; il est plus élevé, & moins sujet aux inondations : le climat y est aussi doux & plus sain : le cacao y est plus onctueux : on y recueille beaucoup de vanille, de salsepareille, d'indigo bâtard, de rocou : les montagnes y sont couvertes d'arbres très-serrés.

### 2. *Gouvernement de Jaen* ou *de Bracamoros*.

Il fut conquis en 1538. Son nom lui vient de la réunion de la colonie de Bracamoros à la ville de *Jaen*, fondée en 1549. Le gouverneur y réside :

elle est située sur la rive septentrionale du Chinchipa, & renferme 4000 habitans, parmi lesquels on compte peu d'Espagnols. Le climat y est assez doux, mais les pluies y sont fréquentes: les denrées y sont abondantes: les collines couvertes d'arbres sauvages, entre lesquels est le cacaotier, dont on néglige le fruit: on y recueille beaucoup de tabac, & sa culture est la principale occupation des habitans; la préparation qu'ils en font, le fait rechercher: le coton, les mules y sont encore des objets de commerce: on en tira autrefois de l'or; mais la dureté des Espagnols fit révolter les Indiens, & les mines furent abandonnées. Parmi les animaux sauvages qu'on y trouve, on distingue l'ours, l'ours-bâtard, le *danta*, animal blanc, de la grosseur d'un taureau: il est très léger à la course; sa peau est aussi estimée que celle du buffle; au milieu de son front il a une corne qui se recourbe en dedans. Ces trois animaux inconnus dans les autres pays situés sous la zone torride, se tiennent ici dans les montagnes voisines des Cordelieres, où il fait un froid proportionné à leur nature; ils s'y multiplient, & de-là font des incursions dans les plaines voisines. Entre les reptiles, on distingue le *maca*, serpent qui a la peau luisante, tachetée comme celle du tigre, & couverte d'écailles: son aspect inspire l'effroi, sa tète est beaucoup plus grosse que le reste de son corps ne le ferait croire: sa gueule est armée de deux rangs de dents, & son ouverture est égale à celle de la gueule d'un grand chien: sa morsure est, dit-on, incurable; & ce qu'il saisit, il ne le laisse jamais échapper.

### 3. *Gouvernement de Maynas.*

Il est situé à l'orient du précédent. Il a eu des

gouverneurs en 1559, en 1618, & il n'avait encore ni villes, ni bourgades, ni pour ainsi dire, de sujets ; on le connaissait à peine. En 1634, on y forma une mauvaise bourgade, qui fut érigée en capitale du gouvernement de Maynas, du nom d'une nation qui habitait les bords du Maragnon : des missionnaires s'y répandirent, y rassemblerent des hommes ; & aujourd'hui ils sont couverts de villages bien situés, peuplés d'Indiens soumis & de chrétiens. Les Roamaysas, les Osmaguas, les Yurumaguas, les Cocamas, les Aysuares, les Capanavas & autres peuples, furent successivement fixés : des Espagnols vinrent s'établir au milieu d'eux. Telle est l'origine de ce gouvernement.

Il est borné au couchant par les pays que nous venons de parcourir ; au midi, par des régions habitées par des contrées inconnues encore ; au levant, par les missions Portugaises sur le fleuve Maragnon ou des Amazones, ou le gouvernement de Para ; au septentrion, par le gouvernement de Quixos, les contrées dépendantes de la Nouvelle Grenade & des nouvelles missions Espagnoles : il a de l'orient à l'occident plus de 300 lieues ; du nord au midi il en a un peu moins : ces limites sont vagues, & doivent l'être, dans des contrées qui n'ont pas de limites certaines.

*S. Francisco de Borja* en est la capitale : elle est dans le pays particulier des Maynas, sur le fleuve Maragnon, près de son confluent avec le Santiago : elle est petite, peu riche, peuplée de mestices & d'Indiens : la résidence du gouverneur ne la rend pas plus florissante. Les chauve-souris y sont si grandes, si avides de sang, qu'elles ont détruit tout le bétail que les missionnaires avaient répandues dans ses campagnes.

*S. Yago de la Laguna* est le principal village des missions; il est situé sur le bord oriental du Guallaga. On en compte douze sur le Napo; vingt-deux sur le fleuve Maragnon: plusieurs autres sont dispersés autour, sur le bord des rivieres qui se jettent dans le fleuve. Les diverses nations qu'on y rassemble, ont les mêmes usages & des langues différentes qui se rapprochent plus ou moins: ce ne sont probablement que des dialectes d'une même langue. La plus difficile est celle des Yamers: ce peuple parle en retirant son haleine, & ne fait sonner aucune voyelle: ils ne savent, dit-on, compter que jusqu'à trois: ils sont adroits à faire de longues sarbacanes, avec lesquelles ils lancent une petite fleche, dont la pointe est trempée dans le poison le plus actif, & dont la tête est garnie d'un bourlet de coton en place de plumes. La langue la plus aisée & la plus douce, est celle des Omaguas, nation autrefois puissante, qui peuplait les isles & les bords du Maragnon dans un espace de 200 lieues, & qu'on croit avoir fuï les Espagnols du royaume de Grenade: elle s'est dispersée dans les bois, pour échapper aux incursions de quelques brigands Portugais du Para: elle applatit le crâne de ses enfans naissans, fait usage d'une décoction de deux sortes d'herbe qui les jette dans l'ivresse & les visions, & fait des seringues & autres ustensiles d'une résine élastique, commune sur les bords du fleuve. Les *Payaguas* forment une nation dangereuse, parce qu'elle allie des manieres douces à un naturel féroce, & n'est jamais plus caressante que lorsqu'elle médite une trahison.

Puisque ce gouvernement est arrosé par le Maragnon ou le fleuve des Amazones, c'est ici le lieu d'en dire un mot. Sa premiere source est, dit-on, le lac de Lauricocha, dans le Pérou, sous le 11º de latitude australe : il se dirige de là, après quelques sinuosités, vers Jaen, où il fait un coude & court au levant : dans cet espace de 200 lieues, il reçoit un grand nombre de rivieres ; celle qui prend sa source plus au midi, est l'Apurimac, qui prend le nom d'*Ucayale*, & qui égale en grandeur le fleuve même des Amazones : le Santiago, qui naît de la réunion de plusieurs rivieres qui descendent des monts de Loxa ; le Guallaga, l'Yavari, l'Yutay, l'Yurva, l'Otife, le Coari, le Pastaza, le Tigre, le Napo, le Parena, & un grand nombre d'autres rivieres. Son cours est de plus de 750 lieues ; & en y comptant ses sinuosités, il est de plus de 1200 lieues. Depuis Jaen, il est navigable : il est profond & large, communique, dit-on, avec l'Orénoque, & se jette dans l'Océan atlantique par une embouchure large de 70 lieues, embarrassée d'un grand nombre d'isles.

Il y a des mines d'or dans le Maynas, & l'on en trouve dans le sable de ses rivieres. Le sol y est humide, fécond, & couvert d'arbres.

### 4. *Gouvernement de Macas.*

Il confine vers le levant au Maynas, vers le midi au district de Jaen, au levant aux Cordelieres : sa capitale lui donne son nom, & dans cette ville on compte à peine 130 maisons. Le pays fut riche & peuplé autrefois, & on l'appellait la *Seville d'or* ; mais son opulence a disparu : l'oppression fit soulever les Indiens, & ils en détruisirent tous les bourgs, tous les villages : aujourd'hui on n'y voit plus que huit villages, qui forment deux paroisses, où l'on ne compte pas deux mille ames.

Ce pays à l'orient des Cordelieres, jouit d'une

température différente de Quito : les saisons y sont presque opposées : ici, l'été commence en Septembre ; il y est rafraîchi par les vents qui passent sur les neiges des monts voisins : le ciel y est serein, la terre toujours couverte de verdure & de fleurs : les champs y produisent diverses especes de grains ; on y cultive beaucoup de tabac ; on y trouve en divers lieux de la poudre d'azur très-recherchée : les canelliers y donnent une écorce plus estimée que celle des provinces voisines. Le commerce ne s'y fait plus que par des échanges : les denrées, les marchandises sont les seules monnaies qu'on y connaisse.

### 5. *Gouvernement de Quixos.*

Il touche au nord le Popayan, à l'orient la riviere de Coca, au couchant la province de Quito, au midi le pays de Macas. On découvrit cette province en 1536 ; on la soumit en 1559 : l'or, la canelle qu'on y trouva, faisaient espérer de plus grandes richesses : on y fonda des villes, des villages qui ne se sont point accrus, & dont la plupart ont déchus. *Baeza*, d'abord sa capitale, est devenu un hameau de huit à neuf maisons, dépendant d'un village. *Archidona*, aujourd'hui résidence du gouverneur, n'est qu'un bourg que le titre de cité ne rend pas plus considérable : ses maisons sont de bois, couvertes de paille, & l'on n'y compte que 700 ames de diverses races. *Napo* est un village qui dépend de sa paroisse, & que les neiges fondues par les flammes du volcan de Cotopacsi, détruisirent en 1744. *Avila* n'a que 300 habitans, & ses maisons ne sont presque que des cabanes. Ces villes misérables, jointes à quinze ou seize villages, composent tout ce gouvernement.

Ses habitans toujours armés pour se défendre contre les Indiens qui les environnent, ne jouissent pas d'assez de tranquillité pour se rendre utiles tous les avantages que leur offre le pays. L'air y est très-chaud, les pluies y sont longues & fréquentes, les insectes & les reptiles nombreux : le sol y est montueux, couvert de bois épais, d'arbres d'une grosseur prodigieuse : le canellier est sur-tout abondant vers sa partie orientale, & de-là vient le nom de *Los Canelos* qu'on lui donne : son écorce est inférieure en bonté à celle des Indes orientales ; mais l'odeur en est très-forte, & la culture pourrait la perfectionner. Toutes ces contrées faisaient une partie de l'ancien empire du Pérou ; mais ils ne dépendent plus de son vice-roi.

### IV. Nouveau Royaume de Grenade.

L'audience qu'on y a érigée, étend son autorité sur la plus grande partie du Popayan, sur le Choco, & les provinces qui s'étendent le long de la mer du nord, de l'Isthme jusqu'à l'Oronoque. La province même n'a qu'environ 130 lieues de long, sur une largeur inégale & beaucoup moindre. Elle fut découverte en 1536 : elle touche aux provinces de Ste. Marthe, de Venezuala, de Popayan : le sol y offre un mélange agréable de vallées & de collines entrecoupée par de vastes plaines ; il y est couvert de forêts épaisses & vastes ; les pluies & les tremblemens de terre y sont fréquens ; le climat y est assez tempéré ; ses jours & ses nuits sont presqu'égales, & on y distingue deux hivers & deux étés : ses vallées, ses plaines fournissent des racines, des fruits : de nombreux troupeaux de bœufs, de vaches, de chevaux, de mulets, paissent dans les prairies :

prairies : on y trouve le gayac, le cedre, le chêne, l'arbre de baume, diverses plantes médicinales, & d'autres objets de commerce : ses monts renferment des émeraudes, pierres fines qu'on ne trouve qu'en Amérique : l'or s'y trouve comme dans le Choco, mais en moindre abondance. On y cultive le froment, & il est une des richesses du pays.

Les Indiens qui l'habitent, sont encore en partie indépendans. Les *Moyos* & les *Panchis* sont les plus connus d'entr'eux : ils obéissent à des caciques : leurs maisons sont construites de planches, couvertes de paille ou de feuilles : ils se nourrissent de maïs, de racine & de la chair de bêtes sauvages : le sel est une de leurs richesses : ils possedent des émeraudes & de l'or. Les premiers sont grands, bien faits, agiles, laborieux ; les femmes sont moins basanées que les hommes : les deux sexes s'enveloppent le corps d'une piece d'étoffe, se tressent les cheveux, & les ornent de fleurs ; ils aiment le chant & la danse. Les seconds sont féroces, difformes, lents & paresseux, méprisant l'or, aimant la vengeance : ils se font le front petit, se noircissent les dents, vont nuds, & sont très-ivrognes.

*Santa Fé de Bogota*, est la capitale & l'église métropolitaine de ce royaume : elle est au pied d'un mont sourcilleux & froid, à l'entrée d'une vaste plaine : l'air y est sain ; ses environs sont fertiles. En 1774, on y comptait 1770 maisons, & plus de 16000 ames : elle est le siége du gouvernement, le lieu de la fabrication des monnaies, l'entrepôt du commerce, le siege d'un archevêque dont la jurisdiction s'étend sur 31 petites villes Espagnoles, 195 peuplades d'Indiens, & 28 nouvelles missions : ses suffragans sont les évêques de Quito, de Panama, de Caraque, de Ste. Marthe & de Carthagene :

sa cathédrale est un des ornemens de la ville. Le vice-roi, créé en 1718, y réside, & l'audience y est fixée. Près d'elle est le lac Gatavita, qui reçoit la riviere qui l'arrose. Elle est sous le 304° 10′ de longitude, & le 4° 9′ de latitude septentrionale.

Elle doit son nom de *Bogota* à une nation nombreuse & plus civilisée que les peuples voisins, qui cultivait l'agriculture, connaissait la propriété, habitait des villes, avait des maisons commodes, & était vêtue avec décence. Son gouvernement était perfectionné : son chef jouissait d'une autorité presqu'absolue ; on le vénérait, on ne l'abordait qu'en détournant la tête ; sous lui, des juges punissaient les crimes avec sévérité. Elle adorait le soleil & la lune, avait des temples, des autels, des prêtres, des sacrifices, & une multitude de cérémonies : elle offrait à ses dieux des victimes humaines.

Au midi de cette province est celle de *Caguan*, qui doit son nom à sa capitale ou à la riviere qui l'arrose : la peuplade Indienne la plus nombreuse y est celle des *Puynavis*. Cette province est peu connue.

La province de Nouvelle Grenade renferme plusieurs villes. *S. Miguel* est l'entrepôt du commerce de la capitale avec la nation des Panchis. *Tocayma* est sur le bord oriental du Pati, riviere qui va se perdre dans celle de la Magdeleine : l'air y est presque toujours sec & serein : autour d'elle habitent les Panchis : on y trouve des fontaines qui rendent une substance sulfureuse ; les terres qui en sont impregnées, sont utiles dans les maladies de la peau : dans une vallée voisine sont des sources salées, qui déposent sur les plantes de leurs bords un bitume qui sert à calfater les barques : on y voit des bains chauds & salutaires entre deux torrens d'une eau très-froide. Un volcan y vomit des cendres, de la fumée, des flammes, au milieu des neiges dont il est couvert. Les campagnes du Tocayma rapportent des raisins, des figues, des oranges, des cannes de sucre, & tous les fruits de l'Europe: le froment y croît même au sommet des monts: on y fait deux moissons de maïs: les prairies y sont couvertes de bestiaux, qu'on a peine à défendre des lions & des tigres. On y éleve de bons chevaux: les brebis, les chevres n'y prosperent pas. L'indigo y croît naturellement: on dit qu'il y a un arbre nommé *zeyba*, dont les feuilles tombent & repoussent tous les jours.

*Tudela*, est une des premieres villes habitées par les Espagnols, dans le pays des *Colymas*, qui est riche en cuivre: les Indiens en sont féroces, & ont forcé les Européens de s'en éloigner. La *Trinidad* en est voisine, à vingt-quatre lieues au nord-ouest de Santa Fé, près de la riviere Zarbi, dans une contrée riche en émeraudes, en bérylles, en crystal de roche dur comme le diamant, en marbres blanc & veiné: c'est sur-tout dans l'espace qui sépare les monts Ytoco & Abipi qu'on trouve ces pierres précieuses. *Palma*, bourgade bâtie en 1572, dans un canton très-chaud. *Tunia* ou *Tunja*, doit son nom à un district ou province dont elle est le chef-lieu: elle est sur une haute colline qui offre une retraite sûre contre les Indiens: l'air y est doux, les denrées abondantes, le commerce actif. Elle est peuplée, & renferme deux couvens. *Belez* n'est connue que par un couvent de St. François: ses campagnes sont exposées aux orages & aux tonnerres: un volcan y vomit souvent des nuées de pierres. *Ybague* est une petite ville.

Au levant de la province particuliere de la Nouvelle Grenade, est celle de *Juan de los Llanos*; elle n'est encore habitée que par les Indiens, par conséquent peu connue : ses principales peuplades sont celles des *Otomaras* & des *Salivas*.

*Merida*, au nord de la Nouvelle Grenade, forme aujourd'hui une province particuliere, qu'on nomme aussi *Grilla* ; elle est riche en pâturages & en bestiaux : sa capitale est au pied d'une chaîne de montagnes, à dix-huit lieues du lac Maracaïbe. On trouve un peu d'or dans ses campagnes dont on vante la fertilité : plus au nord est une bourgade qui facilite le transport de ses denrées & de ses marchandises sur le lac Maracaïbo. *Pomplona* ou *Pampelune*, est connue par un riche couvent ; ses montagnes, par l'or qu'on y trouve ; ses plaines, par les bestiaux qu'on y nourrit. *S. Christophe*, bourgade.

Revenons au bord de la mer, sur les bords du golfe de Darien.

### 1. *Province de Carthagene.*

Elle confine, au couchant, au golfe de Darien, vers le nord au golfe du Mexique ou mer du Nord, au levant au fleuve de Ste. Marthe, au midi à la province de Chocos. Le pays est formé de montagnes & de vallées couvertes de grandes & de petites forêts. La variété, la multiplicité des plantes & des arbres qu'on y trouve, est admirable : ils y couvrent la terre d'une verdure perpétuelle ; ils y présentent à l'homme des fruits variés, des alimens salutaires : mais ses habitans profitent peu de ces avantages ; leur insensibilité, leur paresse, leur fait regarder avec indifférence les dons que la nature leur a prodigué.

Le sol y produit diverses plantes Européennes, & il en est qui lui sont particulieres : l'humidité, la chaleur du climat ne permettent pas au froment, à l'orge, & à quelques autres grains d'Europe, d'y prospérer : mais le maïs & le riz suffisent à la consommation des habitans : un boisseau de maïs y en rapporte cent ; on en fait le *bollo* ou pain du pays, qui n'est bon que pendant 24 heures, & que les riches pêtrissent avec du lait : de ce grain, on nourrit encore les porcs, & on en engraisse la volaille : de sa farine la plus fine, on fait diverses fritures, on en prépare divers alimens aussi agréables que sains. On y fait aussi du pain de cassave, nourriture des negres. Le pain de froment n'est pas rare à Carthagene ; mais la farine en vient d'Espagne : les Européens riches ou dans l'aisance sont les seuls qui s'en servent ; quelques créoles en mangent après le chocolat & les confitures ; dans les autres repas, ils lui préferent le bollo.

Les branches des arbres entrelassées les unes dans les autres, y forment un toit, qui protége contre la chaleur & le grand jour : les arbres n'y sont ni gros, ni bien hauts, mais fort touffus ; les plus gros sont l'acajou, le cedre, le pin blanc & l'arbre du baume : du premier, on fait de petits bâtimens de transport ; ils servent pour la pêche, pour le commerce le long des côtes & le long des fleuves ; le bois en est beau, odoriférant & solide. Il y a un cedre blanc & un cedre rouge ; ce dernier est le plus estimé : de l'arbre de Marie, de celui du baume, on fait des bois de construction, & il en suinte un baume excellent, qu'on nomme *huile de Marie* & *huile de Tolu* ; ce dernier nom vient d'un bourg, près duquel on en trouve du très-beau & en grande abondance. Les autres arbres sont le tamarin, le nesflier, le sapote ou l'*achras* de Linnæus, le papah ou *carcia* du même naturaliste, &c. Les palmiers élevent leur tête touffue & majestueuse au-dessus des autres : ils sont d'especes différentes ; mais tous donnent un bon vin, lorsqu'on perce leur tige. L'ébene & le gayac y sont communs, & aussi durs que le fer. Il y a des cotonniers sauvages ; on les cultive, & ils en sont meilleurs. Le cacaotier croit sur les rives du fleuve de la Magdelaine : il prospere en d'autres lieux où le sol est bon ; mais c'est dans la jurisdiction de Carthagene qu'on trouve les plus grands, ceux qui donnent le meilleur cacao : le chocolat qu'on en fait est estimé, & passe rarement en Europe. Les fruits y sont abondans ; ils y sont excellens : il en est qui furent apportés d'Espagne, & d'autres sont particuliers au pays : parmi les premiers sont les melons, les raisins, les oranges, les nefles, les dattes ; les raisins y sont moins bons qu'en Espagne, & les nefles beaucoup meilleures ; il y a peu de différence dans les autres : parmi les seconds, l'ananas mérite la préférence ; sa beauté, son parfum, son goût, lui ont mérité le nom de *roi des fruits*. On y voit aussi des cannes à sucre.

Les quadrupedes & les reptiles y sont nombreux ; ils en habitent les contrées les plus seches : les premiers s'y distinguent par les taches de leur peau, comme la volaille par son plumage nuancé des plus riches & des plus belles couleurs ; comme les reptiles, dont les écailles éclatantes cachent le venin le plus actif. Les bœufs, les porcs y sont très-abondans : la chair des premiers manque de saveur ; celle des seconds y est délicate, & meilleure qu'en Europe. On y trouve des cochons sauvages, des cerfs, des tigres : ces derniers détruisent le bétail & souvent les hommes ; sa peau est belle ; il en est de fort grands. Le léopard, le renard, l'armadillo, l'écureuil, les babouins, y sont nombreux,

## DE TIERRA-FIRMA. 455

sur-tout ces derniers qui sont remarquables par leur grandeur & leurs couleurs brillantes. Pour échapper au chasseur, on y voit le renard laisser couler son urine sur sa queue, & en asperger l'homme ou le chien qui le poursuit; cette liqueur âcre & puante lui laisse un moment pour s'éloigner: il est de la grandeur du chat; ses poils sont d'un beau canelle; sa queue est peu épaisse & fournie; mais ses poils souples forment une touffe dont nous avons vu l'usage.

Rien n'y surpasse le nombre & la beauté des oiseaux; mais les cris & le caquet des uns, troublent les plaisirs des autres: le plus beau y a ordinairement le cri le plus désagréable. Tel est le *guacamogo*, dont la beauté & les vives couleurs ne peuvent, dit-on, se rendre par le prestige de la peinture; mais dont le cri perçant & désagréable ne peut être comparé à rien. Le *toucan* ou le prêcheur en est un des plus singuliers; il est de la grandeur d'un pigeon, & son bec est long au moins de six à sept pouces; son plumage est beau & varié: le nom de prêcheur lui fut donné de son habitude de se percher sur le sommet d'un arbre lorsque ses compagnons dorment, & de faire un cri mal articulé en tournant la tête de côté & d'autre, comme pour empêcher l'oiseau de proie de tomber sur l'un des siens: il s'apprivoise avec facilité. Les *gallinazo* sont de la grandeur du paon; souvent les toits en sont couverts: & ils sont utiles à la ville, parce qu'ils avalent toutes les bêtes mortes, toutes les viandes corrompues qu'on jette dans les rues ou dans les campagnes; ils sentent un cadavre, dit-on, de quatre lieues de distance: leur vol est d'abord pesant, puis très-rapide: le roi des gallinazo est particulier au pays, & y est rare. La chauve-souris y est commune:

elles forment comme un nuage dans les rues de Carthagene, au coucher du soleil : on en voit entrer dans les maisons ; & si le sommeil leur y livre un homme sans défense, elles s'attachent à ses pieds, en ouvrent les veines & lui sucent le sang : elles s'attachent de même aux chevaux, aux mulets & aux ânes.

Les serpens y sont nombreux : les plus redoutables sont le serpent à collier, le serpent à sonnettes, & celui de saule : les premiers sont longs de quatre à cinq pieds, & orné d'une peau tachetée de cramoisi, de gris & de jaune ; s'il mord, le sang ruisselle & la peau se déchire : les derniers doivent leur nom à leur couleur, qui peut tromper le voyageur, & le faire paraître une branche de saule. Le scolopendre y est d'une grosseur extraordinaire : il a quatre pieds de long, & s'insinue dans les maisons ; ses flancs sont couverts d'écailles dures & tachetées de rouge & de noir : leur morsure est mortelle. On y trouve des scorpions noirs, jaunes, bruns, rouges : le bernard l'hermite peut blesser, & sa piquûre est aussi dangereuse que celle du scorpion.

L'*oiseau de beurre* est un insecte commun dans les campagnes : ils different par la forme, la couleur, la peinture, & on ne pourrait dire lesquels sont les plus beaux : les mosquites s'y rassemblent en essaims tournoyans comme des nuées.

Le climat est ici d'une chaleur extrême : de Mai en Novembre, les orages sont continuels, les tonnerres effrayans, & la pluie se précipite avec tant de violence, que les rues deviennent des fleuves, & le pays une mer : c'est alors que les habitans remplissent leurs citernes, qui renferment la seule eau douce qu'ils puissent avoir : ce tems est leur hiver. De Décembre en Avril, les pluies cessent, le ciel devient serein, la chaleur est tempérée par le nord-ouest, & c'est leur été : ils ont encore le petit été de la St. Jean, qui dure environ un mois, pendant lequel les pluies sont suspendues, & des vents frais se font sentir.

La chaleur excessive fait que le teint des noirs & des blancs se rapprochent; on croirait qu'ils relevent d'une longue & dangereuse maladie; leurs mouvemens annoncent la pesanteur & la faiblesse, leurs discours ne consistent qu'en paroles interrompues : dans trois ou quatre mois les Européens y perdent leur vigueur & leur teint : des maladies violentes les y attaquent; la plus dangereuse est un vomissement de matieres noires que précéde une sorte de rage : souvent ils meurent dans des transports de fureur. Les habitans du pays sont sujets à une espece de lépre, & cette maladie trop commune & contagieuse y a rendu nécessaire un hôpital qui est une petite ville; il est ceint d'un fossé; on y bâtit sa cabane, on y cultive son jardin, on s'y marie; la galle, les dartres y sont communes : le *culebrilla* est encore une maladie remarquable; c'est une enflure qui s'étend en longueur sur la superficie de la peau, & s'accroît chaque jour jusqu'à ce qu'elle occupe toute la partie malade, qui est ordinairement le bras, le pied ou les reins; elle conduit à l'engourdissement & à la mort : les habitans en attribuent la cause à un petit serpent, & de-là vient son nom.

Cette province est entre le 301 & le 303° de longitude, entre le 11 & le 8° de latitude septentrionale. Elle a 53 lieues de côtes, & 88 dans l'intérieur des terres.

Sa capitale est située dans une presqu'isle sablonneuse, qui tient au continent par deux langues de terre, dont la plus large ne l'est pas de 35 toises;

elle est entourée de fortifications à la moderne ; sur une colline est la citadelle de St. Lazare : derriere il s'en éleve d'autres, dont la plus élevée s'appelle le *Popa*. Une garnison, souvent nombreuse, défend la ville & les fauxbourgs qui sont bien situés : les rues en sont droites, larges, uniformes, bien pavées ; les maisons bâties en pierres, quelques-unes en briques ; la plupart n'ont qu'un étage & le rez-de chauffée ; les chambres en sont bien disposées ; toutes ont un balcon & un treillis de bois devant les fenêtres, parce que le bois est plus durable que le fer dans ces climats ; les murs en sont enfumés. Elle a une cathédrale, une église, une chapelle & plusieurs couvens ; on y voit un college & un hôpital de St. Jean de Dios. On y compte 25000 ames, la plupart d'origine Indienne. Elle est la résidence du gouverneur, d'un évêque dont le diocese est fort étendu, d'un tribunal de l'inquisition, d'une jurisdiction civile qui étend au loin son autorité. Ses magistrats particuliers sont un régidor, qui élit annuellement deux alcades pour lui servir d'assesseurs : elle a encore une chambre du trésor, où toutes les impositions & les revenus du roi sont portés. Elle est sous le 302° 18′ de longitude, & le 10° 25′ 48″ de latitude septentrionale.

Sa baie est une des meilleures qu'il y ait dans les possessions Espagnoles : elle s'étend du nord au midi dans un espace de deux lieues & demi ; ses eaux sont assez profondes, & fort tranquilles ; le fond en est sain ; mais on ne peut y arriver sans un bon pilote, parce qu'il y a des bas-fonds à son ouverture ; le flux & le reflux y sont irréguliers, & le premier n'y monte que de deux pieds & demi ; elle est très-poissonneuse ; on y voit de grandes tortues & des chiens de mer qui attaquent quelquefois les matelots jusques dans leurs chaloupes. Deux canaux y conduisent; l'un est *Bocagrande*, large de sept à huit cent toises, d'abord inaccessible aux chaloupes mêmes, aujourd'hui ayant une profondeur inégale qui va jusqu'à douze pieds: celui de *Bocachique* est encore le seul pratiqué; un vaisseau de front bouche le passage à tout autre; ils n'y peuvent entrer qu'à la file. C'est-là que les vaisseaux venus d'Espagne attendaient l'arrivée de la flotte du Pérou à Panama, pour se rendre à Porto-Belo: c'est ce qui rendait le commerce de Porto-Belo si considerable. Les provinces de Quito, de Popayan, de Santa Fé viennent se pourvoir à Carthagene des objets dont elles manquent, & les paient en or, en argent, en émeraudes; ce qu'elle envoye au dehors ne va point encore annuellement jusqu'à la valeur d'un million. Pendant sa foire, les boutiques s'y remplissaient de marchandises, on louait ses maisons, ses esclaves; le commerce y était riche & bruyant; mais dès que les vaisseaux avaient mis à la voile, tout y reprenait sa tranquillité ordinaire: aujourd'hui le commerce s'y fait par des vaisseaux isolés. Ce sont les Espagnols & les Créoles qui commercent; les noirs, les Indiens, ceux qui sont nés de leur mélange avec les premiers, sont pauvres, & obligés de s'occuper, pour vivre, des plus rudes & des plus vils travaux. En général on s'y habille avec élégance; les deux sexes y ont beaucoup d'aptitude aux arts; ils ont de l'esprit & de la sagacité; mais à l'âge de trente ans, ils perdent leur activité, leur force de jugement: la paresse, la langueur leur succédent, & les accompagnent jusqu'au tombeau: ils sont humains, hospitaliers: un de leurs mets favoris est l'*agiaco*; il consiste en viande de porc rôti dans la poêle avec diverses sortes d'oiseaux, du plantain, du maïs, de la pâte & autres alimens assaisonnés avec le poivre de la Jamaïque : le brandevin y est commun & semble y être utile pour réveiller l'estomac paresseux : il n'est presque pas d'esclave noir qui ne boive du chocolat à son déjeuné, & on le mèle communément avec la farine de maïs : tout le monde y fume le tabac, les dames comme les hommes : dans tous les états on y aime la danse, & il n'est pas de fête où l'on ne s'y livre.

Carthagene a été souvent prise & pillée : elle le fut par les Français, en 1544; par Drake, en 1585; par Pointis, en 1697. En 1741 elle soutint un long siege contre les Anglais, & sa résistance, jointe aux maladies contagieuses, forcerent les assiégeans à se retirer.

La province, dont elle est la capitale, renferme un grand nombre de vallées fertiles, peuplées d'Espagnols, de Créoles & d'Indiens ; on croit qu'elle eut autrefois des mines d'or, que leur épuisement a fait négliger. On y voit encore la petite ville de *Santa Crux de Monpox*, sur le bord de la riviere de la Madelaine qui naît dans le Popayan, la bourgade de *Guaineco*, située à l'extrèmité méridionale de la province, *S. Sebastien de Buena-vista*, *Lorica*, *Zinu*, *Tolu* & quelques autres établissemens très-peu considerables. Les impositions que le gouvernement retire de la province entiere ne montent pas à cent mille livres.

### 2. *Province de Sainte-Marthe.*

Elle est à l'orient de celle de Carthagene; la mer du nord la baigne, le royaume de Nouvelle Grenade la termine au midi ; le Venezuela au levant : elle renferme celle de Rio de la Hache ; & s'étend dans un espace de 80 lieues du levant au couchant, & de 130 du nord au midi.

Le pays en est montueux, & quelques-unes de ses montagnes égalent, dit-on, en hauteur, le pic de Ténériffe : la chaleur y est accablante dans le voisinage de la mer ; les vents qui passent sur ses monts couverts de neige, les brises du nord & de l'est la temperent : dans le district de Tarano, le froid est souvent assez vif : le long des côtes le sol est uni, fertile ; plus loin il devient pierreux, aride, désert, renversé par les torrens : des campagnes fécondes y sont quelquefois brûlées par le souffle brûlant d'un vent qui vient du couchant : en général, les grains, les fruits y sont abondans : les poules, les pigeons qu'on y apporta s'y sont beaucoup multipliés : les tigres, les ours y sont communs & incommodes : on trouve des veines d'or dans le district de Burilaca, des pierres précieuses, du jaspe, du porphyre dans celui de Tarona, des salines près de Sainte Marthe.

Les habitans originaires sont agiles, industrieux, mais arrogans : leurs fleches sont empoisonnées, ils se servent pour cuirasse d'une casaque de coton d'un tissu épais : ils ont divers chefs, & les guerres sont fréquentes entr'eux : la plupart sont indépendans ; ils dominent encore dans les riches vallées de Taronce & de Mongay : ceux du district de Chimila sont célebres par leur force & leur courage, comme leurs femmes par leur beauté. C'est là que naissent les *Sierras Nievadas*, montagnes élevées, qu'on voit de trente lieues en mer, & qui, pénétrant dans l'intérieur du continent, vont se terminer au détroit de Magellan. Un grand nombre de fleuves descendent de ces montagnes :

celui de la Magdelaine a trois embouchures : le tonnerre, les pluies font fréquentes fur ce fleuve ; il fe déborde dans les mois d'Avril & d'Octobre.

Il pleut beaucoup pendant les mois de Septembre & d'Octobre le long des côtes : l'ananas, les limons, les raifins font les fruits les plus communs dans les vallées. Les Efpagnols y font en petit nombre ; il n'y a point de commerce, & le pays fut prefque abandonné dès qu'on n'y trouva plus, ou qu'on y trouva moins d'or & de perles. Des miffionnaires capucins y ont raffemblé un peu plus de trois mille Indiens, nommés *Euagiras* & *Motilones*, les plus féroces des habitans indépendans de ces contrées, & ils en ont formé huit petites bourgades.

*Santa Martha*, ville qui donna fon nom à la province, eft fituée dans un lieu bas & uni, fur une petite riviere que quelques auteurs croient être un bras de Rio grande, ou de la riviere de la Magdelaine, fous le 303° 25' de longitude & le 11° 34' de latitude feptentrionale. Elle fut autrefois floriffante & peuplée ; aujourd'hui on n'y compte que 3000 ames : la fituation en eft faine, le port en eft vafte & fûr : une haute montagne le défend des orages ; une ifle fablonneufe en partage l'entrée & la défend contre l'impétuofité des flots. L'eau, le bois, la pierre, le ciment, y font abondans ; la ville eft la réfidence du gouverneur de la province, & le fiege d'un évêque.

*Teneriffe* eft près du fleuve de la Magdelaine : c'eft une bourgade dont le territoire eft expofé à une chaleur exceffive : le fol en eft élevé, pierreux, riche cependant en pâturages, en bois épais, furtout le long du fleuve qui fouvent inonde fes bords, y forme des étangs, des marais, dont les intervalles font occupés par des cabanes Indiennes, dont les habitans vivent de la pêche, d'oranges, & de racines nommées *gouiaves*.

*Baranca del Melambo*, petite ville à l'embouchure de la Magdelaine : on y apporte les marchandises de la Nouvelle Grenade dans des chaloupes.

*Ciudad de los Reyes*, bourgade, au midi de Ste. Marthe, dans la vallée d'Euparis, où coule le Guatori, fleuve large & rapide : la chaleur y est tempérée en été par les vents d'est ; mais les montagnes y causent des pluies fréquentes, y amenent des vents froids qui frappent les habitans de catarres & de fievres : les terres y sont abondantes en pâturages & en fruits. Les habitans naturels sont nombreux, guerriers, & indépendans encore : s'ils ont été mordus par une bête vénimeuse, ils mangent la racine de scorsonere, & mettent la feuille sur la plaie : on croit que leurs montagnes renferment de l'airain, du plomb, de l'argent : on y nourrit beaucoup de bestiaux ; les chevaux y sont excellens : la canne à sucre y réussirait si on l'y cultivait.

*Ocanua* ou *Ste. Anne*, petite bourgade située au fond d'une baie.

*Ramada* ou *Nouvelle Salamanque*, est au pied de la Sierra Nievadas ; ses environs offrent des veines de cuivre : la ville est ruinée.

*Rio de la Hache* eut d'abord le nom de *Nostra Senora de los Nives*, puis celui de *Los Remedios* : elle est placée sur une colline à mille pas du rivage ; au levant est une plaine unie, longue de dix-huit lieues, où l'on ne trouve ni pierres ni eau : les environs de la ville sont d'une extrême fertilité : on y trouve des mines d'or, des pierres précieuses, comme de calcédoine, de jaspe, &c. il produit tous les fruits de l'Espagne ; on y trouve de belles salines ; mais la province est infestée par des tigres & des ours, ses rivieres le sont par les caïmans. Son port est ouvert aux vents du nord : la riviere qui passe près d'elle n'est accessible qu'aux vaisseaux légers. Cette ville est petite & n'a qu'une centaine de maisons : ses habitans étaient riches lorsqu'on pêchait des perles sur la côte voisine : elle fut souvent prise par les flibustiers ; les Espagnols l'abandonnerent en 1682 ; ils y revinrent ensuite & l'entourerent de fortifications : les orages y sont fréquens, l'air sain.

*Rancheria*, bourgade à six lieues au levant de la ville, autrefois peuplée de pêcheurs de perles : on y en pêche encore, mais en petit nombre.

*Tapia* est encore une bourgade où sont plusieurs métairies Espagnoles.

### 3. *Province de Venezuela.*

Elle est bornée au couchant par celle que nous venons de décrire, au nord par le golfe de Mexique, au levant par la Nouvelle Andalousie, ou plutôt par la petite province de Barcelona, au midi par la Nouvelle Grenade : en y comprenant la province ou le district de Masacaybo & celui de Caracas ; elle s'étend du 305 au 311° de longitude, & du 7 au 12° de latitude septentrionale. Alphonse Ojeda la reconnut en 1499 : des eaux stagnantes sur lesquelles s'élevaient des cabanes élevées sur des pieux, c'est tout ce qui l'y frappa, & ce qui lui fit donner à ce pays le nom de *Petite Venise*. On n'y fixa une colonie qu'en 1527. Charlequint donna cette province en paiement aux Velsers, marchands d'Augsbourg, qui la reçurent comme un fief de la Castille ; qui n'y envoyerent que des soldats avides qui ne cherchaient que de l'or & ne mériterent,

mériterent, par leurs barbaries, que l'exécration des gens de bien : ils y périrent, & le pays retourna aux Espagnols. Le sol en est fertile ; il produit deux moissons par année ; une multitude de bestiaux se nourrissent dans ses excellens pâturages ; il fournit aux provinces voisines de la farine de froment, du biscuit de mer, du fromage, du sain-doux, du coton, diverses sortes d'étoffes, des cuirs, de la salsepareille : la pêche, la chasse y sont abondantes ; l'*Unaré* qui l'arrose est rempli de poisson, & on y trouve des mines d'un or évalué à 22 carats & demi. Le climat y est tempéré. Le lac célebre de Maracaybo, qui a plus de 80 lieues de circuit, varie l'uniformité & les beautés du pays : ses eaux peuvent se boire ; cependant elles sont mal-saines & salées, & les habitans éprouvent vivement les effets de la disette d'eaux pures & fraîches. On estime qu'il y a près de 100,000 Indiens dans cette province, & le nombre des Espagnols, des mulâtres, des noirs s'y accroît chaque jour.

On l'a soumise au monopole d'une compagnie de commerce ; mais en mettant à ses privileges des restrictions qui ont fait le bien de ce pays : la sagesse de sa conduite y a aidé encore. On y compte aujourd'hui près de huit cent plantations de cacao : les anciennes cultures prosperent ; il s'en fait de nouvelles ; la province tire de l'ancien Monde pour 3,197,400 livres, elle lui fournit de ses productions pour près de sept millions : l'indigo, le tabac, les cuirs, le cacao en sont les principaux objets, & ce dernier monte seul à plus de cinq millions.

*Venezuela* ou *Coro*, nommée par les Indiens *Corvana*, est située dans une plaine tempérée, mais dépourvue d'eau, quoiqu'entourée de montagnes :

l'air y est sain, les plantes salutaires y sont abondantes; les côtes orageuses & peu sûres: elle a deux ports, l'un au couchant, dans une baie où la mer n'est jamais agitée, mais où on n'y trouve que trois brasses d'eau: l'autre au nord, est beaucoup plus profond & plus orageux: ces ports, sa situation vis-à-vis des isles possédées par les Hollandais, font qu'elle est le centre du commerce de la contrebande qui s'y fait encore. Un gouverneur y résidait, un évêque suffragant de S. Domingo y siegeait.

Au nord de Coro est une péninsule qui a 25 lieues de tour: la plus grande partie en est unie, peuplée d'Indiens dont on vante la douceur, de tigres féroces & hardis, de lions timides. Au midi de la même ville est la plaine *Llanos de Carora*, longue de six lieues, large d'environ trois, abondante en tout ce qui est nécessaire à la vie, & où quelques géographes placent une ville qui porte son nom. Au delà sont les monts *Xizabaras*, dont les habitans, nommés *Axaguas*, étaient, il y a peu de tems encore, antropophages & indépendans.

Au couchant est la ville & le lac de *Maracaybo*: la premiere est située sur le canal par lequel le lac communique avec la mer & sur sa rive occidentale: son commerce consiste en cuirs, cacao & tabac: on n'y compte encore que 4000 habitans; mais sa situation semble l'appeller à la prospérité: elle est propre, agréable, riche, on y voit de belles maisons, ornées de balcons; elle a un gouverneur qui dépend de celui de la province, une grande église paroissiale, quatre couvens & un hôpital: son port est commode. Le lac a ses marées régulieres, & malgré le grand nombre de rivieres qu'il reçoit, ses eaux sont salées comme nous l'avons dit: l'une de ces rivieres vient de la Nouvelle Grenade & facilite le commerce entre les deux provinces. Un grand nombre de peuplades Indiennes habitent ses bords, & la plupart placent encore leurs cabanes sur les arbres, & voyent sans crainte leurs champs inondés: tels sont les *Pocabuyes*, qu'on dit riches en or; les *Alcoholades*, plus riches encore par leur agriculture: on vante la douceur de leurs mœurs, la sagesse de leur police. Entre le lac & les montagnes est la nation féroce & belliqueuse des *Coromachis*: près des rives méridionales du lac, sur un sol marécageux & mal-sain qui fourmille d'insectes, sont les *Bolaques*. Sur ses rives orientales est la bourgade de *Gibraltar*, où l'on respire un air mal-sain, où l'on recueille le meilleur cacao de la province & le meilleur tabac d'Espagne. Sur ses rives occidentales est *Laguna*, dont le commerce pourrait être florissant, dans un pays rempli de gibier, où le miel se trouve abondamment dans les troncs d'arbres.

*Truxillo* ou *Nuestra Senora de la Paz*, bourgade dans un beau pays habité par les *Cuicas*: elle est commerçante en denrées.

*Tucuyo*, vallée & ville: la premiere est étroite, mais longue; une riviere de son nom l'arrose; l'air y est doux, le sol fécond; il produit des cannes à sucre, du coton qu'on y travaille, de l'indigo, diverses sortes de grains, de plantes, de légumes, de fruits: les forêts y nourrissent des cerfs, y récelent des tigres; on y éleve beaucoup de chevaux; les monts y sont, dit-on, riches en mines d'or: les Indiens qui l'habitent se nomment *Caibas*: cette nation est belliqueuse, mais elle a subi enfin le joug Espagnol.

*Nova Segovia* fut bâtie en 1552, sur les bords

du Bariquicemeto, nom qui exprime la couleur cendrée que fes eaux prennent fouvent ; fes environs font habités par diverfes nations barbares : la chaleur y eft prefque infupportable dans les plaines pendant le jour ; mais les montagnes y amenent un air frais durant la nuit. On y recueille peu de maïs, peu de grains ; diverfes plantes, diverfes racines y fuppléent ; l'Acarigua, la Borante, & une multitude de ruiffeaux qui arrofent fon territoire y rendent le poiffon abondant : le gibier, fur-tout les fangliers, les daims, les cerfs, y exercent l'adreffe des habitans, & fourniffent une reffource à leurs befoins. Près de la ville coule le Rio Claro qui rentre dans la terre & en reffort près de fa fource ; fes eaux font limpides ; pendant l'hiver elle eft faible ; elle groffit l'été, arrofe les champs voifins & les fertilife : les étoffes de coton, les beftiaux font le principal objet du commerce des habitans : leurs montagnes paffent pour riches en or.

*Nova Xerès*, *St. François*, *Valencia*, font des bourgades nouvelles peu connues. *Puerto-Cabello* eft un des meilleurs ports de l'Amérique, & cependant il fut long-tems abandonné : on y compte aujourd'hui trois cent maifons.

*San Jago de Leon*, ou *Leon de Caracas*, ville d'environ 24000 habitans, à quelques lieues de la mer, avec laquelle elle communique par deux chemins, l'un facile & plat, l'autre inégal, & tracé dans les montagnes. La ville eft dans une belle plaine, défendue par les hauteurs qui la féparent de la mer : le commerce la rend floriffante, & un gouverneur y réfide. Son port, nommé *Guayra*, eft un mauvais mouillage, qui eft devenu une bonne rade par le môle qu'on y a conftruit : il eft environné de cabanes qui renferment une peuplade qui s'accroît tous les jours.

### 4. *Province de Cumana.*

Elle est située entre le 311 & le 317° de longitude, entre le 8 & le 11° de latitude méridionale. On la distingue aujourd'hui du gouvernement de Cumana, ou de la Nouvelle Andalousie : la province est renfermée entre celle de Venezuela au couchant & les rives de l'Orenoque au levant ; le gouvernement de Cumana s'étend entre l'Orenoque, qui la borne au couchant & au midi, le gouvernement de Para qui appartient aux Portugais, & la Guyane Hollandaise & Française. On l'appelle aussi la *province de Guyane.* Parlons d'abord de la province.

On la divise en Cumana propre & en province de Barcelonetta ou de Maracapa ; la premiere est au levant, la seconde au couchant : on ne connaît dans celle-ci que quatre bourgades, *S. Fernando*, sur les bords d'une riviere qui se jette dans l'Orenoque ; *Aragua*, dans une belle plaine, située presqu'au centre du district ; *Tocayo*, formé de cabanes autour d'un port, qui n'est que l'embouchure du Vinare. *Barcelonetta* ou *Cumanagotto*, petite ville au bord de la mer, près des frontieres du Cumana, & d'une riviere qui lui forme un port.

Le Cumana propre renferme un plus grand nombre de lieux habités dans le voisinage de la mer : sa partie septentrionale est une longue presqu'isle, formée par le golfe de Paria & celui de Cariaco, tenant au reste de la province par un isthme large de seize lieues : elle s'étend du levant au couchant, du cap Araya à la pointe de Megillones, dans un espace de cinquante lieues. Le cap *Araya* est célebre dans cette mer ; ses environs sont bas & couverts de ronces : derriere est une saline : il en est une seconde plus dans l'intérieur du golfe, à 300 pas du rivage : dans toutes les saisons on y trouve un sel excellent, soit qu'il se forme de celui dont la terre est impregnée, soit que les eaux de la mer s'y rendent continuellement par des canaux souterrains, & y soient continuellement évaporées. Les bords de la saline sont unis, environnés de ronces piquantes ; au delà elle est ceinte de montagnes : tout le pays est sec, sans apparence de sources, habité par les chevres, les cerfs, les lievres, les lapins, les tigres, les serpens : le sel en est si dur qu'on ne peut le couper qu'avec le fer : les Hollandais y venaient faire autrefois leur provision de ce minéral ; mais l'Espagne en éloigne aujourd'hui les nations étrangeres, & y a bâti un fort, sur un rocher élevé, commandé par une montagne, mais défendu par 40 pieces de canon.

Sur les rives de la presqu'isle sont les ports de *Tiripin*, de *Soro*, de *Cauranta*, d'*Unare*, de *Porto-Santo*, qui chacun ont une bourgade sur leurs bords.

*Cumana* ou la *Nouvelle Cordoue*, est à trois lieues de la mer, au pied d'une colline ; elle fut fondée en 1520 : sa rade est très-commode par sa profondeur & sa forme demi-circulaire, qui la met à couvert de plusieurs vents : la ville n'a que deux à trois mille habitans ; on y commerce en cacao & autres productions. *Verine*, petite ville au bord du golfe de Cariaco : elle est connue par son excellent tabac. *Coriaco*, qui donne son nom au golfe, est sur une petite riviere qui s'y jette à son extrémité orientale.

La partie orientale de la province est nommée *Paria :* c'est la premiere terre du Continent qui ait été découverte. L'Orenoque y forme un grand nombre d'isles où l'on trouve de beaux ports, & qui sont habitées par les *Guazannas*. Le sol y est fertile ; on y trouva des raisins & d'autres fruits lorsque Colomb visita ces côtes.

Le gouvernement de Cumana ou la Guyane Espagnole, est peuplé de nations sauvages peu connues, tels sont les *Caribes*, les *Macirimores*, les *Yavaranas*, les *Maypuras*, les *Areviziana*, presque tous dans la courbe que forme l'Orenoque. Le chef-lieu est *St. Thomas*, sur les bords du fleuve dont il faut dire un mot ici.

L'*Orenoque*, *Orinoqne*, ou *Oroonoque*, est un grand fleuve qui, selon les uns, naît au pied des Cordelieres, & selon d'autres du lac *Parime*, situé dans le sein de la Guyane Espagnole, & au bord duquel habitent les peuples qu'on nomme les *Macusias*, les *Majanaos*, les *Ibapidanos* ; ce lac a plus de cent lieues de tour : au couchant il est bordé par la *Sierra-Mei*, chaîne de monts qui s'étend au loin : dans sa partie méridionale, il en sort deux rivieres, dont l'une se jette dans la riviere des Amazones : c'est le Rio-Blanco : l'autre est l'Orenoque : son cours d'abord au couchant pendant l'espace de deux cent lieues, se dirige ensuite vers le nord, puis au nord-est, dans un espace de plus de 250 lieues, pendant lesquelles il reçoit le *Caira*, le *Guaviari*, le *Vichada*, &c. qui viennent du voisinage des Cordelieres. Il se jette dans la mer par 40 embouchures : telle est son impétuosité, qu'il traverse les plus fortes marées, & conserve la douceur de ses eaux douze lieues au-delà des lieux où son canal finit ; il a des tems de force & de faiblesse :

il croît pendant cinq mois, & conserve sa grande hauteur & sa rapidité pendant un mois encore, puis il diminue avec les mêmes gradations ; c'est l'effet de la saison des pluies sans doute : son étendue, l'abondance de ses eaux ne le rend pas navigable par-tout : son lit est embarrassé de rochers qui obligent les matelots à descendre & à porter sur leur dos leurs bateaux & les denrées dont ils sont chargés. On l'appella d'abord *Yuyapari.*

Le pays où il court est en même tems très-chaud & très-humide : on y éprouve deux étés & deux hivers : de Décembre en Février, de Mai en Septembre, l'air est toujours serein ; de Février en Mai, de Septembre en Décembre, la pluie, les orages, d'horribles éclats semblent s'y succéder sans interruption. Les peuples qui l'habitent ne connaissaient point les vêtemens & vivaient sans police : des Caciques sans pouvoir étaient à leur tête ; ils vivaient de chasse, de pêche, de fruits sauvages : on n'y labourait la terre qu'avec un bâton durci au feu, on n'y abbattait les arbres qu'avec des pierres ; les cabanes étaient placées sur des arbres, parce que les champs étaient souvent inondés : les peuplades des montagnes étaient féroces & belliqueuses, celles des plaines, douces & timides ; quelques-uns n'enterrent pas leurs morts, ils attendent que les chairs en soient consumées au grand air, puis ils ornent le squelette de plumes & de joyaux : il en est qui en broient les os & les avalent : les femmes y sont opprimées ; elles y nourrissent leurs enfans ; elles les portent par-tout avec elles, en béchant la terre, en moissonnant, en voyageant, en portant d'autres fardeaux ; elles les ajoutent au poids des racines & du maïs, au bois, à l'eau qu'elles portent à la maison ; elles y broient le grain ; elles font la *chica*, boisson dont les hommes s'enyvrent, & encore elles sont maltraitées par eux.

Les Espagnols y avaient formé quelques établissemens, mais faibles & presque inconnus, parce qu'on n'y trouvait pas de l'or. Ce ne fut qu'en 1751 qu'on y forma un gouvernement régulier. En 1771 on comptait treize villages sur les bords de l'Orenoque, qui renfermaient 4219 Espagnols, mestices, mulâtres ou negres : les Indiens y avaient été rassemblés dans de longs hameaux ; les jésuites y en avaient formé cinq, où l'on comptait 1426 habitans ; les cordeliers onze, où l'on comptait 1934 personnes; les capucins d'Arragon, onze encore, qui renfermaient 2211 personnes ; les capucins vingt-deux, qui renfermaient 6830 hommes : ces 62 hameaux réunis contenaient donc 16620 habitans, qui possédaient 3142 propriétés, où l'on nourrissait 72341 pieces de bétail. Nous avons dit que St. Thomas était la capitale de cette province : c'est là où se fait tout le commerce qui consiste principalement en cuirs, en tabac, en troupeaux : on y trouve aussi du sucre, des gommes, des couleurs minérales, du bois de Brésil, des plantes médicinales : les noirs & les Européens font le commerce par eux-mêmes : les missionnaires le font pour les Indiens.

*Fin du Tome XI.*

# TABLE

## *DES MATIERES*

Conténues dans ce Volume.

### A

| | | | |
|---|---|---|---|
| Abacou | 327. | Alvarado, riv. | 225. |
| Abaret, riv. | 328. | Amapalla, I. | 267. |
| Abenaquis, P. | 57. 62. | Amatique | 270. |
| Abiliby, lac | 20. | Amatitlan | 266. |
| Abington | 134. | Amazones (fl. des) | 6. |
| Acadie | 44. | Amboy, fl. | 121. |
| Acapulco | 247. | Amelia, I. | 179. |
| Acafabaftlan | 267. | Amersland | 134. |
| Adayes (Fort des) | 208. | Amirante, baie. | 276. |
| Aguatulco | 256. | Anagada, I. | 341. |
| Aixavros, P. | 220. | Andros (los) | 284. |
| Akanfas, P. | 205. | Ange Gardien, I. | 220. |
| Alabafter, I. | 285. | Angleterre (la nouv.) | 81. |
| Alaufi | 441. | Anguille, I, | 346. |
| Albany, (Comté d') | 113. | Annapolis, en Maryl. | 142. |
| Albany | 20. | Annapolis, la royale. | 51. |
| Albemarle, fl. | 174. | Anne, (fort) | 113. |
| Alcoholades | 467. | Anticofti, I. | 37. 38. |
| Alexandria | 124. | Antigoa ou Antego, I. | 359. |
| Algonquins, P. | 62. | Antiquera. | 256. |
| Alibamons, P. | 202. | Antonio (port) | 312. |
| Allonny | 125. | Apaches, P. | 251. |
| Almaguez | 422. | Apalaches, M. | 5. |
| | | Aquin | 326. |
| | | Aquoquineming | 137. |

## TABLE. 475

| | | | |
|---|---|---|---|
| Aragua. | 469. | Baffin (baie de) | 16. |
| Aranjuez | 275. | Bahama (isles de) | 281. |
| Araya | 470. | | 283. |
| Arcahaye | 329. | Baie des Chaleurs | 46. |
| Archidona | 447. | Baie des Flamans | 327. |
| Areviziana, P. | 471. | Baie St. Bernard | 206. |
| Aroſtegui | 293. | Bailli | 367. |
| Artibonite | 330. | Baintry | 94. |
| Aruba, I. | 401. | Baltimore | 142. |
| Aſſenis, P. | 207. | Banc-Jaquet | 35. |
| Aſſerradores, I. | 273. | Baracoa | 295. |
| Aſſiniboils, P. | 21. 66. | Baranca del Melambo | 463. |
| Aſſomption | 397. | Barancas (las) | 212. |
| Atacames | 442. | Barbacoas | 422. |
| Atares | 293. | Barbade (la) I. | 379. |
| Attawawas, P. | 66. | Barboude (la) I. | 349. |
| Attleboroug | 96. | Barcelonetta | 469. |
| Atuncagnar | 441. | Bariquicemeto, riv. | 468. |
| Avehen | 239. | Barlovento (isles de) | 285. |
| Aves, I. | 372. 399. | Barnet-town | 312. |
| Auguſte (comté d') | 160. | Barns-Island | 112. |
| Auguſta | 183. | Barnſtable (comté de) | 95. |
| Avila | 447. | Barnſtable | 96. |
| Avino | 239. | Barnſtable-bay | 95. |
| Axaguas, P. | 466. | Barren, I. | 18. |
| Ayay, I. | 344. | Barros | 238. |
| Ayenis, P. | 207. | Baſſe-Terre | 355. |
| Ayſuares, P. | 444. | Batahano | 294. |
| | | Bath | 308. |
| **B** | | Bayagana | 334. |
| | | Bayagoulas | 205. |
| Baba | 436. | Bayamo | 295. |
| Babahoya | 436. | Bay of Bulls | 36. |
| Baccalaos (Terre de) | 33. | Beauford | 174. |
| Baeza | 447. | Beaufort | 39, 176. |

| | | | |
|---|---|---|---|
| Beaumont | 59. | Brainford | 105. |
| Becouya, I. | 392. | Bridge | 384. |
| Bedfort (baie de) | 51. | Bridge-town | 361. 384. |
| Belez | 451. | Bridge-watter | 95. |
| Belhaven | 160. | Brimstone-hill | 355. |
| Belle-chaffe | 59. | Brion, I. | 42. |
| Belle-Isle (détroit de) | 33. | Bristol | 96. |
| Benet | 326. | Bristol, en Pensil. | 134. |
| Berghens (comté de) | 121. | Bristol, en Virg. | 159. |
| Bermudes (isles des) | 277. | Bristol (comté de) | 96. |
| Bethleem | 135. | Brookfield | 100. |
| Bic (isles de) | 58. | Brunwick | 89. |
| Billop | 111. | - - - en Carol. | 174. |
| Bilosci (le) | 203. | - - - en N. Jers. | 123. |
| Bimini, I. | 284. | - - - en N. York, | 114. |
| Bird-Island | 278. | Bulls | 67. |
| Biscaye (Nouvelle) | 238. | Burlington (comté de) | |
| Black, riv. | 271. | | 124. |
| Blanca, I. | 397. | Burnetsfield | 113. |
| Blanco, I. | 340. | Button, I. | 18. |
| Blewfields | 271. | Buzards bay. | 95. |
| Bocachique | 459. | | |
| Boca-grande | 459. | C. | |
| Bocca-toro | 276. | | |
| Bogota | 450. | Cacaguales | 253. |
| Bolaques | 467. | Cadix (Nouvelle) | 398. |
| Bombardopolis | 331. | Cadodaquios, P. | 207. |
| Bonaire, I. | 401. | Caguan | 450. |
| Bonavista | 36. | Cahokias, P. | 198. |
| Borgne (le) | 331. | Caibas, P. | 467. |
| Boriquen, I. | 337. 340. | Caira, fl. | 471. |
| Boriquetta, (la) | 417. | Caledonie (nouvelle) | 414. |
| Boston, ou Baston | 92. | Californie | 214. |
| Bouillante (la) | 367. | Caluto | 421. |
| Bracamoros | 442. | Calverton | 142. |

| | | | |
|---|---|---|---|
| Camanoes, I. | 341. | Carthagène, Pr. | 452. |
| Camarones | 295. | Carthagene, V. | 457. |
| Cambridge | 91. | Carthago | 275. |
| Camceaux | 51. | Cary-fwan's neft. | 18. |
| Camden | 176. | Cafcakias | 198. |
| Camp | 114. | Cafco, fl. | 86, 89. |
| Canada | 52. | Cafcouchiagen, riv. | 74. |
| Canatinos, P. | 208. | Caftille d'or | 402. |
| Cancecis, P. | 208. | Catarocoui | 76. |
| Canco, riv. | 422. | Cat-Island | 283. |
| Canelos (los) | 448. | Cauranta | 470. |
| Capalita | 250. | Cavaillon | 327. |
| Capanabaftla | 263. | Cavana | 294. |
| Capanavas, P. | 444. | Cayamba | 433. |
| Cap-Breton | 39. | Cayamburo, m. | 433. |
| Cap-Broil | 36. | Cayes | 326, 327. |
| Cap-Français | 331. | Cayman (grand) | 295. |
| Cape-May (comté de) | | Cayman-Brac | 295. |
| | 126. | Cayoca | 258. |
| Caraïbes (Isles) | 345. | Cayos des Martyres | 188. |
| Caraïbes, P. | 385, 389. | Cayques (les) I. | 285. |
| Carboniere, I. | 36. | Cedar | 137. |
| Carenage | 379. | Chactas, P. | 202. |
| Caret, riv. | 406. | Chagre, (le) riv. | 403. |
| Cariba | 57. | Chalco | 247. |
| Caribes, P. | 471. | Chalcuitos (los) | 239. |
| Caribou (nation du) | 29. | Chambli | 63. |
| Carillon (fort) | 110. | Chametli, I. | 239. |
| Cariocou, I. | 392. | Champlain (lac) | 63. |
| Carlisle | 135. | Changuins, P. | 276. |
| - - - en Jamaïque | 311. | Chapala (lac de) | 240. |
| Carlton | 19. | Charles-bay | 187. |
| Carolines (les) | 161. | Charles-town, Antill. | 358. |
| Caroline méridion. | 175. | - - - en Caroline | 175. |
| - - - feptentrionale | 173. | - - - en N. Ang. | 88, 91. |

| | |
|---|---|
| Charles-town en Maryl. 143. | Chriſtina 136. |
| Charlotte (comté de) 113. | Chriſtinaux, P. 21. |
| Charlottenbourg 122. | Chriſtinos 63. |
| Charlottesbourg 174. | Chuluteca 267. |
| Charlotte-town 44. | Cibao 335. |
| - - - Antilles 371. | Cibalas, P. 211. |
| Chautlan 263. | Cinq Nations (les) 76. |
| Chebucto 49. | Ciudad de los Reyes 463. |
| Chepo 413. | Clarendon, fl. 174. |
| Cherokées, P. 201. | - - - Jamaïq. 311. |
| Chequetan 250. | Clamcoets, P. 208. |
| Cheſapeak (baie de) 140. | Coban 268. |
| Cheſter 100. | Cobra, riv. 310. |
| - - - en Penſylv. 136. | Cocamas, P. 444. |
| Chetimachas, P. 206. | Coche, I. 398. |
| Chevres (isles aux) 52. | Cochimies 219. |
| Chiametlan 239. | Cocorrhée, M. 353. |
| Chiantla 263. | Cod (cap) 95. |
| Chiapa, Prov. 261. | Cohas 98. |
| - - - V. 262. | Cohentzy 126. |
| Chiaulſa 253. | Coiba, I. 276. |
| Chibouctou 50. | Cokſoket 114. |
| Chicheſter 136. | Colapiſſas 204. |
| Chicketaws, P. 200. | Colcheſter 160. |
| Chilapa 247. | Colihaut 371. |
| Chimbo 440. | Colima 249. |
| Chimila 461. | Colorado, riv. 206. |
| Chirchanchi 260. | Colymas 451. |
| Chiriqui 276. | Comargo 213. |
| Choco (le) 415. | Comayagua 269. |
| Cholula 233, 253. | Comitlan 263. |
| Chouegen, riv. 75. | Compoſtella nuova. 240. |
| Choumans, P. 207. | Conception (la) 276, 403. |
| Chriſtianſtadt 345. | Connecticut, fl. 98. |
| | - - - Pr. 103. |

## TABLE 479

| | | | |
|---|---|---|---|
| Conestoga | 135. | Culiacan | 238. |
| Contocook | 100. | Cumana | 469. |
| Cooper, I. | 278. | Cumberland | 160. |
| Cordelieres ou Andes, M. | 5. | - - - (comté de) | 125. |
| | | - - - (isle de) | 125. |
| Cordon (Isle du) | 273. | Curaçao, I. | 399. |
| Cordoue (Nouvelle) | 470. | Cuzcatlan | 267. |
| Coriaco | 470. | | |
| Cornwallis, I. | 50. | **D.** | |
| Coro | 465. | | |
| Coromachis | 467. | Dame Marie (cap) | 328. |
| Corrientes (cap) | 241. | Darien, Pr. | 413. |
| Costa-rica | 274. | - - - (isthme de) | 403. |
| Cotay (le) | 334. | Darmouth | 99. |
| Côteaux (les) | 327. | Davis (détroit de) | 16. |
| Coudres (Isles aux) | 59. | Daule | 437. |
| Courtland | 115. | Deerfields | 100. |
| Couffas, P. | 202. | Delaware, fl. | 6, 131. |
| Cowper, fl. | 175. | - - - P. | 77. |
| Cozumel, I. | 260. | - - - en Virgin. | 159. |
| Crabes (Isle des) | 340. | Del Rey (isles) | 408. |
| Craven, I. | 176. | Derby | 134. |
| Crawford | 312. | Desert du dragon | 160. |
| Creeks, P. | 202. | Desirade (la) I. | 368. |
| Crossereek | 174. | Détroit (fort du) | 71. |
| Crosswich | 125. | Dominique (la) I. | 370. |
| Crown-point. | 110. | Dorafes, P. | 276. |
| Cuba, I. | 286. | Dorchester | 93. |
| Cubagua, I. | 398. | - - - en Caroline | 176. |
| Cuença | 440. | - - - en Maryl. | 143. |
| Cuernabaca | 247. | Dover | 111. |
| Cuicocha | 433. | - - - (comté de) | 137. |
| Cul de sac | 329, 367. | Dry-Harbour | 312. |
| Cul de sac Français | 377. | Dublin | 134. |
| Cul de sac Robert | 376. | Dumfries | 160. |

| | | | |
|---|---|---|---|
| Duncaſter | 125. | Euſtatia, I. | 351. |
| Dunſtable | 100. | Exeſter | 100. |
| Durango | 238. | | |
| Durrham | 100. | **F.** | |
| Dutcheſs (comté de) | 115. | | |
| | | Fairfield | 125. |
| **E.** | | - - - (comté de) | 105. |
| | | Falmouth 96, 159, | 361. |
| Eaſton | 135. | Ferryland | 36. |
| Ebenezer | 178. | Fin | 125. |
| Ecoſſe (nouvelle) | 44. | Fisher's Island | 111. |
| Edenton | 174. | Fishhill | 115. |
| Edouard (fort) | 113. | Fleuve ſanglant | 197. |
| Edues, P. | 219. | Florides (les) | 184. |
| Eleuthere, I. | 283, 285. | Floride occidentale | 190. |
| Elizabeth (isle d') | 95. | - - - orientale | 187. |
| Elizabeth-town | 122. | Fort-Royal | 375. |
| Ellerena | 239. | Fortune (isle de) | 17. |
| El Penuelo Quadrada | 285. | Francfort | 134. |
| Endé | 238. | Frayles, I. | 397. |
| Erié (lac) | 71. | Frederic (fort) | 110. |
| Eſcapuzalco | 247. | Frederica | 179. |
| Eſcondido, riv. | 274. | Frederichsbourg | 159. |
| Eskimows | 29. | Fredericſtown | 143. |
| Eſparzo | 275. | Free-town | 308. |
| Eſquimaux, P. | 28. | French-town | 135. |
| Eſſex (comté d') | 89, 122. | Freyhold | 123. |
| Eſtapo | 257. | Frontenac (lac de) | 74. |
| Eſtham | 96. | Fuerte (El) | 293. |
| Eſtero | 329. | Furis-town | 312. |
| Eſt-cheſter | 116. | | |
| Etechemines, P. | 52. | **G.** | |
| Euagiras, P. | 462. | | |
| Euphrate | 135. | Gaborie | 40. |
| Evran, I. | 340. | Gannantaha (lac) | 75. |
| | | Gaſpeſie | |

| | | | |
|---|---|---|---|
| Gaspesie | 46. | Grenadins (les) I. | 391. |
| Gatavita (lac) | 450. | Grilla | 452. |
| Gemington | 124. | Guacocingo | 253. |
| George (isle) | 50. | Guadalajara (Audience | |
| - - - (lac) | 110. | de) | 237. |
| - - - en Floride | 188. | Guadalajara de Buga | 421. |
| Georges-town | 44. | Guaralaxara | 240. |
| - - - nouv. Anglet. | 89. | Guadeloupe, I. | 363. |
| - - - en Caroline | 176. | Guameco | 460. |
| Georgie, Pr. | 176. | Guanahami, I. | 285. |
| Germansflats | 110. | Guanima, I. | 285. |
| Germans-town | 114. | Guatimala (Audience de) | |
| - - - en Pensylv. | 134. | | 261. |
| Gibbon | 125. | - - - V. | 264. |
| Gibraltar | 467. | Guaviari, fl. | 471. |
| Gilmanstown | 100. | Guaxaca | 255. |
| Ginger | 341. | Guayaquil | 434. |
| Gloria (fort) | 410. | Guaynamota | 240. |
| Gloucester | 159. | Guayra | 468. |
| - - - (comté de) | 125. | Guazannas, P. | 471. |
| Goave (gr. & petit) | 328. | Guevetlan | 261. |
| Gonaives | 330. | Guibara | 295. |
| Gonave, I. | 336. | Guildfort | 114. |
| Gorettes, P. | 212. | Guilfort | 105. |
| Gorgone, I. | 422. | Guisitlan | 253. |
| Goyaves | 367. | Gundanilla | 340. |
| Gracias a Dios | 269. | | |
| Grande Anse | 328. | H. | |
| Grafs, I. | 18. | | |
| Greenwich | 106, 125. | Hadham | 106. |
| Gregorio de Puerto viejo | | Hakinseck | 122. |
| | 435. | Halbourg-Island | 283. |
| Grenade (isle) | 389. | Haletown | 385. |
| - - - de Nicaragua | 272. | Halifax | 49, 50. |
| - - - (n. royau. de) | 448. | - - - Nouv. Angl. | 89. |

*Tome XI.*                       H h

| | | | |
|---|---|---|---|
| Halifax en Caroline | 174. | Inague | 285. |
| Halpo | 257. | Indiens blancs | 196. |
| Hambato | 440. | - - - du Lac | 66. |
| Hampton | 100. | Ipswich | 90. |
| Hampstead | 118. | Ireland, I, | 278. |
| - - - en Georgie | 183. | Iroquois | 72, 76. |
| Haniago | 250. | Isabelique | 335. |
| Hanorne | 312. | Isle Dauphine | 203. |
| Harisson (fort) | 113. | Isle dorée. | 406. |
| Hartfort (comté de) | 106. | Isle percée | 39. |
| Hatfield | 100. | Isles Ramées | 42. |
| Havane (la) | 288, 292. | Isle Rouge | 59. |
| Havre de Grace | 36. | Isle Royale | 39. |
| Henrico | 159. | Isles Sauvages | 18. |
| Hervington | 142. | Isle à Vache | 327. |
| Highgate | 183. | Isle verte | 58. |
| Higney | 334. | Izquintenango | 263. |
| Hillsboroug | 174. | | |
| Hispaniola (isle) | 313. | **J.** | |
| Holirood | 36. | | |
| Honduraz | 269. | Jacmel | 326. |
| Horchilla, I. | 398. | Jaen | 442. |
| Humber, riv. | 34. | Jamaïca | 118. |
| Hudson (baie d') | 17. | Jamaïque I. | 295. |
| - - - fl. | 6, 109. | James, fl. | 147. |
| Humana de Tompires | 212. | - - - I. | 16. |
| | | Jamestown | 158. |
| Hunter (fort) | 113. | Jardin du Roi | 295. |
| Huntingdon | 118. | Jeremie | 328. |
| Hurons, P. | 69, 72. | Jersey occidentale | 123. |
| | | - - - orientale | 121. |
| **I.** | | Jesus (isle de) | 63. |
| | | Johns | 118. |
| Iaios, P. | 395. | Johnstown | 113. |
| Ibapidanos, P. | 471. | Juan de los Llanos | 451. |

## K.

| | |
|---|---|
| Kajakuera, I. | 363. |
| Karguaitafo, M. | 440. |
| Keyooca | 258. |
| Kidaskig | 89. |
| Kings (comté de) | 116. |
| Kingsbridge | 116. |
| Kingston | 100. |
| Kingstown | 114. |
| – – – en Jamaïque | 310. |
| Kinnebec, fl. | 85, 98. |
| Kittawitt | 36. |

## L.

| | |
|---|---|
| Laboradors (lacs) | 40. |
| Labrador (terre de) | 28. |
| Lac des Hurons | 68. |
| Lac supérieur | 66, 67. |
| Lacul | 331. |
| Lagos | 240. |
| Laguna | 467. |
| – – – del Spiritu Santo | 187. |
| Lancaster | 135. |
| Lance à veaux | 328. |
| Latacunga | 438. |
| Lauricocha (lac) | 445. |
| Laymones | 219. |
| Leogane | 329. |
| Leon | 240. |
| – – de Caracas | 468. |
| – – de Nicaragua | 272. |
| Lewes | 137. |

| | |
|---|---|
| Lewis (port) | 390. |
| Lievres (isles aux) | 59. |
| Limbé | 331. |
| Limonade, I. | 332. |
| Limones grandes | 295. |
| Linchamchi | 260. |
| Livingstown | 115. |
| Llamos de Carora | 466. |
| Lobos, I. | 251. |
| Londondery | 99. |
| Long-Island | 110, 278. |
| Lorenzo de Pecuries | 212. |
| Loretto | 219. |
| Lorica | 460. |
| Los Virgines, I. | 217. |
| Loudon-town | 142. |
| Louisbourg | 40, 41. |
| Louisiane | 195. |
| – – – (basse) | 205. |
| Loutre (nation de la) | 29. |
| Loxa | 441. |
| Loxamo, riv. | 333. |
| Lucayes, (Isles) | 281. |
| Lucy, (Port) | 312. |
| Lunebourg | 51. |
| Lynn. | 90. |

## M.

| | |
|---|---|
| Macas | 446. |
| Machala | 436. |
| Macirinores, P. | 471. |
| Macoulis, riv. | 334. |
| Macusias, P. | 471. |
| Madanina | 372. |

Hh 2

| | | | |
|---|---|---|---|
| Magdelaine (isles de la) | 42. | Mazatlan | 239. |
| | | Mechoacan | 249. |
| Maguanas | 330. | Megichihilinious | 25. |
| Mahakamak | 115. | Mentis, P. | 208. |
| Mahingans, P. | 62. | Mer Vermeille | 220. |
| Maiden-Hall | 124. | Merida | 260, 452. |
| Main, Pr. | 88. | Merioneth | 136. |
| Majanaos, P. | 471. | Merrimac | 86, 91, 97. |
| Malabar | 95. | Metanzas | 295. |
| Mamelles de Matance | 88. | Metchigamias, P. | 198. |
| Manahatton, I. | 116. | Metepce | 247. |
| Manchioncal | 308. | Mexico | 242. |
| Manicouagan, fl. | 58. | Mexique (le) | 221. |
| Mansfield, I. | 18. | Miamée | 71. |
| Manfos, P. | 212. | Micarao | 397. |
| Mante-Key | 220. | Michigan (lac) | 69. |
| Maracapa | 469. | Michlimacana | 68. |
| Maracaybo | 465, 466. | Micmas | 52. |
| Maragnan, fl. | 445. | Mictanders, P. | 77. |
| Marble-head | 90. | Midlefex (comté de) | 91. |
| Marbletown | 114. | Midletown | 107. |
| Marbre (isle de) | 18. | - - - en New Jerf. | 123. |
| Marie (isles) | 239. | - - - en Penfylv. | 135. |
| Marie-galante, I. | 368. | Milfort | 51, 105. |
| Mariquita | 420. | Mingos, P. | 199. |
| Marlebore | 92. | Minitoualin | 69. |
| Martinique (la) I. | 372. | Miquelon, I. | 38. |
| Martinfwiniard, I. | 95. | Mira per vos, I. | 285. |
| Maryland, Pr. | 137. | Mifauris, fl. | 198. |
| Mafcatlan | 247. | - - - P. | 77. |
| Maffachufets-bay | 87. | Mifco | 266. |
| Maubile (la) riv. | 202. | Mifcou (isles) | 46. |
| Mayaguana, I. | 285. | Miffiffipi, fl. | 6, 195. |
| Maynas | 443. | Miftaffins (lac des) | 20. |
| Maypuras, P. | 471. | - - - P. | 29. |

TABLE. 485

| | | | |
|---|---|---|---|
| Mohawsk, fl. | 109. | **N.** | |
| Mohegins, P. | 105. | Naco | 269. |
| Mohoks, P. | 77. | Nanchuat | 52. |
| Mohoktanefée, riv. | 76. | Nanny | 308. |
| Môle St. Nicolas | 330. | Nantuquet, I. | 95. |
| Mona, I. | 336. | Napo | 447. |
| Monacan | 139. | Naranjat | 436. |
| Mongay | 461. | Narranganfet | 103. |
| Mongera, I. | 267. | Naffau | 283. |
| Monmouth (comté de) | 123. | Nata | 413. |
| | | Natchès, P. | 206. |
| Monongahela, riv. | 199. | Natchitoches, P. | 205, 207. |
| Mon-Padre | 397. | Natifcotic | 38. |
| Monquis | 219. | Navazza, I. | 336. |
| Monro | 125. | Nazareth | 135. |
| Monfannis, P. | 25. | Negro-town | 312. |
| Montagnes blanches | 97. | Nemifcaa, riv. | 20. |
| Monte Chrifto | 435. | Nelfon | 20. |
| Montego, baie. | 312. | Neufe, fl. | 174. |
| Monte Plata | 334. | Neuteeks, P. | 90. |
| Montjoy | 136. | Newark | 122. |
| Montréal | 62. | New-Berne ou Newborn | 174. |
| Montferrat, I. | 362. | | |
| Moore | 184. | Newbury | 90. |
| Moorfields | 125. | New-Cambridge | 107. |
| Mooro (fort) | 292. | New-Caftle | 136. |
| Moofe | 20. | New-Crawford | 312. |
| Morne St. Nicolas | 330. | New-Edimbourg | 414. |
| Morretown | 99, 312. | New-Hampshire | 96. |
| Morris (comté de) | 124. | New-Haven | 105. |
| Mofquitos, P. | 261, 270. | New-Jerfey, Pr. | 118. |
| Motilones, P. | 462. | New-Invernefs | 179. |
| Moyas, P. | 449. | New-Kent | 160. |
| Muddy, fl. | 195. | New-London (comté de) | 106. |

Hh 3

| | | | |
|---|---|---|---|
| Newport | 102, 159. | **O.** | |
| Newtown | 91. | | |
| - - - en Connect. | 106. | Ocanoa | 463. |
| - - - en Penfylv. | 136. | Ocoa | 334. |
| New-York | 116. | Ococinga | 264. |
| Neyba | 334. | Ohio, fl. | 6, 199. |
| Neyva | 421. | Oifeaux (isles aux) | 44. |
| Niaraga (le G.) | 74. | Old-Harbour | 311. |
| Nicaragua | 272, 273. | Olita | 241. |
| Nicoya | 274. | Omaguas, P. | 444. |
| Nieves, I. | 356. | Omoa | 270. |
| - - - (los) | 239. | Oneneaga, riv. | 76. |
| Niew Severa | 20. | Oneoida | 75, 76. |
| Nipiffong (lac) | 64, 65. | Onnontagué, riv. | 75. |
| Nixapa | 256. | Ontario, lac | 74. |
| Noanamas, P. | 417. | Opetopec, I. | 273. |
| Nombre de Dios | 239, 413. | Orange (comté d') | 115. |
| | | Orangebourg | 176. |
| Nonfuch, I. | 278. | Orchilla, I. | 398. |
| Noquets (baie des) | 70. | Orenoque ou Orinoque, | |
| Norfolk | 159. | fl. | 6, 471. |
| Nortfleet | 118. | Orleans (isle d') | 59. |
| Northampton | 100, 135. | - - - (la nouvelle) | 204. |
| Norwich | 99, 100. | Oruba | 401. |
| Nouveau Léon | 212. | Orwich | 135. |
| - - - Mexique | 208, 210. | Ofages, P. | 208. |
| Nouvelle Navarre | 213. | Offine | 384. |
| Nova Segovia | 467, | Ofwego (fort) | 108. |
| - - - Xerès | 468. | - - - riv. | 75. |
| Nueva Segovia | 273. | Ofwegotchy | 75. |
| - - - Senora de los Nives | 463. | Otabalo | 432. |
| | | Otamaras, P. | 452. |
| - - - Senora de la Paz | 467. | Otomies, P. | 233. |
| - - - Senora de la Vittoria | 258. | Ouabache, fl. | 6. |
| | | Ouachas (lac des) | 205. |

# TABLE. 487

| | | | |
|---|---|---|---|
| Ouenebigonhelinis, P. | 25. | Petapa | 266. |
| Outagamis, fl. | 70. | Petatlan | 238. |
| Outaouas, riv. | 64. | Petersbourg | 161. |
| Oxford | 124. | Petite Nation, P. | 64. |
| | | Petit Niagara | 73. |
| B. | | Petit St. Louis | 331. |
| | | Petite Terre, I. | 368. |
| Pachuca | 222. | Petit Trou | 328. |
| Pachiutla | 253. | Petty-Harbourg | 36. |
| Palma | 451. | Pericues | 219. |
| Palmer | 111. | Peruajes, P. | 439. |
| Pamunky | 159. | Phemb | 137. |
| Panama | 406. | Philadelphie | 132. |
| Panchis, P. | 449. | Philipsbourg | 116. |
| Panuco | 250. | Picolata | 190. |
| Parana | 6. | Piedad (la) | 247. |
| Paria | 471. | Pimas, P. | 214. |
| Parrham | 361. | Pinola | 266. |
| Pascaros, I. | 220. | Pinos, I. | 294. |
| Pascuar | 250. | Pins (isle de) | 406. |
| Passage (fort) | 311. | Piscataway | 124. |
| Passaïk, fl. | 121. | - - - fl. | 86. |
| Patate | 440. | Pisgotogami, lac | 20. |
| Potowmack, fl. | 141. | Pitquin | 214. |
| Patuxen, fl. | 140. | Pitt (fort) | 199. |
| Patuxet, fl. | 86. | Plaine de Salysbury | 111. |
| Payaguas, P. | 445. | Plaisance | 35, 37. |
| Penobscot, fl. | 6, 85. | Plymouth (comté de) | 94. |
| Pensacola | 191. | Pocabuyes, P. | 467. |
| Pensberry | 134. | Pochkcepcle ou Pakepsi | |
| Pensylvanie, Pr. | 126. | | 115. |
| Pentagoet, fl. | 85, 89. | Pointe coupée | 205. |
| Pequots, P. | 103. | Pointe à Pitre | 367. |
| Perth-Amboy | 122. | Pointe aux trembles | 61. |
| Perote | 254. | Pokomack, fl. | 141. |

| | | | |
|---|---|---|---|
| Pomplona | 452. | Pueblo viejo | 273. |
| Pompton | 122. | Puerco, I. | 408. |
| Pontchartrain (lac) | 204. | Puerto Cabello | 468. |
| Popa-Catebeci, Vol. | 5. | - - - de Cavallos | 269. |
| Popayan, Pr. | 417. | Puna, I. | 436. |
| - - - V. | 424. | Punta Florida | 188. |
| Popocatapec | 247. | Puntal (fort) | 292. |
| Port Dauphin | 40. | Punta de Santa Elena | 435. |
| Portland | 312. | Punto | 238. |
| Port d'Espagne | 395. | Purification (la) | 241. |
| Port la Joie | 44. | Purisbourg | 179. |
| Port-Louis | 367. | Puynavis, P. | 450. |
| Port-Margot | 331. | | |
| Port-Marie | 312. | Q. | |
| Port Morant | 308. | | |
| Porto Belo (S. Philipe de) | 409. | Quaquas, P. | 417. |
| | | Quartier-Morin | 332. |
| Porto de Plata | 335. | Quebec | 59. |
| Porto-Rico, I. | 337. | Queens (comté de) | 118. |
| Porto Santo | 470. | Quelines, M. | 256. |
| Port de Paix | 331. | Quero | 440. |
| Port au Prince | 329. | Queypo | 275. |
| Port Royal | 308. | Quibo, I. | 276. |
| Portsmouth | 99, 371. | Quito, Pr. | 423. |
| Pottawatamiés | 69. | - - - V. | 426. |
| Presentation (la) | 64. | Quivara | 220. |
| Prince de Galles | 21. | Quixos | 447. |
| Prince-tewn | 44, 124. | | |
| Providence, I. | 282, 284. | R. | |
| - - - (la) | 102. | | |
| Puans (baie des) | 70. | Radnor | 134. |
| Puaray | 212. | Ramada | 463. |
| Puebla de los Angelos | 252. | Ramatou | 52. |
| | | Rancheria | 464. |
| Pueblo nuevo | 272. | Rapofo | 421. |

TABLE. 489

| | | | |
|---|---|---|---|
| Rappahannoc, fl. | 147. | Ruistown | 136. |
| Raritan, fl. | 121. | Rumana | 334. |
| Reading | 92. | Rupert | 19. |
| --- en Pensylv. | 135. | Rye | 106. |
| Redonda, I. | 361. | Rymboul | 115. |
| Reads-Mill | 125. | | |
| Rehobeth | 96. | S. | |
| Remedios (los) | 463. | | |
| Renslaewick | 114. | Saba, I. | 350. |
| Repulse (baie) | 17. | Sable (isle de) | 51. |
| Resolution (isle de la) | 18. | Sabo | 334. |
| Rhode-Island | 100. | Sacahuchen | 260. |
| Ria-Lexa | 272. | Sacatula | 250. |
| Richelieu (isle de) | 62. | Saco | 89. |
| Rideford | 89. | --- fl. | 97. |
| Rio-Bamba | 439. | Saconet | 96. |
| Rio Checo | 214. | Saguenay, fl. | 58. |
| Rio de la Hacha | 463. | Saintes (isles) | 369. |
| Rio del Norte | 209. | Saint André | 363. |
| Rio d'Oro | 298. | -- Andrews | 381. |
| Rio de la Plata | 6. | Sainte Anne | 52. |
| Rio Salado | 209. | -- Anne (fort) | 258. |
| Riquille, lac | 334. | Saint Augustin | 189. |
| Riviere des Illinois | 197. | Sainte Barbe | 238. |
| --- aux Perles | 203. | Saint Barthelemi, I. | 349. |
| Roamaysas, P. | 444. | Sainte Catherine | 310. |
| Roanoke, fl. | 174. | Saint Charles | 367. |
| Robinal | 268. | -- Christophe, I. | 332. |
| Rocca, I. | 399. | Sainte Croix, I.Ant. | 344. |
| Rochester | 96. | -- Croix, I. | 47. |
| Rockingham | 99. | Saint David | 308. |
| Rolls-town | 190. | -- David (isle) | 278. |
| Rosario | 219. | -- Domingue, I. | 313. |
| Roseaux (les) | 371. | -- Dominique, I. | 268. |
| Roxbury | 94. | Sainte Elizabeth | 311. |

Saint Eustache, I. 351.
- - Esprit 295.
- - François 62, 468.
- - George 137.
- - George (isles) 278, 280.
- - George, isle Grenade 390.
- - James 312, 384.
- - Jaques 268.
- - Jean 36, 268, 311.
- - Jean, isle 43.
- - Jean, I. Ant. 344.
- - Jean, riv. 188.
- - Jerôme (fort) 410.
- - John, riv. 47.
- - Johns-town 360.
- - Joseph 192, 371.
- - Laurent, fl. 6, 57.
- - Louis 60, 202.
- - Lucas 266.
Sainte Lucie, I. 377.
Saint Marc 330.
Sainte Marguerite, fl. 58.
- - Marie du Port au Prince 295.
Saint Martin, I. 347.
- - Paul, I. 42.
- - Pecaque 241.
- - Peters 361.
- - Pierre 268, 376.
- - Pierre (isle) 38.
- - Pierre (lac) 62.
- - Sacrement (lac) 110.
- - Simon, I. 179.

Saint Thomas 473.
- - Thomas, Antil. 342.
- - Thomas de l'Est. 308.
- - Thomas de la Vallée 311.
- - Vincent 385.
Salamanca de Bacalan 260.
Salamanque (nouv.) 463.
Salem 90.
- - en Caroline 174.
- - (comté de) 125.
Salisbury 90.
- - - en Carol. 174.
- - - (isle de) 18.
Salivas, P. 452.
Salmon 36.
Samana, I. 337.
Sambales (les isles) 406.
Sandusky 72.
Sandwich, fl. 50.
Sangadaho, fl. 86, 89.
San Ander 213.
- - Bartholomeo 263.
- - Bartholomeo de Xongopani 212.
- - Carlos 274, 276.
- - Christophe 452.
- - Christoval 268.
- - Domingo 212, 333.
- - Esteran de Acoma 212.
- - Fernando 469.
- - Francisco de Borja 444.
- - Francisco de Campê-

| | | | |
|---|---|---|---|
| che | 260. | San Salvador | 267. |
| San Francisco de la Sierra | 276. | - - Sebastian | 239. |
| - - George de Olancho | 270. | - - Sebastian de Buenavista | 460. |
| - - Germano | 340. | - - Sebastian de l'Oro | 420. |
| - - Ildefonso | 256. | - - Stilvara del Puerto | 250. |
| - - Joseph | 219. | - - Yago | 256, 276. |
| - - Isidoro | 219. | - - Yago, de Cali | 420. |
| - - Juan | 238, 274. | - - Yago de los Cavalleros | 334. |
| - - Juan de Cinaloa | 214. | - - Yago, de Cuba | 291. |
| - - Juan de la Maguano | 334. | - - Yago de la Layana | 445. |
| - - Juan de Pasto | 422. | - - Yago de Leon | 468. |
| - - Juan de Podomé | 413. | - - Yago du Mexique | 250. |
| - - Juan de Porto-Rico | 340. | - - Yago du Nouv. Mexique | 213. |
| - - Juan d'Ullua, I. | 254. | - - Yago de las Vallès | 251. |
| - - Lorenzo | 275. | - - Yago de la Vega | 294. |
| - - Lucar (cap) | 214, 219. | Santa Anatasia, I. | 189. |
| - - Luiz | 326. | - - Barbara | 399. |
| - - Luiz de la Paz | 251. | - - Crux de Mayo | 214. |
| - - Luiz de Potosi | 251. | - - Crux de Mompoc | 460. |
| - - Luiz de Zacatecas | 238. | - - Fé | 190. |
| - - Miguel | 238, 326, 328. | - - Fé de Antioquia | 420. |
| - - Miguel, en Guatim. | 267. | - - Fé de Bogota | 449. |
| - - Miguel, en N. Gren. | 450. | - - Fé, du N. Mex. | 212. |
| - - Miguel d'Ibarra | 433. | - - Maria | 219. |
| - - Pablo | 433. | - - Maria d'Apalache | 192. |
| - - Pedro | 253. | | |
| - - Phelipe | 250, 410. | | |
| - - Thomas de Castille | 267. | | |

| | | | |
|---|---|---|---|
| Santa Maria du Darien | | Sidney | 124. |
| | 414. | Sierras Nievadas | 461. |
| - - Martha, Pr. | 460. | Sillery | 61. |
| - - Martha, V. | 462. | Sioux | 208. |
| Sanſonate | 267. | Skinsboroug | 113. |
| Santos (los) | 413. | Soconuſco | 261. |
| Saone (isle de la) | 336. | Sokokis, P. | 62. |
| Saratoga | 114. | Sola, I. | 397. |
| Saſquahanah, fl. | 131. | Sombrera, I. | 346. |
| Saſſafras, fl. | 140. | Sommerſet | 143. |
| Saut de Ste. Marie | 68. | - - - (comté de) | 124. |
| Savannah | 178, 183. | - - - I. | 278. |
| - - - fl. | 181. | Soneguera | 270. |
| Savanne la Marr | 311. | Sonora | 214. |
| Savanois, P. | 25. | Soro | 470. |
| Saybrook | 106. | Souffriere (la) M. | 364. |
| Scanderoon, lac | 109. | Sound (le) | 112. |
| Schenecteda | 114. | Souriquois, P. | 52. |
| Schoolkill, fl. | 132. | Souties, P. | 66, 69. |
| Schutepeque | 261. | Southfield | 100. |
| Scituate | 95. | South-kingſton en Narag. | |
| Scotland | 384. | | 103. |
| Secas (las) isles | 276. | Spanish-town | 310, 341. |
| Segura de la Frontera | 255. | Speight | 384, 385. |
| Segutanaïo | 250. | Springsfield | 107. |
| Selam | 260. | Staats | 114. |
| Seris, P. | 214. | Stamfort | 106. |
| Serpentante, I. | 346. | Statten-Island | 111. |
| Seville d'or | 446. | Stone-Arabia | 113. |
| Shavaneeſes, P. | 77. | Stoniton | 106. |
| Shedoir, riv. | 98. | Stralenbourg | 122. |
| Sheldens | 100. | Sudbury | 92. |
| Shrewsbury | 123. | Suffolk | 161. |
| Sical | 260. | - - (comté de) | 92. |
| Sichu | 251. | - - (comté de) en New | |

TABLE. 493

| | | | |
|---|---|---|---|
| York | 118. | Tiripin | 470. |
| Summer's Island | 277. | Tierra-Firma, Pr. | 402. |
| Surgere, I. | 203. | Tlascala | 251. |
| Suffex | 122. | Tocayma | 450. |
| Swanfey | 96. | Tocayo | 469. |
| Swedifch | 125. | Tolu | 453. |
| Syme | 106. | Toluco | 247. |
| | | Tompeque | 250. |
| **T.** | | Topfam | 89. |
| | | Tortola, I. | 342. |
| Tabaco, I. | 408. | Tortue (isle de la) | 313, |
| Tabago, I. | 392. | | 335. |
| Tabafco | 257. | Tortuga, I. | 397. |
| Tacalalpo | 257. | Trauton | 96. |
| Tacames | 442. | Trelavay-town | 312. |
| Tacuba | 247. | Trenton | 124. |
| Tamiagua | 251. | Trinidad (la) | 295, 451. |
| Tampice | 251. | Trinité (la) | 36, 276, 376. |
| Tanfitaro | 250. | - - - (la) I. | 394. |
| Tapia | 464. | Trois Rivieres | 61. |
| Tarona | 461. | Truxillo | 467. |
| Tecoantapeque | 256. | - - - de Honduraz | 270. |
| Tekifound | 182. | Tryon (comté de) | 113. |
| Tencoa | 269. | Tuburon | 328. |
| Teneriffe | 462. | Tucuyo | 467. |
| Tenecum | 134. | Tudela | 451. |
| Teopifcan | 263. | Tunderbolet | 183. |
| Terre-Neuve, I. | 33. | Tunia | 451. |
| Teftigos (los) | 397. | Turequato | 250. |
| Tête (la) M. | 64. | Turnbulltown | 190. |
| Tezcuco | 247. | Turneff, I. | 260. |
| Thamfée, fl. | 86. | Tufpa | 251. |
| Thirty-miles, I. | 106. | | |
| Ticonderoga | 110. | **U.** | |
| Ticfan | 441. | Ucayalé, fl. | 446. |

Ulster (comté d')  114.
Unaré, fl.  465, 470.
Uraba  414.
Urbanna  159.

### V.

Vache (isle à la)  336.
Valderas  241.
Valentia  468.
Valladolid  249.
- - - d'Ycatan  260.
- - - de Honduraz  269.
Vega (la)  334.
Venezuala, Pr.  464.
- - - V.  465.
Vera-Crux  254.
Vera-Paz  267.
Veragua, Pr.  275.
Verine  470.
Vichada, fl.  471.
Vierges (isles)  341.
Villa-Clara  295.
Villa de la Monclova  213.
Villa de Mose  257.
Virgen-Gorda, I.  341.
Virginie (la) Pr.  143.

### W.

Walcome  19.
Walpock  122.
Wancham  95.
Warwick  102.
Watertown  92, 115.
Watersfield  107.
Wells  89.
Wells-Ferry  124.
West-Chester (comté de)  115.
Westham  161.
Westminster  99.
West-Moreland  311.
Weston  92.
Weymouth  94.
Williambourg  157.
Williams  93.
Williamstadt  143.
Wilmington  174.
Winchester  160.
Windsor  107.
Winnipisiokée (lac)  97.
Wioco  134.
Wiset  135.
Woodbridge  122.
Woodbury  125.
Wooming  135.
Woudbury  106.

### X.

Xalapa  253.
Xalisco  240, 241.
Xeres  239.
Xerès, en Guatim.  267.
Xiametla  250.
Xizabaras, M.  466.

### Y.

Yaguache  436.

| | | | |
|---|---|---|---|
| Yaguana | 329. | Yumba | 334. |
| Yameos, P. | 445. | Yurumaguas, P. | 444. |
| Yarmouth | 96. | Yuyapari, fl. | 472. |
| Yavaranas, P. | 471. | | |
| Ybague | 451. | **Z.** | |
| Yellows | 308. | | |
| Yomaco | 137. | Zacatecas (las) | 238. |
| York | 89. | Zacatular | 250. |
| -- en Virgin. | 159. | Zamora | 240. |
| -- fl. | 147. | Zaruma | 442. |
| -- (comté d') | 88. | Zeldales (pays des) | 264. |
| -- (nouvelle) Pr. | 107. | Zibo | 334. |
| Yftla | 247. | Zinu | 460. |
| Yucatan, Pr. | 258. | Zinzoacza | 249. |
| Yucayoneque, I. | 283. | Zopas, P. | 214. |
| Yuma, I. | 285. | Zoques (pays des) | 264. |

**FIN.**

# ERRATA

## DU TOME XI.

Pag. lign.
- 4. 7. l'Amérique *lif.* l'Amérique s'étend.
- 17. 33. dangereuse *lif.* dangereux.
- 56. 5. midi à *lif.* midi jusqu'à.
- 86. 30. s'offrent de *lif.* offrent de.
- 102. 2. d'y dire & d'y faire *lif.* de dire & de faire.
- 111. 26. grosse baie *lif.* grande baie.
- 130. 17. ils portent *lif.* les Pensylvains portent.
- 152. 29. sa chair *lif.* la chair.
- 154. 10. aux animaux *lif.* aux quadrupedes.
-      11. qu'il tombe *lif.* que l'animal tombe.
- 163. 27. ou à *lif.* ou de.
- 165. 15. ils la renouvellent *lif.* il la renouvelle.
- 192. 23. n'y voir *lif.* n'y avoir.
- 200. 23. ses productions *lif.* leurs productions.
- 225. 7. du bois, *lif.* du bois ;
-      31. consume *lif.* consomme.
- 243. 6. conduisent *lif.* amenent.
- 262. 6. après avoir baigné *lif.* non loin de.
- 289. 16. particulieres *lif.* particuliers.
- 317. 13. plus rare *lif.* moins grand.
- 324. 17. fit cultiver *lif.* firent cultiver.
- 325. 32. le dominent la *lif.* les dominent, les.
- 326. 1. y allaient *lif.* y avaient.
- 440. 3. qui a, *effacez* qui.
- 451. 13. plaisirs des *lif.* plaisirs qu'inspire le chant des.
- 464. 22. Masacaybo *lif.* Maracaybo.

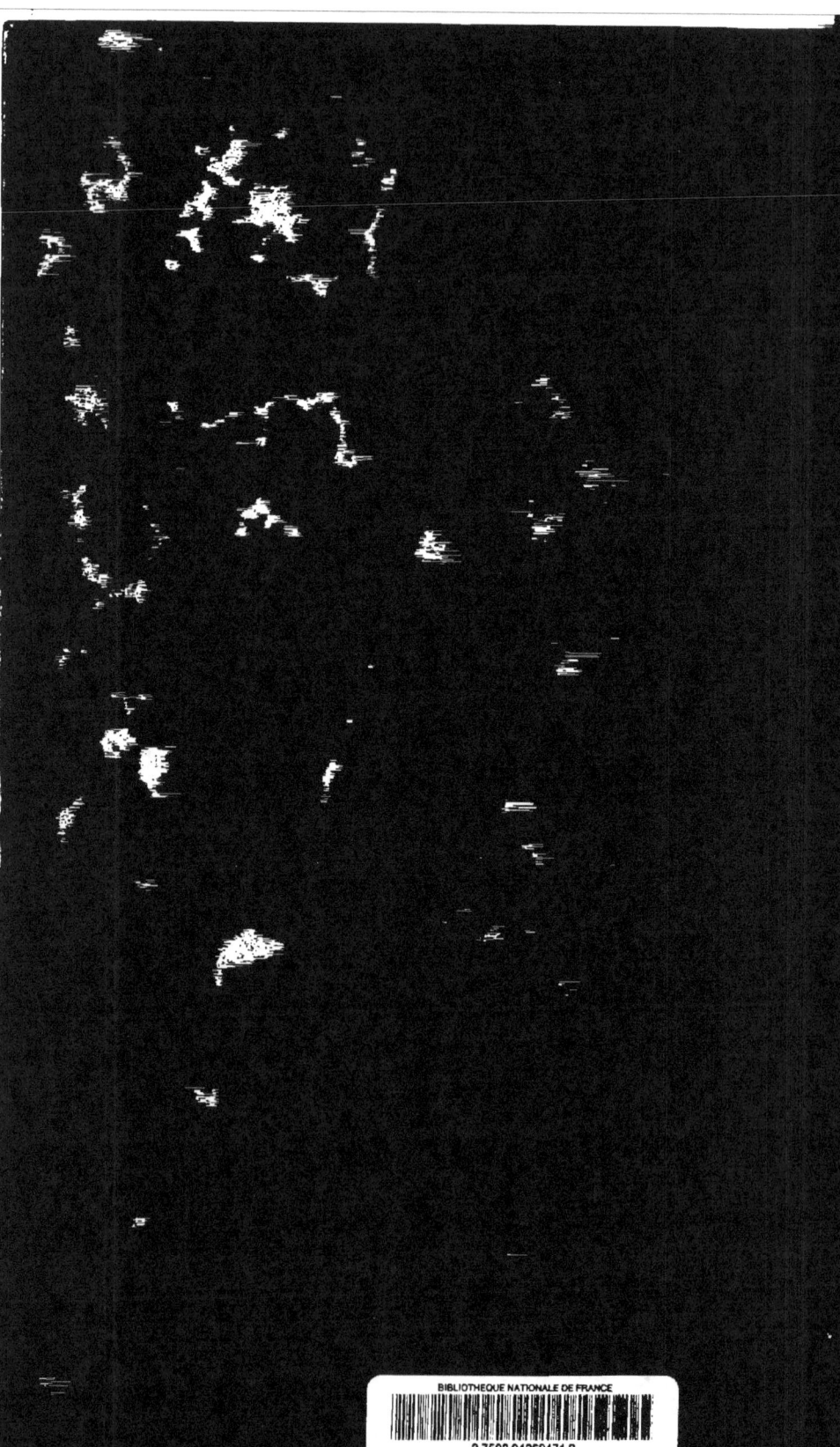

www.ingramcontent.com/pod-product-compliance
Lightning Source LLC
Chambersburg PA
CBHW071707230426
43670CB00008B/933